叢書・ウニベルシタス　942

自動車と移動の社会学

オートモビリティーズ

M. フェザーストン／N. スリフト／J. アーリ編著
近森高明 訳

法政大学出版局

✲目　次

イントロダクション ◎ マイク・フェザーストン

自動車のシステム

近年、社会生活におけるフローや運動《ムーヴメント》や移動《モビリティ》の重要性をめぐって急速に関心が高まりつつある。[1]だが移動の主要な形態のひとつ、すなわち自動車移動《オートモビリティ》という主題については、社会学やカルチュラル・スタディーズやその他の関連領域において、これまであまり論じられてこなかったといえる。もちろん有名な例外はある。たとえばロラン・バルト（Barthes, 1972: 88）は、自動車はあらゆる人びとに利用されると同時に「イメージとして消費される」のであるから、「ゴシックの大聖堂のかなり正確な等価物」（Urry, 2000: 58）とみなされるべきだと述べている。自動車が前世紀のあいだ社会的風景と文化的想像において際立った存在であったことは疑いがない。一〇億台もの自動車が二〇世紀のうちに製造され、現在では七億台を越える自動車が世界中で走っている（Urry, 2004/ 本書所収）。大量生産（フォーディズム）・大量消費の鍵となるモノとしての自動車がもつ注目度と影響力、あるいはまた道路、都市設計、郊外の住居、ショッピングモール、等々がもたらす空間的組織へのインパクトは誰もが認めるところである。自動車の存在は、ある強力な社会経済的・技術的複合体の作動により支えられているのであり、一部の人びとがポスト自動車について語りはじめているとしても、彼らが示唆しているのは鉄とガソリンによる自動車の終焉であって自動車の存在しない世界ではない。

オートモビリティ〔＝自動車移動〕という語は、オートノミー〔＝自律性〕とモビリティ〔＝移動〕との組み合わせからなる。もっとも広義には、われわれは数多くのオートモビリティ——自立的かつ自律的な運動の諸様式——を考えることができる。オートモビル〔＝自動車〕という語のオートは、もともとは自走式の車（馬なしの馬車）を意味していた。自律性とはたんに動力装置がもたらすものではなく、軌道に制限されない独立動力をもつ自律操縦による移動能力だったのである。ここに期待されているのは自律操縦による自律性であり、一般道路やオフロードを自在に走ってゆく能力である。そのとき運転者をカプセル状に包み込む乗物は速度と移動をもたらすだけではなく、一人で、または大切な相手と一緒に享受しうる、保護され外界と隔離された私的な心地よい空間——それはますますコミュニケーション・メディアのプラットフォームに近づきつつある——として機能する。重要なのは、砂漠や山道といった地上の荒々しい場所を走ってゆく自動車の姿が描かれた魅力的な広告イメージ以上の何か、冒険と自由という強力な文化的夢想に訴えかけてくる何かである。それはどこにでも行くことのできる可能性であり、許可を求めることなく移動し居住しうる可能性であり、あるいは当局の監視をまぬがれ自分でものごとを決めることのできる生活にほかならない（Bell, 1976; Cohan and Hark, 1997; Eyerman and Löfgren, 1995 を参照）。

しかしジョン・アーリ（Urry, 2004）が本書の論考「自動車移動《オートモビリティ》の「システム」」のなかで論じているように、移動状態での居住——自動車《カー》‐運転者《ドライバー》というハイブリッドの感情的・感覚的な居住の諸形態——を強調することがどれほど誘惑的であれ、まず第一に焦点が当てられるべきはシステムである。アーリによれば自動車移動は、絶えず拡張し続ける相対的に安定したシステム——それは意図せざる諸結果を生み出す

――のうちで自動車、運転者、道路、給油、等々の「新しいモノ、テクノロジー、記号」を結びつける「自己組織的かつオートポイエティックな非線形的システム」とみなされるべきなのだ。社会生活は、自動車移動が産出し前提とする移動の諸様式のうちに固定されるようになった。二〇世紀の進展とともに生じたのは、公共交通機関（鉄道、バス、市電、船、等々）から自家用車への転換であった。時間‐空間の構造の組み替えにともない、社交、共同生活、居住のあり方に変化が生じてくる。自動車移動によって家庭の職場からの分離、商業・工業地域の家庭からの分離、小売店の都市中心部からの分離が可能となる。そこで助長され要請されるのは高度のフレキシビリティであるが、というのも人びとは日々の仕事、家庭、娯楽にかかわる一連の移動を、列車の時刻表にしたがってではなく、予測困難な交通の流れの計算にもとづいてやり繰り《ジャグル》しスケジュールを組もうとするからである。

こうしたスケジュールのやり繰り《ジャグリング》は、移動時間の計算という観点からもいっそう困難になっている。交通渋滞は以前にまして、世界のいたるところで運転経験の一部となりつつある――ここで思い起こされるのは、サンパウロで頻繁にみられる一〇〇キロメートル以上の渋滞の列や、日本のサラリーマン一家が田舎への旅行を計画してひどい目にあってしまう映画『渋滞』（黒土三男監督）である。複雑性理論が示すように、交通量が増大すると、ちょっとした変化が予測の困難なかたちで交通システム全体におよぶ大規模な破壊的効果をもたらしかねない（Thrift, 1999; Urry, 2003 を参照）[2]。事故の様子を見ようとほんの一瞬のあいだ人びとがスピードを緩めるだけで、能力ぎりぎりで稼働している高速道路に長い渋滞の列が生み出されてしまうのだ。過密状態、汚染、環境、生活の質、膨大な数にのぼる路上の死や負傷、等々、車両数の増大がもたらす複合的結果は、ますますグローバルな自動車システムの帰結とみなされるようになっている。そしてこうした状況のうちに、ますます多くの専門家――原因を特定し、記録し、計算し、計画しようとする専門家——が関与するようになっている。

交通事故

近年の世界保健機構『道路交通傷害の防止に関する世界報告書』によると、毎年一二〇万人の人びとが交通事故で死亡し、二〇〇〇万から五〇〇〇万人が負傷していると推定されている。今後二〇年のうちにその数字は六五パーセント上昇し、交通事故の負傷は、全世界の病気や怪我といった苦しみの第三の主な要因になるといわれている（WHO, 2004）。世界の交通事故のコストは現在、毎年五一八〇億ドルと推計されている。死傷者の数とGDPのコスト負担は、非西洋諸国において不均衡なかたちで急速に増加してきている[3]。世界保健機構の報告書は、われわれが婉曲的に交通「事故」と呼んでいるものを、公衆衛生にかかわる問題として定義し直そうとしている。事故による負傷は予測可能かつ防止可能な人為的問題であり、合理的に分析し制御しうると論じられているのだ[4]。

自動車交通による全世界的な死傷者の数字は驚くべきものであり、また世界保健機構による公衆衛生上の基本方針は賞賛に値するものではあるが、この問題の社会的・文化的な枠組みについて、いま少し考察を加えておくことも有用であるだろう。ヴィリリオ（Virilio, 1999a, 1999b）が論じるように、新しいテクノロジーはそれと不可分なかたちで特有の事故を生み出すものであり、そうした事故は安全証明が与えられる段階ではほとんど想定されずコストが見積もられることもない。事実、イェルク・ベックマン（Beckmann, 2004/ 本書所収）が論考「移動性と安全性」で論じているように、「自動車移動が「正常に機能する」のはその事故が否認されるからである」。交通事故が否認されるのは、それが通常の社会での出来事というよりも、むしろ逸脱的な現象とみなされるからである。犠牲者は病院に搬送され、車は修理工場やスクラップ工場に送られ、道路はすぐに事故処理業者によって事故の痕跡を洗い落とされ、交通の流れの「常態」が回復される。法や医学の専門家および安全のプロが事故についての説明や情報を大量に流すことで、事故は情報ネットワーク内に流通し、ケースヒストリーが生み出され、ケースヒストリーはアーカイヴ化されて統計データベースに落とし込まれる。事故解析産業の目的は、よりよい自動車移動の管理形態を生み出し、すべての事故をそれとわからぬように除去しようとすることである。だが「合理的な社会的説明」をともなう専門家の言説とコストパフォーマンスの経済はつねに、一般の人びとの側の、自動車による死傷をめぐる生々しい経験や生命の理不尽な犠牲への異議申し立てとぶつかり合う。親や十代の若者が子供や友人の死にたいして抗議行動をするケースにみられるように、専門家と法による言説は背景化され、「反射的」な直接的行動の諸々の事例が前景化される。そうした事故はときに、横断中に若者が亡くなった事故現場近くの街灯柱やフェンスや樹木に供えられた、花や詩や遺品によりしるしづけられる。事実、それらは人びととの記憶から事故が消え去ってしまうこと、運転者たちが通常の車の流れに安心して戻ってしまうことを拒絶し、その場所を悲劇と想起の場所として銘記しようとするのである。ときには心をかき乱すような犠牲者の悲劇的状況[5]および／あるいは運転者の怠慢がメディアの関心を引きつけることで、地方的・全国的な報道キャンペーンにつながったり、広範囲におよぶ「モラル・パニック」をもたらす場合もある[6]。

　世界保健機構の報告書によれば、道路の安全はもっぱら個々の道路利用者の責任によるもので、その解決策は道路利用者に「誤りのない」行動をとるよう働きかけることだというのが、今日でも広く保持されている伝統的な考え方である。路上の事故による死亡や負傷が公衆衛生上の問題だと定義されるようになると、専門家や種々の委員会は、より強力な仕方で責任の所在を個人から「システム」に移そうと試みるようになる。システムの観点からするなら、重大事故や死亡事故にかかわる明白な鍵要因は人体の脆弱性である。これは歩行者の場合に顕著であり、負傷への耐性は時速三〇キロメートル以上になると劇的に増大し、時速五〇キロメートル以上で走っている車にぶつかった場合に死亡するリスクは約八〇パーセントである（WHO, 2004: 11）。同様に、うまく設計された自動車に乗りシートベルトを締めた人の耐性レベルは正面衝突で時速七〇キロメートル、側面衝突では時速五〇キロメートルである。歩行者とサイクリストの死亡が交通死者の高い割合を占めていることを考えるなら（西洋以外の国々ではこれが大多数を占めている）、誰の目にも明らかな解決策は交通速度を落とすか、人体の脆弱性の限界を超える速度を出せない自動車を設計するかのどちらかだろう。

われわれがかつて、人体の脆弱性により見合った法律をもっていたことを思い起こすのは有益である。たとえば一八三五年のイギリス公道法は、馬が引く車両やその他の交通手段を規制するうえで最高速度を時速四マイルと規定していた（Elias, 1995: 21）。二〇世紀初頭に初期の自動車が登場して、スピードが魅力となり、自動車の大衆市場が出現すると——それはヘンリー・フォードやその他の人びとが発達させ利用したものであるが——この状況は根底的に変化した。エリアス（Elias, 1995: 17）がいうように、

こうして自動車の大量生産が開始され、産業化しつつある国々の公道では自動車の大衆的利用がはじまったのだが、それは同時に大量殺人のはじまりでもあった。一八九九年に自動車が原因で死亡したのは……ひとりだった。一九七四年には世界中で自動車により合計二三万二七四人の人びとが死亡した。[7]

最新の数字をあげるなら、二〇〇二年には一一八万人の人びとが死亡したと推定されている。こうした日常的な殺人と頻繁に生じる人身事故は、概して不可避のものとして受け入れられている。実際、それはありふれており、メディアでの報道価値もないような出来事となっているのだ。新婚のカップルや子供が巻き込まれるといったドラマティックな人間的興味をもつ悲劇、あるいは山岳を走るバスの事故や、霧のなかで複数の自動車が「玉突き衝突」するといった多くの人びとが死亡する事故を例外として。

現在における毎年の交通事故死者数は、さまざまな国ごとの総計として分類してみることができる。[8] 昨年（二〇〇三年）の例をいくつかあげると、イギリス三四三一、フランス五七三二、ベトナム一万二八六四、ブラジル三万以上、中国一〇万四〇〇〇となっている。[9] 世界保健機構は、人口一〇万ごとの死亡者数をもとに死亡率を以下のように算出している。エルサルバドル四二・四、世界保健機構のいう「アフリカ地域」二八・三、ベトナム二七・〇、ブラジル二四・四、ロシア一九・九、韓国二〇・九、アメリカ一五・二、日本八・二、そしてイギリス五・九である。[10] 事故予防研究ではしばしば死亡率に関与するものとして、三つの主要な系統的要因が集中的にとりあげられる。すなわち運転者、自動車、道路の設計である（ここではウィリアム・ハッドン・ジュニア［Haddon, 1968］による古典的な分析がモデルになっている）。

われわれの目的にとって興味深いのは、自動車を運転する者の態度、知識、能力という点である。ノルベルト・エリアス（Elias, 1995）は時代ごと国ごとの死亡率の違いを分析したうえで、運用される自己制御の社会規範には多種多様なものがあると論じている。実際、ある人物のハビトゥスの一部となるようなさまざまな種類の運転コードが存在するのは明白である。この場合のエリアスの分析方法は『文明化の過程』（Elias, 1994）で使われたものと似ている。すなわち時間の経過とともに相互依存性の構造に転換が生じ、その転換に付随して、外的な形式での身体的・感情的制御――それは礼儀作法書に示されており苦労して習得される――からハビトゥスに組み込まれた内面化された形式での自己制御へという変化が生じるのである。同じように、交通規則集の形式化に向けた動きが多くの国々でみられる[11]。そうした規則は道路の正式な規則（外的強制として働く道路標識の視覚的な体系――路面標示、追い越し禁止の標識、制限速度の標識、交通信号など――の解釈の仕方）および違反時に科される法的罰則を詳細に規定したものである。理想をいえば、運転の社会規範が受け入れられ、内面化された自己制御という水準で機能することにより、そうした外的強制があまり必要でなくなるか不要になることが望ましいのだが。

自動車文化とモータースケイプの多様性

このことが示唆するのは、自動車の全世界的な普及にもかかわらず、われわれは均質でグローバルな運転行動とはほど遠いところに立っており、各国ごとにさまざまな運転コードが運用されているという事実である。実際、議論をさらに一歩進めるなら、われわれは自動車文化の多様性を指摘することができる。たとえばミラー（Miller, 2001: 2）は「自動車の人間的な性格」を考慮に入れるべきだと論じている。すなわち自動車が「われわれがそれによってみずからを人間だと感じる文化的環境の必要不可欠な部分をなして」（Miller, 2001: 2）いる点を同時に考慮に入れないならば、自動車をもっぱら破壊をもたらす乗物として焦点化するような議論にはほとんど意味がないというのだ。それゆえ自動車は、さまざまな危険を含む巨大な交通システムの一部であるというだけでなく、同時にひじょうに多様な文化的利用、実践、コード化に開かれた私的・個人的な生活の一部でもあるということになる。たとえばダイアナ・ヤング（Young, 2001）の議論によれば、南オーストラリアのピチャンチャチャラ族のアボリジニのあいだでは、自動車はすっかり彼らの物質文化に同化されており、そこにあって自動車は疎外の徴候というよりもむしろ疎外に抵抗する手段とみなされるべきだという（Young, 2001）。

ティム・エデンサー（Edensor, 2004/本書所収）は論考「自動車移動とナショナル・アイデンティティ」のなかで、イギリスとインドの自動車文化で運用されている種々の「ナショナルな自動車移動」、「日常的なモータースケイプ」、「運転をめぐる日常の習慣的実践」について考察している。モーターライズされた景観は、われわれがもつ場所の感覚――なじみあるコンテクストのなかで「世界内に存在している」という感覚――に影響をおよぼす。道路標識、街路照明、電話ボックス、ガソリンスタンドの建物、ロードサイドのカフェや食堂は、すべてわれわれのナショナル・アイデンティティの感覚に寄与している。エデンサー（Edensor, 2004/本書所収）の指摘によれば、イングランドでは教会の尖り屋根や塔はなじみある「フェイススケイプ〔＝信仰の風景〕」の特徴となっている。それにたいしてインドのモータースケイプでは、道路とその周辺地との境界がもっと曖昧になっているという。イギリスでは国家の側が詳細な運転の規制装置と交通規則集を掲げて人びとに守らせているのにたいして、インドでは、国家が規定する形式的規則が不足している状況を広くみられる慣習（たとえばミラーがない場合には、追い越しのさいに警笛が必要となる）が補っている。インドではまた多種多様な乗物が街路を利用するなかで、ある特有の柔軟な街路の舞踏術が実践されている。手押し車、牛車、乗用車、自転車、バイク、オートリクシャー〔オート三輪の輪タク〕、サイクルリクシャー〔三輪自転車の輪タク〕、バスといったものがすべて違った速度で動き、速度の遅いものは道路の端に引き寄せられてゆく、そうした状況のなかから特殊な視界のモード、認識のコンテクスト、慣習、操縦能力、等々が生み出されるのだ。

このように自動車を文化的プロセスとみなす見方、言い換えれば、自動車には他のさまざまなモノと同様にナショナルなアイデンティティが刻印されているという見方を引き継ぎつつ、ルディ・コーシャ（Kosher, 2004/本書所収）は論考「自動車とネーション――戦間期におけるイギリスとドイツの自動車移動観」で、モノはネーションに属するだけではなく同時に歴史をも担っているという点を強調している。コーシャは戦間期においてイギリスとドイツの自動車が、それを生産したネーションの歴史と密接な結びつきをもっていたことを指摘する。メルセデスがひとつのネーションに属するモノとして作用し続けていたとみるのではなく、コーシャはむしろ、ナショナルな境界を越えた交換と総合のプロセス――そこでメルセデスは自動車の品質の相対的に安定した「異文化間に通用《インターカルチュラル》する」シンボルとしてあらわれていた――を強調する。メルセデスがドイツ車のシンボルであり続けたことは、イギリスの自動車産業に近い書き手たちのあいだに明らかに多くの緊張や不安を生み出していた。

デイヴィッド・ガートマン（Gartman, 2004/本書所収）が論考「自動車の三つの時代――自動車の文化的論理」で示した発展図式によれば、メルセデスは階級的差異化の時代に属している。ガートマンが論じるには、自動車が消費の対象として構築される方法は時代ごとに変化しており、それぞれ特定の消費をめぐる理論モデルに関連づけられる三つの主要な段階を認めることができるという。彼によれば、最初の時代（一九〇〇－一九二五）は専門的職人のクラフト生産による大型高級車の時代であり、そこで自動車は、精緻な差異化ゲームの内部で上流階級のステータス・シンボルとして作用していた（『ディスタンクシオン』でのピエール・ブルデュー（Bourdieu, 1984）の理論がここでは用いられている）。第二の段階は大量消費の時代（一九二五－一九六〇）であり、シンプルで機能的な大量生産による自動車が登場してきた（ラ・サール、シボレー、フォルクスワーゲン・ビートルなど）。この段階は、フランクフルト学派による画一化されたマス・カルチャーや擬似個性の理論をつうじてアプローチされている。第三の段階（一九六〇－現在）では自動車はサブカルチャーの断片的系列《シリーズ》の一部とみなされており、カスタマイズや「フレキシブルな特殊化」や製品の差異化が支配的となり、あらゆる種類の新しいタイプの自動車が登場してくる——すなわちコンパクト、サブコンパクト、中型車、マッスルカー（パワフルな性能をもつ車）、ポニーカー（スポーティな若者志向の車）、スポーツカー、自家用高級車、等々であり、それぞれが小さな隙間市場をターゲットとしている。多様な製品やブランディングや「ライフスタイルの選択」からなるこの第三の段階は、ポストモダンの理論を用いて分析されている。ガートマン（Gartman, 2004）はこの第三の段階を、自動車システムの矛盾の一部が顕著にあらわれる段階とみている。人びとは自動車に自分の個性の表現／補完を求めているのだが、合衆国にはすでに免許をもつ運転者よりも多数の自動車が存在している以上、これがもたらす帰結は交通の混雑ないし渋滞である。くわえてサブカルチャーやライフスタイルという孤立した飛び地への退却という状況から、他の運転者の身になって考えることが困難になり礼儀正しい態度の衰退が生じてしまう。

デイヴィッド・イングリス（Inglis, 2004/本書所収）は論考「オート・クチュール（Auto Couture）——戦後フランスの自動車を考える」で、知識人が自動車を、モダニズムやアメリカナイゼーションや消費主義などの魅力的で競合の的となるシンボルとみなすようになる過程を考察している。アンリ・ルフェーヴルやギー・ドゥボール、ジャン・ボードリヤールなどの理論家にとって、自動車は「日常生活のますます多くの領域を植民地化」しつつある「モノの典型」である。結果として生じるのは、「共同体的な結びつきからなる生きられた空間」にたいする「幾何学的空間の勝利」であり、それは「フランスのアメリカナイゼーションにいたる幹線道路《ハイロード》」の予兆となる。だがイングリス（Inglis, 2004）がわれわれに思い起こさせるように、ミシェル・ド・セルトーなど他の理論家は、都市計画家の「自動車システム」によっては根絶させられることのない意図せざる結果や攪乱や抵抗という点を強調している。日常的に生じる不運な出来事、誤って脇道にそれること、非公認の実践、歩行者の慣習、等々によって、幾何学的空間は生きられた場所へと差し戻されるのである——これはまたナイジェル・スリフト（Thrift, 2004/本書所収）が論考「都市をドライブする」で論じていることがらでもある。

フランスの知識人が自動車について書いた著作は、近代の都市消費社会をめぐってひじょうに対照的な見方を提示している点で興味深い。たとえばル・コルビュジエによる影響力のあるモダニスト宣言『ユルバニスム』（Le Corbusier, 1924）は、新しいパリを、高層ビルやショッピングセンター、高架式高速道路、地下駐車場、等々からなるガラスとコンクリートのユートピア都市として描き出した。パリの交通の混雑と騒音と猛威にたいするル・コルビュジエの反応は、それを喜んで受け入れようと提唱することであった——つまりコンクリートの高速道路を疾走する自動車という作品に合致する新たな美の理想を探し求め、そうした強烈な力と速度の中心にいることがもたらす断裂と快楽を感じるよう、われわれに求めることであった（Inglis, 2004）。しかし人類学的な観点から論じるマルク・オジェをはじめとする他の人びとにとって、ル・コルビュジエの世界は、移動の増大や情報フローの加速、それに接続可能性にもとづく「スーパーモダニティ」を予見するものとして意義をもつ。ピーター・メリマン（Merriman, 2004/本書所収）が論考「ドライブの場所——マルク・オジェ、非‐場所《ノン‐プレイス》、イギリスのM1高速道路の地理」で描き出しているように、それは空港、高速道路、テーマパーク、ホテル（とりわけモーテル）、デパート、モール、観光地、等々の流通とコミュニケーションと消費のための新たな空間——空間が平坦になり抽象化するこれらの場所をオジェは「非‐場所」と呼ぶ——を産出する世界である。メリマン（Merriman, 2004）の議論によれば、オジェは非‐場所にまつわる新奇性と特異性を過度に強調しすぎており、そうした空間がさまざまなやり方で生産され、使用され、経験される点を見落としているという。オジェの立場からすれば高速道路は典型的な非‐場所である。だが「どこでもない場所の中心にいる」というよりも、高速道路の地理はむしろ複雑であり異種混交的である。一九五九年に開通したイギリスの最初のM1をはじめとする高速道路は、コンクリートでできた空虚な空間とみなすべきではないとメリマン（Merriman, 2004）は論じる。むしろ四〇年あまりにわたる存続のなかでM1は、ある歴史の総体を生み出してきたのだ。それゆえ退屈や孤独や離脱といった経験を説明するために、われわれは「非‐場所」などという新しい記述語や新種の場所を必要とはしていない。メリマン（Merriman, 2004）によればそうした経験は、移動の空間に結びつけられるべきではなく、それらは同じだけ容易に居住や仕事や家庭の空間にも結びつけられうるのである。

だが運転という経験は中立的な要素とみなすことはできないし、エデンサー（Edensor, 2004）がいうように、一方で、さまざまな活動や感覚刺激や妨害物に満ちたインドの街路をウィンドウを下ろした車でゆっくりと運転してゆくことと、他方で、審美的障害となるものを最小化するよう設計された立体交差や高架をそなえる西洋都市の高速道路とは、まったく異質なモータースケイプである。リチャード・セネット（Sennett, 1994: 15）によれば都市のなかで運転する経験は、都市空間がいかに「たんなる移動の関数（移動という要因に大きく依存する存在）」となってきたかを徴候的に示している。そこでは感覚刺激をともなわない高速度の移動をつうじて、身体が「鎮静化され」ることにより「触覚的不能状態」が促進されるのだ（引用はEdensor, 2004による）。ここで思い起こされるのは、ロサンゼルス――そこでは土地のほぼ半分が自動車専用の環境となっている――など一部の都市では、自動車が支配的な地位を占めているという事実である（Urry, 2000: 193）。別の場所に向かう途中で通り過ぎる特徴のない空間――そのようなものとして都市の高速道路ないし一般道路は、都市の運転が、歩くことに比べてひじょうに貧しい経験であることを示唆するものと考えることもできる（こうした立場およびド・セルトーの仕事にたいする批判についてはThrift［2004］/本書所収を参照）。

マルチタスクのコミュニケーション環境としての自動車

こうしたことに合致するのは、都市での運転についてわれわれがもつ支配的なイメージ、すなわち、前方の道路に意識を集中することが必要となる都市の高速道路——そこでは目を刺激する余計な情報は、平凡で単調なコンクリートにより最小限に抑えられている——での運転のイメージである(12)。ここで運転の行為は、一連の多様な行動——各行動が車内で運転者の注意をそらしてしまう程度はさまざまである——のひとつとなりうる。自動車は、一連の複合的な可能性をもつ新たな形態のコミュニケーション環境となるのだ。運転者のコミュニケーションのひとつのラインは、フロントガラスやウィンドウやミラーをつうじて自動車同士の移動する布置状況《フィギュレーション》へとつながる。そこには刻々と変動する自動車同士の準拠集団がつくりなす束の間の「柔軟な舞踏術」における、他者との相互作用や自動車-自己《オート-セルフ》の提示の諸様式が含まれる。電話やインターネットといったメディアを介したコミュニケーションからなる別のラインは、出たり入ったりして遠くにいる重要な他者（同僚、顧客、友人、家族、恋人など）と運転者とを結びつけ、日々の仕事をこなすうえでの助けとなる。さらに別のラインはラジオやテレビをつうじて入ってきたり、記録媒体のかたちで物質的にもち込まれたりする（ＣＤやテープなど）。こうしたコミュニケーション形態はすべて自動車という名の、ますます精巧になりカスタマイズが加えられ密閉されたサウンドブースのなかで享受されるのだ（媒体《メディア》／媒介《メディエイテッド》されるものとしての自動車をめぐる議論についてはHay and Packer, 2004を参照）。

そのとき自動車は、たんなる自律移動をおこなう乗物ではなく、ひとつのマルチタスク環境となる。論考「高速道路でオフィスワークをする」でエリック・ロリエ（Laurier, 2004/ 本書所収）は、自動車がモバイル・オフィスになりうることを論じている。ロリエが考察するのは、自動車ベースのモバイル・ワーカーのアリー――彼女の仕事量と訪問先リストからして彼女は必然的に運転中に仕事をせざるをえない――の事例である。アリーはいつもかなりの速度で高速道路を走りながら、膝のうえに印刷した電子メールの束をのせて仕事をしていた。彼女はまたいくつか書類を選んで、目の前のハンドルに押し当てながら「顧客への電話」をかけるということもしていた。[13] マイケル・ブル（Bull, 2004/ 本書所収）は論考「自動車移動とサウンドの力」のなかで、聴覚的経験が、現代の車を運転する者の多くにとって自動車居住の典型的パターンになっていることを考察している。多くの運転者は、車に乗ると無意識的にラジオのスイッチを入れており、もしエンジンの音だけを聞いて車のなかで過ごすことになれば何か落ち着かない感じがするという。メディアによるサウンドはしたがって運転という経験の一部となっているのだ。それは「音の外被《ソニック・エンヴェロープ》」、すなわち個人的な聴取環境として機能する密閉された世界を提供してくれる。このような経験管理《マネジメント》の様式は、時間をコントロールしているという感覚を増大させ、その結果、運転者はしばしば一人で運転するのを好むまでになっている。実際、自動車は一種の避難所となるのだ。ブル（Bull, 2004）はアドルノのテレビ論を参照しているが、そこでアドルノはテレビを、ひどく温かみを欠いた世界のなかに何か親しみあるものを提供してくれるものとして論じている。ブルによれば運転の経験は、日常的な都市の公的空間と結びついた「冷たさ」に対比される、「家庭」のさまざまな規範的概念と結びついた「温かさ」をメディアによるサウンドが提供してくれる経験である。実際のところ人びとはサウンドを利用することで、都市の公的空間を、親密で家庭的な私的空間の概念に合致させようとしているのだ。

　ここで思い起こされるのは、ボードリヤール（Baudrillard, 1996: 67）が述べている自動車の逆説的かつ両義的な性質である。つまり自動車は同時に居住の場でもあり推進体でもあるというのだが、彼はこのように続けている。

自動車は日常生活の代替的領域として家のライバルとなる。自動車もまた住居ではあるが、ただし例外的な住居である。それは閉ざされた親密性の領域であるが、家の親密さに通常そなわっているさまざまな制約から解放され、多大な形式的自由が与えられた領域である……

ボードリヤールの言葉が示唆しているのは、心地よい繭としての自動車は、それを推進体――潜在的には武器にもなりうる推進体――にしようとする工学的な設計インプットと矛盾しているという点である。だが膨大な工学的エネルギーはまた、自動車を指令センターにすることへと注ぎ込まれてもいる。それは指一本で、電話やテレビやインターネットなどによる通信モジュールから、仕事や道具的作業をする場所、あるいはサウンドシステムによって心地よく感情を脱管理化する避難所にまで、そのバランスを変えられるコントロール可能な閉鎖的な居住空間である。運転の楽しみの一部をなしているのは――交通の危険や事故の可能性にもかかわらず――こうしたコントロールをおこなっているという感覚、スイッチを触るだけで開いたり閉じたり融合したりできるものとして、コミュニカティヴな世界ないしは心地よい避難領域をコントロールしているという感覚なのだ。そこでは新しい一連の性向と能力が、言い換えれば、より柔軟な運転のハビトゥスが――そのなかでテクノロジーをつうじて感覚が再構成され拡張されると同時に、運転者がテクノロジーのうちに住まう新たな方法を習得するようなハビトゥスが――生み出されることが必要となる。そうしたことをますます左右するようになるのがソフトウェアである。

自動車−運転者−ソフトウェアの構成＝集合体《アセンブリッジ》

ナイジェル・スリフト（Thrift, 2004/本書所収）は、自動車がしだいに人間と機械の区別が曖昧となる複合体になってきていると指摘する。知性をそなえ、行為をなす志向性と能力をもつのは運転者だけではない。自動車の制御は、環境を知覚し、判断を下し、それにもとづいて行為しうる自動車という機械状複合体の手にますます委ねられるようになっている。いまやソフトウェアによる制御が複雑なフィードバックシステムを作動させ、エンジン制御、ブレーキ、サスペンション、ワイパー、ライト、車速設定装置《クルーズ・コントロール》による速度調整、駐車時の操作、会話認識システム、通信やエンターテインメント、サウンドシステム、暖房やコンディショニング、カーナビゲーションやセキュリティ、等々を制御しているのだ。自動車のソフトウェア環境は製造業者にとって、より強い顧客の愛着心を生み出すことのできるますます重要なセールスポイントになってきている。というのもマルチタスクや長時間の快適な居住をめざして設計された自動車は、われわれの身体や感覚がそれに適応し慣れてゆく、なじみある「身近な」環境となるからである。それゆえ新たなソフトウェア環境は、新しくより親しみやすいインターフェイス——そのなかで自動車のソフトウェアは運転者に固有の身体的特徴を記憶し、シート、計器類、制御機器を調整する——を構築する精巧な人間工学的設計と結びつけられることとなる。知的自動車《インテリジェント・ヴィークル》の当然の帰結としてもたらされるのは、自動車とコミュニケートして交通の流れを管理し制御する知的道路《インテリジェント・ロード》である。そうした自動車制御システムは、潜在的に一望監視ないしは追跡の機能をもそなえている。ソフトウェアによる監視とコミュニケーション（固有チップで自動車を同定する「タグ付け」の役目をする発信器や、衛星を用いた位置確認システムなど）

のもとに置かれた自動車は、運転者が自分の現在位置を探るために情報技術を利用するだけではなく、システムの側もまた自動車の現在位置を探ることができる。運転者は自分の世界を調べるためにデジタルシステムを用いるのだが、運転システムの方はつねに自動車を監視下に置いているわけである。

自動車は、そこにおいて人間が日常生活のなかで新たなテクノロジーに出会い、「テクノロジーのうちに住まう」ことを学ぶ、ひとつのありふれたモノである。日々の運転のますます多くの側面が媒介されたプロセスになってきており、そのなかでテクノロジーはもはや可視的な道具や手段ではなく、ひとつの世界――人間とテクノロジーシステムの境界やインターフェイスが曖昧になり、描き直され、解きほぐしがたくなったひとつの世界――になっている。自動車がひとつの世界になっているというのは、つぎの意味においてである。すなわちわれわれは、モーターテクノロジー――内燃エンジン――の動力を利用してさまざまな事物や場所に向けて移動しているだけではなく、運転環境内のマイクロモーターや埋め込みチップを利用して、事物や場所をわれわれの側に運んできてもいるのだ。われわれはフロントガラス越しに外を眺めて、世界をこれから通過してゆく場所として把握する（Morse, 1990 を参照）。だがわれわれはまた、ますます高度化しながらも「ユーザーフレンドリー」なグラフィックをもつようになっている計器のデータ画面をも参照している。位置確認システムの画面を参照することによってわれわれは自分の居場所や目的地、そこまでの経路などを知るのである。同乗者の視聴用に設置されたテレビ画面をわれわれは絶えず横目で眺め、それに耳を傾ける。ここで思い起こされるのは、テレビを静止した乗物と呼んだヴィリリオの議論である（Virilio, 1999b; また Featherstone, 1998 も参照）。デジタルコンピュータの画像の論理が帰結としてもたらすのは、われわれは自動車を使ってその国を訪れる必要がないという状況である。なぜなら、いつの日にか「その国の方がわれわれの側にやってくる」のだから（Thrift, 2004; Virilio, 1995: 151）。

逆説的なことに、われわれは高速道路を高速で走ることができるのだが、他方、われわれはデジタル機器が速やかにデータ——われわれの外部世界の知覚をシミュレートし強化するかたちで画像のフォーマットに描き直されたデータ——を送ってくる移動状態の居住様式に慣れてきている。それはコンピュータ制御の航空機、たとえばコクピットの風防ガラスや操縦士のヘルメットバイザーに飛行情報——すばやく通り過ぎる複雑な外部世界をシンプルに「人間化」しつつシミュレートしたもの——をデータ投影することのできる、高性能の戦闘機にみられるようなものである。人間の目や脳の限られた処理能力は複雑な情報のフローを扱うのにまったく不十分であり、われわれのかわりに世界を知覚して再フォーマットする仕事は、ますます情報処理テクノロジーの手に委ねられてきている。将来予想されうるこのような世界構成のプロセスの論理がもたらす帰結は、運転者がパイロットに、自動車が一種のデータスーツ的外被になることである。

ここで重要なのは、たんに運転者《ドライバー》-自動車《カー》が人間と機械の複合的構成《アセンブリッジ》=集合体になっているというだけではなく、運転をめぐるソフトウェア革新のおかげで、運転者がますます運転の作業から解放されるようになったという点である。イエルク・ベックマン（Beckmann, 2004）が指摘するように、「もしも将来の自動車《カー》-運転者《ドライバー》が実際に自動《オート》-操縦《パイロット》にとって代わられるのだとすれば、自動車-運転者のハイブリッドという概念を再検討すべきだとさえ考えられるようになるかもしれない。というのもまさにこの交通ユニットはいまや、自動《オート》-オフィスのなかの画面《スクリーン》-労働者《ワーカー》のハイブリッド、走るプレイ-ステーションのカプセルに包まれたウェブ-サーファーのハイブリッド、あるいはまた移動可能な電話ボックスのなかの電話《フォーン》-話者《スピーカー》のハイブリッドと変わらないものになっているからである」。ベックマンによれば、自動車の情報処理システムへと行為主体の資格を引き渡すことの代償は、独立を基礎として機能する自動車移動から、孤立に悩まされる自動‐操縦の複合体へという変化としてあらわれる。運転以外のマルチタスクな活動が優勢になるにつれて生じる、他の自動車や車外の物理的環境からのますますの孤立は、「作業放棄《アブセンティーズム》」につながるだけでなく事故にも結びつく。ベックマン（Beckmann, 2004）の指摘によると、自動車事故はしばしば運転者が運転以外の活動（電話番号をダイアルする、ラジオやテレビやCDデッキを操作する、音楽を聴く、ウェブ‐サーフィンをする、等々）をしているときに起こるという。

　無意識的な反応から速度や方向の電子的調整へという、この変化――面倒な運転行為から車の運転者を解放してくれると喧伝されている変化――は、信頼をめぐってまったく新しい一連の問題を生み出す。他の運転者を信頼すること（他の運転者は自分の車に注意をして避けるだろうし、攻撃的ないしは予測不可能な行動をして、こちらに急にハンドルを切らせたり衝突させるようなことはしないだろう）から、車を自動操縦するソフトウェアシステムを設計した専門家を信頼することへという信頼の様式の変化が生じるのである。うまく設計された自動操縦の自動車はけっして衝突しないはずなのだ。したがって車の運転者同士が織りなすモバイルな社会的布置状況《フィギュレーション》――われわれが交通と呼ぶものであり、車体による種々の合図や信号、運転者の身体を使った合図やジェスチャー（手を振る、親指を立てて合図をする、わざとミラーを覗き込むふりをする、等々）をつうじてのコミュニケーションに依拠する布置状況――への信頼からソフトウェアの信頼へという変化が、そこでは潜在的に生じていることになる。だが、たとえそうしたシステムが広範に浸透したとしても、運転者のなかに新たなテクノロジーのスイッチを入れることを拒み、別種の信頼と不信のコードを用いる人びとが出てきてしまう危険性がある。そのとき、ソフトウェアシステムへの過剰な依存やマルチタスクの便利さの享受（運転をすべきときに乗客のような態度をとる）だけではなく、信頼の体制の違い、ないしはコミュニケーション上の問題を生み出しうる信頼の型を切り替える体制の違いもまた、事故へと結びつきうるのである。これもまた、新たなテクノロジーの「進歩」には必然的に事故が付随してくるというヴィリリオの主張を思い出させるもうひとつの事情である。

コミュニカティヴな自動車と運転者の二つの身体

どの信頼コードが作動しているのかを解読するという、この問題は、車の運転を身体コミュニケーションの一形態として考えるときにより顕著なものとなる。自動車‐運転者は明らかに二つの可視的なコミュニカティヴな身体をもっている——当人の人間としての身体《ボディ》と、その人が運転している自動車の車体《ボディ》である。[14] 連続体の一端には、二つの身体の行為が一致している状態が視覚的に認められる場合がある——オープントップの車をそれよりも背の高い車から見下ろすなら、運転者が「運転している」様子と、運転者のさまざまな身体的操作に車が反応する様子を確認できるだろう。連続体のもう一端には不透明性があり、着色ウィンドウの背後に隠れた運転者は目に見えず、純粋に自動車の外的な運転の動きから推測される対象となる。[15]

「面子維持作業《フェイスワーク》」[16]やジェスチャーが、その場に共在し対面的相互作用をしている他者によって注意深く吟味される日常的な自己提示（Goffman, 1971）とは異なり、自動車によるコミュニケーションの通常の様式は、十分に機能しない制限されたコミュニケーションをともなう。人間の身体は金属の車体のうちに閉じこめられ、話し言葉やアイコンタクトや表情による伝達は、通常は成り立たせるのが難しいか不可能である。窓から腕を伸ばして運転者が手で合図をするといったジェスチャーは、道路の設計や速度や交通量が、ある範囲に収まっている場合にだけ成立する。交通量や速度が高まると、曲がったり追い越したりする意図を示す自動車のライトの点滅などの信号《シグナル》によるコミュニケーションが、曖昧さを避けるうえで重要になってくる。ターンをしたり、誰かを入れてあげたり、目の前でターンさせてあげたりするといった、その他の意図を示すコミュニケーション――自動車の礼儀作法の諸様式――は、しばしばヘッドライトの点滅、すなわち意図的な手振りの「模倣」によってなされたり確認されたりする。急に車線から飛び出して追い越しをしたり、追い越し車線からなかなか出ていかないといった自動車の礼儀作法への違反行為は、同様のインフォーマルな、しかしよく知られた合図やジェスチャーを引き起こす場合がある。このときルールを破ったと思われる人物や、急いでいる自動車の邪魔をしてのろのろ進んでいる運転者への怒りはまた、自動車の急な攻撃的動作や、ぴったり後ろにつける《テールゲーティング》、内側から抜き去る、わきに並んで走る、当該の運転者にジェスチャーで示す、等々によっても伝えられうる。

運転者たちは複数のコミュニケーションの様式――ジェスチャーによる人から人へのコミュニケーション、あるいは車の正規《フォーマル》の信号装置やインフォーマルなコードや慣習による自動車から人間へのさまざまな種類の信号《シグナル》――を切り替える能力をやしなう。運転者たちはさらに、自分がその一部をなす高速度の車の流れの刻々と変動する布置状況のうちで生じる、異常な、奇妙な、あるいは危険な運転行動の些細な――しかし潜在的には恐るべき――徴候を読みとり、頭のなかで記録しておく能力を習得しなければならない。ジェームズ・J・ギブソン（Gibson, 1982: 130; Dant, 2004）によれば、運転の複雑性に対処するこうした能力は、彼が「ひじょうに驚くべき」と表現する、ある水準の情報処理を必要とするという。しかしながらティム・ダント（Dant, 2004/本書所収）が論考「運転者《ドライバー》‐自動車《カー》」で指摘するように、運転というのはほとんど誰でも身につけることのできる技能――大部分が習慣的になり自明のものとなる身体技能――である。車内に座った状態の視点からすばやく移動する事物の世界へと向けられるこの身体的志向性は、その大部分が視覚的な能力である。だがダント（Dant, 2004）がメルロ＝ポンティに依拠しつつ指摘するように、視覚は、身体がそのなかを通って移動している世界に向けられた全身体的な志向として理解されなければならない。視野の知覚はつねに身体の運動感覚――自動車の「感触」――によって補完されるのである。ダント（Dant, 2004）によれば、運転者 - 自動車の複合体は「ひとつのモノともひとりの人間とも」考えてはいけない。「それは両者の特性をもち、両者がなければ存在しえない組立《アセンブル》＝構成された社会的存在なのである」。彼が論ずるところでは、運転者 - 自動車を構成《アセンブリッジ》＝集合体として考えることは、それをハイブリッドとみなすよりも好ましいという。構成《アセンブリッジ》＝集合体は分離可能で際限なく改編しうるものであるが、かたや「ハイブリッド」という語は、同じような種類のモノの恒久的合成を意味するのである[17]。

　われわれが自動車に乗るという身体経験について考察するとき、人びとがエンジンの単調な音、内装の臭い、車のシートの感触といったものに反応するというのは驚くべきことではない。車に乗ることの運動感覚的な楽しみは、しばしば幼児期から経験されているのだから。ミミ・シェラー（Sheller, 2004／本書所収）が論考「自動車が動かす感情――自動車を感じること」で述べているように、運転にたいする身体の情動的反応は、多様な自動車文化における自動車の位置を理解するうえで中核的な意味をもつ。彼女はある運転者のつぎのような言葉を引用している。「運転をしているとき私はほとんどいつも幸福です。実際どんな場所でも、そこに向かって運転をすることは、私を興奮させ、期待でいっぱいにしてくれるのです」。

　こうした自由な移動の感覚、開けた道路の魅力、新しい経験への期待といったものはすべて、自動車旅行にかんする広告や消費文化のイメージの中心的な位置を占めている。それらは多くの人びとの実際の経験や自動車の可能性への期待に訴えかけるのである。このことはとりわけ女性の場合に当てはまる。女性と自動車との関係については、長いあいだ男性側から、その根底にはある種の「技術への無理解」があって、そのせいで女性は運転に不向きになっているのだと表現されてきた——男性による「女性ドライバー」をめぐる数多くの冗談にみられるように。だが働く女性の数が増え、家庭と職場が分離し、母親が子供を学校や友達のところへ運ぶ必要が生じ、家族の消費活動の管理に女性が重要な役割を果たすようになると、自動車は、毎日の時間の経済をやり繰りするうえで必要不可欠の存在になってきた。多くの女性にとって自動車は、平凡な日常の家事にかかわる諸関係を維持する管理計画の中心をなしている。同時に自動車はまた、こうしたマルチタスクのルーティンから脱出したり、それを転倒させたりする手段ともなりうる。自動車には日常的な関心事のリミナルな転倒をもたらす可能性があるのだ。ポーリン・ガーヴェイ(Garvey, 2001)が調査したノルウェーの働く若い女性のなかには、自動車が家庭生活からの解放、言い換えれば、「是認される行動や慣習的な行動から劇的に「ひょいと飛び出すこと」」の可能性をもたらしてくれるという人たちがいた。自動車が、自分だけの時間と空間のなかで「クレイジーなことをする」——サウンドシステムをつけて大声で歌ったり、飲酒運転をして急ハンドルを切ったり、〔高速道路の〕一時待避所に停めて後部座席でセックスをしたり——ための乗物であるという感覚は、自動車と結びついた自由の一部をなしている。自動車があらゆる種類の感情表現の道具となりうるということは、消費文化の広告の作り手たちが熟知していることがらである。

　自動車は、消費文化のうちに快適さ、さまざまな種類の運動感覚的デザイン、人間工学的デザイン——それらは快適で有用な私的な「家庭」空間を提示する——を提供するだけではなく、同一化《アイデンティフィケーション》をも助長する。運転者は各ブランドに特徴的とされる「アフォーダンス」[18]——ロールス・ロイスのスムーズな乗り心地、MG〔イギリスのスポーツカーのブランド〕スポーツカーのハードで路面への近さを感じられる乗り心地、あるいはルノーの弾むような乗り心地——へと同一化するよう誘いかけられる(Edensor, 2004)。

自動車文化に広く浸透しているこうした感受性への精通は、ある種の集団――アメリカの十代のホットロッダー、自動車の改造やレストアを愛好する人びと、特定のクラシックモデルのマニア、等々――にとりわけ顕著に認められる。各々の専門家やクラシック車種の周囲には、それぞれ独自のかたちの専門的知識、出版物、慣習、隠語――それらは自動車の構造、「外観」、スタイル、イメージ、乗り心地の詳細を調べあげ特徴づけようとする――をそなえるひとつの文化的世界が展開されている。それは車の運転ならびに自動車談義をつうじてもたらされる、共通した知識と独特の分類――それらは共有された身体的ハビトゥスや成員資格と協働する――の快楽を提供する世界である。

だが自動車を楽しむには運転をしなければならず、現代の運転者たちは、日常的な交通量が増大し運転時間が長くなるにつれて、ますます多くの感情管理をおこなうことが求められるようになっている。もちろんマルチタスクがもたらす快適さや、わが家としての車の快適さによって、その埋め合わせと息抜きの可能性が与えられはする。しかし自動車や他の運転者が正当な応答をしてくれないと感じられるとき、ものごとがうまくいかないとき、あるいは運転者の状態が安定していない場合には、運転をめぐる礼儀が崩れてしまうことがある（Lupton, 1999）。ここであげられるひとつの例は、一九九〇年代中頃から出現してきた「路上の激怒《ロード・レイジ》」の事例である（Michael, 2001）。表面的には、路上の激怒は感情管理が完全に失われた状態であるようにみえる――すなわち怒った運転者が日常的な車の礼儀という観念を無視し、自制を失って無謀かつ攻撃的な運転をしたり、なんらかの運転上の違反や、失礼なジェスチャーをした犯人と思われる別の運転者を追いかけたりする状態である、と。ここで興味深いのは、感情のコントロールと脱コントロールとが組み合わさっている点である。路上の激怒は、自己コントロールの喪失と運転上の約束事の無視を同時に含んでいるが、それはまた、高速で追跡したり別の車にぴったりつけて走るさいに、車の流れを通り抜けるかなり高度の運転技能をも必要とするのだ。

スピードを出すこと――競走《レース》、追跡《チェイス》、衝突《クラッシュ》

こうした表出的行為と道具的行為の組み合わせは、ハリウッドのアクション映画やアメリカの刑事物のテレビシリーズを観たことがある者には驚くべきことではない。それらは必ずカーチェイスを含んでいるからである。高速で道路を走りまわる車、キーッという音をたてるタイヤ、コントロールを失いそうになったときのしかめ面、そして最後にはお決まりの悪役の車の衝突――ときにそうした衝突は、ガソリンの爆発や炎上によって印象が強められたりもする。メディア産業において合衆国が支配的位置を占めているという点を考え合わせると、スペクタクル的なカーチェイスと衝突は、誰でも見覚えのあるグローバルな日常の一部になっているといえる。ここでわれわれの頭にはつぎのような映画が思い浮かぶ。『ブリット』（ピーター・イエーツ監督、一九六八年）、『フレンチ・コネクション』（ウィリアム・フリードキン監督、一九七一年）、『バニシングIN60』（H・B・ハリッキー監督、一九七四年）、『トランザム7000』（ハル・ニーダム監督、一九七七年）、『マッドマックス』（ジョージ・ミラー監督、一九七九年）、『リーサル・ウェポン4』（リチャード・ドナー監督、一九九八年）、『60セカンズ』（改作版、ドミニク・セナ監督、二〇〇〇年）、『ワイルド・スピード』（ロブ・コーエン監督、二〇〇一年）、『マトリックス　リローデッド』（ウォシャウスキー兄弟、二〇〇三年）、『RONIN』（ジョン・フランケンハイマー監督、一九九八年）、等々。(19)

レースや速度追求の試みが、自動車の初期の時点から顕著にみられたという点を考えるなら、カーチェイスがこれほど自動車文化の中心的な部分を占めているという事実に、ある意味でわれわれは驚く必要は

ない。最初の自動車レースは一八九五年に『シカゴ・タイムズ・ヘラルド』紙の企画でおこなわれた（Elias, 1995: 17）。ヘンリー・フォードはA型自動車を最初に製造したあと、すぐにB型ツーリングカーを世に出し、それを広告する目的でレースに出場させたのである――彼自身がスピード記録の更新に成功したのであった（Wollen, 2002: 18）。こうした初期の時点から、自動車の絶えざる速度向上の追求と一連の公的なイベント――モーターレース、ラリー、ドラッグレース、ホットロッドなどであり、これらイベントはつねに大衆を惹きつけメディアで報道されてきた――での運転技術のデモンストレーションがなされてきたのである。こうしたプロセスは、世界中の膨大な大衆を魅了し、グローバルなテレビ・スペクタクルとして提示されるフォーミュラー・ワン・グランプリレースにおいて頂点に達している。スピードは「近代《モダニティ》の機械的精神」と評されてきたが、近代のアイデンティティはまた家庭と道路のあいだの移動、さらには「動く住居」とわれわれにイメージを高速に伝送する「静的な乗物」との、さまざまな中間的形態を含んでいるように思われる（McQuire, 1998; また Millar and Schwarz, 1998 も参照）。

ピーター・ウォレン（Wollen, 2002: 14）は精神分析家のマイケル・バリントの研究に言及している。バリントは著書『スリルと退行』（Balint, 1959）で速いスピード、とくに自動車レースと結びついたスリルというカテゴリーについて論じている。フロイトに依拠しつつ、動きの心理学を理論化しようとするなかで、彼は、興奮を生み出す動きの二つの類型――受動的なもの（揺さぶられたり振り回されたりすること）と積極的なもの（走り回ったり、取っ組みあったり、相手に飛びかかったりすること）――を指摘している。自動車の運転は両方の類型の動きを生み出すことができる――着実に運転しているときの揺られるような感じと、向こう見ずなスピードを出すときのより急激で劇的な「スリル」をもたらす動きである。バリントはさらに後者の運転の形式は二つの典型的な反応を生じさせるという。一部の人びとは、スピードや攻撃的な運転を予期すると不安を感じる――彼らはハンドルをきつく握り、道路の縁にそって走る。つまり彼らは「物理的な近接と触覚によって組み立てられた」世界に生きており、危険を認識しているのだ。あるいはスリルを喜び、必要とされるレベルの技術を手っ取り早く獲得しようとする人びともいる。こうした人びとは「努力なしの達成」を求める怖いもの知らずの運転者であり、その世界は、視覚に、また危険な対象をうまく切り抜けられるかどうかにより多く依拠している。彼らはどんな障害物も乗り越えられるという幻想のもとに、すすんで自分や他の人びとをリスクにさらす。われわれはみな潜在的に、これらの立場を切り替えることができるのだが、「怖いもの知らずの運転者」のカテゴリーはある種の自動車事故と密接に結びついているように思われる。若い男性は、自動車事故に巻き込まれたり、事故を起こしたりする割合が極端に高いとみなされている。そしてまた、向こう見ずの運転や無敵の感覚がより広くみられると予想されるのはこのグループである（Faith, 1997）。レースドライバーやその志望者はこのグループから生み出される。それはレース・サーキットでの、セナやシューマッハのような人物の巧みで大胆な運転を賞賛し（スポーツ解説者のよく使う言葉では「彼はどうやってやったんだ！」）、その真似をしようとする人びとである[20]。相対的に興奮の少ない社会――多くの種類の攻撃性や暴力を抑制しようとする社会――に生きる人びとにとって、大胆で巧みな運転は一種の「路上のスポーツ」を提供しうるのである[21]（『興奮の探求』におけるエリアスの議論を参照。Elias and Dunning, 1986）。

レース会場であれ路上であれ、高速で走る自動車の負の側面は衝突事故であり、そこから不可避的にもたらされる重傷や死である。ピーター・ウォレンが論じるように、「事故は取り返しのつかないほどに自動車文化の中心にその位置を占めてしまっている」（Wollen, 2002: 17; また Boyne, 1999 も参照）。道路での死亡や負傷の統計がメディアで大きく扱われることはほとんどないが、印象的な事故――とりわけ有名人の事故――は人びとの想像力を惹きつける。世界的成功の象徴的人物となった人びとや、「幸福な人生」ないしは「打ち壊された幸福な人生」のモデルとされる人たちの「時ならぬ死」は、尽きることのない魅力の源泉である。ここで思い起こされるのは、イサドラ・ダンカンやトム・ミックス、ジェームズ・ディーン、ジェーン・マンスフィールド、マーク・ボラン、グレイス・ケリー、それにダイアナ妃といった映画スターや有名人たちである（Brottman, 2001）。有名人の公的な死は現代において、もっとも感情を揺さぶり人びとを魅了する出来事のひとつになっている（Brottman and Sharrett, 2002: 207）。人びとの目にしばしばカリスマ的な力や特別な表現力をもつと映る有名人が、とつぜんその啓示的な力を失い、損傷を受けた醜い死体となってしまうのだ。

　事故《アクシデント》という言葉は、しばしば自動車衝突《カー・クラッシュ》という言葉よりも好まれている。それは責任の帰属を意味せず、人生への運命の侵入を暗示するからである。自動車衝突を引き起こしたほんの一瞬の出来事の結びつき、「幸運な」「間一髪の」回避の可能性、「異常な事故」で死ぬ可能性、あるいは道路で自分の運命に挑戦しようとする人にとって死は不可避であるという感覚（ジェームズ・ディーンはこの典型的な事例である）、運命との戯れ[22]、人生への形而上学や宗教の再導入、等々。事故の追求、言い換えれば、衝突ぎりぎりの人生を送って美学的な可能性を探求し享受しようとすることは、J・G・バラード（Ballard, 1975）の論議を呼んだ小説『クラッシュ』――デヴィッド・クローネンバーグ監督の手によって映画化（一九九六年）された――の主題となっている[23]。

　バラードにしてみれば、運転者は、「スピードやドラマや攻撃性をめぐる感覚、広告や消費財やエンジニアリングや大量生産からなる世界、精妙にシグナル化される風景のなかを一緒に移動する経験の共有」に依存する「巨大な金属化された夢」のなかで生きている（引用は Wollen 2002: 16 による）。それは高速道路がついには風景の支配的特徴となるような交通過剰の世界である。自動車の文化が死の文化に等しいものとなっている以上、バラードにとって唯一の解決法は、自動車と交通の流れを電子制御化することにより運転を非人間化することであるだろう。

こうしたバラードの展望は、自動-操縦《オート-パイロット》の乗物としてのソフトウェア制御による自動車への移行という、先述の議論に関連してくる。だがバラードの見解が示唆するのは、運転者は、電子制御装置のスイッチを切って自分の手で運転することが不可能になるだろうということだ。自動車は非人間化され、運転者は不在となり、交通のマスター・プログラマーにより命じられたリズムにしたがいながら、電子的知覚をそなえる道路を移動することとなる。これがポスト自動車として予想されるひとつのあり方である。それは、一部の環境主義者のはかない夢としての公共交通への代替による自動車の死ではなく、あるいはジョン・アーリ（Urry, 2004）の論じるような「鉄とガソリン」の自動車の終焉でもなく、オートモビリティ（＝自動車移動）における「オート」の意味のひとつ――好きな時間に、好きな場所へ、好きな方法で運転することのできる自律性――の終焉なのだ。

同時にこうした展望は、いわゆる近代の一望監視的論理にしたがった中央集権的な自動車文化を中心化するような見方に由来しているように思われる。それはまた、西洋に独特な交通の流れのパターンと西洋の経済を基礎として成り立つ考え方でもある。しかし現実には、数多くの自動車文化とそのヴァリエーションが存在しているのである。発展途上諸国ないしは非西洋諸国において、公衆衛生の改革に均等に着手することがますます困難になっているのと同じように、自動車事故が公衆衛生の問題となり、知的自動車《スマート・カー》を制御するのに必要な費用のかかる「知的道路《スマート・ロード》の基盤構造《インフラストラクチャー》」を提供するために政府の資金投入が命じられるということは想像しがたい。包括的な車両登録、監視のモニタリング、車両安全証明の体制といったものの施行を目論んでいる、もっとも警察的関心の強い国家にとってさえ数多くの障害が横たわっているのである。現在あるいは将来において、世界中を走っている新旧の自動車の大部分が、最低限のソフトウェアしかもたない「知的でない《アンスマート》」自動車のままであるということは十分にありそうなことだ。このようにしてわれわれは、運転システムを統制しようとする国家や他の機関による諸力の投入と、さまざまな持続的な自動車文化に見いだしうる自動車を使用する多種多様なやり方とのあいだの、和解しがたい緊張関係へと引き戻されることになる。

以前の版のイントロダクションにたいして有益なコメントをしてくれた、ロイ・ボイン、マイク・ヘップワース、ナイジェル・スリフト、ジョン・アーリ、クーズ・ヴェンに感謝したい。またニール・カーティスとスーザン・マンスロープは、本書をまとめるうえで大きな貢献を果たしてくれた。本書のアイディアの一部はアーノルド・アウグスト・フランコ・デ・セキエラ、アナ・ザヒラ・バシットとともにサンパウロ大学でおこなったブラジルにおける自動車事故死をめぐる議論に由来している。

（1）ここで思い起こされるのは、社会学は固定的な境界をもつ諸制度に相対するものとして、運動《ムーヴメント》、旅《トラベル》、移動《モビリティ》に焦点を当てるべきだとするジョン・アーリ（Urry, 2000）の議論である（Featherstone, 1995, 2000; Lash and Urry, 1994; Rojek and Urry, 1997 も参照）。こうした社会学の「代替的パラダイム」は、フランス社会学においてガブリエル・タルドの仕事にまで遡ることができる。タルドは、彼の同時代人エミール・デュルケムに認められるような社会的再生産への関心の集中に対抗するかたちで、革新や創造に照準を当てる社会学を展開しようとしたのである（Alliez, 2001; Latour, 2002; Toews, 2003 を参照）。ドイツの社会・文化科学の伝統ではディルタイやジンメルの生の哲学があり、両者はいずれもゲーテの生の哲学を援用している。哲学においてこのように生、生成、一元論、差異といったものを強調する見方は、ライプニッツの「モナドロジー」にまでその由来をたどることができる。ベルクソンの生気論は二〇世紀初頭における重要な仕事である（Lash, 2005 を参照）。より近年では、流れ《フロー》、生成、逃走線、脱領土化などを強調するドゥルーズ派の語彙が影響力をもってきた（Goodchild, 1997 により編集された『理論・文化・社会』（*Theory, Culture & Society*）誌のドゥルーズ特集号を参照）。さらに複雑性理論との興味深い並行関係も見受けられる（Thrift, 1999; Urry, 2003）。『理論・文化・社会』誌は現在、ネオ生気論、複雑性理論、タルド、そして「生」についての特別号および特集欄を準備中である。その最初にあたる「生命プロセス」についての号は二〇〇四年一一月に刊行予定である（Fraser et al., 2004, 近刊を参照）。

（2）「再帰的近代」としての「第二の近代」をめぐるウルリッヒ・ベックの理論も参照（Beck et al., 2003）。非線形的システムが「全体的な標準的カオス」を調整しているこの「再帰的近代」にあっては、フィードバック・ループによって非平衡が増大し、意図せざる結果や予測不能性がより大規模なかたちで引き起こされる（Lash, 2002 を参照）。

（3）貧しい国々において事故発生率が高くＧＤＰへの影響が大きいというだけではなく、自動車事故は、あらゆる場所で貧困層の人びとに不均衡な仕方で影響をおよぼしている。被害者の大多数を占めるのは貧困層の人びとであり、彼らは回復に長期間を要する怪我をした場合に継続的な支援を受けることができない（WHO, 2004: 4）。

（4）この報告書が論ずるところによれば、交通事故による負傷は、心臓疾患、癌、脳梗塞とともに予防可能な公衆衛生上の問題——それは介入にたいして良好な反応を示す——とみなされなければならない（WHO, 2004: 19）。歩行者およびサイクリストの死亡や負傷の予防を例にあげてみよう。ヨーロッパでは、致命的な負傷を受けた歩行者の六六パーセントが自動車に正面から衝突されている。車のフロント部を対象に定期的な性能試験をおこなったり、比較的安価な改良（製造過程に加える場合は一〇ユーロと見積もられる）をほどこしたりすることで、こうした死亡を二〇パーセント減少させることができる（WHO, 2004: 26）。一方、ルーバーやブルバーといったよく見受けられる改造——田舎の地域で動物と衝突した場合に、運転者を保護するのにいくぶん役立ちうるチューブ状の仰々しい増設用フェンダー／バンパー――は、都市や郊外の地域にあっては、歩行者の被害者に標準的な車よりも重大な負傷をもたらすことがある。ここでそれらはむしろ誇示するためのモノとして、言い換えれば、より「男性的」でたくましくみえる四輪駆動やSUV（スポーツ・ユーティリティー・ヴィークル）を求める傾向に合わせた流行の「スポーティ」なアクセサリーとして機能している。

（5）ある事故がもたらす長期的な個人的・社会的コストについて説明している囲み記事1・1「自動車事故の統計の背後にある人間的悲劇」を参照（WHO, 2004: 6）。

（6）このプロセスは長い歴史をもっている。シンガー（Singer, 1995）は一八九〇年代末／一九〇〇年初頭において、近代の都市生活がもたらす危険、なかでも大都市交通の恐怖――とくに電気路面電車の危険――について少なからぬ不安があったという点に注目している。センセーショナルな新聞は好んで歩行者の死を扱った劇的なスケッチを掲載し、路面電車の車輪のもとで「虐殺された子供」の「大量殺戮」について語っていた。それからまもなく自動車について同様の懸念が出てきた。大都市において生じる大都市交通による事故死の暴力性、突発性、無差別性をめぐる不安と恐怖は、ジンメル、ベンヤミン、クラカウアーが注目していた刺激やショックや緊張の増大と結びつけることができる。このような事故を描写するメディアのセンセーショナリズムにくわえて、われわれの社会には、バラード（Ballard, 1975）の小説に関連するような、運転および事故をめぐるセンセーションの直接的経験の探求や、それをめぐる美学――この点については以下で論じられる――といったものも見受けられる。

（7）自動車事故による死亡を指してノルベルト・エリアスが「殺人」という言葉を用いることは、一部の人びとに少し強い印象を与えるかもしれない。とはいうものの一方、彼の仕事の中心をなしているのは、暴力の制御と文明化の過程にかかわる全体的な論点、そしてまた「いかにして私たちはお互いを殺し合うことを止められるようになるのか」という重要な問いにほかならない（Elias, 1994を参照）。

（8）交通事故死と負傷をめぐる統計については、世界中で実施されているデータ収集の体制が異なるという点で、比較可能性に大きな問題が課せられているのは明白である。この問題には、事故をめぐる定義の違いや、事故から死にいたるまでの時間のうち、なおも交通事故死として数えられる時間の長さの違い、事故報告のうえでの注意深さ、等々が含まれる。ＷＨＯの報告書（WHO, 2004: ch. 2）はこれらの問題を詳細に調査し、過小報告を考慮したうえで調整した数字を提供している。

(9) 中国では二〇〇四年五月に、全国で一日に三〇〇人近くといわれている路上での大虐殺を抑制するべく、中国初の道路交通安全法を導入したと報じられている。この新しい法律は、歩行者や自転車などの原動機をもたない乗物を含むあらゆる事故について、誰の過失によるものであれ運転者に責任があるとするものである。交通部公路司司長の張剣飛は「わが国は世界の自動車の二パーセントしか保有していないのだが、交通事故による死者は世界の交通事故死者の一五パーセントを占めており、しかも何年にもわたって世界一の地位にある」と述べている。中国では二〇〇三年に約一〇万四〇〇〇人もの人びとが交通事故で死亡している。中国のカオス的な道路事情の背景にある主要な原因として、張は、運転技術の低さと運転者の側での交通安全感覚の欠如をあげている。新しい法律によれば中国の歩行者には、指定された交差点での優先通行権が与えられることになる。これはつまり、自動車は――現行の慣行では歩行者をほとんど無視してしまっているのだが――道路を横切る人びとのために止まらねばならないということを意味している（Sapa-AFP 28 April 2004, 引用は motoring.co.za による）。

(10) 一〇万人ごとの死亡者数という数字は大まかな比較の手段となる――国ごとの分類や報告実践の違いはあるとしても。エリアス（Elias, 1995: 23）の調査は、登録車両（自家用車およびタクシー）一万台ごとの死亡者数から算出した割合にもとづいている。この割合は、死亡を自動車の量に関連づけうるという利点をもっているが、ある時点において同様に路上にいると考えられる歩行者、サイクリスト、あるいは非登録車両を含むその他の乗物の量や密度については教えてくれない。こうした歩行者やその他の小さな乗物という後者のカテゴリーは、西洋以外の一部の国々の統計を理解するうえでとくに重要である。

(11) イギリスでは一九三〇年代に『交通規則集』の最初の版――その後多数の版を重ねることとなる――がＨ

ＭＳＯ〔政府刊行物発行所〕により刊行された。同様の交通規則集は他の多くの社会に見ることができる。ブラジルでは、交通事故死者数の多さへの市民と政府の懸念が強まるなか、二〇〇〇年に『交通規則集』の見直しと精緻化がおこなわれた。中国では（注9を参照）公路司が政府と連携しつつ、運転行動をめぐる規則や事故における運転者の責任についてより明確な規定を——実質的には規則をより正確に定義するとともに違反にたいする法的罰則を科すことによって——試みている。

（12）ド・セルトーは都市での運転よりも歩行のほうに好意を寄せているが、それが意味をなすのは遊歩者——つまり都市のもたらす感覚刺激を経験し、情報の流れに身をさらす人物——を基準として運転者を評価しようとする限りにおいてである。運転者は前方の道路に意識を集中させ、金属とガラスの殻に包まれ、感覚刺激や情報と切り離されたかたちで都市を移動してゆく。だがそれとは反対の状況、つまり車が運転者を外の世界と結びつけるために利用される状況も思い描くことができる。自動車は相互的な地位の誇示と可視化のために利用しうるのであり、その場合には運転はゆっくりとした速度での行進となって、運転者や同乗者が体現する人格《ペルソナ》と自動車の人格《ペルソナ》の両方を提示することにアクセントが置かれる——カリフォルニアの小さな町での十代の少年たちのカークルージングとドラッグ・レース文化を扱った『アメリカン・グラフィティ』（1973, ジョージ・ルーカス監督）にみられるように。

（13）多くの国々で使用を規制する法令が施行されているにもかかわらず、運転中の携帯電話使用は日常的になってきている。携帯電話の先触れとなったのはＣＢ無線の使用——しばしばトラック運転手による——である。携帯電話とは違ってＣＢ無線は、直接的に交通のなかで車同士の布置状況《フィギュレーション》を構成している人びと（知っている者同士だけでなく見知らぬ者同士の場合もある）のあいだでの会話に用いることができた。映画『コンボイ』（1978, サム・ペキンパー監督）は、一匹狼の「自由市民」たるＣＢトラック運転手たちを英雄的に扱っている（Packer, 2002 を参照）。

（14）二つの身体という概念は、ジョン・オニール（O'Neill, 2004）の著作『五つの身体』から援用している。自動車のコミュニカティヴな表示可能性については、内的身体（内的器官の働き、健康状態）と外的身体（表示、自己の提示）とのあいだの関係をめぐって、さまざまな理論化の方向性を考えることができる（Featherstone, 1982）。自動車は明らかに他の運転者が健康だとか病気だとか解釈することのできる内的身体をもっている。ここで念頭に置かれるのは、ボンネットの下にある見えない部分（エンジン、変速機、操舵装置、その他の装置）の状態であるが、それはとりわけ何か変わったことが起きたとき――車の速度が落ちる、奇妙な動き方をする、停止する、黒い煙を吐く、あるいは極端な場合には炎に包まれ燃えてしまう――に、そのパフォーマンスや挙動のうちに可視化される。古い車や新しい車にはしばしばその年数を示すような可視的特徴がある。だが自動車の内部としてはもうひとつ別のもの、つまり運転者と同乗者のための区画がある。そこに収まる運転者、その他の人びと、動物、等々の身体が外部の人びとの目に触れる程度はさまざまである。

（15）こうしたコミュニケーションないしは日常的民族誌《エスノグラフィ》の可能性は、さらに他の自動車の速度や交通量によって左右される。車の流れが遅いときや渋滞のときに他の運転者や乗客を細かく吟味しうる可能性がより大きくなるのは当然だが、しかしその場合でも運転者が「運転をしている」ところ、奇妙な動きや華麗な動きをまさに実践しているところを確認できる可能性はなお低いままである。より開けている道路、高速走行が可能なほど交通量が少ないか中程度の高速道路であれば、運転による誇示の可能性もまた大きくなる。ここで思い起こされるのは、サンパウロのマルジナル・ピニェイロで六車線の車の流れを内側から外側へと、わずかなすき間をすり抜けて斜めに横切ってゆく若い運転者たちである。

（16）これは「いかに人の表情を本のように読みとるか」といった類の自己啓発書にみられるように、相互作用する行為者同士がつねに互いの行動を細かく吟味し、自分の振る舞いを再帰的にモニタリングしているということを意味するのではない（ここで表情の分類についてはEkman, 2003; Ekman and Friesen, 2003を参照。またFeatherstone, 1982も参照）。そうしたアプローチの問題点のひとつは、日常的な相互作用の大部分が再帰性の低いかたちで働いている――さまざまな判断がハビトゥスに導かれるかたちで意識のレベル以下で働いている――ということが無視されかねないということである。「身体で表出される思考のうち、おそらく九五パーセントは非‐認知的であるのだが、一方、アカデミックな思考のおそらく九五パーセントは、これまで意識的な「自我」の認知的次元に注意を集中させてきた」と力説しているナイジェル・スリフト（Thrift, 2000: 36）の議論を参照されたい。

（17）同様にダント（Dant, 2004）は「サイボーグ」という用語を使うことにあまり熱心ではない。彼によればその語は、人間の身体機能の代替やその強化として用いられる、身体に組み込まれるフィードバックシステムだけを指すのに使われるべきなのだ（Featherstone and Burrows, 1995; Haraway, 1985; Lupton, 1999 を参照）。

（18）ジェームズ・J・ギブソンが用いた影響力の大きい用語であり、環境が動物や人間に提供する諸々の可能性を指す（Dant, 2004; Edensor, 2004; Michael, 2000 を参照）。

（19）自動車事故をめぐっては無数のウェブページが存在する――ビデオテープやＤＶＤの小売店によるものだけでなく、主流の雑誌や新聞、さらにはお気に入りの事故や自動車の映画を扱った自分のページを作成している個人によるものまで。

（20）若い男性や十代の若者はまた、スピードとスリルを売り物にするコンピュータ・ゲームにも惹きつけられている――たとえば大きな成功を収めていくつもの版を重ねた『グランド・セフト・オート』は、イギリスとアメリカのゲーム・チャートのトップを占め、過去五年間で二〇〇〇万本以上を売り上げた。プレーヤーは街の悪漢を演じ、武器を携えて、自動車を盗んだり、破壊したり、歩行者や他の運転者に向けて発砲したりといったこと――そこにはカーチェイスや追跡も入っている――を含むミッションを果たすものである。報じられているところでは、二人の十代の若者がある男性を殺害したときに、その暴力シーンを模倣したのだと供述したため、メーカーは六〇〇〇万ポンド以上の訴訟を起こされているという。これにより、ゲームと攻撃性とのつながりをめぐる議論が再燃することとなった（*Independent*, 18 September 2003）。最新版のグラフィックはその質がますます「映画的」になっており、運転や衝突などの感覚はより写実的になっている。興味深いことに、今日のアクション映画のなかには、映画にゲームのマーケティングを絡めているもの（たとえば『マトリックス』）がある。ゲーム版のほうが映画よりも総収益が大きくなる場合があり、ゲームは大きな生産投資にたいして十分な利益をもたらすと考えられているのだ。

（21）交通を監視し、速度に関連する事故を減少させるために道路沿いのカメラを利用することは、現在、安全性の全世界的な傾向となりつつある。イギリスではこのために厳格な実施や不当な罰金と思われるものへの反対運動が起こり、なかにはカメラが破壊されるというケースもあった。政府側による譲歩は、一部のカメラボックスを黄色に塗装して目につくようにするというものであった。ノルベルト・エリアスの用語法でいうなら、これは内的制御（運転規範）から外的制御（信号、テクノロジー、さらには罰金や禁止の措置による行動の監視）への退行的な動きとみなすことができる。

（22）映画スターのリチャード・バートンもまた、車の運転とギャンブルとの結びつき――リスクを冒したり幸運に身をまかせたりすること――に魅力を感じていた者の一人である。彼はブレーキを踏まずに車を走らせたり、田園地方の見通しのきいた交差道路を猛スピードで突っ切ったりと、一種のロシアン・ルーレットをやることで有名であった。自分の生命を運にまかせながら犠牲の引き受けを拒むことは、本質的に無意味と思われる世界になんらかの意味や価値（一時的であるにせよ）を注入することとみなされる。リチャード・バートンはフランスの小説家アルベール・カミュの崇拝者であったが、カミュ自身もまた自動車事故で死亡している。

（23）この映画は、ロンドンの『イブニング・スタンダード』紙により「途方もなく堕落した映画」と呼ばれた。バラード（Ballard, 1975: 9）は、その小説は「テクノロジーにもとづく最初のポルノ小説」であると述べている。クローネンバーグによれば、ポルノグラフィは表象の文化のうちで作用するものである以上、登場人物が「情動の死」を演じるその映画は「反 - ポルノグラフィ的」であるという。映画では護符や身体文様にみちた一種の「都市の原初的なカルト主義」のうちで、性と死が結びつけられている（Brottman and Sharrett, 2002: 201）。『クラッシュ』におけるテクノ - セックスは、「適切な」性交渉をめぐるブルジョワ的観念から遠ざかっているように思われる。バラードの小説に出てくる登場人物の一人は、自動車衝突は「人間有機体とテクノロジーというセックスのあいだの結婚」であって、破壊的な出来事ではなく「受胎をもたらす出来事」とみなすべきだと主張する（Brottman and Sharrett, 2002: 201）。

自動車移動《オートモビリティ》の「システム」◎ジョン・アーリ

今日、われわれが経験しているのは、従来のいかなる都市文明にも知られていない移動の容易さである。……われわれは個人の自由な移動を、ひとつの絶対的な権利とみなしている。自家用車は、この権利を行使するために当然必要な道具であり、その結果、公的空間、とりわけ都市の街路空間にはつぎのような効果がもたらされる。すなわち空間は、もしそれが自由な移動に従属しないならば、無意味であるか腹立たしくさえあるものになってしまうのだ。(Sennett, 1977: 14)

自動車移動とその自己拡張

前世紀のあいだに一〇億台の自動車が製造された。現在のところ、世界中で七億台の自動車が走っている。全世界における自動車移動は、一九九〇年から二〇五〇年のあいだに三倍になると見込まれている(Hawken et al., 1999)。あらゆる国々がつぎつぎと「自動車移動の文化」を発達させているが、そのなかで現在もっとも目覚ましいのは中国である。二〇三〇年頃には世界中の自動車台数が一〇億台になっている可能性がある（Motavalli, 2000: 20-1）。

けれども奇妙なことに自動車は、その支配的特性が映画やテレビ、とりわけコンピュータといった通常グローバルなものを構成するとみられるテクノロジーよりも、それがもたらす結果においてさらに体系的であり強力であるにもかかわらず、「グローバリゼーション論」のなかではこれまでほとんど議論されてこなかった（Castells, 2001 を参照）。この論考で私は、自動車移動とはどのようなシステムなのか、その支配的性格はどのように行使されてきたのか、そしてこの体系的な支配の終焉を想定しうる可能性があるのかどうか、という諸点について考察する。

そのような自動車移動のシステムは六つの要素から構成されている。それらの要素は組み合わせ《コンビネーション》によって、自動車移動が行使する「支配的特性」を生成し再生産するものである（Sheller and Urry, 2000 における元の議論を参照）。自動車移動とは、

(1) 典型的な製造物であり、それを生産したのは二〇世紀資本主義における主導的な産業セクターであり、イコン的な企業（フォード、GM、ロールス・ロイス、メルセデス、トヨタ、VW、等々）であり、そしてフォーディズムやポストフォーディズムといった決定的な社会科学の概念を生み出した産業である。

(2) 住宅に続く個人消費の主要な品目であり、その記号的価値（たとえば速度、セキュリティ、安全性《セーフティ》、性的欲望、職業的成功、自由、家族、男らしさ）をつうじて——あるいは名前をつけられたり、反抗的な性質をもっていたり、年寄りにみえたりする、等々の点で擬人化されやすいことから——所有者／利用者にステータスを提供するものである。それはまた刑事司法制度の大きな関心事になっている（Miller, 2001）。

(3) 並はずれて強大な複合体《コンプレックス》であり、それは他の産業――自動車部品や付属品、ガソリンの精製や配給、道路の建設と管理、ホテルやロードサイド・サービスエリアやモーテル、自動車販売や修理工場、郊外の住宅建築、小売りや複合レジャー施設、広告やマーケティング、都市設計や都市計画、石油資源にめぐまれた国々、等々――との技術的・社会的な相互連関をつうじて構成される（Freund, 1993）。

(4) 「準‐私的」な移動の支配的かつグローバルな形態であり、それは徒歩や自転車や鉄道旅行といったその他の移動手段を従属させ、あるいは人びとが仕事、家族生活、幼年期、余暇、娯楽といったものの機会や制限と折り合いをつける方法を再組織化する（Whitelegg, 1997）。

(5) 支配的文化であり、裕福な生活とはどういうものであるのか、また、市民にふさわしい移動には何が必要であるのかについての主要な言説を支えている――それは潜在的に文学的・芸術的なイメージやシンボル（E・M・フォスターから、スコット・フィッツジェラルド、ジョン・スタインベック、ダフネ・デュ・モーリエ、J・G・バラードにいたる）を提供する（Bachmair, 1991; Eyerman and Löfgren, 1995; Graves-Brown, 1997を参照）。

(6) 環境資源利用のもっとも重要な単独の要因である。このことは自動車や道路、自動車専用の環境をつくるのに用いられる資材、空間、エネルギーの規模と、それにくわえてグローバルな自動車移動がもたらすさまざまな汚染、すなわち物質、大気質、医療、社会、オゾン、視覚、聴覚、空間、時間にかかわる環境汚染、等々の帰結である。交通は二酸化炭素排出原因の三分の一を占めており、二〇世紀の多くの戦争の間接的原因になっている（Adams, 1999; Whitelegg, 1997）。

自動車移動《オートモビリティ》という言葉は二重の意味を表現している。自伝《オートバイオグラフィ》の概念にあるような人間主義的な自己という意味と、自動的《オートマティック》とか自動機械《オートマトン》とかいう場合の、動く能力をもつモノや機械という意味である。こうした「オート」の二重の響きは、いかに「自動車‐運転者」というものが特定の人間活動、機械、道路、建築、記号、および移動の文化のハイブリッドな構成《アセンブリッジ》＝集合体であるかを示している（Thrift, 1996: 282-4）。「オート」モビリティはそれゆえ、自律的な人間と、それに結合した機械——小道、細道、街路、経路を通ってひとつの社会から別の社会へと自律的に移動してゆく能力をそなえた——を含んでいるのだ。重要なのは「自動車」そのものではなく、こうした流動的な相互連関のシステムにほかならない。スレイターはつぎのように論じている。「自動車はその物質性のゆえにではなく、供給システムや種々のカテゴリーが安定した形態に「物質化」しているからこそ自動車なのであり」、自動車が自動車‐運転者のハイブリッドに提供する独特のアフォーダンスはここから生み出されているのだ（Slater, 2001: 6）。

　とりわけ考察しておく必要があるのは、自動車移動が世界中で自身を創出し改変してゆくときに、それがどのような安定した形態ないしは「システム」を構成するかという点である。これを「ウィルス性」とみなすこともできるだろう——北アメリカで発生し、世界の隅々にいたる社会体《ボディ・ソシアル》のほとんどの部分に強い伝染力をもって広まり、支配的な位置を占めるにいたったものとして。実際ある程度において、貧しい国であるほどこのウィルスの力は強大になるのだ（Miller, 2001 におけるさまざまな研究を参照）。

　けれども私はここで、非線形的システムないしは複雑性という定式化を選択したい（Capra, 1996, 2001; Nicolis, 1995; Prigogine, 1997; Urry, 2003 を参照）。自動車移動は、自己組織的かつオートポイエティックな非線形的システムとして概念化することができる。それは世界中に浸透し、自動車、運転者、道路、ガソリン供給、および多くの新しいモノ、テクノロジー、記号、等々を包含するものである。そのシステムはみずからの自己拡張の前提条件を生成する。ルーマンはオートポイエーシスをこのように定義している。

……ユニットとしてシステムに用いられるものはすべて、システムそのものによりユニットとして生み出される。このことは、要素、過程、境界、それに他の構造や——最後にあげるが劣らず重要なこととして——システムそのものの統一性に当てはまる。(Luhmann, 1995: 3; また Mingers, 1995 を参照)

つぎの節では、いかにして自動車移動が、その自己生産の能力により「ユニットによってユニットとして使われる」ものを生み出すのかが示される。ますます多くの自動車が、それが前提すると同時に産出しているものに対処することが必要になっているが、そのような必要性は、自動車移動による時間と空間の再編成をつうじてつくり出されているのである。

こうした自動車移動のシステムは、一九世紀末より成立してきた経路依存的パターンに起因している。経済と社会とが、金属とガソリンの自動車と私が概念化するもののうちにひとたび「ロックインされる」と、自動車やそれに関連する基盤構造《インフラストラクチャー》、生産物、サービスを生産し販売する人びと、等々に巨大な収益の増大が生じることとなった(利益の増大については Arthur, 1994 を参照)。より全般的な社会生活は、自動車移動が産出し前提する移動の様式のうちに不可逆的な仕方でロックインされていった。この移動の様式は社会的に必然的でもなく不可避的でもないのだが、そこから脱するのは不可能であるように思われてきた(だが以下をみよ)。相対的に小さな諸原因から不可逆的なパターンが成立し、これが驚異的な前世紀——たしかにそれを名づけるとすれば「自動車の世紀」となる——にわたって、自動車移動の自己拡張の前提条件を確実なものにしてきたのである。

私はここで時間 - 空間を再編成する自動車移動の並はずれた力について、とりわけそれに特徴的なフレキシビリティと強制力の組み合わせという点に注目しつつ考察することとしたい。自動車移動の自己拡張の前提条件を確実にしてきたのは、この再編成にほかならないからである。

しかし私はそれに続く節で、自動車のシステムを別の方向に転じさせうるいくつかの小さな変化について考える。それらはダイナミックな相互依存性をつうじて、自動車移動を超えて、つまりは鉄とガソリンの自動車を超えて、新たな移動のシステムへと向かう転換を引き起こしうる変化である。私はこの潜在的に創発的なシステムを「ポスト自動車」と名づける。経路依存性、収益の増大、創発性、および転換点といった用語を使って、こうした複合的なシステムの変化について検討することとしたい(1)。

自動車移動と時間 - 空間

自動車移動は、通勤、家族生活、共同体、余暇、移動の楽しみ、等々にかかわる新たな社会性を不可逆的なかたちで方向づけてきた(2)。自動車移動の増大がもたらしたのは主に新たな移動《ムーヴメント》であって、自動車による公共交通機関の代替ではなかった(Adams, 1999; Vigar, 2002: 12)。イギリス総合交通センターのデイヴィッド・ベグは明確に述べている。「自動車での移動のほとんどは、公共交通機関ではけっしてなされなかったものである。自動車のフレキシビリティのおかげで余分な移動が促進されることになったのだ」(引用はStradling, 2002による)。こうした新たな移動は、自動車がひじょうにフレキシブルであり、かつ全体として強制的であることに起因している。

自動車移動は自由、すなわち「道路の自由」の源泉である。そのフレキシビリティのおかげで車の運転者は、西洋社会の複雑な道路システム――大多数の家々や職場や娯楽地を結びつける(しかもその費用は公共的に支払われる)道路システム――にしたがって、いつでもどの方向にでも移動することができる。自動車は人びとが行くことのできる範囲を拡張し、それゆえ文字通り人びとがなしうることを拡張してくれる。「社会生活」の大部分は、自動車のフレキシビリティと二四時間の利用可能性がなければとりかかることができないだろう。自動車であれば出発が遅れてもよく、乗り継ぎに間に合わないという問題もなく、相対的に時間に影響されずに移動できるのである。

しかしこのフレキシビリティは自動車移動によって余儀なくされたものである。「自動車空間の構造」(Freund, 1993; Kunstler, 1994) は移動と社交性を、大きな距離を超えて、複雑かつ多様なやり方で組み合わせることを人びとに強制するのだ。都市環境は歴史的に密接に統合されていた家庭、仕事、ビジネス、娯楽、等々の領域を「切り離し」、共有された公的空間での社会的実践を断片化してきた (SceneSusTech, 1998)。自動車移動は職場を家庭から分離し、都市への、あるいは都市間の長く退屈な通勤を生み出す。それはまた家庭と商業地区を切り離し、徒歩や自転車で行けるような地域の小売店を衰えさせ、繁華街や車の通らない小道や公的空間を蝕んでゆく。それは家庭と娯楽地を引き離し、そうした娯楽地はしばしば自動車交通でしか利用できないものとなってしまう。家族の成員は離れた場所に住んでばらばらになり、ときおり会うだけでも複雑な移動が必要となる。家庭的な、繭に包まれた、移動するカプセルに閉じ込められた結果として人びとは、混雑のうちに、渋滞のうちに、時間の不確定さのうちに、そして健康を脅かす都市環境のうちに住まうことになるのである。

自動車移動とはそれゆえ、人びとを高度のフレキシビリティへと強制するシステムなのだ。それは人びとに、自動車移動そのものが生み出す時間的・空間的な束縛にうまく対処するべく、断片的な時間をやり繰り《ジャグル》することを強いる。自動車移動は、自由とフレキシビリティの領域へと個人を拡張するフランケンシュタイン的な怪物にほかならない。その領域にあって自動車への居住は、ポジティヴに受けとめられたり、そのための精力的なキャンペーンが展開されたり、それを求めて争われたりすることもあるが、しかし他方、そこにあって自動車の「利用者たち《ユーザー》」は、空間的に引き延ばされ、時間的に圧縮されたかたちで生活を送るよう強制されもする。自動車は文字通りの近代性《モダニティ》の「鉄の檻」――モーターライズされた、移動する、家庭的な「鉄の檻」――なのである。

自動車移動は複雑な、多様な、また流動的な仕方で対処すべき「瞬間的」時間をつくり出す。自動車移動は多くの瞬間的・断片的な時間の個人主義的タイムテーブル化をともなう。車の運転者はそれゆえ、一九世紀中頃の鉄道に付随していた移動の公的《オフィシャル》な時刻表――これは公的《パブリック》な時刻表にもとづく近代的な時計時間《クロック・タイム》であった――ではなく、瞬間的時間のもとで活動するのである。一九〇二年にある運転者が書いているように、「旅行は最高度の自由な活動を意味するのだが、しかし列車は人に受動性を強いてくる……鉄道は人を無理やり時刻表に押しこめてしまうのだ」（引用はMorse, 1998: 117による）。近代的な鉄道時刻表の客観的な時計時間《クロック・タイム》は、人びとが自分の自動車（もし所有していれば）のなかで生活を送ったりそれを利用して生活を送るようになるにつれて、個人的・主観的な時間性にとって代わられるようになる。ここから自己の再帰的モニタリングが生じる。人びとは、自動車移動のような「抽象的システムにより選別《フィルター》された複数の選択肢をコンテクストとして……一貫した、だがつねに書き替えられる伝記的物語」を維持しようとするのである（Giddens, 1991: 6）。自動車移動は人びとに、断片的な時間をうまくやり繰りして複雑で壊れやすく偶発的なパターン――このパターンは再帰的自己についての自作の物語を構成する――からなる社会生活を組み立てるよう強いてくる。自動車移動はこのようにして、いまのところ自動車だけが満たすことのできるフレキシビリティへの欲望を生み出すのである。(3)

自動車による移動のシームレスさは、その他の移動のモードをフレキシビリティに欠けた断片的なものにしてしまう。いわゆる公共交通機関は、こうした種類のシームレスさを提供することがほとんどない（リムジンによる空港送迎サービスのついたファーストクラスでの航空旅客は例外として）。公共交通機関のさまざまな機械的手段のあいだには数多くのギャップがある。半公共空間のこうした「構造的な穴」は、不便さ、危険性、不確実さの源泉となる。そしてこのことは、とりわけ女性、子供、高齢者、人種差別的な攻撃にあう可能性がある人びと、体が不自由な人びと、等々に当てはまる（SceneSusTech, 1998）。

個々人の時間が互いに非同期化するにしたがい、空間移動は道路のリズムに同期化するようになる。歩行者のゆったりとした相互作用や移動は、厳密に制御された機械の移動——ひじょうに複雑な記号システムにしたがいながら、道路の片側を車線をはみださず一定の速度のうちで走る（というのが望ましいのだが！）——に道をゆずる。運転は信頼にもとづく「公衆」を——すなわち、すべての「道路の市民」に利用可能な一種の標準的空間ないしは非 - 場所にあって、互いに見知らぬ者同士《ストレンジャー》が共有されたルールにしたがい、共通の視覚的・聴覚的シグナルによってコミュニケートし、アイコンタクトもなしに相互作用ができる、そのような「公衆」を——必要とする（Lynch, 1993 を参照）。自動車の運転者は、日常的なエチケットや道路にいる他のすべての人びととの対面的相互作用を免除されている。アドルノは早くも一九四二年に書いている。「そしてただエンジンの力のゆえに、というだけでも、歩行者や子供やサイクリストといった街路のクズどもを一掃したいと誘惑されない運転者がどこにいるだろうか？」（Adorno, 1974: 40）。自動車による移動は他の人びと（歩行者、通学中の子供、郵便配達人、ゴミ収集人、農夫、動物、等々）のタスクスケイプを妨害するのだが、他方、そうした人びととの日々のルーティンは、動きのゆっくりとした小道や住居のあいだを容赦なくすっ飛ばしてゆく自動車にとって邪魔になってしまう。交差点やロータリーやスピード防止帯は、入念に筋書きを決められた車同士の相互作用の契機を示しているのだが、そこにあって車以外の道路の利用者は、自動車‐運転者のハイブリッド――その日の複合的な仕事を時間内に終わらせるにはどうしても必要となる通常の走行速度に戻ろうとしている――にとって障害物となる。西洋社会の道路に居住することは、匿名的な機械――その幽霊めいた存在はあまりに速く移動するので、直接それを知覚すること、とりわけ目で見ることはできない――の世界に入り込むことにほかならない。

ジンメルがここに関連してくる。彼の考えでは、目は独特の「社会学的達成」にほかならない（引用はFrisby and Featherstone, 1997: 111による）。互いにまなざしを交わすというのは、個々人の関係や相互作用に影響を与えることがらなのだ。ジンメルはこれをもっとも直接的かつ「純粋な」相互作用と呼ぶ。人びとが交わすまなざし（いまでは「アイコンタクト」と呼ばれるもの）こそが強烈な親密さの瞬間を生み出すのだが、というのも「目は同時に与えることなしには得ることができない」からである。まなざしこそが個人と個人との、顔と顔との「もっとも完璧な交換」を生み出すのだ（Frisby and Featherstone, 1997: 112）。われわれが個人のうちに見るものは彼らのなかの永続的な部分、すなわち「彼らの生の歴史であり……永遠の天賦の資質である」（Frisby and Featherstone, 1997: 115）。ジンメルはさらにまなざしによる所有という概念にしたがい、視覚というものは人びとに、他の人びとのみならずさまざまなモノや環境の――しばしば距離を隔てた場所から――所有を可能にさせるのだと論じている（Frisby and Featherstone, 1997: 116）。視覚は距離化と支配力とを結びつけることで、人とモノの両方の世界を遠くからコントロールすることを可能にする。距離を求めることではじめて、日常的経験の喧噪から引き離された妥当な「眺め」が得られるのだ。

自動車移動は、こうした目の達成のいずれをも不可能にしてしまう。とりわけ車以外の利用者にとって、道路はまさに移動する危険な鉄の檻でいっぱいの場所である。まなざしが交換されることはなく、「機械のなかの幽霊」からまなざしが返されることもない。人びとの共同体は、顔のない幽霊めいた機械たちの匿名的な流れへと変容してしまう。鉄の檻は豊かな表情を隠してしまい、乗物だらけの道路は〔まなざしによる〕所有が不可能なものとなってしまう。鉄の檻にたいしては距離も統御もありえない。むしろ路上に生きている人びとは喧噪――とりわけ騒音、ガス、および統御も所有も不可能な情け容赦のない自動車の動き――によって集中砲撃を受けるのだ（感覚についてはUrry, 2000: ch. 4を参照）。

より一般的にいえば、「モダニストの都市の風景は、自動車移動を促進し、他の形態での人間の移動を妨げるように建設されている……私的な世界［のあいだの移動］は自動車により死んだ公共空間をつうじてなされる」(Freund, 1993: 119)。世界の大部分が自動車専用の環境――スーパーモダニティの非‐場所《ノン‐プレイス》(Augé, 1995; Merriman, 2004)――から成り立っている。ロンドンのおよそ四分の一、ロサンゼルスの半分近くが自動車専用環境に充てられている。そしてそうした環境は、見たり、聞いたり、匂ったり、味わったりできるもの（その空間的・時間的範囲はそれぞれの感覚によって変わる）を変容させ、周囲の環境に空間的・時間的な支配力をおよぼす。それらは自動車の運転者が「車‐の‐なかに‐住まう」ときに、そこへと隔離される移動の場所なのだ。そうした環境は、「都市的」なるものにたいする流動性の勝利をあらわしている（モーテルについてはMorris, 1988を参照）。

さらにいえば運転者は、居心地のよい――束縛的であるにせよ――ひじかけ椅子に固定され、マイクロエレクトロニクスの情報機器や、制御機器、娯楽用の装置などに囲まれることとなる。ウィリアムズはそれを「モバイルな私化《プライヴァタイゼーション》」と呼んでいる(Pinkney, 1991: 55を参照)。一九四九年のフォードのパンフレットは「四九年型フォードは車輪のついたリビングルームです」と謳っている(Marsh and Collett, 1986: 11; フォルクスワーゲンのキャンピングカーは「よい眺めつきの部屋」と表現されている)。自動車は、そのなかで諸々の感覚が低下するような部屋である。自動車に乗ると、運転者の運動感覚による動きはほとんどなくなってしまう。それゆえ自動車移動は移動のシステムであるにもかかわらず、ひとたび人が運転席のなかに固定されると最低限の動きしか必要でなくなる。目はつねに危険がないかと用心していなくてはならず、手足はつぎの操作の準備状態にあり、体はしっかりと固定的姿勢をとり、光や音が指示してくることに運転者はすぐに対応しなければならない、等々。他の交通によって、それぞれの車の運転の仕方――その速度、方向、車線など――に制限が加えられる。運転者の身体はそれ自体が断片化され、機械に対応すべく訓練されている。そこで目や耳や手足はすべて瞬間的・恒常的に反応しうるよう訓練されており、その一方で、体を伸ばしたり、姿勢を変えたり、うたた寝をしたり、あたりを見回したり、等々の欲求は抑えつけられてしまう。自動車は運転者の身体の拡張部分となり、極度に訓練された「運転する身体」を中心に組織される新たな主体性をつくり出す（Freund, 1993: 99; Hawkins, 1986; Morse, 1998 を参照）。カリフォルニアのある都市設計家は、「南カリフォルニアの住民は人体に車輪がついているといってもよいだろう」と、早くも一九三〇年に述べている（引用は Flink, 1988: 143 による）。自動車は感覚の拡張とみなされうるため、運転者は金属の皮膚を超えて、その輪郭や形状、およびそれとの関係を感じることができる。イーデが述べているように、「熟練した運転者は縦列駐車をするときに、小さな場所にバックで入り込むのに視覚的な手がかりをほとんど必要としない――自動車が彼自身の身体性の共生的拡張となっているために、彼は車をつうじて、まさに拡張された自分を「感じて」いるのである」（Ihde, 1974: 272）。ＢＭＷ７３３ｉの広告は、「人間と機械の統合……自動車とのほとんど完全な一体化」を約束している（引用は Hawkins, 1986: 67 による）。自動車の車体《ボディ》は、人間の身体《ボディ》の拡張を提供してくれる――壊れやすく、柔らかく、傷つきやすい人間の皮膚を、新たな鉄の皮膚で包んでくれるのだ――他の自動車と衝突することになれば、それは傷つき、つぶれ、裂けてしまうことがあるにせよ（「自動車衝突の文化」については Brottman, 2001 を参照）。ガラスと金属できた私的な繭のなかでは、激しい感情が、別の場合には受け入れがたいようなかたちで解放されたりもする（路上の激怒《ロード・レイジ》についてはMichael, 1988を参照）。

システム変容

これまで私は、現行の自動車のシステムとその大まかな特徴について述べてきた。注意しておく必要があるのは、さまざまな社会集団により自動車が欲望され「住まわれて」きたあり方には複数のヴァリエーションがあるということ[4]、自動車への居住の仕方には歴史的な変遷があるということ、そしてまた、自動車の性質における重要な「技術的」変化が存在するということである[5]。

だが私がここまで示してきたのは、居住をめぐるこうした複数の欲望や形態が、意図せざる結果として、個人に所有され移動性をもつ「鉄とガソリンの」自動車のシステムの拡張を生み出してきたということである。そうした自動車のシステムは一九世紀の最後の十年にはじまり、その後、選好される可能性のあった同時代の別の手段よりもしだいに優位に立つようになった（Motavalli, 2000; これらの代替的な動力源のジェンダー化についてはScharff, 1991を参照）。ガソリンを基盤とする自動車の「経路依存性」が成立して不可逆的な仕方で「ロックイン」されたのである。

一八九〇年代には乗物を駆動する三つの主要な方法があった。ガソリン、蒸気、それに電池であり、後者の二つのほうがより「効率的」であると考えられていた（Motavalli, 2000: ch. 1）。ガソリンを燃料とする自動車が定着したのは、小さな、多かれ少なかれ偶然的な理由によるものであり、ひとつには、ガソリン車が一八九六年にシカゴで開催された「馬なし馬車競走」を完走した、たった二台のうちの一台だったからである。ガソリンのシステムが確立して「ロックイン」された――そのあとに何が起こったのかは、いわば歴史が物語るとおりである。こうして一九世紀の末に一連の順序で生じた小さな諸原因が、二〇世紀――自動車の世紀と呼びうる世紀――に不可逆的な結果をもたらすこととなったのだ。

経路依存性の分析が示すのは、偶発的な出来事から一般的プロセスへ、小さな原因から大きなシステム的効果へ、歴史的・地理的に離れた個々の地点から一般的なものへ、というかたちで因果関係が流れうるということである（Mahoney, 2000: 536を参照）。線形的モデルはいまや、非線形力学の理論家（Capra, 1996, 2001; Nicolis, 1995; Prigogine, 1997）からも、また経験志向の社会学者（アボットの「一般化された線形的リアリティ」にたいするはげしい論難を参照：Abbott, 2001）からも強く批判を受けている。「経路依存性」が示すのは、時間軸における出来事やプロセスの順序は、何十年後もしくは何百年後にようやく判明するような非線形的な道筋に、ひじょうに重要な影響を与えるということである。したがってアボットがいうように「時間が重要なのだ」（2001）。経路依存性はこのように、システムが「ロックイン」によって不可逆的に展開してゆくプロセスのモデルなのである。だがそれを開始するのに必要なのは小さな原因にすぎない――QWERTY配列のキーボードの偶然的な設計や、ガソリンを基盤とする自動車の意外な起源にみられるように（Arthur, 1994; Mahoney, 2000: 535-6）。

ロックインの重要性が意味しているのは、さまざまな制度が、長期間にわたるシステムの発展過程に重大な影響をおよぼすということである。郊外住宅、石油会社、郊外のショッピングセンターといった社会制度は、長期間にわたる不可逆性――ノース（North, 1990: 104）によれば「予測可能性がより高くなると同時に逆行するのがより困難」であるような不可逆性――を生み出すような効果をもちうる。どちらかといえば偶然のきっかけによる確立から出発した、一世紀にわたるガソリン車の効果が示しているのは、ロックインされた制度的プロセスをひっくり返すのがいかに困難であるかということである。というのも何十億もの行為体《エージェント》が共－進化し、地球全体にわたる自動車移動のシステムの改変に順応してきているのだから（Sheller and Urry, 2000 を参照）。

それゆえ現行の自動車のシステム——アダムズ（Adams, 1999）が「旧態依然」と呼ぶもの——から脱却するには、私たちは「転回点《ターニング・ポイント》」の可能性を探る必要がある。アボットが論ずるところでは、変化とは常態なのであって、実際に現代の社会生活をめぐる評論の多くでは、そうした根底的変化の加速的性質が強調されている。だが長期間にわたって安定化するような、ある特定の社会関係のネットワークが存在し、それらはしばしば社会構造と呼ばれている。そうした構造のひとつが、巨大な経済的・社会的・技術的な変化の激動にとり囲まれながらも、ひじょうに安定し、変化を被ることのない自動車のシステムにほかならない。自動車のシステムはいかなることがあっても存続しそうに思われる——すでに一世紀を経ていながら、なおも徒歩、自転車、バス、列車といった他の競争相手をますます「押しのけて《ドライブ・アウト》」いるのだ。自動車のシステムは、いうなればブローデル的な長期持続《ロング・デュレ》なのである（Abbott, 2001: 256）。

だがアボットが記しているように、そしてじつにこれはシステムへの複雑性アプローチの重要な特徴なのだが、永遠に固定的なものなどはありえない。「ある行為パターンが生じて鍵が鍵穴に差し込まれ、大きな転回点が引き起こされる可能性」があるとアボットは主張している（Abbott, 2001: 257）。そうした非線形的な結果は、転回点ないしは転換点《ティッピング・ポイント》を超えるようなシステムの動きによって生み出される（Gladwell, 2000）。転換点ということには三つの概念が含まれている。出来事や現象には伝染性があること、小さな原因が大きな結果を引き起こしうること、そして変化は漸次的に線形的な仕方で起こるのではなく、システムが切り替わる瞬間に劇的に起こる場合があるということである。ファックスと携帯電話の消費についてグラッドウェルは記している。それらの消費においては、どのオフィスもファックスが必要であるように思われ、モバイルの「クールな」人はみな携帯電話を必要とするように思われる、そのような特定の瞬間があったのだ。そうした状況にあって富は、旧来の経済学でいわれるごとく商品の希少性から生じるのではなく、商品の豊富さから生じるのである（Gladwell, 2000: 272-3）。

自動車移動について現在なされている思考は、線形的思考によって特徴づけられる（非線形性についてはUrry, 2003を参照）。すなわち、現行の自動車の燃料消費を減らすような解決策はもたらされるだろうか、あるいは現行の公共交通機関は少しでも改良しうるだろうか、等々。しかし真の課題は、現行の自動車のシステムから多かれ少なかれ完全に脱却することを含めて、別様のパターンにどのように移行するかなのである。現行の自動車のシステムは、線形的変化によってではなく、システムを新しい経路へと移行させ転換させうるような、ある特定の順序で生じる一連の相互連関的な変化によってのみ崩壊させうる（Gladwell, 2000; Sheller and Urry, 2000を参照）。

ここで、今世紀の残りの期間に新たな移動のシステムへと育ってゆく種子となる可能性をもつものを検討することで、これまでと違ったパターンが実際に生じつつあるのかどうかを調べてみよう。これらの「種子」は、ホーケンら（Hawken et al., 1999; Motavalli, 2000; US Department of Transportation, 1999）が論じたような、従来とは異なる燃料システムや車体の素材といった技術-経済的変容にのみ関連するわけではない。これらの種子には、一連のさまざまな政治的・政策的・社会的変容、あるいはまた根本的に新しい都市のあり方なども関与している。もしこれらの変容が今後十年ほどで最適な順序で展開するとすれば、それらのシステム的相互連関の結果として、ひょっとすれば現行の自動車移動からの脱却が引き起こされるかもしれない。

互いのダイナミックな相互連関をつうじて移動を新たなシステム――ポスト自動車――へと転換させうるものとして、六つの技術‐経済的・政策的・社会的変容をあげることができる（これとは異なる見方としてGraham and Marvin, 2001を参照）。第一にあげられるのは、乗用車やバンやバスのための新たな燃料システムである。電池――とりわけ鉛蓄電池やニッケル水素電池――や、ディーゼルと電池を動力源とするハイブリッドカー、ないしは水素やメタノールの燃料電池がそこには含まれる。大勢の消費者たちがとつぜんこうした代替的な乗物のひとつ――携帯電話のように一夜にしてクールな移動手段とみなされるようになる乗物――を支持するようになる転換点が生じても不思議はない。伝染というものは突発的に生じるのだ（トヨタやBMW、ホンダ、フォード、ダイムラー‐クライスラー、ボルボ、PSA、シェル、BPがもたらした展開についてはMotavalli, 2000: 107を参照）。同時に二〇〇一年九月一一日――それは合衆国が中東の石油に依存していることを露わにした――以降の、石油供給がますます不確実になりつつある状況がある。一部の論者のなかには、ガソリンの価格の大幅な上昇や、供給の不確実さの高まりによっても、システムの転換が促進される可能性があるのではないかと予測している者もいる（Motavalli, 2000）。

第二に、「車」体をつくるための多様な新素材があげられる。とりわけ重要なのは、最新の高分子複合素材によるロビンスの超軽量「ハイパーカー」である。その他の技術としてはアルミニウムやナノテクノロジー――鉄の六分の一の重さで一〇〇倍の強度をもつカーボン・ファイバーを可能にするような――などがある（Hawken et al., 1999; US Department of Transportation, 1999: 4-5）。それらは乗物の重量を、したがってそれを動かす強力なエンジンの必要性を著しく減少させてくれる。さらに混雑した都市空間向けに（四人乗りの家族サイズの車よりも）超小型のマイクロカーの生産も増加するようになるかもしれない。そうしたマイクロカーないしは「ステーションカー」の例として、メルセデスのスマートカー、カブリオレ、ニッサン

・ハイパーミニ、BMWのモーターサイクル／カーのハイブリッドC1、スマートカードで動くカーディフの自動タクシーULTra、都市トランジット・ソリューションのタクシー2000、PSAのTULIP、等々があげられる[6]。

第三に、自動車から家へ、バスへ、列車へ、職場へ、ウェブサイトへ、店のレジへ、銀行へと情報を移すことのできる「スマートカード」の技術の発達があげられる。自動車はますますモバイル機器や個人用のエンターテインメント・システム、ノートパソコンなどのテクノロジーと融合しつつある（自動車会社がインターネット接続業者と手を組むといったかたちで）。運転者や同乗者は、自身のコミュニケーション・リンク（電子メールのアドレス、電話番号、ウェブのアドレス、等々：Gow, 2000）やエンターテインメント・アプリケーション（デジタル記録された音楽やプログラムされたラジオ局など）によって個人化《パーソナライズ》されるようになるかもしれない。このようにあらゆる自動車は、家《ホーム》から離れた「スマート・ホーム」に近いものになりつつある（新型のレンジローバーのように）。こうした接続性は、どのような交通形態であれ「旅」の料金支払い手段の単一化を促進し、同時に、自動車と呼ばれるもの――それはますますポータルに近づいている――の脱‐私有化に一役買うかもしれない。

第四に、自動車はより一般的に、共有利用やカークラブ、レンタカーなどの仕組みによって脱‐私有化されつつある。ヨーロッパの六〇〇を超える都市において、五万人の人びとが参与する自動車共有利用の仕組みが展開されてきた（Cervero, 2001）。原型となる事例は、ラ・ロシェルのリーゼレック、北カリフォルニア、ベルリンや日本などにみられる（Motavalli, 2000: 233）。デットフォードでは新たな住宅開発と結びついたエイビス〔米国のレンタカー業者〕の組織する現地での自動車共有サービスがあり、ジャージーではトヨタが電気自動車のレンタルを導入している。こうした脱‐私有化にはしばしばスマートカードの技術が絡んでおり、それで予約や支払いをしたり、バスや列車、随時運行の共同バスやミニバン（ニューカッスルのネクサスなど）の料金を支払ったりするのだ。この仕組みのもうひとつの原型となるのは、ダブリンのＥタクシーシステムである。こうした展開は、所有からアクセスへ――インターネットの多くのサービスに広範にみられるように――という、現代経済における一般的動向を反映している（Rifkin, 2000 を参照）。したがって私たちは、乗物をまるごと所有することよりもむしろ、旅行／移動サービスへの「アクセス」にたいする支払いが増加するという仮説を立てることができる。このことの重要な帰結のひとつは、自動車の利用者が車を所有しないのだとすれば、短期間の駐車や「死んだ」自動車の長期的処分に責任を負うのは、自動車製造業者の側になるだろうということである（こうしたことがリサイクル率を根底的に向上させうる点については Hawken et al., 1999 を参照）。

第五に、交通政策が予測 - 供給のモデル――すなわち移動の増加を望ましいこととみなし、将来の自動車利用の予測がエンジニアによる新道路計画をつうじて立てられるようなモデル――とは別のかたちに移行しつつある。こうした道路計画では、モデルのなかであらかじめ予測されたものが提供されてきた（Vigar, 2002; Whitelegg, 1997）。「新現実主義」の政策では、道路網の拡張は中立的ではなく、自動車ベースの移動を増加させるものと考えられるようになってきた。政策の焦点は、需要削減策をつうじて運転者の行動を変えることへと移ってきた――ただしこれは厳しい強制や市場化された誘因がなければ困難であるが（Kaufmann, 2000）。新現実主義には、代替的な移動形態を展開しつつある多くの組織が関与している。すなわちコンピュータの媒介による一体的輸送体制、公共交通機関の統合、サイクリストや歩行者のためのよりよい設備、最新の交通制御、土地利用計画のより効果的な運用、リアルタイムの情報システム、交通が環境に与える影響についてのより広範な分析、等々（Vigar, 2002）。

最後に、種々のコミュニケーションやインターネットの銀河系がますます交通と結びついてきている（Castells, 2001 を参照）。携帯電話、パームトップ・コンピュータ、乗用車、バス、列車、航空機、等々のように移動するモノへの情報・コミュニケーション技術（ＩＣＴ）の埋め込みがおこなわれている。情報がデジタル化され場所から解放されるにつれて、自動車や道路や建造物は再配線され（「知的《インテリジェント》交通システム」のように）デジタル情報を送受信することになる。こうして新興のテクノロジーは既存の機器を融合して、新たなハイブリッドの移動手段を生み出しつつある。それと同時に対面的コミュニケーションが——少なくともブロードバンドの接続性により——ますますシミュレートされることで、移動の必要性が減少する可能性がある。自宅やオフィスでの、あるいはとくに移動中でのコンピュータを介したコミュニケーションにより、移動の頻度が減じることがありうる。だがさらにいえば、オンラインとオフラインの区別そのものが溶解してくるかもしれない——人びとのあいだの繋がりが、対面的共在による出会い、予定外の集まり、二人での電話、一人ないしは数人に宛てた電子メール、あるいは関心を共有する人びとのあいだでのオンラインの議論、等々の複雑な組み合わせへと変容してくるにしたがって（Beckmann, 2004; Laurier, 2004; Urry, 2002; Wellman, 2001）。

要するに、ここまで概観してきた六つの変化があげられるわけである。それらの変化のうちどれひとつとして、単独では、自動車のシステムを新しい経路へと転換するのに十分ではない。けれども私が提起しているのは、それらの変化の相互依存が最適な順序で生じる場合には、ポスト自動車のシステムの創発が引き起こされる可能性があるということである。一連の小規模な変化がいまや、多くの変化がシステム中にすばやく広まる伝染のような状態を生み出すかもしれないのだ。

豊かな「北」の社会の一部（近年、最初の水素経済国を宣言したアイスランドがその一例となるだろうか）で開始されつつある、この「ポスト自動車」のシステムは、複合的かつ高密度の移動形態から構成されるものと考えられる。すなわち、小さく、軽く、スマートで、おそらくは水素をベースとする脱‐私有化された——そして電子的・物理的に他の多くの移動形態と（シームレスに）統合された——「乗物」である。このようなポスト自動車のシステムのなかでは、ゆっくりと走る半公共的なマイクロカー、自転車、多数のハイブリッド車、歩行者、それに大量輸送機関などが、物理的におよびヴァーチャルにアクセス可能な移動のうちへと統合され、ひとつの混ざり合った流れをつくり出しているだろう。電子料金徴収によってアクセス、料金、速度などが制御されるようになるだろう。近隣の人びとは、より緻密な生活パターンや統合された土地利用によって、「近接によるアクセス」をつくり出すようになるだろう。諸々のシステムによって動力つきの交通手段とそうでない交通とのあいだの、そしてまた多様な仕方で「移動中の」人びとのあいだの電子的な協調関係が促進されるだろう（Hawken et al., 1999: 47; Sheller and Urry, 2000）。小さく軽いモバイル・ポッドを、所有するのではなく、必要なときにそれにアクセスするというのがクールな移動の方法になるだろう。

結　論

それゆえ、こうした不変であるかにみえるグローバルなシステムが、小規模な変化をつうじて——もしそれらがある特定の順序で起こるなら——どのようにしてポスト自動車の移動のシステムへと転換するのかを探究するにあたっては、複雑性が出発点となるのである。そうした現行の自動車のシステムから別のシステムへの移行をめぐって、複雑性のアプローチは三つの点を強調する。

第一に、一九世紀的な「公共の移動」のパターン、つまりバス、列車、長距離バス、船といったものが優位を占めるパターンは復活することはないだろう。自動車のシステムの自己拡張的な性格——それは瞬間的時間、断片化、強制されたフレキシビリティにもとづく個人化された移動を生み出し必然化した——によって、そうしたパターンは不可逆的に失われてしまったのだ。ポスト自動車のシステムがどのようなものであれ、それは自動車移動が前提とし、同時に自動車の世紀の不可逆的な帰結として生み出しもした、個人化された移動を実質的に含み込むことになるだろう。

第二に、鉄とガソリンの自動車移動が存続してゆく年月は限られている。二一〇〇年頃にいたるまで、個人化された移動が、鉄の車体の自動車とガソリンエンジンという一九世紀のテクノロジーを基盤にしているというのは、およそ想像がつかないことである。二一世紀のうちに転換点ないし転回点が生じ、鉄とガソリンの自動車のシステムは最終的に時代遅れの恐竜とみなされるようになるだろう（ソビエト帝国や初期の独立型〔ネットワークにつながらない〕PC、あるいは固定電話などのように）。そのようにみなされる時点では、そうしたシステムは永久に葬り去られ、いったいどうしてそのような巨大で不経済で環境を破壊する生き物が地上でわが物顔にふるまっていたのか、誰も理解できなくなるだろう。とつぜん自動車移動のシステムが消え去ってしまい、恐竜のように博物館に収められて、私たちはいったい何を大騒ぎしていたのかをいぶかしく思うことになるのだ。

第三に、この転換点は予測不可能である。現にみられる会社や産業、実践、経済における線形的な変化から、それを読みとることはできない。ちょうどインターネットや携帯電話が「どこからともなく」やってきたように、「ポスト自動車」への転換点は予測のつかない仕方で出現するだろう。それはもしかすると、現在では自動車産業や自動車文化の中心にはないようなテクノロジーや会社や政府からやってくるかもしれない。フィンランドのトイレットペーパー製造業であったノキアや、いまやユビキタスな携帯電話の意外な出所のように。(7) そしてこのことは今世紀末にはすでに起こっているだろう。これが生じる時期を正確に予測するのは不可能である。だが本論考が議論してきたのは、複雑性のカテゴリーこそが、そうした複数の可能性がいかに展開し交錯してゆくかを、また現在ではまったく頑強にみえるシステムがどのようにしていつの日か転覆し消滅するかを考察する方法だということである。

(1) 社会科学におけるこうした分析方法の詳細についてはアーリ (Urry, 2003) を参照。またカプラ (Capra, 2001) も参照。

(2) 次節の詳細についてはシェラーとアーリ (Sheller and Urry, 2000) を参照。

(3) ボードリヤールはとくに『アメリカ』(Baudrillard, 1988) で運転のいくつかの特徴をとらえている。砂漠を横断して長い距離を運転するなかで経験される空虚な地景について、ボードリヤールは、旅には「逃走線」が含まれていると述べている。砂漠は、終わりなき未来ないしは将来の原始社会をあらわす隠喩《メタファー》となり、そこには過去の消去と――深さとしての時間ではなく――瞬間的時間の勝利が結びついている (Baudrillard, 1988: 6)。砂漠の横断運転には、自分の過去を置き去りにすること、ひたすら延々と走ってゆくこと、フロントガラスに枠づけられた消え去り続ける空虚を眺めること、等々が含まれる。

(4) もちろん注意が必要なのは、女性がいくぶん違ったかたちで自動車に居住しているようにみえる点である。家族生活の自動車化《オートモビライゼーション》は、最新かつ最高級の自動車モデルをまず最初に男性の「家族のボス」にもたらしていただけではなく――女性のほうは中古モデルや小型車で我慢しなければならない――時間 - 空間の不均衡なジェンダー化をも生み出していた。勤労者である男性が、都心に出入りする毎日の通勤渋滞のストレスのうちに巻き込まれるようになった一方で、郊外の「主婦たち」は「学校への送り迎え」がその典型となる、複合的でしばしば互いにぶつかり合う移動スケジュールにそって、家族時間のやり繰りをしなければならなくなった。ひとたび家族生活の中心が移動する自動車に置かれるようになると、いまや大多数が運転をするようになった女性は、社会的責任にかんがみて「より安全な」車や「ファミリー」モデルを望む傾向が出てきた。その一方で男性はといえば、しばしば速いスポーツカーや4WD、ないしは実用的でない「クラシックカー」といった個人主義的幻想に浸っているのである。自動車はもともと平均的な男性の身体に合うよう設計されており、最近になってようやく、さまざまな身長や手の長さの運転者にも対応するよう設計されるようになった。社用車の配給という点でも、女性より男性のほうが得をしているのだが、それは、いまなお存在する労働市場の水平的・垂直的な差別的待遇のせいで、ほとんどの女性がそうした「恩恵」にあずかる民間企業の地位から締め出されているためである。しかしながら保険統計が示すところでは、男性の運転者のほうがスピードを出す傾向がひじょうに強いために、他の人びとへのリスクをより実現しやすく、したがって、他の人びとに重傷を負わせたり死亡させたりする割合が高い (Meadows and Stradling, 2000 を参照)。女性運転者は統計的にいって下手な運転者ではない。

(5) 本書のさまざまな論文で、こうした社会的・歴史的・文化的ヴァリエーションの多くが明らかにされている。

(6) 評論家のなかには、近年におけるSUV車の例外的な増加という逆の傾向を指摘する人びともいるかもしれないが。

(7) 現在、すべてのバスを水素燃料電池で走らせようとしているアイスランドについて私が皮肉気味のコメントしかしていないのは、このような事情にもとづいている。

都市をドライブする ◎ ナイジェル・スリフト

ミシェル・ド・セルトーの数多くの作品のうち、おそらくはもっとも有名でくり返し印刷に付されている――うんざりするほどアンソロジーに収録されたり引用されたりしている――ものは、「都市を歩く」と題された『日常的実践のポイエティーク』〔英訳版の書名は『日常生活の実践』〕の第七章である。本稿ではその章を出発点として用いることにしたい。つまり近代都市における諸々の実践の一部〔あくまでも一部にすぎないが〕の性質を指し示し、それを問いに付すための手段として用いることとしたい。とりわけド・セルトーが人間らしさのしるしとして用いている、歩くことの実践を運転の実践の横に並べてみたい。私が論じたいのは自動車移動《オートモビリティ》の誕生から約百年経ったいま、運転の経験は私たちの「技術的な無意識」に沈み込みつつあり、同時に私たちにますます自明となっている――だが実際には歴史的に新しい――ひとつの現象学を生み出しつつあるということである。この新しい広く知られた所有の感覚（de Certeau, 2000b）――それは感覚の所有でもある――は、空間と場所をめぐるド・セルトーの批評に簡単には合致せず、少なくとも私たちに再考をうながすような根本的に異質な都市の空間的実践をつくりあげている。

それゆえ本稿は三つの主要な部分から構成される。最初の部分では都市の空間的実践をめぐるド・セルトーの思考の一部について概観する。第二の部分では、自動車移動の興隆とその結果もたらされた空間編成の変化——都市にかんする彼の説明には容易には包摂されないような変化——を考慮に入れるには、日常生活をめぐるド・セルトーの作品は書き直されねばならないということを論じる。本稿の第三の部分では、こうした変化が一見して想像されるよりもはるかに広範囲にわたるものであること——というのもソフトウェアや人間工学といったものの発達によって、自動車移動の実践が組み替えられるのだから——そしてこれらの発達が、この独特の居住様式の性質におけるある重要な変化を予示しているということを論じる。本稿の結論部分では、都市における日常生活をめぐるド・セルトーの見方に立ち戻り、ド・セルトーが私たちに残した課題の一部をふたたびとりあげる。

都市を歩く

イアン・ブキャナン（Buchanan, 2000）が正しく指摘しているように、ド・セルトーが『日常的実践のポイエティーク』で企図したプロジェクトは実験的かつ探索的な試みであり、世界の本性をめぐる一連の確固たる理論的結論としては読むことができないし、そう読むべきでもない。それはむしろ現に作動しつつある文化の論理にアプローチしうる隙間をこじ開けるための手段とみなされるべきなのだ。そうすればこのプロジェクトが、現代に特有の一連の関心——主体や言説ではなく実践への関心、もっぱら読書にのみ基礎を置くような文化モデルを乗り越えることへの関心、規律＝訓練だけではない創造性への関心、他者性を分節化する新たな方法への関心、周辺部には従属状態だけでなく潜勢力が存在しているということへの関心（Terdiman, 2001）、等々——を予示したり生み出したりしていたことが理解できる。こうした関心はいまや——とりわけカルチュラル・スタディーズの大部分に——十分に定着しており、ひとつの自明な背景となりつつある。それは共通の終着点というよりも共通の出発点となっているのだ。

「都市を歩く」(1)は世界貿易センターの片方のタワーの最上階からはじまる。ド・セルトーにとってそれは「世界でもっとも背の高い文字」(de Certeau, 2000b: 101)であり、巨大な一連の大文字であり、いわば空中文字《スカイ・ライティング》である。ド・セルトーによれば、片方のタワーの頂上までのぼり外を眺めることは強烈な歓喜を覚える経験である。「狂乱じみたニューヨークの交通」(2000b: 101-2)の喧噪から距離をとり、街路の混乱から身を引き離すことで、都市を巨大で静的でパノラマ的なテクスト――そのテクストは「人びとの日々の暮らしの複雑なもつれ合いから切り離され」(2000b: 102)ているがゆえに可読的となる――とみなすことが可能となるのだ。

しかしその下方では何百万もの歩行する身体が別種の活動に携わっている。ここでド・セルトーを長めに引用するのに弁解はいらないだろう。その章の冒頭部分から引用するつぎの文章は、彼が言わんとすることの核心を衝いているように思われる。

……都市の日常的な営みは、「下の方」(down)、可視性がそこで途絶えてしまうところからはじまる。こうした日々の営みの基本形態、それは歩く者たち(*Wandersmänner*)であり、彼ら歩行者たちの身体は、自分たちが読めないままに書きつづっている都市という「テクスト」の活字の太さ細さに沿って動いてゆく。こうして歩いている者たちは、見ることのできない空間を利用しているのである。その空間についていて彼らが知っていることといえば、抱きあう恋人たちが相手の体を見ようにも見えないのと同じくらいに、ただひたすら盲目の知識があるのみだ。この絡み合いのなかでこたえ交わし通じあう道の数々、ひとつひとつの身体がほかのたくさんの身体の徴を刻みながら織りなしてゆく知られざる詩

> の数々は、およそ読みえないものである。すべては、あたかも盲目性が、都市に住む人びとの実践の特徴をなしているかのようだ。これらのエクリチュールの網の目は、作者も観衆もない物語、とぎれとぎれの軌跡の断片と、空間の変容とからなる多種多様な物語をつくりなしてゆく。こうした物語は、都市の表象にたいして、日常的に、そしてどこまでも、他者であり続けている。
>
> 日常的なものには、想像的な全体化をめざす眼から逃れてしまう異者性があるのであって、こうした日常性は、表面をつくらないというか、もし表面があったとしてもそれはただ、目に見えるものの周囲にぼんやりと浮かびあがる外縁、その周縁をわずかにはみ出るものにすぎない。こうしたものの全体のなかから、わたしは、視覚的、一望監視的、ないしは理論的な構築につきものの「幾何学的」、「地理学的」空間とは異質な実践をとりだしてみたいと思う。このような空間の実践は、操作の（さまざまな「もののやりかた」の）一特殊形態にかかわっており、「もうひとつの空間性」（空間の「人間学的」、詩的、神話的経験）に、そして人びとの住む都市の不透明で盲目の動きにかかわっている。こうして、計画化され読みうる都市という明晰なテクストのなかに、移動する都市、あるいはメタファー的な都市がしのび込むのだ。（2000b: 102-3）

このような文章においてド・セルトーは、異質な居住実践にアプローチするなかでまことに注目すべき理論的予見の力を示している。とくに実践における現‐瞬間の通時的継起を重視することによって、彼は、都市のいわゆる「非‐表象的」な側面（たとえば Amin and Thrift, 2002 など）へと向かう現在の強力な転回を予示している。そこでは「触覚による理解や運動感覚による占有《アプロプリエーション》」（de Certeau, 1984: 105）といったぶらぶら歩きの特性が強調されるのだが、そうした瞬間は「数えきれぬ特異性の集合」（de Certeau, 1987: 97）であるがゆえに、ある面で自己肯定的であるような瞬間だとされる。異なるアジェンダへと場所を開き、見たところ強固な社会システムのうちに一定の自由な遊びを生み出す手段としての創意工夫のセンス(2)を彼は高く評価するのだが、そうするなかでド・セルトーは、パフォーマンスが重視される現在の顕著な動向を予示している。彼はまたそのような理論的 - 実践的スタンス――別種の空間的な知が可能となるスタンス――が随伴する、まったく異質な空間的力学についても考察をめぐらせている。

しかし同時に、ド・セルトーがいくつかの古い主題に執着していることにも留意しておく必要があるだろう。それらはすべてミーガン・モリス（Morris, 1998）が適切にも「とらえがたい日常性」と呼ぶありふれたモデル（とそれを求める欲望）にもとづいているのだが、私はそのうち三つに注目してみたい。そうした主題のひとつは――多くの注釈者に強調されたことだが――読むことと話すことの活動を、そしてまたそうした活動を他の実践にも拡張しうるという、ときに明示的でもあり暗示的でもある主張を、彼がけっして捨て去らないということである。また「言語の領域とより広い社会的実践のネットワーク、それら両方における行為を制御するある種の発話行為的プロセスには、対応関係ないしは相同関係がある」（Gardiner, 2000: 176）というこの主張は、もうひとつの明白な緊張関係を生み出している。つまり、発話的な言語行為にもとづくしばしば逸脱的な「行動」という実践に基礎を置くモデルと、機能的な社会システムを駆動するテクストに基礎を置く「表象」というモデルとのあいだの緊張関係である。私はこうした叙述に落ち着きの悪さを感じるのだが、それはこの叙述が、言語こそが社会生活の主要な資源（Thrift, 1996, 2000, 2003を参照）であると仮定する傾きをもつからである。そうした仮定の明白な帰結はこうなるだろう――つまり熟読（close readings）はきわめて容易に閉ざされた読み（closed readings）へと転化するのだ。第二の主題は、ド・セルトーが主張するところによれば、日常生活における実践の大部分はある意味で「隠され」、曖昧にされ、沈黙させられているのであり、特定の場所がもつ物語的和声——「奥深く畳み込まれた、とぎれとぎれの話であり、他人の読みおとした過去、先へ伸びてゆくことができるのにじっとたたずんで、来るべき物語のように未来を待」(de Certeau, 1984: 115) つ物語的和声——を叩き出すことによってのみ、それは回復しうるという点である。とするなら各々の場所は、居住者の活動と密接に結びつき、記憶のうちに引き出しうる——ただし引き出しうるのはほんの一部分ではあるが——一種の無意識ないしは「幼児期」を保持していることになる。私はこうした種類の叙述にも、その精神分析的な響きのゆえに同様の落ち着きの悪さを感じる。つまりそうした叙述は、ある種のフロイト主義に関連してマイケル・ヘンリー (Henry, 1993) や他の論者たちに広く批判されている種類の、現前と不在というおなじみの表象の形而上学に依拠しているように思われるのである。疑わしい主題の最後のものとして、ド・セルトーに潜在しているロマン主義があげられるが、これは人間主義の残滓に由来しているものと考えられる(3)。すぐに付言しておかねばならないが、私としては人間主義の残滓が必ずしも悪いものだと思っているわけではない (Thrift, 2000を参照)。だがこの場合には、弱者が生み出すとらえがたい都市の戦略という秘密めいた世界の方向へとド・セルトーは導かれてしまっている。「人びとの実践——および批判的プロセス——のモデルとしての」(Morris, 1998: 110) 歩行などの実践がそうした戦略の典型となるのだが、これはいくつかの理由で誤解を招いてしまう危険性が高いと私は考える。ひとつとしてミーガン・モリス (Morris, 1998) がじつに説得的に論じているように、ド・セルトーの日常的なものの賛美は発話行為とすり抜け行為との同一視を出発点としているのだが(4)、これは数多くの問題を生み出してしまう。そこでは詩や伝説や記憶からなる「人類学的な」日々の暮らしが攻囲され、(ローカルなものとは限らないが) ローカル化され、巨大な諸力に締めつけられているという感覚を生み出すことで、小さなものと大きなもの、実践とシステム、可動性とグリッドという、それ自体じつに疑わしい区別（Latour, 2002）を固定化してしまう。さらにそこでは、あるひとつの活動を日常的なものの典型として選び出しているのだが、それはしばしば喧伝されているよりもはるかに曖昧である。たとえば長い距離の歩行は――歴史的にも現在においても――自動車移動から生じた（それゆえ歩行は独立した領域ではなく、また含意においてより真正《オーセンティック》な領域というわけではない）[5]と論じることができるだけではなく、そもそも歩行が意図的に選択しうる移動のモードであるという考え方自体が、また、それに付随する自然に――もしくは都市に――近づくことの逍遥の美学自体が、自動車の発達と呼応しながら、まさに表象そのものとして入念に文化的に構築されてきたのだとさえ論じることができる[6]（Solnit, 2000; Wallace, 1993）。それゆえド・セルトーは「恐るべき可能性を示している。もしも都市が歩行者の話す言語なのだとしたら、ポスト歩行者の都市は沈黙に陥るというだけでなく、死んだ言語――そこではたとえ形式的な文法が生き残ったとしても、決まり文句や冗談や呪いの言葉が消え去ってしまう――となる危険性があるのだ」とソルニット（Solnit, 2000: 213）が指摘するとき、彼女は何か言うべきことがある別の種類の言語を見落としてしまっているのかもしれない。

つぎの節では、一九七〇年代の段階でこれら三つの主題が疑わしい前提を含んでいると考えられるとすれば、現在ではなおさら疑問の余地があるということを論じたい。これらの論点を例証するにあたり、現代の自動車移動を対象としたひとつの考察を経由することにしよう[7]。というのも自動車移動を構成する実践の集合こそが、ド・セルトーの思考の諸要素に真の難題を突きつけるように思われるからである――とりわけこれらの実践がいまなお進化しつつあるという点を考え合わせるならば。『日常的実践のポイエティーク』にも、その他のド・セルトーによる都市についての文章にも、道路をぎっしりと埋めている何百万もの自動車の「車体《ボディ》」を対象とした継続的な議論は見あたらない。(8) ド・セルトーの都市には交通の喧噪が響いているが、これは異質な侵入者の立てる騒音なのである。(9) しかし「都市を歩く」に続く短い幕間となる第八章「鉄路の航海あるいは監禁の場」のなかに、この不在についての手がかりがある——少なくとも手がかりといえるものが。というのもそのなかで、ド・セルトーにとって列車（およびバス）は——車両は移動しつつも乗客のほうは動けないという点で——人間の身体が配列される「移動する監禁」であることが明らかになるのである。

合理化された独房が旅をしているにすぎないのだ。一望監視的、分類的な権力のモジュール、秩序の生産を可能にする封じこめのユニット、閉じられた自律の島、これこそ、空間を横断しうるもの、そして土地から解きはなたれて自立を保てるものである。(de Certeau, 1987: 111)

こうしたフーコー的な調子を続けながら、ド・セルトーは車内の様子についてこのように語る。

あるのは秩序の不動性だ。ここでは、休息と夢が支配している。なにもやることがないままに、ひとは理性状態にある。ここにおいては、いかなる事物も、ヘーゲルの『法哲学』顔負けに、それぞれきちんと自分の席に収まっている。どの客も、軍隊式にきっちりと組まれたページの上の活字そっくりに、おとなしく並べられている。このような秩序、組織的システム、理性の平穏は、列車にとっても、テクストにとっても、その交通〔流通〕のための条件である。(de Certeau, 1987: 111)

ド・セルトーはそこで一望監視的《パノプティック》モードからパノラマ的《パノラミック》(Schivelbusch, 1986) モードへと切り替えをおこなう。

> 車外にあるのは、もうひとつの不動性、ものたちの不動性だ。そびえる山々、一面にひろがる緑、林立するビルの数々、バラ色に染まる夕映えの空のなかにくっきりと浮かびあがる街の黒いシルエット、わたしたちの物語の後先にひろがる海にまたたく夜の明かり。汽車は、デューラーのあの「メランコリア」、世界を観想するあの経験をひろく普及させている。そのときわたしたちは、ものたちから遠く離れているのだ。そこに在るものたち、ひき離されて、絶対的にそこに在り、なすすべもなく、逃れ去ってゆくものたち。わたしたちは、ものたちを奪われて、それらの取り澄ましたよそよそしさ、かりそめのよそよそしさに胸をつかれる思いがする。見捨てられて、いまさらのように魅了されてしまう。けれども、ものたちは、身じろぎひとつしていないのだ。それらが動くのはただ、一瞬一瞬変わってゆく視界の変化につれて、そっくり景色が動いてゆくからなのだ。だまし絵のなかの動き。わたしも、ものたちも、位置を変えるわけではないのに、ただ景色だけが、この二つの動かざるものどうしが結びあっている関係を絶えず壊してはまた打ち立ててゆく。(de Certeau, 1987: 111-12)

ド・セルトーは明らかにディケンズ的なイギリスの鉄道システムで旅行をしたことが一度もなかったという形跡はさておくとして、ここに見られるのは、機械による旅行を疎隔的かつ――いうなれば――機械的とみなす古典的見解である。ド・セルトーは自動車についても、同様の抽象的性格が――（少なくとも運転者の立場であれば）観客としての性格はより弱くなるにしても――部分的にそなわっていると考えていたのではないかと想定できる。だがもしそうだとすれば、それは注目すべき誤りである。自動車移動の研究からは、運転の世界は歩行の世界と同じように豊かで複雑であることが示されるのだから。以下ではこの運転の世界について語ることとしよう。

都市をドライブする

自動車は優に一世紀以上にわたって欧米社会とともにあり、一九六〇年代（偶然ではないが、それはド・セルトーが都市を観察した時期である）頃からは日常生活それ自体のありふれた特徴に（Brandon, 2002; Thrift, 1990）なっている。ほとんど背景のそのまた背景といってもよい。たとえば街路照明のオレンジの明かりや、それと対照をなす派手に光るサイン、絶えずきらめく車のヘッドライト、方向指示器の断続的な明滅、等々、自動車に関連する都市の照明がいかにおなじみのものであるか考えてみればよい。ジェイクル（Jakle, 2001: 255）が観察するように「一九七〇年頃には、自動車が夜間の照明に与える影響が完全なかたちで感じられることとなった。……都市は何よりも自動車の移動を促進するために照らされたのである」。それゆえ比較的単純な機械体の周囲に、まったく新しい文明が築かれたのだ。たとえば欧米の都市空間のもっとも大きな部分のレイアウトは、乗用車やバン、トラックをめぐる複雑な輸送システム《ロジスティックス》の存在を前提としている（Beckmann, 2001; Sheller and Urry, 2000; Urry, 2004）。さらに踏み込んで、建造環境のあらゆる部分がいまや自動車移動の黙せる雄弁な証拠となっているともいえる。アーリ（Urry, 2000: 59）がいうように「自動車の重要性とは、それが独特の居住、移動、社交の様式を含む市民社会を、自動車化された時間‐空間のもとに、またそれをつうじて再配置するところにある」。たとえば最近では、道路の付近の景観の大部分は可視領域分析をはじめとする形式技術によって積極的に形成されつつあり、自動車の乗員が高速で通り過ぎるさいにそうした景観を視覚的に理解することができるようになっている。[10] あるいはより一般的な、いわゆる時間‐空間地理人口学などの発達によってもそうした景観は形成されており、そこでは通勤システムをひとつの全体として概念化し、道路わきに点在する大量の看板のために刻々と変化する広告をつくろうと試みている。それらの看板は一日のそれぞれの時刻に高速道路上にいる関与的な消費人口にアピールするよう、内容および／またはメッセージを調節できるようになっているのだ。[11] そしてまた巨大なガソリンスタンドからみすぼらしい給油所まで、自動車とその乗客にサービスを提供する特別な建造物からなる基盤構造《インフラストラクチャー》の全体がある（たとえば Jakle and Sculle, 2002 など）。ふたたび踏み込んで、自動車は自身を家に変化させているのだということができる。たとえばある計算によれば、アメリカ人の一四人に一人は現在、なんらかの形態の「移動住宅《モバイル・ホーム》」に住んでいるという[12]（Hart et al., 2002）。

最近まではしかし、概してこの注目すべき複合体は文化批評家たちによって、たとえば多様な欲望のシンボル的な表現といったかたちで（最近のものとしてたとえば Sachs, 2002 など）もっぱら表象にかかわる用語で分析されてきた。だがド・セルトーならきっと強調したであろうが、この自動車移動のシステムはまた運転と「乗客であること」をめぐる独自の身体的実践を生み出してもきたのだ。それらの実践の各々は独自の歴史を――多くの場合にはいまだ書かれざる独自の歴史を――もっている。もちろん自動車が組織される方法、自動車の動作、自動車がどのように移動しどこを移動できるか、等々が運転者の統御を超えているという点を忘れてはならないが、それでもなお自動車移動をめぐる豊かな現象学を書くことは可能である。そうした現象学には多くのコミュニケーション領域にわたって作用し、しかも単純には文化的コードに還元されえない身体的な合図やジェスチャーがたくさん詰まっている。[13] 言語を唯一のコミュニケーション形態と考える（あるいは少なくとも言語のモデルをコミュニケーションを枠づける唯一の手段と考える）ことから離れて、運転すること（および乗客になること）を深く身体化されると同時に感覚的な経験として理解するならば、このことはいっそう真実となる。それはただし特殊な経験であって、「形而上学的な融合を、言い換えるなら人間 - モノ、人間化された自動車、あるいはまた自動車化された人間というかたちでの独特の存在論を生み出す運転者と自動車のアイデンティティの絡み合いを必要とし、それを引き起こす」ような経験である（Katz, 2000: 33）。そのなかで人間と自動車のアイデンティティは、感覚運動において絡まり合うのだ。[14] だから運転はたとえばつぎの能力を含んでいる。

> ……自動車を身体化し、自動車に身体化されること。運転者の行為の感覚的媒体は乗客のそれとは決定的に違っている。なぜなら運転者は運転実践の一部分として、車内に居住し、道路の隆起をタイヤへの攻撃としてではなく彼または彼女の身体への接触として感じ、彼または彼女の体重が車の進路に影響を与えるかのようにカーブでは体を傾け、他の車と相互作用するひとつの方法としてハンドルを握る手を緩めたり強めたりするからである。（Katz, 2000: 32）

この感覚を説明するもっともよい方法はおそらく、ジャック・カッツ（Katz, 2000）とその学生たちによる研究を参照することである。ロサンゼルスにおける運転実践を対象とした詳細な研究をつうじて、カッツは、運転がつねに火にかけられている豊かな――まさに駆り立てられた《ドリヴン》――感情のシチューであることを示している。だがじつのところ自動車は、多くのルーティン的な相互主観的感情表現の実現を妨げてしまっているのだ――事実、運転が相対的に沈黙のうちになされること、また、とくに運転においては対称的相互作用の機会が欠如していることが、苛立ちをつのらせる鍵要因になると考えられる。カッツは四つの主要な発見を示している。第一に、運転者は車をみずからの身体の拡張として経験するということ。他の運転者による敵対的な運転操作の対象となったときに生じる怒りは、この点に由来している。無言でおこなわれる自動車化された表現は彼らから切り離されており、彼らは「それを介することで敬意をもって他者と関係することのできる、あらゆる人格《ペルソナ》＝仮面を外された」状態に置かれるのである（Katz, 2000: 46）。第二にこのことの帰結として、また運転者はあらゆる意味を自分の運転操作に付加させつつも（カッツが「生活の隠喩《メタファー》」と呼ぶもの）他の運転者はその意味にアクセスできないことの帰結として、運転はしばしば高度に感情的な経験となりうるということ。この経験は日常的状況での些細な現実を、それを望まない受容者が痛感させられることで——まさにそれが些細なことだからこそ——怒りと苦痛が生み出される経験である。あるいはまた、注意深く育まれたアイデンティティが手荒に掘り崩されてしまうことで、心からの怒りが生み出される感情的経験である。第三に、大体において数珠つなぎ状態での相互作用から生じ、利用できる合図が限られている状況にあって、自動車で可能となる相互的コミュニケーションのレパートリーはかなり切り縮められたものになってしまう——警笛を鳴らす、ヘッドライトを光らせる、ブレーキ・ライトや手での合図の攻撃的利用、等々——ということ。運転者はそれゆえ十分に意図通りに自分の用件を伝えることができず、運転者同士の相互作用にはつねに大きな曖昧さがつきまとってしまう。結果として大きな欲求不満と怒り（そして不満と怒りの状態に置かれていることへの不満と怒り）が生み出されうるのだ[15]。しかし同時に——そしてこれが第四の発見になるのだが——運転は、

……現代の日常生活における「戦術」とミシェル・ド・セルトーが呼ぶものを研究するうえで重要な領域である。多くの人びとが、社会のなかを移動するにあたって抜け目ないやり方とされるものを生

み出している。そうしたやり方としてあげられるのは、交通量が少ないことがわかっている道路を注意深く選ぶこと、信号をやりすごすために角のガソリンスタンドをこっそり通り抜けること、ハイウェイに合流するときに他の車を「遮蔽物」としてうまく使うこと、交差点を通り過ぎること、左折専用レーンに並ぶのを避けるため図々しくも急に逆走すること、あるいはまた救急車が混みあった交通のなかを通るあとのスムーズな流れを追うといった厚顔無恥な運転をうまく成功させること、等々である。(Katz, 2000: 36)

同時にそうした戦術はたいていの場合、他の運転者から道徳的コードの侵害として読みとられ、あらゆる種類の感覚的／運転上の表現へと結びつく。それは道義的に優位に立とうとする試みであり、そうすることで怒りと不満に満ちた出来事を終わりにしようとするわけである。

したがってカッツの研究が明らかにしているのは、日々の運転の並はずれて複雑な生態学である。こうした自動車移動の表現的契機を、巨大な機械システムのなかのたんなる歯車にすぎない(もちろんそうではないと論じているわけでもないのだが)とか、あるいは端的に運転者の主体性の表明と考えることにはあまり意味がない。むしろそれらの契機は複雑な再帰属化の複合体なのであり、その再帰属化は興味深いことに、しばしば追求が試みられている相互の結びつきそのものの拒絶から構成されているのである(Dant and Martin, 2001)。

だがもうひとつの重要な点は、自動車移動の性質そのものが変化しつつあるということである。二一世紀の運転と自動車は、もはや二〇世紀においてそうであったような冷酷な諸実践の集合と同じものではない。そこには新しくきわめて積極的な意義をもつ媒介が加わっているのであり、この変容が次節の主題となる。

運転の性質の変容

カッツ（Katz, 2000: 44）は以下のように書くなかで、自動車が変容の兆しをみせ、またその過程で新たな種類の現象学が創出されつつあることを指摘している。

自動車のマーケティングは、他の人びとの羨望を招くようなかたちで自己を誇示してみせる可能性を長らく提供してきたのだが、同時に、日々の私的な変態《メタモルフォーシス》の約束——穏やかな、永遠の、超越的な姿に違和感なく変身できるという、手で触れられる、リアルな、感覚的な証拠をもたらすことによって——をも提供してきた。自動車はますますこうしたメッセージを練りあげるような仕方でデザインされている。電動ウィンドウのスイッチは、ちょうど運転者の手が自然におりてゆくところにある。彼のキーは彼女のものと微妙に異なっており、彼が点火装置《イグニッション》に入れて作動させると、ドライバーズ・シートは、彼の寸法と心地よさの感覚にぴったり合った位置にみずから調節すべきことを「知っている」。車は時計にとって代わった……最新の技術的達成を大衆に誇示する——ミニチュアの万国博覧会のごとく——マイクロ工学による個人的所有物として。そしてまた時計と同じく自動車は、ちらっとそれを見さえすれば、ある人物の生活の聞き出しにくい面を推し測ることのできる頼もしい試金石となるのである。（Katz, 2000: 44）

私は、成熟した技術と思われていたものが、現在、まったく異なるものへと変化し変質しつつある状況にアプローチしたい。そのさい間接的なルートをとるのだが、その妥当性はやがて――望むらくは――明らかになるだろう。議論したいのは、自動車は、いまや五〇年ほどの歴史をもつ一連の反省的知識、すなわち技術的知識でもあり――「ヒューマン・ファクター」への注目をつうじて――身体的実践に近接した知識でもある一連の知識をひとつに寄せ集める点で、近代の都市的環境を再設計するうえで重要な契機のひとつになるということである。そうした知識は、最近のフランシスコ・ヴァレラとその同僚による研究にしたがい、「現象学の自然化」と呼びうるものの最初の前哨地のひとつとみなすことができる。もちろん科学的知識はこれまで長らく都市的環境に適用されてきたのだが、しかし私の考えでは、現在起こりつつあることがらは、その規模や洗練の度合いという点だけでもこれまでとはまったく異なっている。たとえば生命に――モノにではなく――近い、それゆえ新たな身体化の手段となる、まったく新しい表面材質の開発にもとづいた人間の空間実践の意図的拡張。あるいは、新しくより流動的な質的変容を生み出すような新たな種類の物質的知性[16]。

この質的変容は四つの方向で起こりつつある。第一にそれはスタイバーズ（Stivers, 1999）が指摘したように言葉そのものに予示されている。人間特有の性質であったものが機械へと外在化されてきており、たとえばコンピュータはいまや「記憶《メモリ》」や「言語《ランゲージ》」や「知性《インテリジェンス》」をそなえるようになっている。それにともなって人間関係は機械的な性質を帯びてくるようになっており、私たちは他の人びとと「ネットワーク」や「インターフェイス」をつくり出している。だが事態はさらに深い点にまでおよんでいる。すなわち第二に、その質的変容は絶えざる批判のプロセスから生じている。つまり技術的知識と人間の身体的実践にかんする知識とが円環を描き、互いに作用しあうことで新たな知識を生み出すのだが、それは実地に適用され、さらに新しい知識の対象となることで、終わりのない再帰的ループがつくり出されるのである。そして第三に、それまでの累積的な批判プロセスの結果として、自動車はますますハイブリッドな存在となり、知性と志向性が、人間と非‐人間がますます切り離しがたくなるような仕方で両者のあいだに配分されるようになっている。自動車の制御権はもはや運転者の手の内にはなく、テクノロジーによる周辺機器から補助を受けるようになっており、その結果としてラトゥールのいう代理体《デリゲイト》に近いものにまでなってきている。「第一にそれ〔代理体〕は人間によってつくり出される。第二にそれは人間の行為にとって代わり、人間の地位を永続的に占める代理人となる。そして第三にそれは指図を与えることで人間の行為を決定する」(Latour, 1992: 235)。こうしてますます「自動車」は、その意味が「文化」(Miller, 2001)によって打ち出されるたんなる機械ではなく、人類学的空間――ド・セルトーが育てあげ守ろうとあれほど心を配っていたもの――に近接してくる独自の性質をそなえているのである。そして第四に、すでに予示されたように、この質的変容をもたらしたのは、自動車において焦点化される居住性という――肉体そのものが占めるスペースと身体をとり囲むスペースからなる――現象学的空間にたいする明示的な操作的介入であり、そこでは新たな身体的地平と方向づけの創出が試みられている(Changeux and Ricoeur, 2002)。このような質的変容のなかでモノは、ますます種々の誘いかけにみちた意味の世界のうちに場所を与えられるようになっている[17]。モノは新たな種類の権限《オーソリティ》の担い手の一部となっているのだ。

　現代の自動車について概観するなら、私たちは、人間の身体的実践――そしてまた技術と人間の身体的実践とのあいだの相互作用――をめぐる知識の体系的適用により、この拡張そのものの拡張が二つの主要な道筋で生じていることに気づく。ひとつはコンピュータのソフトウェアによるものである(Thrift and French, 2002)。ソフトウェアは比較的最近に発達してきたものであり――その言葉自体が出てきたのも一九五八年以降のことである——コンピュータ・ソフトウェアと認められるものは一九七〇年代から自動車に搭載されていたのだが、ソフトウェアがさまざまなかたちで自動車の機械部分の主要な要素になり、かつては高級車の範疇にしかなかったものがマスマーケットの標準にまで下降してきたのは、ほんのここ一〇年ほどのことである。いまやソフトウェアは、エンジン制御、ブレーキ、サスペンション、ワイパーやライト、巡航速度《クルージング》やその他の速度、[18]駐車時の操縦、発話認識システム、[19]コミュニケーションとエンターテインメント、サウンド・システム、セキュリティ、冷暖房、カーナビゲーション——そして最後になるが重要なことに——数多くの衝突防護システム、等々をコントロールしている。現代の自動車のほとんどすべての要素にソフトウェアが影響を与えているか、またはソフトウェアが枢要な構成部分になってきている(もしくはカーナビ・システムの事例のように当初からそうであった)。そうした状況はいまや過去にないほど巨大な規模になっており、製造業者や産業の専門家たちは、自動車のソフトウェア環境の影響力が広範囲におよぶことで、それが競争上の優位性を決める主要な要素のひとつになるのではないかと真剣に議論を交わしている——顧客たちは新しいソフトウェアの環境や様式に慣れるのに時間がかかるため、違うメーカーに乗り換えるのを嫌がるようになるだろう、と。[20]車が運転以外の活動の場所——多数のリモート・サービスを用いて仕事をしたり、コミュニケーションをしたり、エンターテインメントに興じたりする場所——となる傾向がますます高まることで、そのような愛着が強化されることもありうるだろう。

自動車のソフトウェアはしだいに乗物それ自体を超え出てきてもいる。それゆえ、たとえば「知的《インテリジェント》自動車《・ヴィークル》」が、交通信号の時間的調節という些末なレベルから、総合的な交通管理システム——それは運転者の自由という幻想を与えながらもますます交通の流れを制御するようになる——という巨大な構想にいたるまで、交通状況を精査し管理するようなソフトウェアを組み込まれた「知的道路《インテリジェント・ストリート》」を走るということになるのである。そこで各々の複合体は、そのすべてが同時的に絶えずアップデートされる動きのデータバンクのなかの一要素となる。

もうひとつの拡張は人間工学の適用によるものである。人間工学（あるいは「ヒューマン・ファクター」[21]）はソフトウェアと同様に第二次世界大戦にはじまり、一九四〇年代末以降に正式な学問領域として存続してきた（Meister, 1999）。だがそれが広い範囲に適用されるようになるのは一九八〇年代以降、とりわけオートメーション・システムの出現と同時期であった（Sheridan, 2002）。人間工学は解剖学、生理学、心理学、工学のアマルガムであり、人間と技術の相互作用についての詳細な研究をめざすとともに、新しくより「フレンドリー」なインターフェイス――システムの複雑性を再処理することで多様なモノがひとつのスムーズなプロセスとして作用するようなインターフェイス――を開発することに大きな関心を寄せている[22]。人間工学の主張によれば、それは人びととモノとのあいだの認知的適応を増大させようとしているということだが、しかしそれはたんなる個別的な相互作用の集合というよりも、新たな種類の権限《オーソリティ》の担い手を創出することによって新たな種類の「人間化」を生み出す、ハイブリッド化の実践にほかならないという見方もできるだろう。

これら二つの知識の適用は、たんに人間の誤りの埋め合わせをする方法のひとつとみなすこともできるし、あるいはもっと遠くにまでおよぶ何ごとかの徴候とみなすこともできる――つまりより抽象的なプロジェクト、現象学を科学的・自然主義的な原理によって基礎づけるというプロジェクトの実践的展開の徴候として。ここで、これは当然ながら奇妙なプロジェクトにみえるかもしれない――「人間」についての科学に自然主義的方法を適用することにたいするフッサールの一貫した反対の立場を考えてみるならば。しかし身体的行為の価値を認めてきた人工知能（ＡＩ）や認知科学、その他の領域で連携している研究者集団のもとでわれわれが見いだしうるのは、科学的原理をつうじて非‐表象的なものを表象するという協同プロジェクトである。その主要部分をなすのは微細な空間と時間における動き——それはいまや理解や操作の対象となることで「認識の生成をめぐる構造的記述」を生み出しうる——の研究であるが、現象学の科学的刷新というこのプロジェクト——そこでは志向性は自然化されることになる——によって、自動車のようなモノはまさにコンピュータ化された環境となる。有名な言い回しを使うなら、それは特定の科学的アプローチに忠実であるという意味と、実際に作用しているものが重要だという実践的意味の両方において、「世界がそのもっともよいモデル」(Brooks, 1991: 142)となるような環境である。換言すれば、自動車は微分幾何学とトポロジーにもとづく「幾何学的な記述的心象」の模範例となるのだが、それは、基本的な古典物理学的説明に合致してはいないが、それでもなお——とりわけ複合システムモデルの登場以降では——自然化された記述が可能となる「不精密な形態学的本質」に対応すべく設計されるものである(Petitot et al., 1999)。そうした諸々の形態は、大規模なコンピューティングとソフトウェアの出現によってはじめて誕生しうるものであるが、そこでは魅力的な循環的創造性が示されている。

こうした発展の結果としてわれわれが目にするのは、たいへん興味深い事態である。第一に、ソフトウェアと人間工学の積極的媒介のゆえに、自動車の運転は身体(あるいは少なくとも自然化された見方でいう場合の身体化)とさらに密接に絡まり合ったものとなる。重さの感覚や道路の抵抗の感覚といったものは再構成される。運転者が「聴き」とったり働きかけたりするものは変更を加えられる。それに関連して運転にかかわる判断の大部分は、いまやソフトウェアによって強要されるか管理されるかしている(たとえばトラクションコントロールやABS〔アンチロック・ブレーキ・システム〕によって)。こうしたプロセスのなかでほぼ間違いなく——ヒステリシス効果〔現行の状態が過去の状態の履歴から影響をうける効果〕があるにしても——これら新しい種類のコード化された管理システムのおかげで、より安全な道路状況が生み出されつつある。その結果、現在広く論じられているところでは、言及したようなソフトウェアにもとづく革新がより優れた人間工学的デザインにもとづく操縦装置、シート、ハンドルなどと結びつくとき、道路との身体的接触（実際にはより高度に媒介されているのだが）が正確なかたちで得られることで、「よりよい」運転経験が生み出されることになる。[23] 第二に、自動車はそれ自体がひとつの世界となる。サウンドシステムやビデオシステム、冷暖房、防音性の向上、人間工学的にデザインされた内装、特定の記憶を容易に呼び起こせること、等々がすべて重なり合うことで自動車は、ますます高度に媒介された表象をつうじて外部世界を参照する一種のモナドとなる。第三に、急成長しつつある人工的な行動学のおかげで、自動車は自身にとっても他者にとっても位置の特定がますます容易になっている。[24] 地理情報システム、グローバルな位置特定システム、無線コミュニケーション、等々が混合した状態が登場してきているが、それによりもたらされるのは、道に迷うということはもはや選択肢になく、同じことだが、どこにいようとあらゆる自動車を追跡しうる可能性が増大するという状況である。その結果、調べたり調べられたりすることはますますありふれた状態になるだろう。現在開かれつつある新たな情報とコミュニケーションのルートをつうじて、運転経験から失われていた社会的な手がかりのいくつかが再導入される（たとえば誰がその自動車を運転しているのか）ということさえありうる。そうなるとプロセス全体はふたたび徒歩に近接してくるのだが、しかしそれは情報の面で増強された新たなハイブリッドな身体、ないしは新たな人間の姿をともなってのことなのだ。

私たちはそれゆえ身体的知識についての知識が、新たな種類の身体的 - ならびに - 空間的実践——その実践はとらえがたく広範囲にわたるものであるため、日常生活の新しい背景的環境になる可能性が大いにある——を生み出すべく利用されつつある世界に到達している。疑いなくヴィリリオのようなド・セルトーと同類の横断者であれば、そうした諸々の展開をもって、人間性の融解の一環であるとか、素晴らしき新たな情報世界——それは恐ろしく不毛な世界なのだが——への窓口であるとか、あるいは人間を機械として形成する情報モデルに依拠することで出現する「データによるクーデター」のなかの付加的な一章であるというふうに語りたくなるだろう。

輸送革命のなかで外燃エンジンによる合成エネルギーの助けを借りて馬車がモーターライズされたあと、今度はコンピュータ・エンジンの合成イメージによって空間のリアリティをモーターライズするようになった。この仮想現実発生装置は知覚信仰を惑わしているようだ。一四世紀のイタリア人画家が描き出していた現実空間の遠近法は、二〇世紀の情報技術者がつくり出す計算速度の巧妙な技術で活性化されたリアルタイムのパースペクティヴにその場を譲る。一九三〇年代のシュールレアリストはこういった事態をすでにつぎのように書き記していた。「いつの日か科学は訪れたい国を私たちのもとに呼び寄せることによって旅行を抹殺してしまうだろう。檻のなかの動物のもとを群集が訪れるように、私たちのもとを訪れるのは国なのだ。そして私たちのもとに訪れる国はほんのわずかも変わることなく、そのままふたたび出発する」[25]。(Virilio, 1995: 151, 強調は原著による)

彼の鉄道旅行についての考察からみてきたように、ド・セルトーはある程度、この種の方向性に賛同したのではないかと思われる。だが日常的なものについての彼の肯定的な感覚が、ますます多くのソフトウエアや人間工学が身体的知識をモデルとして——そのモデルはまさに、ド・セルトーが援用しているメルロ＝ポンティのような論者によってなされた情報モデルへの批判に由来するのだが（それはいまや皮肉にもわれわれをとり囲むソフトウェアのなかに書き込まれつつある）——生み出されつつあるという認識と結びつくなら、彼は立場を後退させ、もう少し微妙なニュアンスのある解釈へと向かったであろう。少なくとも私はそう考えたい。

結論

　前節で描いてきたような自動車をめぐる諸々の展開は、ド・セルトーの仕事に一連の難題を提起することになるのだが、本稿の結論を組み立てるにあたり、これらの難問を用いることにしよう。ド・セルトーのプロジェクトが仮説的かつ発展途中のものであり、また特定の歴史的状況のうちに埋め込まれているという点を考慮に入れるなら、これらの批判のどれとして必ずしもド・セルトーの議論を無効化するものとみなされる必要はないのだが、しかし少なくともそれらの批判は興味深いかたちで問題構制的《プロブレマティック》である。これらの難題にいくらかの構造をもたらすため、この論考の第二節で提示したド・セルトーにたいする三つの批判に立ち戻り、これらの批判を用いつつ、都市の日常をめぐるやや異質な感覚を素描してみることとしよう。

　はじめにド・セルトーが、実践というものを、概して筆記体モデルに還元し続けた点に立ち戻ってみたい。私はこの方法を問題含みのものだと記した。しかし私の考えでは、それは別の仕方でもっと共感的なかたちで読むことができる——つまり非‐表象的な身体実践とみなされていたものの大部分が、一種のエクリチュール、すなわちソフトウェアのエクリチュールのうちにもち込まれることで表象されるようになるという、現実に生じた歴史的変化を予示するものと読むのである。もちろん歴史のなかで人間の身体動作を記述するシステムはつねに生み出されてきた。その慣習的な書記法はひとつしかなかったが、他の記述システムも数多く存在していたのだ（Finnegan, 2002; Guest, 1989 を参照）。だが現在のソフトウェアの普及状況においてわれわれが目にするのは、空間的・時間的な身体実践が、この新しい形式の機械的エクリチュールを用いて詳細に記述され記録されているという事態である。別の理論的語彙を用いるなら、ありのままの生活が露わにされており——そのうえで筆記体的に拡張されているのだ（Thrift, 2003）。興味深いことにド・セルトー自身が『日常的実践のポイエティーク』のあとのほうで（明らかに異なるコンテクストにおいてではあるが）この変化を記述するための語彙を提供している。第一〇章のエクリチュール小史のなかで、新たな形式のエクリチュール実践——それは意味の現実性に結びつくのではなく、それ自身のメカニズムに捧げられるエクリチュールである——に触れているのだ。これは「機械に呈示された言語モデルである。この機械は互いに差のある部品を組み立ててつくられており（あらゆる発話がそうであるように）、そのメカニズムの作用によって独身者のナルシシズムのロジックをくり広げてゆくのだ」（de Certeau, 1984: 152）。それゆえ私たちは自動車のハイブリッドを、肉体や諸々の機械的要素にくわえ、そのような種類のエクリチュール（ド・セルトーの身体であり道具でありテクストであるもの）——それは他の二つ〔肉体と機械〕をしだいにとり込みつつある——から構成されるものとして解釈しうる。すでに指摘したように、そうした展開はド・セルトーが「急速に進行する技術主義化」（1984: 153）と呼ぶ傾向に随伴するものとして、もっぱら否定的意味合いで理解することもできるが、しかし私としては、身体の拡張と思考をさらに押し広げてくれる新たな可能性をも提供しているものと考えたい。

第二の難題は、「隠された」といった形容詞の用法から生じてくる。私の考えでは日常生活の大部分をそのように記述することはますます的外れになっている。利用可能な、またはやがて利用可能となる日常生活における位置にかかわる情報――それはまた無線、GIS、GPS、その他のテクノロジーを用いて恒常的にアップデートされるだろう――の量からしても、日々の生活における空間の大部分はもはやまったく隠されざるものとなっていることがわかる。実際そうした空間は、カテゴリー化や幾何学――これらはそれ自体が主体性を構成するものであるが――を用いてリアルタイムかつ恒常的にカタログ化されうるのだ。[26] それでも私は、日常生活を真に特徴づけているもの――何かのはずみで出てくる巧妙な即興による創造的瞬間――の大部分は、システマティックな監視にとってなおも不透明なものであり続けるだろうと論じたい。「平凡なもののなかの奇妙なもの」は依然として存続するだろう。私たちが注目すべきなのは、まさにこうした物語《ナラティヴ》的な不協和というパフォーマティヴな契機にほかならない。それゆえ現在の社会システムにおいては隠れることよりも、これまでとは異なる可視性のモードを創出しようとすることのほうが重要であるかもしれない。

第三の難題は、ド・セルトーの弱々しい人間主義に由来している。問題となるのはもちろんドゥルーズやラトゥール、その他の多くの人びとが絶えず強調してきたように「人間とは何か?」ということである。いまやその答えは約二〇年前よりもさらに不明瞭さを増しているのだが、それと同じくらい「人間性」とみなされるものの可能性が拡大してきてもいる。明らかだと思われるのは、百年以上前にガブリエル・タルドが指摘していたように、人間を近くのものやローカルなもの、遅いものや小さなものと同一視する必要はないということである(Latour, 2002を参照)。ド・セルトーの人間主義には多量のエクリチュール的なものが随伴しているのだが、彼が思い描きそうな解放的な空間的実践についていえば、そこでのエクリチュールが依然として手書きのままであるという結論は避けられそうにない。電子署名が当たりまえになりつつあるような時代にあって、これは文字通り時代錯誤的《アナクロニスティック》である――この言葉の空間的等価物がどのようなものであれ(27)。だがそれと同時に「超‐人間」の都市をめざすド・セルトーの主張がその力を保持し続けていることもまた確かなのである。

このことから私は最終的な論点へと導かれる。運転の例に示されるように、さまざまな身体化の新たなモードが資本主義、科学、戦争といった巨大な実験的諸力によって開発されつつある。そうした事態の展開にたいするごくありふれた反応のひとつは、攻囲の物語――日々の生活はしだいに統御しえない諸力によって押しつぶされつつあるという物語――に依拠することである。だがもうひとつ別の反応があり、それは、そうしたモデルは根本的に単純にすぎ、新たな統御のモードだけではなく新たな可能性もまたつねに形成されつつある状況にうまく対応していないというものである。これはともすれば底抜けの楽天的な反応とみなされるかもしれない。だが私としてはむしろそれを、ド・セルトー的な「可能なるものを開くこと」(Giard, 1997) の政治を再確認するものと考えたい。その政治とはつまり、行為の新たな余地＝空間《スペース》はその古い余地＝空間《スペース》が閉じられるときにつねに開かれつつあるのだと認識するものである。したがって新しく居心地のよい居住可能性はつねにその兆しがあらわれているのであり、その一部はこれから実現されることが十分に可能なのである。逃げてはいけない。働きかけ、とり組むことが重要である。

謝辞

本稿は二〇〇二年九月にブリストルのウォーターシェッド・メディア・センターで開催された会議「ド・セルトーの現在」のために書かれた。会議の企画者であるベン・ハイモアに感謝したい。またその他の登壇者たち、とりわけジェレミー・エイハーン、トム・コンリー、アラン・リード、マイケル・シェリンガムにはコメントをもらったことに感謝したい。とくにトム・コンリーにはその後たいへん親切にド・セルトーについて教示してもらい、心からの謝意をあらわしたい。また二人の匿名の査読者の助言によりひじょうに生産的なかたちでさらに多くの文献を検討することができた。ジェフ・バウカー、マイケル・カリー、スチュアート・エルデンも同様の助言を与えてくれた。いつもながらジョン・アーリからは一連の洞察力に富んだコメントをもらった。

（1）以下の部分では、主に「空間の実践」（de Certeau, 1987）と改題されたブロンスキー編による本の翻訳を使用している。この翻訳からは大体においてド・セルトー（de Certeau, 2000b）所収のレンダル訳よりも明快であるという印象を受けた。

（2）『日常的実践のポイエティーク』のフランス語原題である『日常的なものの発明』がそう名づけられているのはこのためである。

（3）ド・セルトーの人間主義は完全に形成された人間主体に出発点を置くものではなく、さまざまな実践に、そしてまた人間同士のあいだに生起する出会いのうちに見いだされる緊張関係に基礎を置いている。コンリー（Conley, 2001: 485）によれば、そこではヘーゲル主義ないしは実存主義の残滓とキリスト教倫理とが混ざり合っているのだという。

（4）ここでいわれる人類学的空間とグリッドやネットワークからなる幾何学的空間との差異は、メルロ＝ポンティに由来している（Conley, 2001）。

（5）いずれにせよイギリスを例にとるなら、徒歩での移動はいまやあらゆる移動のうちの四分の一から三分の一しか占めておらず、それはまた移動全体のなかでの割合という点でなおも減少してきている。この割合はしかし都心部では比較的高くなっている（Hillman, 2001）。

（6）旅行産業の膨大なテクストからなる装置をはじめ、パワー・ウォーキング〔有酸素運動となる速歩〕を扱ったビデオの展開にいたるまで（Morris, 1998）。

（7）ここでは自動車移動について私はいかなる価値判断もおこなっていない。というのも、こうした価値判断は、その現象の魅力を理解するうえで妨げとなる場合があまりにも多いからである。とはいえこれはもちろん――よくあることだが――私がある種の自動車移動の愛好家であるということではない（Rajan, 1996を参照）。

（8） この省略についてはもちろん単純な――やや軽薄であるかもしれないが――説明がありうる。一九六七年のことだが、両親とともに兄の家からレストランへと車で移動していたとき、ド・セルトーは重大な自動車事故に巻き込まれ、母が死亡し、彼自身は片方の目の視力を失ったのである。奇跡的にも運転者であった彼の父親はほとんど怪我をしなかった。ドッス（Dosse, 2002）によれば、この事故のためにド・セルトーは父親がそれほど速く運転をしたのは自分が遅れたせいだと思い、かなりの罪責感を覚えていたようである。この事情について教示してくれたトム・コンリーに感謝したい。私信でスチュアート・エルデンが述べたように、こうした自動車の不在は、作品のさまざまな場面で自動車に言及しているアンリ・ルフェーヴルのような論者と著しい対照をなしている。ルフェーヴルは周知のとおり生涯のうち二年間タクシー運転手をしていた。

（9） ポール・ヴィリリオや近年のマルク・オジェといった他の横断者的な論者たちは自動車を正面から扱っているのだが、しかし彼らは強引な、またしばしば大げさな調子をとってしまっている――そうしたことを私は避けたいと思っている。

（10） こうした大規模な景観設計の技術は少なくとも一九三〇年代より存在している。メリマン（Merriman, 2001, 2004）の研究は、そうした技術が、たとえばイギリスの高速道路システムの建設においていかに重要であったかを示している。可視領域分析について注意を向けさせてくれたのはジェフ・バウカーである。

（11） この点についてはマイケル・カリーより教示を得た。

（12） この統計にはトレーラー・パークのかなりの数の住宅や特注設計の「不動産」――移動可能《モバイル》というのは名ばかりの――が含まれているということが付け加えられねばならない。こうした家々の一部は現在では当該地域の建設基準に適合することが義務づけられている。とはいえ移動可能《モバイル》な家のうちもっとも不動《イモバイル》なものでさえ、いまなお車両として販売され、出資され、規制をかけられ、税金をかけられているのである。

（13） それゆえG・H・ミードがいうように、事物の感覚にかかわるある全体的な「操作領域」が存在するのである。事物の感覚というものは、たんにシンボル体系の具現化というだけでは理解することができず、それは身体記憶のうちに保持されているさまざまな運動感覚的性向にもとづいたものにほかならない。言い換えるなら、私たちは事物の側での反発作用について語りうるのだ。

(14) カッツ（Katz, 2000: 46）が正しく指摘しているように、このハイブリッドは正確なかたちで位置づけることができない。「運転者は相互作用がおこなわれる領域内のある動点において運転をしているのだが、その領域自体が部分的に、その運転者が現在とっている運転スタイルによって規定されているのである」。

(15) 運転者たちはしばしば、他の種類の道路利用者の具体的形態（たとえばサイクリスト）は、自分たちがしたがっているのと同じ道路規則にしたがうべきであると考え、そうした利用者がある意味でずるい策略とみえるものを弄したときには、怒りに駆られてしまうようである。

(16) それゆえある報告によれば、自動車のエレクトロニクスはいまや自動車テクノロジーの技術革新のうち八〇パーセント以上を占めている。現在の自動車には平均して総計で四キロメートルもの金属線が含まれている。最高級車のなかには、エレクトロニクス関連の部品が製造総コストの二〇から二三パーセントを占めているものもある。ある推計によると、二〇〇五年までに最高級車には平均的に二・五キロワットの電力供給が必要となることが見込まれ、そのため三六ボルトバッテリーと四二ボルト系統への移行の動きがあるという（Leen and Hefferman, 2002）。

(17) そうした観点はもちろん、アクターネットワーク理論やその他の科学社会学に由来する一連の展開など、多くの理論的発展と軌を一にしている（Schatzki, 2002 を参照）。そのような方向性のもっとも極端なものはラウズ（Rouse, 1996: 149）の理論であり、彼は「実践」を、人間と非‐人間の両方の行為を「モノがもたらす決定と行為体《エージェント》の振る舞いや反応がいずれも理解可能になるような領域」として包含しうるものとして提示している。明らかにこうした理論的展開は、それ自体が歴史的に種別的なものとして理解されうる。

(18) 多くの自動車が現在では速度制限装置をそなえている。さらに印象的なことに、ある自動車メーカーは現在すでにいわゆる車間距離維持装置《アクティヴ・クルーズ・コントロール》を導入している。それは前方の交通の流れを探知し、もし運転者が前方の車に近づきすぎていたら減速したりブレーキをかけたりしてくれる。

(19) 発話認識システムについて、ド・セルトーならどのように解釈するだろうかと、私はいつもあれこれと考えてしまう。情報化した資本主義の二値論理にたいするさらなる打撃とみなすのか、あるいは新たな種類の機械的発声とみなすのか、等々。

(20) ある程度においてこのようなプロセスはすでにひそかに生じている。ある査読者が指摘しているように、ソフトウェアはすでにメーカーが購入者を点検修理サービスへと結びつける手段となっているのだ。たとえばもしあるモデルで認証装置が機能しなくなると、搭載システムが機能しなくなり、それを解決するには――過去には機械的なことがらだったのが――いまや専門的なソフトウェアと技術的専門知識の適用が必要となるのである。

(21) 二つの用語はほぼ入れ替え可能であるが、「人間工学」はしばしば人体測定学や生体力学や身体運動学にかかわる人間的要素という狭い面に用いられるのにたいして、「ヒューマン・ファクター」はもう少し幅広いかたちで用いられている。「認知工学」といった言葉も近頃では使われている。

(22) 現代の自動車についているスイッチや計器の数の多さそのものが、それ自体で人間工学上の問題となってきている。というのも「ごちゃごちゃしたダッシュボード」は重大な安全上のリスクを含むと考えられるからである。回転ダイアルなどあらゆるかたちでの解決策が試みられている。

(23) ある査読者の指摘では、こうした変化によって、技能としての「運転」の性格が変容するかもしれないという。新たな運転技能は、速度監視カメラを目ざとく見つけて適切な行動をとるというような技能になるかもしれないのだ。もちろん車載型の衛星ナビゲーションといった新技術により、道筋を見つける技能はすでにソフトウェアへと移し替えられつつある。おそらくは自動車と都市とがますます運転者を走らせる《ドライブ》ようになるにつれ、他の技術もまた同様の方向性をたどることになるのだと思われる。

(24) 事実、現在における重要な技術的フロンティアのひとつは人工行動学であり、この分野での革新がやがて自動車移動のうちに入り込んでくることは十分に予想できる (Holland and McFarland, 2001)。

(25) これは『速度』と題されたサン＝ポール・ルーによる一九三〇年代のテクストからの引用である。
(26) クラークとバクスター (Clarke and Baxter, 2002) による近年のSF小説は、私の考えでは、こうした事情についての考察とみなすことができる。
(27) おそらくは「場違い《アナコリスティック》」ということになろう。だが重要なことにコンリー (Conley, 2001) が指摘しているように、ド・セルトーは新たなコンピュータ技術の解放をもたらす潜在力にいささかの希望をもっていた。

運転者《ドライバー》ー自動車《カー》 ◎ ティム・ダント

自動車は、後期近代社会において遍在的な存在となっている。イギリスでは人口の七〇パーセントが運転免許証を所持しており、二三〇〇万台の自動車が登録されている。一九六〇年には大多数の世帯（七〇パーセント）は自動車を日常的に利用していなかったのだが、一九九九年までには利用する世帯のほうが大多数（七二パーセント）になっている（DETR, 2000）。すでに一九六三年の時点でロラン・バルト（Barthes, 1993: 1136）は、自動車は贅沢品ではなく「必需品」になったと指摘している。また一九六八年にアンリ・ルフェーヴル（Lefebvre, 1971: 100）は自動車を、近代社会の文化に中心的位置を占めている点で「主導的なモノ」と呼んでいる。自動車は建造環境をかたちづくり、風景を切り裂き、音環境を支配し、生産と消費の主要な商品となっている。だがこのように際立った存在であるにもかかわらず、自動車は――たとえば情報技術とそのインパクトとは違って――これまで社会学のなかで、後期近代における社会的存在および社会的行為の構成要素としてはほとんど無視されてきた（Hawkins, 1986; Dant and Martin, 2001; Miller, 2001a）。

　自動車は社会科学において二つの主要な観点から考察されてきた。第一に、産業資本主義における生産の発展を典型的に示す商品としてであり、[1]第二に、後期資本主義において消費者を刺激する欲望の対象の典型となる商品としてである。[2]最近では移動《モビリティ》という問題領域が自動車に関心を差し向けつつあり（Urry,

2000)、自動車文化の数多くの特徴が研究の対象となりはじめている（たとえば Miller, 2001b など）。しかし驚くべきことに自動車は、社会的行為の形式と内容を実質的に構成するモノとしては、皮相な論評以上のものをほとんど引きつけてこなかった（例外として Elias, 1995 を参照）。しばしば自動車や交通は、歩行者の交通など、他の社会的行為を説明するうえで自明のアナロジーとして用いられる場合がある（たとえば Goffman, 1971 など）。だが後期近代において自動車が新たな種類の社会的行為を導入し、その時代の独特の性質に寄与したことは、いまだ真剣な社会学的問題関心の焦点となっていない。この論考では、運転者《ドライバー》-自動車《カー》という「構成=集合体《アセンブリッジ》」(3)を、自動車に関連する幅広い社会的行為——運転、輸送、駐車、消費、汚染、殺人、コミュニケーション、等々——を生み出す社会的存在の一形態として考察する。人間と機械の協働から生じる社会的存在の形態は「サイボーグ」という言葉を招き寄せてきた（Haraway, 1991; Bukatman, 1993; Featherstone and Burrows, 1995）が、以前に私が論じたように（Dant, 1999: 191-4）「サイボーグ」という言葉が正確に意味するのは、人体部位を置換したり強化したりするのに使われる身体に内蔵されるフィードバック・システムにほかならない。ティム・ルーク（Luke, 1996: 17-19）は、ハラウェイのサイボーグをめぐる「アイロニー的な政治的神話」をさらに展開させ、運転者が自動車と融合して新たなサイボーグ的生命形態——すなわち「自動車-と-運転者」——をつくり出すさいの、運転者の主体性をめぐる文化的・経済的な「脱人間化」について論じている。だがサイボーグという考え方には、構成=集合体《アセンブリッジ》を固定化し物象化してしまうような傾きがある。自動車は健常者に移動の補助を提供するものとみなしうるが、人間の主体性はたんに自動車に乗ることで構成されるわけではない。それを構成するのは、一時的な構成=集合体《アセンブリッジ》——そこにあって人間はそれ自身完全な存在のままである——にほかならない。同じ理由で運転者-自動車の構成=集合体《アセンブリッジ》について、それを「ハイブリッド」——それはアクターネットワーク理論（Callon, 1991:

139）や他の理論（Rosen, 1995, 2002; Dant, 1998; Urry, 1999）において人間とモノの連携体を指して使われる用語である――と考えることは有益ではない。「ハイブリッド」という用語は二つの種のあいだの子――通常は再生産できない――を意味するが、運転者‐自動車は運転者が車を降りると互いに分離するような構成《アセンブリッジ》＝集合体であり、その構成要素をなす自動車と運転者がそろえば何度でも再形成ないしは再組立《アセンブル》＝構成可能なものである。「ハイブリッド」という用語をより厳密に使う場合（たとえばLatour, 1996: 150など）、それは同種類のモノの恒久的な組み合わせからなる統一体を意味する――自動車評論家はもちろんこの語をこうした意味合いで用いており、たとえばスポーツ／ユーティリティー・カーといった二種類が結びついたモデルを指してそのようにいう。

　運転者‐自動車は偶然の交配から生じた種などではなく、人間がおこなう設計、製作、選択による産物である。ある特定の運転者‐自動車は、異なる構成要素から組立《アセンブル》＝構成されることで動作の仕方に多様性が生じたり、時間の経過とともに、あるいは場所の違いによって形態が変容したりする場合がある。しかしそうした多様性にもかかわらず運転者‐自動車の構成《アセンブリッジ》＝集合体は、それが日常的・習慣的な行為となることで、後期近代社会の諸側面に影響を与えるような社会的行為を可能にする。この論考の目的は、そうした構成《アセンブリッジ》＝集合体がいかに形成されるのかを理論的に理解するための出発点をつくり出すことにある。人間としての運転者と自動車の行為は、それぞれ単独では、そうした構成《アセンブリッジ》＝集合体が引き起こしうる行為を生み出すことができないだろう。両者の潜在能力が組み合わされる特定の様態こそが、自動車が近代諸社会に与えるインパクトを引き起こすのである。

　この論考では、運転者‐自動車の構成《アセンブリッジ》＝集合体が理解されうるいくつかの方途を探ることで、それを構成する諸要素の関係についての説明の構築にとり組みたい。ここでの議論は理論的・試論的なものとなるが、意図されているのは、運転者‐自動車をめぐる経験的な社会学的研究の基礎を提供すると同時に、その他の種類の人間／モノの構成＝集合体《アセンブリッジ》を理解する方法を練りあげることである。重要なのは、社会生活はたんに社会集団を形成する人間同士の関係から生み出されるものなのか、それとも人間と物質的なモノの協働が社会の編成に寄与しており、社会になんらかの性質や特徴を与えているのかという点である。

運転者‐自動車のアフォーダンス

一九三八年に最初に刊行された論文のなかで、生態心理学者ジェームズ・J・ギブソンは自動車の運転プロセスを理解しようと試みている。ギブソンは「安全運転の場《フィールド》」という概念について詳しく説明している。

> それはある所与の瞬間において自動車が妨げられずに取ることのできる進路の場のことである。現象としては、それは道路にそって突き出している一種の舌のようなものである。その輪郭は、主としてその地形に含まれている知覚へのネガティヴな「誘発性」をもつモノや特徴——別の言い方をすれば障害物——によって規定されている。(Gibson, 1982a: 120, 強調は原文)

ギブソンが関心を寄せるのは、運転者による道路の知覚がいかに運転行為を支えているのかという点である。「安全運転の場」とは、熟練した運転者の知覚に存在すると想定されるものを心理学者が構成したものである。運転者と自動車の関係をめぐるこのアプローチでは、モノ——ギブソンはそれを「移動手段」

とみなす――と運転者――結果として生じる行為の主体として扱われる――とのあいだに明確な区別がなされている。「舌」の隠喩――生体力学的なものを示唆している――は運転者の視点からは把握しがたいが、ギブソンの論文中の図における場の示され方の説明としては意味をなしている。これは自動車同士の互いの位置を示す道路状況の平面図――運転者はけっして取ることのできない視点であり、警察のヘリコプターや模型の車で遊ぶ子供のそれを思い起こさせるような視点――である。図中の一部の車について、「舌」のかたちは車の前方に突き出した状態で描かれ、運転者がそこを運転し視界を得ることが期待できる「場」を示している。場の輪郭は障害物にそって曲線を描き、その先端もまた曲線状になっている。場のなかには「最小限の停止ゾーン」があり、運転者が停車できると認知しているポイントを示している。もし場がポジティヴな誘発性によって特徴づけられているなら――運転者がそこを運転しうると感じているなら――障害物はギブソンが「回避領域」と呼ぶネガティヴな誘発性をもつことになるが、それは図のなかで「回避線」であらわされている（Gibson, 1982a: 127）。これらは運転者が安全な距離を保つ方法を示している。車が障害物に近づけば近づくほどネガティヴな誘発性は強くなるのである。

この平面図が提供するのは、多数のモノにたいする脱‐身体化された、非‐参与的な、神のようなパースペクティヴである――それは運転者の主観性からモノとしての自動車を分離するモノ的＝客観的（objective）なパースペクティヴである。とはいえ運転者の知覚的参与をめぐるギブソンの議論には、いくらか納得しうるところがある。たとえば運転の初心者は、視覚的注意を何百フィートにも行き渡らせ、そのなかで潜在的な障害物――駐車中の車や舗道の縁石に向かって走ってくる子供――に気づきうるような「場」全体をカバーすることで「道路を予見する」ことを習得する必要がある。運転者が絶えず注意を払っているのは、車の背後や側面で起こっている出来事よりも、こうした視覚的な場の内側においてである。自動車の側面——その方向に車が進むことはありえない——での出来事は通常はまったく意識にのぼらない。ギブソンの焦点は知覚する主体、すなわち運転者にあるため、自動車の行動範囲が限られているという事実——横向きに動くことはできない——はギブソンには見逃されている。

運転のプロセスをめぐるこのような初期の説明は、運転者を、自動車やそれが置かれる状況からともかくも独立したものとして扱っている。「運転」とは、車内にいる人間が道路上で自動車を追いおこなうことがらとみなされている。運転のプロセスはまず何よりも心理学的な現象として扱われており、自動車は、その理解と予測が可能なたんなる道具として考えられている。「熟練した運転者」もまた自明の存在とされ、運転が含んでいる何種類かの行動や状況についても同様である。だが実際のところ自動車、運転者、運転行動、運転の状況といったものはいずれも可変的であり、時間や場所によって変化するものなのだ。

ギブソンの説明のなかには、運転をめぐる心理学的プロセスの中心性が完結したストーリーではないと認められる二つの点がある。第一に彼は、自分が記述しているプロセスの複雑さが、意識的な認知能力をはるかに超えるものであることを認めている。彼が指摘するように、両面交通の道路で別の車を追い越そうとしている自動車の運転者は、静止した道路との関係において三台の車（自分の車、追い越される車、対向車）の速度と、刻々と変化する安全運転の場との関係を計算しなくてはならない。ここにはギブソンが「驚異的」と評する情報処理の問題がかかわっている（Gibson, 1982a: 130 fn10）。第二に、議論の大半をつうじて自動車はたんなる「移動手段」として自明視されているにもかかわらず、彼はある箇所で以下のことを認めている。

自動車それ自体もまた一種の場であって、多様な知覚刺激を生み出し、特定の行為を誘い出したり支えたりしている。それを構成する印象は視覚的であるだけでなく、運動感覚的であったり、触覚的であったり、聴覚的であったりもする。それらの印象が地形の印象と相互作用することで、運転のプロセスが依拠する刺激の全体が生み出されるのだ。自動車の「感覚」や自動車の「振る舞い」といった表現が、こうした特定の経験の場が意味するものを示している。(Gibson, 1982a: 134)

このことは萌芽的に運転者と自動車の身体的関係を示唆しているのだが、ギブソンの運転者にたいする関心の焦点は狭く絞られていた。彼が求めていたのは、科学者としての立場から運転者に必要な技能をめぐる議論に貢献し、交通事故死の数を減少させる手助けをすることだったのである。

ジェームズ・ギブソンの名は、むしろその後の生態心理学の研究によって広く知られている。そこで生み出されたのが、人間を含む動物が物質的環境とかかわりあう仕方を理解する方法としての「アフォーダンス」の概念である。「アフォーダンス」の概念は「誘発性《ヴァレンス》」——ある動物の物的特性がその環境のなんらかの物的側面に「適合する」ような状態を指す——をさらに発展させたものである。ギブソンは「動物と環境の相互補完性」について書いている(Gibson, 1979: 127)。ある事物はアフォーダンスを(重量や化学的組成のように)一般的な特性としてもつのではなく、特定の種がもつ物的特性にたいして特定のことがらをアフォードするのである。ひじ掛け椅子は私の猫にたいしてベッドをアフォードするが、私にたいしては座席をアフォードする。猫の大きさと手足の配置が、柔らかな表面で体を丸めてぐっすりと眠ることを可能にする。椅子は、私がその上で体を丸めるには小さすぎる——事実、人間は猫と同じようには丸まることができない——けれども、そのかわりに私の尻や背中や両手を支えてくれる。そのようにして人間は両足から体重負担をのぞきつつ「座る」のである。アフォーダンスはしたがって絶対的というよりも相関的な（Mannheim, 1936: 254）概念であり、ある場における物的対象が、人間がそれに向けてある態度をとるよう誘いかけることにかんするミードの概念を別のかたちで表現したものと考えることができる。ミードは、ひじ掛け椅子のような事物が人間にたいして座るよう「呼びかける」ことについて書いている（Mead, 1962: 278-80; さらに McCarthy, 1984; Dant, 1999: 120-3 も参照）。実際のところギブソンの示唆によれば、アフォーダンス概念はクルト・レヴィンの *Aufforderungscharakter* という用語——J・F・ブラウンにより事物の「誘発特性」と訳された——に由来している（Marrow, 1969: 56; Gibson, 1979: 138）。

　自動車は人間に運動力と移動をアフォードし、運転者に自動性《モティリティ》（自発的かつ独立的に動くことのできる能力）をアフォードする。車が運転者に提供する移動と自動性《モティリティ》の結びつきは、運転者自身の両足が提供するものに近い——必要な労力がより小さく、ひじょうに高速で、より長い距離をカバーできるという点をのぞいては。自動車のアフォーダンスは、馬が乗り手にとって移動の手段となるさいのアフォーダンスの発展形態と考えることができる——ただし馬が荒々しい地形において移動をアフォードできるのにたいして、車はきわめて滑らかな面でのみそうできるのだが。自動車は前方と後方に移動をアフォードする。馬やヘリコプターとは異なり、自動車は横方向への動きはアフォードできない。運転者／乗り手の自動性《モティリティ》を拡張するだけではなく、自動車は馬と同じようにネガティヴなアフォーダンスをもそなえている。馬はオート麦を、車はガソリンを消費し、馬は肥料を、車はガスを産出する。いずれも人間の体よりも大きなスペースを占め、定期的に世話をする必要があり、使わないときには休ませておく場所を要する。馬は——とりわけ組になっていたり馬車がついていたりするときには——車と同様に重量があり、通り道にいる他の動物や事物にとって危険なものとなる。

アフォーダンス概念の長所は、それが物的事物の特性をある特定の種との関連において確定してくれる点にある。それは事物や物的形態からなる世界を、それらの物質的特性が可能とする仕方で、またはそれが制限するような仕方で、互いに結びつけられたものとしてとり扱う――このような意味で、アフォーダンス概念はいかなる人間の解釈や構成にも先行するかたちで、そうした関係を「現実」世界のうちに基礎づけているように思われる。イアン・ハッチビー（Hutchby, 2001）によればアフォーダンスの概念は、現実的・物質的な関係性を考慮に入れている点で、社会構築主義的な技術論にしばしば使われるようなテクスト的隠喩よりも好ましい。ギブソン自身がこう述べている。

ある事物のアフォーダンスは観察者の要求が変化しても変化しない。……事物は、それがそうあるところのものである以上、それが為すところを為すのである。(Gibson, 1979: 139)

馬や自動車は飛ぶことをアフォードしない。鳥や飛行機と違って下に固定面がなくても動くことのできる物理的能力をもたないからである。ハッチビーは、ある事物が人間の特定の行為を制限したり可能にしたりするという事態を、社会学的説明に組み込もうとしている――そうした事物との相互作用を、それらを用いてなしうることの説明へと還元してしまうかわりに（Hutchby, 2001: 450）。アフォーダンスの概念には、物質的事物がそなえている、人間による使用法の無限の多様性にたいする現実的・物理的な抵抗という点が含意されている――それにたいしてテクスト的隠喩は、潜在的に無限の可能性を開いてしまう。

だがアフォーダンスの概念に含まれている現実主義は、もちろんそれ自体がひとつの解釈の結果である。アフォーダンスは、ある所与の動物にとって可能な使用法を事後的に同定したものにほかならない。私たちはそれが何に使われうるかを知っているからこそ、ある事物がアフォードするものを知っているのだ。人間と他の種の主要な差異のひとつは、事物のアフォーダンスを発見できるという人間の能力にある。これは言うまでもなく物的世界を改変し、修正し、設計することによりアフォーダンスを生み出すということを含意している——私たちが自動車を所有するにいたり、他の動物はそうならなかった理由のひとつがここにある。他の種のうちにもこうしたアフォーダンスの発見をするものがある——たとえばチンパンジーは草を使って穴からシロアリを引き出す——が、それにたいして人間は世界の物質性に介入し、それをみずからの想像力と身体に見合うよう形成する。ギブソンはこうしたアフォーダンスの創発特性は、知覚ないしは「刺激情報」に書き込まれているという（Gibson, 1979: 140）。しかしハッチビーがアフォーダンスによって解決されると考える問題は、当然ながら循環をなしている。つまりある事物が特定のアフォーダンスを提供していることをいかにして私たちが知るかは、私たちがその事物について何を知っているかに左右されるのだ。さらに私たちが知ることは直接的経験と同じ程度にテクスト的経験にもとづいている。それゆえ私は、私のＭＧＢ〔イギリスのオープンスポーツカー〕がある速度に達すると後輪側が進路からずれたりスリップしやすいことを知りうるのだが、それは私がそうなることを自分で感じたり見たりしたわけではなく、そう書いてあるのを読んだり人から聞いたりしたからなのである。それは他のＭＧＢオーナーとの会話をつうじて共有される、ＭＧＢ運転者のあいだの——あるいはまた、より最新型で性能のよいサスペンション・システムをそなえた車に乗っている人びとにさえ知られている——「常識」なのである(4)。私の視覚認知はそれだけで完結しているわけではなく、それはたんに私がすでに知っている諸々の可能性を想起させるにすぎない。私の知識はただ知覚刺激からのみ生じてくるわけではない——ギブソンなら私たちにそう思わせたであろうが。人間は他の動物とは違ったやり方で知識を受け渡すのである。

ギブソンのアフォーダンス概念は私たちを、運転者－自動車のごとき人間と事物の構成＝集合体《アセンブリッジ》という複雑な協働関係へと引き寄せてゆき、同時に、心身二元論を反駁するような方向へと進んでゆく——身体的行為の組み合わせを物質的世界のうちに状況づけることによって、そしてまた行為が企図されプログラムされる分離した——認知主義的な——位相という考え方に抵抗を示すことによって。だがそうであるにせよギブソンの概念は、人間を行為主体性《エージェンシー》の源泉とみなす方向に重点を置きすぎている——とりわけデザインされた人工物を自然物と本質的に同じものとして扱うことによって。部屋にある椅子の存在は、座るのにちょうどよい岩がそうであるように偶然にそうなっているわけではない。椅子は、言説をつうじて学習され強化される文化パターンにしたがいつつ、人間によってデザインされ、製作され、配置されているのだ。ある椅子が特定の人間や特定の種類の人びとを対象としたものであるという事実が、椅子のデザインのうちに組み込まれている場合もある（Dant, 1999: 79-81）。あるいはそれが誰か他の人に教えられてはじめてわかるという場合もあるだろう。したがって人間は何かをアフォードできるように事物をデザインするだけではなく、人間をも、何かをアフォードできるようにデザインするのである。学校の生徒は教師の椅子に敬意を払うよう、またそこに座ることのないよう教えられる。モノはまた社会的な権力関係を具現化するかたちで——使用者に特定の仕方で行為させるように——デザインすることもできる。[5] 教師の椅子は、生徒たちがそれが自分に座ることをアフォードしてくれる椅子であるかどうか確実に判断できるよう、普通の椅子とは違ったかたちでデザインすることが可能である（私が通っていた小学校では、教師の椅子は普通のものより背が高く、足下に出っ張りがついていて、教師が座ったまま教室を見わたせるようになっていた）。

アラン・コスタルは、アフォーダンスの概念を「社会化」することによって、それに修正を加えようとしている（Costall, 1995）。彼はまず人間による物質世界への介入の度合いについて指摘しており、そうした介入はアフォーダンスのうちにデザインされているだけではなく、モノに機能や意味を与えることでアフォーダンスを指定しているのだという。コスタルの主張によれば、人間は互いにアフォーダンスを学習し合い、互いのモノの使用法を管理し合っている。それゆえ「事物の道徳性」というものが存在するのである（Costall, 1995: 473）。その後の論文でコスタルは「規範的アフォーダンス」という用語をもち出して、アフォーダンスの概念を特定の行為や使用にあまりにも密接に関連づけられてしまうことから保護しようとしている。

> たとえば椅子は座るためのものである。たとえ他に数多くの使い方――焚きつけにしたり足場にしたりするなど――が可能なのだとしても。椅子のまさにその意味は、その名称に規定されており、特定の実践において維持され明示されており、それ自体の構造において実現されている。それは椅子となるべく意図されているのだ。（Costall, 1997: 79, 強調は原文）

彼の主張のなかで強調されていることは、しかし規範を形成するには不十分である。猫は私の椅子で丸まるときにもちろんそうした規範に敬意を払おうとはしない。教師の椅子や研究者のひじ掛け椅子の管理が実現されるには、たんにアフォーダンスだけではなく、厳しい言葉と力強い手を使わねばならないのだ。

コスタルはアフォーダンスの概念に、それがなしうる以上のことをさせようとしている。当然ながら物質的なモノと違って言葉の意味は、適切な解釈が与えられるならほとんど何でもアフォードできるのだが、アフォーダンスの概念それ自体は、コスタルが提示しているところのモノにまつわる――より興味深い――社会的諸関係について何も教えてくれない。すなわちデザインし、製作し、適合させ、使用法を学び、維持し、管理する、等々について。自動車は運動力と移動を提供するかもしれないが、それがなされる無数の仕方はアフォーダンスの概念によっては解明できない。さらにいえば自動車の運動力と移動は運転者のアフォーダンスに依存している。あるいは移動を提供するのは、運転者と自動車の構成《アセンブリッジ》＝集合体であるといったほうがより正確だろう。そしてまた運転者と自動車がとり結ぶ関係性の複雑さには数多くの社会的位相がある。その関係性はデザインされ、製作され、適合させられ、学習され、維持され、管理され、時間の経過とともに変化し、文化的コンテクストにより変容するのである。

運転者－自動車のネットワーク

人間とモノのあいだに行為主体性《エージェンシー》を再分配することで、人間とモノの関係をより複雑なかたちで説明する理論として、アクターネットワーク理論（ANT）――そこにはラトゥールをはじめ、カロン、アクリック、ロー、その他の人びとの論考がかかわっている――があげられる。ANTは技術の社会的研究（SST）――ベークライト（合成樹脂）、自転車、橋梁、冷蔵庫といった物質的世界の社会的構築にはじめて着目した――に含まれている社会学主義にたいする、ひとつの反応として理解することができる（たとえば MacKenzie and Wajcman, 1985; Bijker et al., 1987 などを参照）。技術的世界というものが、諸々の個人によって正体を明らかにされ、発見され、発明され、その結果として社会的世界が形成されるのだというかわりに、技術の社会的構築（SCOT）のパースペクティヴが示してみせたのは、技術的革新はしばしば特定の社会的条件によって形成されるという事実である。SCOTのアプローチは幅広い種類の社会的アクター――事業家、企業、広告業者、投資家、政府の部局、消費者、等々――について、そのすべてが技術発達の形成に寄与するものとして重要であることを強調する。ＡＮＴは、このアプローチに主に三つの面で補足を加えている。第一に、それは技術の発展にかかわる社会的諸関係をネットワークのかたちで特定する――多様なアクターが利害と権力の相互関係を構築しており、それにより技術発達の進展の仕方に影響が与えられるのである。ローカルなネットワークのなかには、あたかも他のよりグローバルなネットワークのうちでひとつのアクターを構成しているかのように現象したり表象されたりするものもある（Law and Callon, 1992）。第二にＡＮＴは、技術発達がなし遂げられるさいのネットワークによる言語的ないしは記号的な作用を強調しており、刻印《インスクリプション》、記述《ディスクリプション》（Akrich, 1992）、翻訳（Callon, 1986a）、等々の諸活動に注意が向けられている。第三に、私の目的に照らしてもっとも重要なことだが、ＡＮＴは物質的なモノをアクターネットワークのなかのアクターとして扱う。これらの「行為項《アクタン》」（アクリック）ないしは「非人間《ノンヒューマンズ》」（ラトゥール）には生きた有機体も含まれる。すなわち電気自動車（Callon, 1986a）、交通システム（Latour, 1996）、照明システム（Akrich, 1992）、飛行機（Law and Callon, 1992）といった物質的なモノだけでなく、微生物（Latour, 1988）やホタテガイ（Callon, 1986b）なども含まれるのである。

ＡＮＴは頭文字の略記という点だけでなく、技術的プロジェクトに――しかも通例は新しいシステムを生み出そうとして失敗してしまった試みに！――焦点を当てている点においてＳＳＴおよびＳＣＯＴの伝統を受け継いでいる。これら三つのアプローチのいずれにおいても物質的事物は歴史のなかで突発的に出現したものとみなされる。そして技術を社会学的に説明するにあたっては、歴史的継起――それは因果的継起としてではなく、先行する出来事や介入が将来のそれに影響するような絶えず変化するコンテクストとして示される――において生じる社会的行為――言説的行為である場合が多い――が詳しく論じられる。このアプローチはそれゆえ発展論的ないしは進化論的なアプローチであり、社会状況の継起を逆行分析することで、ネットワークの最終状態をもたらした偶発的状況を明らかにするものである。この（社会というよりもプロジェクトないしは技術をめぐる）微視的な歴史《マイクロ・ヒストリー》は、物質的世界における諸々の変容の社会的性格を明らかにするのだが、ANTはそこに、ネットワーク内の物質的構成要素の物質的性格をつけ加える。たとえば一九七〇年代フランスにおける電気自動車開発の試みを扱ったミシェル・カロンによる説明のなかでは、消費者、企業、省庁にくわえて「蓄電池、燃料電池、電極、電子、触媒、電解液」（Callon, 1986a: 22）といったものが登場する。これらの物質的要素は組織やキャッシュ・フローといった社会的要素とまったく同じように、ネットワークの作用に貢献したり、ものごとの進展を阻害したりする。

アクターネットワークは多種多様な要素間の一連の結びつきであるが、それらの要素は人間の利害関心や物理的特性にもとづく持続性をそなえる一方、ときに変更されたり解体されたりする場合もある。こうしたアクターネットワークの考え方を、新しい技術の発達という文脈を離れて、ガソリンエンジンによる自動車の運転という日常的経験のコンテクストへともち込むことはきわめて有効である。運転者－自動車の移動は、自動車の構成部品や運転者の諸能力からなるネットワークに依存している。すなわちガソリンを供給するのに十分なキャッシュ・フローがあること、手近な給油所でガソリンが入手可能であること、運転者がガソリンを車に入れられること、ガソリンに点火しその燃焼を運転者－自動車の動きへと転換するのに十分なだけエンジンが良好な状態であること、等々が必要である。

運転者、ガソリン会社、ガソリン、自動車、等々からなるネットワークが存在しているのだが、運転者－自動車が移動性を得るためには、そのネットワークに人間および非－人間《ノン－ヒューマン》が関与していることが必要となる。だが、さほど調べてみるまでもなく、こうした運転者／ガソリン／会社／自動車という基本的なネットワークが他のあらゆる種類のネットワークを随伴していることは明白である。自動車の内部には点火プラグ、点火装置、クランク軸、ギア、変速機、等々からなるネットワークがある。タイヤが駆動するためにはこれらが互いの動きを伝えうる必要がある。そして社会的なレベルでは、ガソリンスタンドへの運搬を阻んでしまうガソリン税反対者がいてはならず、OPEC諸国が販売する原油の供給が十分になければならず、運転者－自動車の社会的コストに貢献する燃料税のシステムがなければならない。ANTは潜在的に無限に拡がってしまうアクターおよびネットワークにうまく対処する方法をもっている。つまりある特定のネットワークのうちに単体として現出する、ないしはそのように示される諸々のネットワークを「ブラックボックス化」してしまうのである（Callon et al., 1986: xvi; Latour, 1999: 304）。それゆえ給油をすませて走り去るといった習慣的行為において、自動車のメカニズムやガソリン産業のプロセスはブラックボックス化されることになる。運転者－自動車の側がこのようなネットワークに注意を払うのは、何かがうまくいかなかった場合に限られる。たとえば購入可能なガソリンがないとか、価格が変わったとか、車が動かないとか、車のパフォーマンスが悪いとかいった場合に。

アフォーダンスの概念は、人間とモノとの諸関係のダイナミクスについて一切説明を与えてくれない。そこではそうした諸関係が時間の経過とともに変化し、社会的コンテクストによって変化するという事実が見逃されているのだ。こうした時間的・可変的位相を提供してくれるのがアクターネットワーク理論であり、そこでは人間とモノのあいだの諸関係は、発展を遂げたり、社会的行為の可能性に変化を引き起こしたりするものと把握される。しかしアクターネットワーク理論は人間とモノの諸関係を、つねにある種の言語をつうじて媒介されたものとして扱う。この言語は技術者のレポートや広告といったテクストである場合もあれば、ネットワークにおける多様なアクター――非人間的アクターも含まれる――の行為を記述する重要な人間アクターの発話である場合もある。だが説明的テクストがアクターネットワーク理論家によってつくり出されるという場合も往々にしてあり、しかもそのさいアイロニーや遊び心を含んで表現されるため、読者は物質的モノの活動や作用から引き離されてしまう。さらに注目すべきは、人間アクターと非-人間的アクターがいかに相互作用するのかを探究する試みが大幅に欠如しているという点である。ビデオや観察データが参照されることはなく、[6] モノがどのように作用し、人びとがいかにそれらを利用するのかについての説明もなされない。あるのは大量の概念や図式、ほのめかしに満ちた要約的コメントばかりである。人間と非-人間を含むネットワーク内のすべてのアクターについて報告される社会的行為は、もっぱらコミュニケーション的なものである。ANTではこれはつねに「翻訳」のプロセスとして扱われる。人間アクターは諸々の仕事を技術的モノに「委任《デリゲイト》」し、事物のほうは人間の行為を統制する「台本《スクリプト》」として作用したり、ネットワークの結節点をつなぐ「媒介者《インターミディアリー》」として働くのである。ANTはアフォーダンスの社会的・歴史的性格については詳細に説明するが、人間とモノの生きられた性質についてはほとんど教えてくれない。

人間と非-人間の融合についてラトゥールがあげているひとつの例は、銃が人間を殺すのか、それとも銃をもった人間が殺すのかという議論に由来している。「ここで、この状況において銃と市民のどちらがアクターなのだろうか。別の何者か（市民-銃ないしは銃-市民）［がアクターなの］である」(Latour, 1999: 179, 強調は原文)。ラトゥールが指摘するように、銃の所持によって人間行為体はその性質が変換するのだが、銃の側もまたそれを使う意思をもつ人物の手にあることでその性質が変換することになる。主体と客体の両方における行為のプログラムは、ひとたび組み合わされるとその性質を変換させるのである——結び合ったときに両者は、それらが個別的に達成するであろう目標とはまったく別の目標に向けて行為するようになる場合があるのだ。運転者-自動車の構成=集合体《アセンブリッジ》が、他の形態の存在や行為とは種類を異にするような社会的存在ならびに一連の社会的行為を生み出すというのは、この意味においてである。しかしながらアクターネットワーク理論やラトゥールによる数々の理論化には、人間と非‐人間の区別が依然として不明確なままであるという問題がある。たとえば市民‐銃についてラトゥールはこう主張している。

> 意図的行為や志向性はモノの特性ではないかもしれないが、しかしそれらは人間の特性でもない。それらは制度の特性であり、機構の特性であり、フーコーが装置《ディスポジティフ》と呼んだものの特性なのである。法人《コーポレート・ボディ》だけが拡散する諸々の媒介者を受容し、その表現を統制し、技能を再配分し、ブラックボックスや閉じたボックスをつくることができる。……ボーイング747が飛ぶのではない。エアラインが飛ぶのである。(Latour, 1999: 192-3)

これはいくつかの点で奇妙な定式化である。第一に、鳥が飛ぶときに鳥は何をしているのかということ、あるいはまた個々の所有者／パイロットが飛ぶときに彼らは何をしているのかということが不明確である――制度や法人が存在するということは、飛ぶこと（ないしは自動車を運転すること）の必要条件ではない。銃の免許、パイロット免許、運転免許を所持するということは、特定の行為を認可するような装置が存在することを示してはいるが、とはいえ、それによってたとえばそうした行為が引き起こされたり指示されたりすることはない。第二に人間は鳥と同じようにそれ自体がモノである――すなわち人間は肉体をもつ。これが意味しているのは、人間はそれ自体がひとつの独立的実体として行為するということである――人間はそれ自体が集合体《コーポレート》なのであり、「人間的」特性のみならず「非‐人間的」特性をもそなえているのだ。第三に行為への性向は、それが一人の人物――意図を実現させる身体――に帰せられる場合に必ずしも単一の精神的活動――たとえば動機といったもの――に還元される必要はない。第四にラトゥールは、通常は人間にあってモノにはないと考えられている自由意思、志向性、選択作用といったものの可能性を脅かしてしまっている。

自動車そのものが「行為する」（速度が出なかったり左にぶれたりするなど）という事態はありうるが、私たちがそれを自動車（あるいはエンジンやハンドル）の意図や選択に帰することはない。もちろん非‐人間においても事実上ある程度の志向性がそなわる場合があり、馬の乗り手は馬が遅いことをその志向性（食事や家から離れる方向に走るのを嫌がること、食事や家に向かって走るときの熱心さ……）に帰する場合がある。[7]だが生命のないモノ、とりわけ自動車のような人工物は自身の志向性を一切そなえていない。しかし人工物の特徴のひとつは、それらがまさに意図をもつ人間によって製造されるという点にある。こうした意図はデザインや製作をつうじてモノのうちに組み込まれる。この意味において、あらゆる非‐人間には人間の志向性が浸透しているのだ。銃は殺すことを意図されており、自動車は運転することを意図されている。ひとたび訓練され、飼料を与えられ、鞍をとりつけられると、馬は乗馬をするという人間の志向性を部分的に帯びた非‐人間となる。ラトゥールが好んで用いるのは「スリーピング・ポリスマン」すなわちスピード防止帯の事例である[8]（Latour, 1992: 244; Latour, 1999: 188）。それは通常はスムーズな路面をそれとわかる仕方で妨害し、スピードを出し過ぎた状態で隆起のうえを走ると車がガタガタはねるようにすることで自動車の使用法を取り締まるモノである。ラトゥールの見方では、スピード防止帯という「行為項《アクタン》」が「車の速度を落とさせたりダメージを与えたりする」（1999: 188）。このときスピード防止帯は「代理体《デリゲイション》」として作用していることになるのだが、というのもそれは「アクターの代理を務めており、不在の製作者とそのときどきの利用者とのあいだに非対称性をつくり出している」からである（1999: 189）。このことをより単純で日常的なかたちで表現するなら、車に速度を落とすよう説得を試みる地方自治体の意図がモノのうちに組み込まれているということになる。それが意図されたものであるという事実は、その構造のうちに顕著に示されている。それは一直線に並び、サイズが一貫しており、しばしば線や三角形でしるしがつけられ、ときに目の高さに警告の標識がついている。スピード防止帯が、道路の敷設が悪質であるために生じるような意図せざる隆起と混同されることはまずない——たとえ自動車にもたらされる効果がまったく同じであるとしても。

　科学社会学の伝統に歩調を合わせながらラトゥールは、人間と非‐人間のあいだの対称性をしきりに強調しようとしている。しかしながら人びとの行為が、制度というものごとを方向づけ制限するコンテクストのうちで生じるからといって、人間と非‐人間が同等だということにはならない。非‐人間の重要性を認識しようとするラトゥールの熱意のおかげで、私たちの関心は人間の生活、歴史、社会にたいしてモノが果たしている貢献に引き寄せられることになる。人間と非‐人間の両者がどのように互いに折り重なっているのかを認識しようとするラトゥールの目標は興味深く、また説得的でもある。だが失敗したアラミス交通システムの分析において、ラトゥールはそれを「運転手なき自動車」、「事物の構成《アセンブリッジ》＝集合体」（Latour, 1996: 57）、「擬似‐モノ、擬似‐主体」（1996: 213）と描写しているにもかかわらず、人間とその周囲にある物質的モノとのあいだにとり結ばれる習慣的であり、日常的であり、生きられたものであり、身体化されたものである諸関係については、多くのことがらが語られないままに終わってしまっている。

身体化された運転者‐自動車

モーリス・メルロ＝ポンティは、知覚の認知主義的理解に対抗しつつ、感覚というものは内的存在と外界を接続する機械的受容体としては理解できないと論じている。彼の現象学が覆してみせるのは外界についての「常識」的な考え方、つまり外界には固定的配置と安定した関係秩序があり、それが感覚をつうじて人間に与えられるのだとする考え方である。そのかわりに彼が示すのは、知覚は身体の運動感覚的認識によって状況づけられ方向づけられており、それゆえ――彼はこう表現しているのだが――身体は世界に合わせて「調整され」るということである。世界とは、それが感覚にとって利用可能となるその仕方にほかならない。物質的世界の身体経験についてこのように理解するなら、つぎの点が強調されることとなる。つまり世界が連続しているのは、私たちの身体が感覚的経験の履歴《ヒストリー》をもっており、私たちがそれを後続の瞬間にもち込むからなのである。メルロ＝ポンティは人間の身体化について以下のように要約している。

> それゆえ私の下にもうひとつの主体があるのであって、その主体からすれば世界は私がここにいる以前に存在しており、さらには、その主体こそが世界における私の場所を定めるのだ。この繋留された、もしくは自然的な精神は私の身体なのだが、それは私の個人的選択の道具であったり、この世界やあの世界に定位するような一時的な身体ではなく、あらゆる特殊な定位可能性を一般的な企投のもとに引き寄せる匿名的な「諸機能」のシステムなのである。(Merleau-Ponty, 1962: 254)

彼はさらに歩を進めて、人間がそれぞれの瞬間にもち込むこうした世界への身体的志向は、たんに生まれつきというわけではなく、絶えず変更されるものであると指摘している。このように考えるなら、運転者－自動車のような構成＝集合体《アセンブリッジ》をつくりあげている人間的要素は、その関係性のうちにある特性を――身体の機械的機能からも感覚的機能からも読みとることができないような特性を――もたらすのだと理解できる。

知覚をめぐるメルロ゠ポンティの理解が依拠しているのは、脱身体化された情報を生み出す個々の感覚ではなく、すべての身体感覚の相互的効果――それにより引き起こされる知覚状態は身体的記憶に依拠している――である。(9) ギブソンが「驚異的」とみなした運転者が追い越しのさいになしうる情報処理は、二車線の道路を日常的に運転している人びとにとってはもちろんルーティン的なことがらである。道路の知覚、他の動いているモノの知覚、身体動作の知覚、等々は、機械がするようなデータ処理に依存するのではなく、そのプロセスを身体的記憶との関連で経験することからもたらされる。メルロ゠ポンティによると、私たちと経験される現象世界とのあいだの関係は、私たちがそれと「コミュニケーションをしている」と考えるともっともよく理解できるという。

……あらゆる知覚は、私たちの身体とモノとのあいだのコミュニケーションないしはコミュニオン――外部からの意図に私たちが応じたりそれを達成したりすること、あるいは私たちの知覚の諸能力を外界において全面的に実現すること――であり、いうなれば身体とモノとの交合なのである。

(Merleau-Ponty, 1962: 320)

にもかかわらず運転者、自動車、道路のあいだの重要なコミュニケーションは視覚能力に依存している。視覚の欠如はいまだ埋め合わせのできない身体的障害である。運転者は車内の座席から四分弧状の枠《クワドラント》(10)をつうじてさまざまな速度で迫ってくる世界を眺める。ギブソン(Gibson, 1982b)にとってそれは、眼が空間を移動するさいに世界のイメージが網膜上で変形を受けるという事態なのだが、他方、メルロ＝ポンティにとって視覚とは、身体が世界のなかを動くさいの世界にたいする身体全体の志向性にほかならない[11]。視野で知覚されたものは、身体の運動感覚とその軌跡全体によって補完される――エンジンの音、道路の音、車にあたる風の音によって。あるいはハンドルやアクセルやブレーキの抵抗感、さらには車輪から伝わってくる道路の感覚によって。それゆえ「スピード防止帯《スリーピング・ポリスマン》」――あるいはスピード防止帯があることを示す標識であってもよいのだが――についての私たちの視覚は、隆起のうえを走る自動車の感触についての以前の経験と結びついているのである。

　運転を、視野のなかから選択され選別《フィルター》された膨大かつ複雑な情報――自動車を安全にコントロールするのに十分な情報――の処理を要するものとして考えるなら、それは驚くべきことに見えるだろう。だがそれは、ほとんどの人びとが容易に得られる技能なのである――視覚がある限り、運転技能を習得できない人はほとんどいない。運転のプロセスは大部分が習慣的なものであり[12]、空間を移動する自明の方法となる身体技能である――現代社会において運転者‐自動車は、だいたい一時間に三〇から七〇マイルのあいだで空間を移動しうる。熟練した運転者の多くにとって遅い速度で運転するのは難しく、困惑させられることであり、また自分の通常の最高速度を超える場合には不安が生じてくる。大部分の自動車のギアやハンドルの構造もまた、こうした速度の範囲内でもっともよく作動するよう設計されている。どれぐらいの速さで自分は走っているのか、またどれだけのスピードが出せる道路状態なのかについての運転者の感覚は、自動車――文字盤や制御装置だけでなく音や振動を含んだ――をつうじて身体化される技能となる。メルロ＝ポンティは女性の帽子の羽根、盲人の杖、運転者の自動車といったものが遂行中の行為に組み込まれるモノとなる様子を描き出している。

帽子や自動車や杖に慣れることは、それらのうちに身を移し替えられることである。あるいはその逆に、私たちの身体の厚みにそれらを組み込むことである。習慣は、私たちの世界内存在を拡張する力、あるいは新しい道具を利用することで私たちの実存を変容させる力を表現している。(Merleau-Ponty, 1962: 143)

したがって人間である運転者は、構成＝集合体《アセンブリッジ》として車のうちに習慣のかたちで身体化されており、その構成＝集合体《アセンブリッジ》こそが自動車移動を達成しうるのである。(13) 運転者‐自動車は友人、家族、ペットを乗せることができるし、またショッピング、タイヤ交換、衣服の交換をおこなうことができる。そうして運転者‐自動車は、道路、標識、他の自動車、建築物、等々からなる世界を移動してゆくのだ。

座った状態で高速で動いている位置から、すばやく動くモノの世界へと差し向けられる身体的方向づけは学習を要する。(14) ちょうど子供が歩いたり、走ったり、自転車に乗ったりするのを覚え、そうすることで物理的世界にたいする自身の関与を拡張するのと同じように、運転を学ぶ若者は、走らせている車に随伴する世界——身体への補助なしでは不可能な速度で動いている世界——とのあいだにとり結ばれる身体的関係が変化してゆくことに歓びを感じるだろう。メルロ＝ポンティによれば、運転に必要な動きのなかでの知覚は多様な固定点——道路、街灯柱、ダッシュボード、他の自動車、等々——への方向づけに依拠している。「運動とは複数のレベルからなる現象であり、あらゆる運動は、それ自体が可変的な投錨を前提としている」と彼はいう (Merleau-Ponty, 1962: 279)。動きのなかでの知覚は、距離や速度を客観的に判断することではなく、ある瞬間からつぎの瞬間へという変化に注意することにかかわっているのだ。

そうした身体経験の変容を、もっぱらそれ自体の楽しみのために追い求めるような人びともいる。たとえば現代において乗馬を趣味とする人、ウィンドサーファー、パラグライダー愛好家、等々。しかし大部分の運転者にとって車の運転は、日常的実践と絡み合っているためごくありふれたものであり、また身体のそれ以外の物質的世界への再方向づけも、もはやそれ自体珍しいものでも楽しいものでもなくなってしまった。(15) もちろんこうした世界内での身体経験の変容を耐えがたいと感じるような人びともいる——彼らは自分の恐怖や方向感覚の喪失を克服することができず、運転という経験を避けるのである。

ある限定された空間内で、他の高速で移動するモノと共在しつつ、高速で移動するモノに乗っているという状態——そうした状態への身体的方向づけは、まさしく後期近代社会を特徴づけるような文化現象である。運転者は学習した技能と自動車の機能とを組立《アセンブル》=構成し、「ちょうど戸口を通るときに自分の身体と戸口の幅の関係を確かめないのと同じように、狭い〔車同士の〕隙間に入り込むと、フェンダーの幅とその隙間の幅を比べたりすることなくそこを「通り抜け」られることがわかる」(Merleau-Ponty, 1962: 143) ようになるのだ。後期近代における大部分の人びとにとって運転者-自動車の経験は、物質的世界にかかわる他のすべての知覚および関与のうちに——自明なものとみなされ平凡なものとして扱われながら——もち込まれる身体経験の一側面となる。自動車はたんに運転者に移動を与えるものではないし、行為項《アクタン》として独立した行為主体性《エージェンシー》を保持するものでもない。それは運転者-自動車だけがなしうるような一連の人間の身体的行為を可能にするのである。

結　論

運転者-自動車はモノでも人間でもない。それは組立《アセンブル》=構成された社会的存在として両方の特性をそなえており、両方がなくては存在しえないものなのだ。論じてきたように、運転を知覚のメカニズムに依存するものとする理解が人間の認知能力とされるものに強調点を置くのにたいして、「アフォーダンス」の概念はそれに先行する物質的関係性の存在を示唆する。だが自動車が運転者にアフォーダンスを提供しているとみなす場合、複雑な社会的プロセス――そのもとで人間の志向性が自動車などのモノのうちに、そして運転者などの人間のうちにアフォーダンスをつくり出しているプロセス――が曖昧になってしまう。アクターネットワーク理論は、運転者‐自動車のような技術的システムを生み出す人間とモノの結びつきを対象とする社会史を切り拓いてみせた。しかしANTには、そうした相互作用的・身体的な関係をテクスト的・対称的な関係へと変容させてしまい、人間と非‐人間に同等の行為主体性《エージェンシー》を帰属させてしまう危険性がある。アフォーダンスには精神と身体の二元論が暗に含まれており、ANTはそれに強く反論するのだが、しかしANTはあらゆる物質性を等しく社会に引きずり込むという見かけのもとで、身体の物質性と主体の志向性を見逃してしまっている。私が議論してきたところでは、メルロ＝ポンティは、人間がモノとのあいだにとり結ぶ関係の身体的・志向的性質を、精神と物質的世界のあいだに知覚装置を介在させることなく認識しえている。運転者‐自動車の構成＝集合体《アセンブリッジ》は行為の可能性を、つまりはひとたび定型的・習慣的・遍在的になると日常的な社会的身体行為となるような行為の可能性を生み出す。構成＝集合体《アセンブリッジ》への参与をつうじて運転者‐自動車になじんだ人びとは、少なくとも部分的には、それがなしうる行為の諸形態をつうじて社会的世界へと方向づけられるようになる。社会的諸制度――法システム、運転に関連する慣習、交通管理――が発達するにつれて、運転者‐自動車の調整された習慣は社会的組織のうちに埋め込まれてゆくようになる。自動車の利用はそのとき、たんに機能性や利便性の問題にとどまるものでも個人的・意識的な決定に還元しうるものでもなくなる。衣服を着ることや礼儀の慣習にしたがうことと同様に、運転者‐自動車の行為は、日常的な社会生活の流れを特徴づける要素のひとつになったのであり、それは（危険な運転者や有鉛ガソリンのように）簡単にとり除いたり段階的に消し去ったりすることはできないのである。

化石燃料を用いる自動車が生命と環境にもたらす脅威にたいして、政治的関心にもとづく諸々の反応が示されているが、自動車はたんに交通の一様式であるわけではなく、環境にたいしてより健全な移動手段への「転換」が要請されるさいには、他の形態の交通がもたらす諸結果についての理性的選択以上のものが必要となることを認識しておくことが重要である。運転者‐自動車として実現される自動車移動は、人間の身体を拡張すると同時に、技術および社会を人間へと拡張するものとして作用する。運転者‐自動車は、アフォーダンスとアクターネットワークと身体化のシステムとして社会的に埋め込まれており、たやすく過去のものとなったり忘れ去られたりすることはない。モノとしての自動車は今後数十年のあいだに劇的に変容することが予想されるが[16]、しかしたとえ重量や車体の形状、制御装置、エンジンや燃料といったものが変容したとしても、運転者‐自動車は引き続きタイヤのうえにあるモノを——人間がそこに座り、簡単に手足の先を調整することでハンドルを操作したり速度の上下を指示したりできるようなモノを——含んでいるという可能性は高い。自動車のテクノロジーや運転者の技能とテクニックは、いずれも別のものに代替されたり改良されたりするかもしれない——馬／乗り手や歩行者／靴がそうだったように——が、それでも運転者‐自動車のなんらかの形態は残存し続けるように思われる。

運転者と自動車の共生的関係は、後期近代社会における物質的環境および社会性の性質を変容させてきた（Dant and Martin, 2001 を参照）。そうしたものが簡単に捨て去られるという事態は考えにくい。運転者‐自動車の経験的性質——主要な移動の形態としての地位も含めて[17]——は、政策的議論において、より持続可能な交通および移動手段への「輸送手段の切替《モーダル・シフト》」が生じる場合にどのようなことがらが随伴するのかといった点が考慮に入れられるようにするためにも、緊急に調査をおこなうだけの価値がある。運転者‐自動車の研究はまた、人間と後期近代世界の諸社会を媒介する多様な構成＝集合体《アセンブリッジ》の理解にも貢献してくれるはずである。

（1）たとえば以下のものを参照。チノイ（Chinoy, 1955）、ゴールドソープほか（Goldthorpe et al., 1968）、ベイノン（Beynon, 1973）、フリンク（Flink, 1975, 1988）、アルチュラーほか（Altshuler et al., 1984）、ガートマン（Gartman, 1994）。

（2）たとえば以下のものを参照。バルト（Barthes, 1993 [1963]）、ルフェーヴル（Lefebvre, 1971 [1968]）、ザックス（Sachs, 1992）、リニアード（Liniado, 1996）、オコンネル（O'Connell, 1998）、トムズほか（Thoms et al., 1998）。

（3）ドゥルーズとガタリ（Deleuze and Guattari, 1988: 73）の「機械状のアッサンブラージュ」という概念とのあらゆる関連性はもちろん偶然的なものである。

（4）シャーロックとクールター（Sharrock and Coulter, 1998: 155）は、バナナと大腸菌と母親という関連性について同じような見解を述べている。

（5）これはシートベルト、ホテルの鍵についているキーホルダー、スピード防止帯、ベルリナーキー〔ドアを閉めてロックを掛けないと抜けないようになっている鍵〕についてのラトゥールの議論にくり返し出てくるテーマである（Latour, 1991, 1992）。

（6）ラトゥールは実際のところアラミス交通システムの写真（Latour, 1996）を提示していたり、また人間と事物とが相互作用している様子を示す科学的フィールドワークの記述に写真を組み込んだりしている（Latour, 1999）。

（7）動物に帰することができ、動物にあると認められる志向性には明らかに程度の差がある。馬はいくらかの志向性を示し、ホタテガイは示さない。にもかかわらずミシェル・カロンは、サン・ブリュー湾のホタテガイは「まず何よりもみずから進んで自身を固定させようとするはずだ」と述べている（Callon, 1986b: 211）。だが続く部分では、ホタテガイがどのように意思や意図を行使するのかについて何の説明もされていない。固定にたいするホタテガイの抵抗の仕方が一貫していない——抵抗するものもあればしないものもある——ことを理由に、カロンはあたかもホタテガイが意思を行使しているかのように、その個々の行動に意思を帰属させることができるのだ。科学者が固定した幼生の数を数えているという点で、カロンはその過程を国会議員の選挙と対称的なものとして扱っている。これは交通事故死者数の計算を国会議員の選挙と同等に考えるようなものである。有権者はみずからの行為において意思を示しているが、固定するホタテガイと交通事故で死亡する人びとは、その意思とは無関係の独立した状況に従属しているのだ。

（8）ラトゥールは、スピード防止帯《スリーピング・ポリスマン》として知られている路上の隆起は「〔寝ている警官に〕全然似ていない」と述べている（Latour, 1999: 188）。他愛のないことだが、私は常日頃より警官がタールマック〔道路舗装材〕の下で羽毛布団をかぶっているようにして寝ており、細長く硬いこぶ状になっている様子を想像してきた。この点についての別の考え方は、自動車にもたらされる影響が警官を万が一にも轢いてしまったときのそれとほぼ同じだ、というものである。

（9）「身体は、同時にあらゆる表面と器官によって触覚的経験へと開かれており、それとともに、ある特徴的構造をもつ触覚的「世界」をそなえている」（Merleau-Ponty, 1962: 317）。

（10）現在の自動車のフロントガラスは、通常、湾曲して傾斜がつけられているが、これは空気の流れの大幅な向上に貢献すると同時に、運転者が注意を向ける視覚的領域を示している。

（11）視覚は他の事物へのこうした方向づけを導きうるものであり、それゆえ運転者の眼は事物を「とらえ《テイク・ア・ホールド・オン》」て「事物と接触するある種の力」をもつ場合がありうるが、そうした運転者の視覚的表象は、鉄道旅客の眺望がそう解釈されるような「そのうえに事物が投射されるスクリーンではない」（Merleau-Ponty, 1962: 279）。

（12）「……習慣は……実践的知識であり、身体活動がなされるときにのみ生じる。習慣は、そうした活動から切り離されたかたちでは定式化されえない」（Merleau-Ponty, 1962: 144）。

（13）ドン・イーデは、自動車は運転者の身体の共生的延長になると指摘している（Ihde, 1974: 272）。

（14）「運動とはすでに慣れ親しんでいる状況設定の調節である」（Merleau-Ponty, 1962: 277）。

（15）もちろんさまざまな自動車雑誌や自動車を扱ったテレビ番組に示されているように、自動車や運転にかかわることに楽しみを感じる人びとは数多く存在しているのだが（洗濯機やその他の楽しみの少ないモノについてはそうではない）。多くの人びとが運転から楽しみを享受している——しかしながら構成＝集合体《アセンブリッジ》を構成する非‐人間的な要素が、そうした楽しみを享受していると示唆する根拠はない。

（16）たとえばホーケンほか（Hawken et al., 1999）のハイパーカーについての魅力的な議論を参照。

（17）運転者‐自動車は、個人によって制御されながらも道路、交通システム、税という公的コンテクストのうちに作動する、物理的・金銭的・社会的な資源の集積の存在を示している。運転者‐自動車に随伴している移動関連資本の多様なありようを調査するならば、そのさまざまな屈折した形態（ジェンダー化された、年齢により区分された、文化的に特有の、強力な、守られた、等々）が明らかになると同時に、乗客、歩行者、サイクリストといった他のモバイルな存在との比較をおこなうことのできる基礎が提供されるだろう。それによってまた、移動関連資本へのアクセスの相対的欠如から帰結する社会的排除の存在が明るみに出されることだろう。

移動性と安全性 ◎ イェルク・ベックマン

この論考は、交通安全についての試論のようなものと受けとられるかもしれない。本論考は「自動車－運転者ハイブリッド」(Sheller and Urry, 2000) と呼ばれてきたものについて、その内的要素と社会的コンテクストを解きほぐすことにより、道路交通事故にたいする新たな洞察を生み出そうとするものである。こうしたハイブリッドの諸様態――道路から安全科学者の表計算にまでいたる――を検討することで、この論考は、道路の安全性を設計する技術について批判的な見解を提供する。だがより重要なことに、本論考が求めているのは、交通と移動の社会研究にたいして、その領域における分析概念の練りあげをつうじて貢献を果たすと同時に、それが現在の社会学に占めている役割の重要性を強調することである。この試論は三つの段階から構成され、それぞれが違った社会学的概念を含んでいる。最初の段階は移動性の概念を、最後の段階は安全性の概念を扱っている。そのあいだには二つの概念――自動性《モティリティ》とハイブリッド性――が置かれ、それらは「自動《モタイル》ハイブリッド」という概念のうちに組み合わされる。

移動性は現代の社会科学で主要な概念になっているように思われる。移動性が、新たなグローバルな秩序下で力あるものを力なきものから区別する (Bauman, 1998) 中心的カテゴリーとみなされるだけでなく、いまや「社会としての社会的なもの」もまた「移動性としての社会的なもの」(Urry, 2000: 2) へと根底的に変容してきている。ますます強まりつつある移動性とモダニティの理論的結びつきに刺激され、社会学者と人類学者は同様に、ある特定の日常的な移動形態――すなわち自動車移動《オートモビリティ》――に関連する社会的組織を研究し、管理し、改良し、変容させることにとり組んできた。本論考の最初の部分は、このような研究の脈絡――自動車の社会的・文化的役割の研究――にしたがっている。

こうした背景のもとで、第二の部分では、あまり知られてはいないが類似した意味をもつ概念を導入する――つまり自動性《モティリティ》である。私が理解するところでは自動性《モティリティ》の概念が示しているのは、移動、交通、輸送からなる社会空間に遍在する現象でありながら、いまだにほとんど、ないしはまったく関心を引いていない現象である。それはつまり移動性《モビリティ》と不動性《イモビリティ》の共存および相互依存関係にほかならない。アルバートセンとディケン（Albertsen and Diken, 2001）をはじめとする論者によれば、移動性は相対的・両義的・逆説的なものと考えられ、それゆえつねにその対応物すなわち不動性を含んでいるという。別の言葉でいえば、スピードダウンがなければスピードアップはないのである。あるいはジクムント・バウマン（Bauman, 2000）が言うように「固体化」がなければ「液状化」もないのだ。したがって移動性と不動性とは、つねに互いに手を携えているのだといえよう――「自動性《モティリティ》」と呼ばれる奇妙な二つ組《ダブル・パック》のうちで。

続く段階では、このパッケージにもうひとつ別の概念がつけ加わる――ハイブリッド性の概念である。自動車‐運転者ハイブリッドという概念が示すように、ハイブリッド性は交通研究に多くを提供するように見えるが、しかし、現在のところはただのキャッチフレーズにとどまっており、日常的移動をめぐる社会的現実のもっとも重要な側面の一部をたんにほのめかすことにしか使われていない。私が提案するのは、交通社会学の道具箱のうちにハイブリッド性をよりよい仕方で組み込むためには、それを、自動性《モティリティ》と結びつける必要があるということである。ハイブリッド性と自動性《モティリティ》を結び合わせるなら、その結果として新たな存在が出現してくる――自動《モタイル》ハイブリッドである。自動ハイブリッドは客体でもなく主体でもない。停止しているのでもなく動いているのでもない――それは具現化された両義性なのだ。この考えは、のちに交通安全についてより詳細に検討するさいに明確化されるだろう。

そこで安全性が、論考の第三の最終部分を枠づける鍵概念になる。交通安全は自動ハイブリッドが内属する――専門家の議論がなされる層の下に隠されたかたちで――領域である。やがて示されるように自動車安全の専門家が開発し、適用し、評価することがらの少なからぬ部分（行動、法、技術のいずれの面と理解されるのであれ）が、強力な隠喩としてハイブリッド性および自動性《モティリティ》を考慮に入れることを要求している。したがってこの論考の最後の部分で検討されるのは、現在の交通安全科学の内部で構成される自動ハイブリッドにほかならない。その過程でラトゥールの「不変の移動体《イミュータブル・モバイル》」（Latour, 1988）という概念が援用されるのだが、それが示すのは、自動車‐運転者ハイブリッドがいかに多様な不変化《イミュータビリゼーション》／可変化《ミュータビリゼーション》ならびにモバイル化／不動化を条件としているかということである。

移動性、自動性《モティリティ》、ハイブリッド性、安全性を正確にこのような順番で提示するということは、恣意的にそう決めたわけではない。結論において私が強調したいのは、移動性ならびに安全性が、自動性《モティリティ》とハイブリッド性という互いに絡み合う概念をあいだに挟んでひとつのスペクトルの両極をあらわすということである。移動性と安全性のあいだにある項はまさしく「媒介項」であることが明らかになるだろう。それは完全に移動的《モバイル》でもなく完全に安全でもないような現象をとらえるのである。

移動性——両義的なカテゴリー

移動性は長いあいだ現代の社会科学において重要なカテゴリーであり、移動性をめぐる社会研究の中心には、近代の諸集団と諸個人の両方にかかわるような社会的・地理的移動を対象とする数々の出版物が見いだされる。移動性は近代諸社会を特徴づける鍵となっており、その重要性はジョン・アーリ（Urry, 2000）、ジグムント・バウマン（Bauman, 2000）、マニュエル・カステル（Castells, 1996）といった論者による重要著作に示されている。今日、移動性の社会学においては社会‐移動、居住‐移動、ヴァーチャル‐移動、自動車‐移動といったものの相互依存性が強調されている（Urry, 2000, 2004）。そこでは伝統的移動や再帰的移動について言及がおこなわれたり（Beckmann, 2001a）、なんらかの範型的な移動が特定されたり（Bonss and Kesselring, 1999）、移動性と不動性が互いに結びつけられたりしている（Albertsen and Diken, 2001）。

さらに社会学者と人類学者は、現在、ある特定の種類の移動——つまりは日常の交通——に関連する社会的組織を研究し、管理し、改良し、変容させることにとり組んでいる科学者たちと互いに手を携えつつある。社会科学者たちが交通政策にとり組み、実際的な活動をするなかで、（自動車）移動、交通、輸送といった概念にたいするよりよい社会的‐理論的基礎づけがますます強く求められつつある。それゆえ幅広い巨大理論や中範囲理論に依拠しながら、移動と交通をめぐる社会研究の理論的基礎を固めるための数多くの試みがなされている。そこに見られるのは、たとえば自動車移動がもたらす社会‐経済的効果にかんする批判理論家の説明（Krämer-Badoni et al., 1971）であったり、自動車システムのオートポイエーシスに強調点を置くシステム理論的な試み（Kuhm, 1997）であったり、あるいは近代化《モダニゼーション》とモバイル化《モビライゼーション》を密接に結びつけて考える伝統的ないしは再帰的な近代化理論（Rammler, 2001）であったりする。さらにさまざまな連辞符社会学――いくつか例をあげると、リスク社会学（Hagman, 1999）、消費社会学（Gartman, 1994）、技術社会学（Canzler, 1996）、若者社会学（Tully, 1998）、等々――が種々の日常的移動について洞察に満ちた探究を生み出してきている。これらの洞察が示してきたのは、移動性というものが高度に両義的な概念となりうるということである。

こうした内在的両義性とされるものをよく例証するのが、自動車移動の事例にほかならない。多くの論者たちが示唆してきたように、自動車は、可能性を開くと同時に閉ざすものであり、個人化するとともに再統合を果たすものであり、あるいは利用者を自動車中心的な空間‐時間性から解放するとともに別のそれへと強制するものである。自動車はそれ自身の敵となる両義的恩恵――有益性をもつリスクのある技術――とみなされる。その他、見習い魔術師症候群について語ったり（Canzler, 1996）、ベック流に自動車が解き放つ危険な諸力について言及したりする論者などもいる（Beck, 1992）。環境汚染、都市と農村の退廃、交通事故死傷者といった近代のリスクは、自動車移動という移動のパラダイムに修正を加えてきた（Beckmann, 2001b）。しかしながら自動車移動が自身の基礎を脅かしてしまうとき、それは同時に自身を再帰性という反復的プロセス――つまり自己言及、自己認識、自己モニタリング、自己解釈、自己批判、等々――に向けて開くことにもなる。この再帰的サイクルのなかから自動車は新たに立ちあらわれ、もう一度みずからの（再）生産を維持しうるようになるのである――自身の矛盾から原動力を得る終わりなきスパイラルとしての自動車移動。

自動車移動のこうした独自の特徴に誘われるかたちで、社会理論家たちは自動車を移動性の隠喩《メタファー》として、言い換えれば「移動性の化身」（Thrift, 1996: 272）として利用するようになった。これらの理論家たちにとって、自動車のあり方は移動性そのもののあり方を反映しており、さらに重要なことに、自動車のあり方は近代化がいかにモバイル化に等しいかを示すのに役立つのである。このような背景のもとで移動性は近代性に関連づけられ、私たちはいまや移動性‐近代性の結びつきについて語りうる。しかしながら、これら二つのカテゴリーが互いに結びつけられるのは、近代化が、あらゆる種類のモバイル化の過程を引き起こすと同時にそれに依存しているという想定によるのではなく、近代性と移動性がともにそれらの反対物をつねに包含しているという事実による。近代性が前‐近代的・非‐近代的・反‐近代的な倫理や世界観と結びついている（Berman, 1982）のと同様に、移動性は不動性にしっかりと結びついている。別言すれば移動性は不動性に依拠しているのだ。特定の主体や客体が不動であるからこそ、それ以外のものは移動することができるのである。近代性について、伝統的な近代化理論が示すように、それを「自由にすること」や「解放すること」の継続的プロセスとみるのではなく、同じ程度においてものごとを不動化させるものと考えてもよいのである。

　社会哲学者のあいだでは、この逆説をたいへん説得的に示している証拠が数多くみられる。この両義性の例示としてよく引用されるのは、ポール・ヴィリリオの研究と彼の有名な「疾走する静止状態」という隠喩である。ヴィリリオはしばしば「速度」をもっぱら「不動性」――それはあらゆる高速度の移動の他我である――との関連で語っている。速度は必ず不動性をともなうのだと彼は主張し、そうすることで移動性と不動性のあいだに密接な関係を打ち立てる。だが彼にとっていかなるモバイル化の過程であれ、最後に移動者を待ち受けているのは静止状態にほかならない。ヴィリリオの「最後の乗物」による旅行は、いずれも「不可欠な要素として随伴する事故」――そこではあらゆる動きが死に絶え、速度体制の《ドロモクラティック》社会（ヴィリリオは速度を権力の鍵要素とみる視座から、速度の制御や管理に基礎をおく社会体制を速度体制《ドロモクラシー》と呼ぶ）は消滅してしまう——をもって終わることとなる。ヴィリリオやその他の論者から影響を受けるかたちで、アルバートセンとディケン（Albertsen and Diken, 2001）は——黙示録的な表現は抑えながらも——まさにこうした移動の相対性について述べている。彼らもまた移動性とは相対的な概念であると指摘し、つぎのようにいう。「ある者にとっての移動性が別の者にとっての不動性である場合がある。さらに重要なことに、不動状態にある「代役《スタンド・イン》」は、今日のモバイルかつ錯綜した世界を安定化させるのに大きく貢献しうる」（Albertsen and Diken, 2001: 22）。それゆえこの場合でもやはりモバイル化は不動化を必要とするのである。

こうした背景のもとで私が主張したいのは、移動性に内在する両義性は交通研究にとって広範囲にわたる諸々の結果をもたらすということである。これは、現代の移動をめぐる政治や交通計画についての、交通研究による一義的解釈のいくつかに修正を加えるよううながすことであり、さらには新しくより両義的な隠喩を探し求めるよう要求することである。モバイル化をもはや不動性と切り離して考えることができない以上、あらゆる二項的な戦略——交通の速度を低減させるか上昇させるか、道路の基盤構造《インフラストラクチャー》を拡張するかしないか、排気を許容するか抑制するか、安全性を向上させるか減少させるか、等々の戦略——はいまや意図せざる両義的な諸結果をもたらしてしまうものと考えられる。

こうした諸結果のひとつとして、以下のことを尋ねる必要が生じる——今日、交通にかかわる科学や政治や計画をいったいどのように実践すべきだろうか？　研究者や政治家や計画者たちは一様に、いまや「両義性にとり組むこと」を、そしてまた自分たちの概念や戦略や計画の多くが含む両義性を認識することを求められている。なかでも交通科学にとって、現在の交通の現実が抱えるこうした特性は深刻なものであるが、というのもその道具や手段の多くが再帰的とは言いがたいものとなっている——そこでは、それらに内在する両義性が考慮されていないのである。それどころかそれらの道具や手段は、副作用やフィードバックをもたない「交通解決策」として提示され利用されている。将来の交通研究は、再帰性、偶有性、両義性といった考え方に耐えうるような概念やカテゴリーを考案する必要がある。

そのような考案に向けて道を開くべく、私は移動性の概念それ自体を、より再帰的・偶有的・両義的なものへと変更すると同時に、このことがいかになされ、なぜ有用になりうるのかを説明するつもりである。以下に述べることがらは、よりモバイルな交通科学の事例を提供することを意図しており、その過程で自動性《モティリティ》と呼ばれる新しい——そして望むらくは強力な——隠喩が案出されることになる。

自動性《モティリティ》とハイブリッド性——自動《モタイル》ハイブリッドの目覚め

「(近代)世界の内にある」という状態は間違いなく、共在する無数の移動性《モビリティ》と不動性《イモビリティ》によってとり囲まれた状態である。近代の人間は同時にモバイルかつ不動的《イモバイル》であり、また主体であると同時に客体でもある。彼女/彼は恒常的に多様なかたちの運動と非 - 運動のあいだを往復しており(だが、けっして純粋なかたちで「静止して」いたり、「動いて」いたりすることはない)、そこにあって、彼女/彼は同時に主体と客体という地位の境界を、あるいは動かし動かされるという地位の境界を踏み越えている。自動車 - 運転者やネットサーファーが——あるいはエスカレーター - 乗り手などでさえもが——その事例となる。ひとたび「出掛けて《ヒット・ザ・ロード》」から、機械的ないしはデジタルな移動手段によって旅を続ける移動者は誰しも同時に静止と運動の状態にある。仕事場に通勤する人物はその身体を運転席に縛りつけられており、ネット - サーファーはヴァーチャルな自己がサイバースペースを放浪しているあいだも家にとどまっている。これらの移動者たちがどの程度モバイルであるのか、いったい誰が判断できるだろうか? 彼らが動かす者であるのか動かされる者であるのか、いったい誰が判断できるだろうか？

こうした状態を把握するために、私は自動《モタイル》ハイブリッドという新たな実在のカテゴリーを提案する。移動性——それはつねに交通、移住、旅行など実現された運動について言及する——とは反対に自動性《モティリティ》は、必ずしも動くことなくモバイルな状態にあることのできる能力を意味している（Beckmann, 2001b）。そのようなものとしてそれは、移動性と不動性のあいだに位置する多様なハイブリッドな形態を包含している。自動性《モティリティ》とは不動性や移動性を意味するのではなく、人びとが物理的に、ヴァーチャルに、ないしは居住様態において完全に静止しておらず完全に動いているのでもない自動的《モタイル》な位相をあらわす。今日、そうした段階のもっとも顕著なものはインターフェイスの前で動かずにいるヴァーチャル移動者である。自宅のPCの前に座り、サイバースペースを旅することは、移動性と不動性が結びついた世界のうちに存在するひとつの様態である——ここにおいてサイバー‐旅行者は自動的《モタイル》な存在を生きているのだ。

医学の領域での多様な使用法（臓器の固有運動性や精子の自発運動性などを指す）とは別に、自動性《モティリティ》という用語は近年になって社会科学のうちで、とりわけ速度や移動に関心を寄せる研究においてときおり登場するようになっている。たとえばヴィリリオは、この論考で私が用いているのと同じような意味合いでその用語を使用している。ヴィリリオにとってもそれは、運動と不動の共存状態を示しているのである。しかしながら彼の使用法はより黙示録的であって、主として双方向性技術の人を麻痺状態に陥らせる特徴を強調するのに用いられている。彼はこのように述べている。

不動性《イナーシャ》へと運命づけられた動かざる存在は、運動や移動のための自分の自然的能力を、遠隔の現実について瞬間的に情報を与えてくれる探測装置やスキャナーへと譲り渡してしまうのだが、それはとりもなおさず、現実を認識する自身の能力を損壊してしまうことにほかならない。リモートコントロール――テレガイド――を用いて自分の環境ないしは住居――それはあのホームオートメーション、私たちのあらゆる気まぐれに反応する「スマートハウス」のモデルである――を管理できる擬似 - 四肢麻痺者の例にならって。まず最初にモバイルとなり、つぎにモーターライズされた人間は、このようにして自動的《モタイル》になるのだ。チャンネル・サーフィンのような、わずかなジェスチャー、わずかな刺激へと、みずから意図的に自分の身体の影響範囲を限ってしまうことによって。(Virilio, 1997: 16-17)

ヴィリリオとは対照的に、私が提案したいのは、自動性《モティリティ》がもっている両義的な性格――すなわち、それがもつ麻痺させる能力と移動させる能力の両方――に注意を向けることである。

矛盾しているように見えるこの能力は、自動性《モティリティ》がもつ真の空間性を考慮に入れなければ完全には理解することができない。不動性とは、空間を克服する能力の欠如であり――移動性とはそれをなしうる能力である。そのとき自動性《モティリティ》とは、ある空間 - 時間性における不動性と、別種のそれにおける移動性とが共存した状態を意味しうる。自動性《モティリティ》および自動的《モタイル》な行為体《エージェント》をめぐるこうした理解に想定されているのは、「世界の内にあること」とは、つねに種々の空間内に同時にあることにほかならないということである。たとえば注意散漫な状態にある車の運転者は、多数の並行空間のうちに存在し、内属し、移動している。想像空間の内部では彼ないし彼女の心は自由にさまよっている。車内空間のなかでは運転者の身体は不動状態にある。路上にあっては、そのハイブリッドは流線型の曲線をなす道路空間を移動している。このように自動性《モティリティ》とは、それがさまざまな空間におけるさまざまな移動(ないしは不動)をとらえるという点において空間的な現象なのである。

さて自動性《モティリティ》が何を意味するかを述べてきたので、ここでハイブリッド性へと話題を移して、これら二つの概念をひとつに組み合わせてゆくこととしよう。二つの用語に共通する特徴は、それらが二項コードの曖昧化を意味するということである。自動性《モティリティ》が、あらゆる種類の移動性と不動性のあいだに位置する位相を示唆するのと同様に、ハイブリッド性は主体と客体を並置する伝統的な考え方にたいして異議を唱える。

ハイブリッド性は、社会研究の種々の領域において重要な分析概念となっている。それはグローバルなノマドの曖昧な性格を例証するものとして、アイデンティティ、エスニシティ、移民などを対象とする研究（たとえばPapastergiadis, 2000などを参照）のうちにお決まりのように登場してくる。さらにそれは、科学や技術の社会的構築について詳細に分析している研究者たちの中核的な道具となっている[1]。後者のあいだではハイブリッド性は一般的に、人間と非‐人間的な行為主体性《エージェンシー》の混合ないしは人間と機械の混合として理解されている。より最近ではそれは、とくに交通や移動を対象とする社会学者によって、自動車‐運転者の関係の性質をめぐる変容を考察するのに利用されている。自動車‐運転者ハイブリッドは「金属の繭をかぶった怪物」（Lupton, 1999）とみなされたり、人間と非‐人間の両方の特徴をそなえた「サイボーグ」とみなされたりしている。ここにおいてハイブリッド性は、自動車‐運転者の関係における多様な改変を受け入れる「容器」となっている。それは「知性《インテリジェンス》」をめぐって展開されつつある交通についてのポピュラーな話題と結びついている――たとえば「知的道路交通システム《インテリジェント・トランスポーテーション》」（ITS）におけるように。これらのいまだ深く考察されていない諸々の変化の中心にあるのは、交通システムに埋め込まれた高度先端技術にもとづく移植物――すなわち自動車および運転者自身である。この場合にハイブリッド性は、（移動の主体としての）人間としての運転者が（移動の客体としての）非‐人間である自動車と混合する程度について言及しているだけではなく、技術が人間の行為にとって代わり、それゆえ行為主体性《エージェンシー》をもつ存在ともたない存在とのあいだの差異が曖昧になる程度についても言及しているのである。

ハイブリッド化は融合のプロセスとして広く理解されている。二つの存在が各々の特徴を互いに融合し組み込むのである。ハイブリッドとして有名なのは、たとえば動物相（「オオカミの雑種」）、植物相（「アッモリソウの雑種」）、あるいは自動車工学および自動車デザイン（牽引バッテリーとディーゼルエンジンの両方を特徴とするハイブリッド・バスなど）におけるそれである。(2) どのハイブリッドにも親にあたる存在がもつ本質的特徴の結合という点が共通している。オオカミの雑種は野生のオオカミと家畜化された犬の特徴を包含している。それは二つの極――その二つの極の差異はハイブリッドそれ自体によって曖昧にされる――のあいだに位置しているのだ。しばしばこれらの極は、まったくの反対物である（オオカミ - 犬における「野生の」および「家畜化された」のように）。そのときハイブリッドが混合するのは、見た目には矛盾しあう二つの要素である。自動車 - 運転者ハイブリッドの場合、これら矛盾する要素となるのは運転者の人間的特徴と自動車の非人間的特徴であるだろう。

しかしながらハイブリッドは、それらが由来しているところの行為体《エージェント》がもつ特徴の「寄せ集め」をたんに示しているだけでなく、同時に、他と区別されるみずからの特徴を発達させてもいる。自動車 - 運転者ハイブリッドがそなえる特徴は、自動車および運転者の特徴に似ていると同時に、それらと明確に異なってもいるのだ。それゆえ自動車 - 運転者ハイブリッドは、歴史的でもあり非歴史的でもあると考えられる。それは交通における新たなアクターであるが、にもかかわらず自動車と運転者の特徴を部分的に示しているのである。(3)

このようなハイブリッド――自動車と運転者から派生したものとしての――は、すでに従来の交通研究の諸領域のうちで何度か登場してきている。たとえば自動車と運転者のあいだで生じることがらについて、同様の、しかし十分とはいえない解釈が交通心理学者によって提出されている。彼らにとって、ハイブリッドを構成するものと同じような結合をもたらすのは「自動車と運転者のあいだの相互作用」である。交通心理学においてそうした相互作用は、人間と自動車の相互作用に枢要なものとみなされている。だが他方、彼らの心理学的な抽象は、人間主体にのみ行為主体性《エージェンシー》を割り当て、運転者こそが実際の相互作用そのものを操縦しているのだと考える。ここで「ハイブリッド研究」に懐疑的な者であれば、「運転者と自動車との相互作用」ということですでに、二つの存在——自動車と運転者——が路上で出会うときに生じるさまざまな現象を十分にカバーできているではないかと論じるかもしれない。こうした人びとの懐疑的な考えにたいして、私はこのようにシンプルな議論を提出したい。つまりハイブリッドという新しいカテゴリーを導入することによって、事故についての新たな視座がもたらされ、新たな研究結果が生み出される可能性が大いに見込まれるのだ、と。しかし私がとくに主張したいのは、二つの存在のあいだの相互作用そのものは、新たな存在／アクター——自動車‐運転者ハイブリッド——が丸ごと出現するという事態——そこにあって相互作用の制御権はもはや運転者の手の内にのみあるわけではない——とはまったく別のことがらだという点である。このように自動車と運転者をひとつのものとして考えること、そしてまたハイブリッドの政治学を研究することは、現代の交通‐現実政策への重大な示唆を含んでいる。問われるべきは、自動車と運転者がいかに相互作用するかということではない。そうではなく、私たちが自動的《モタイル》な自動車‐運転者ハイブリッドにおいて出会う自動有機体《オートモーティヴ・オーガニズム》——「オートモーグ」——にかかわる歴史と政治はどのようなものなのか、という点なのである。

このような問いに答えるべく、ここで私はもっとも顕著な主題——その周囲に「道路ハイブリッド性」をめぐる言説が展開している主題——のいくつかにとり組むことにしよう。路上にあってハイブリッド性は、まず何よりも二つの用語に翻訳される——すなわち「知性《インテリジェンス》」と「支援《アシスタンス》」である。自動有機体は「知的《インテリジェント》」存在である——それは「知的自動車《インテリジェント・ヴィークル》」の内部にあり、「知的道路《インテリジェント・ストリート》」を走り、「知的《インテリジェント・》道路交通《トランスポーテーション》システム」のもとでひとつに統合される。自動車や道路やシステムに刻印《インスクライブ》された知性は「支援」を可能にする。人間の操作者は個人用移動支援装置《パーソナル・トラベル・アシスタント》（ＰＴＡ）、適応走行制御装置《アダプティヴ・クルーズ・コントローラー》（ＡＣＣ）、運転者支援《ドライバー・アシスタンス》システム（ＤＡＳ）などによって支援を与えられる。現代の交通論議をめぐる言説にこれらの「知的支援《インテリジェント・アシスタンス》」が増殖しているという事実は、自動車計画の新たな将来像——自動車工学と人間工学のあいだの境界を曖昧にするような——が展開されつつある状況を反映している。

「知性」は従来では有機的な生き物の特徴とされていたのだが、いまや事物の属性とされている。「支援」はこれまで人間の補助者により提供されていたのだが、いまでは技術システムにそなわる特徴となっている。「知的支援装置としての自動車」はもはやたんなる輸送のための乗物ではなく、私たちが日常的な移動の管理を委任する「代理体《デリゲイト》」（Latour, 1996）なのである。こうしたことについて私たちは、人間の特性（知性と支援）を自動車のうちに導入してくれた工学者たちに感謝しなければならない。ラトゥールにしたがうかたちで、自動車は三つの点において擬人的存在へと変容してきた。「第一に、それ〔代理体〕は人間によってつくり出される。第二に、それは人間の行為にとって代わり、人間の地位を永続的に占める代理人となる。そして第三に、それは指図を与えることで人間の行為を決定する」（Latour, 1992: 235）。どこに行くべきか、どれくらい早く着くべきか、どの道路を選ぶべきか、そしてまたどれくらい安全であるべきか、等々が指示されるのである。アナログな自動車が移動性の化身であったとするなら、デジタルな自動車はハイブリッド性の化身にほかならない。

さらに自動車の知性をめぐる主要な言説構成は、まさにハイブリッド化のプロセスに大きく依拠している。ハイブリッドが創出されることなしには、交通技術と交通利用者のいずれも「知性」を獲得することができないだろう。自動車-運転者ハイブリッドとしてのみ、主体であれ客体であれ「より知的に《スマート》」なれるのである。知性がもっぱら運転者にのみ結びつけられることはほとんどない。彼ないし彼女は自動車と「密接に融合すること」によってのみ知的《インテリジェント》になれるのだ。運転者の知性はそのとき、技術的進歩や技術的移植にかかわる問題として広く現出することになる。自分の代理体がいない運転者一人の状態では、より高度の知性をもつ資格がないものとみなされてしまう。

明らかなように「知性」と「支援」は、交通に全面的に浸透しつつあるハイブリッド化のプロセスの重要性をひじょうに説得的に示唆している。にもかかわらずそれらは、交通システムをつくり変えるある強力な構造変動の存在を示す、さまざまな特異な現象のひとつにすぎない。こうした構造変動に本質的なのは、ハイブリッドが自分では果たしえない移動の約束をおこなうという事実である。あらゆるＩＴＳに共通する特徴は、それが単体としての運転者の独立性を増大させることを約束している点にある。もっともよく見られるのは「ナビゲーションの約束」であり、交通渋滞を回避したり、工事現場を迂回したり、高額な有料道路を避けたりするための情報を提供してくれるというものである。ここに働いているのは、「技術による先進」が個人の利益——独立性として実現するような——をもたらすという論法である。

このようにして自動車-運転者ハイブリッドにとって、移動は、複雑な交通というやっかいな現実からの距離化ないしは逃避にかかわるものとなる。搭載コンピュータがよりよい道への退避を可能にしてくれ、視界強化装置が運転席からの遠隔知覚を可能にしてくれる。道路ハイブリッドは移動の意味を変容させ、従来では近接を生み出すことにかかわっていた活動の最中での作業放棄《アブセンティーズム》が可能になった。とりわけジクムント・バウマンがこのようなポストモダンにおける移動の特質に触れている。彼は移動を「退出可能性《エグジタビリティ》」

とでも呼びうる観点から考察している。バウマンにとって移動とは、近接を生み出すのと同じ程度において作業放棄《アブセンティーズム》をも可能にするものである。バウマンは個人の脱出速度を権力の指標とみなしている。「権力の主要な技術はいまや脱出、ずれ、省略、回避であり、つまりはいかなる領土的限定をも実効的に拒否することなのである」とバウマンは述べる（Bauman, 2000: 11）。このような離脱、退却、退去といった能力はまさに自動ハイブリッドが享受しうる特権である。

　こうした背景のもとにあってバウマンによる種々のカテゴリー――離脱、ずれ、脱出――は、交通の構造転換を記述するのにもっとも適しているように思われるだろう。そしてじつにこれらの用語が意味する内容は、ＧＰＳナビゲーションシステム――運転者に渋滞を回避させてくれる――だけでなく、あらゆる種類の新しい自動車テクノロジーに当てはまるように思われる。新しく埋め込まれる機器は、そのすべてがやっかいな「交通コミュニティ」から運転者を離脱させてくれ、さらには自律性（たとえばＡＩＣＣ――自律型知的走行制御装置《オートノマス・インテリジェント・クルーズ・コントロール》――に示されるような自律性）を高めてくれるようにみえる。車内の諸々の「ＩＴソリューション」が喧伝しているのは、つまるところは構造からの「解放」にほかならない。それらのおかげで他の人びと（運転者、歩行者、サイクリスト、等々）とのコミュニケーションや相互作用は不要になるようにみえる。車内の「リモート・センサー」が以前には人間がおこなっていた仕事――つまり環境の変化を記録したりそれに反応したりすること――を引き受け、運転者には独立性の感覚が増大したかたちで与えられるのである。

　しかしながらこうした自律性や独立性は擬制的なものである。それは果たされざる約束なのだ――なぜならハイブリッド性は一種の社会的接着剤として働くのであるから。道路にますます多くの人間や非‐人間的行為体《エージェント》が参入し、アクターネットワークがますます緊密なかたちで織りあげられるにつれ、移動のテクノロジーが特定の空間‐時間的制約から個人を解放するという主張はますます疑わしいものとなってしまう。二〇世紀初期の運転者にたいしては、自動車は――実際上でも象徴的にも――独立性や個人の自由を与えたかもしれないが、二〇世紀末の運転者は、自動車移動による恩恵が両義的なものであることを認めねばならなかった。二一世紀の自動車ハイブリッドはしかし、初期の自動車移動にはあったと思われるあらゆる種類の独立性を消し去ってしまった――自動車と運転者が完全に融合することで両義性さえもが消え去ってしまうのである。ハイブリッド化は運転者を自動車に縛りつけ、主体から行為主体性《エージェンシー》を部分的に奪いとり、いわゆる知的交通《インテリジェント・トランスポート》システムへと引き渡してしまう。ハイブリッドがあるところに独立《インディペンデンス》はない(4)――それは孤立《アイソレーション》にとって代わられるのである。これら二つのあいだの差異は、それらが提供する社会性の形態の違いに由来している。私の考えでは独立とは、構造的制約からみずからを解放する積極的・自発的に選択されたプロセスである。孤立とはそれとは反対に、交通にかかわる社会的構造からの解放などではけっしてない。それどころかそれが意味するのは、主体のほうが選び出され、同時に現存の社会構造――この場合には自動車移動の構造――を強制されるような状態なのである。自動車‐運転者ハイブリッドは独立というよりむしろ孤立しており、にもかかわらず互いに強く依存しあっているのである。

単一の交通ユニットの孤立(および隔離)は、車の流れのなかを動いている最中にハイブリッドが遂行しうる種々の新たな活動によりさらに促進される。「知的交通《インテリジェント・トラフィック》」において運転行為や直接的環境との相互作用は、車内でおこなわれたり自動車がその媒体となったりする種々の他の活動にたいして二次的なものとなる。もしたとえば走行制御装置が車の流れのなかで自動車を操縦する仕事を引き受けるのだとすれば、人間の「自動‐操縦者《オート・パイロット》」は自分の関心のより多くの部分を、ラジオを聴くこと、ウェブ‐サーフインをすること、あるいは電話や書きもの、ひげ剃り、食事、等々へと振り向けることができるようになるだろう。この場合にハイブリッド性は、自動車がもつ真の機能の変容を含意している。空間を克服するための乗物から、それは仕事をしたり、コミュニケーションをしたり、身体の衛生状態を回復・維持したりするための乗物へと変わるのである[5]。こうした装置によってハイブリッドのなかで他の活動が可能になると同時に、運転することそれ自体はより下位に位置する「影の活動」となる。事実、もしも将来の自動車《カー》-運転者《ドライバー》が実際に自動《オート》-操縦《パイロット》にとって代わられるのだとすれば、自動車-運転者のハイブリッドという概念を再検討すべきだとさえ考えられるようになるかもしれない。というのもまさにこの交通ユニットはいまや、自動《オート》-オフィスのなかの画面《スクリーン》-労働者《ワーカー》のハイブリッド、走るプレイ-ステーションのカプセルに包まれたウェブ-サーファーのハイブリッド、あるいはまた移動可能な電話ボックスのなかの電話《フォン》-話者《スピーカー》のハイブリッドと変わらないものになっているからである。

　車の流れのなかにある自動ハイブリッドは、いまやデータ・スーツに包まれているかのごとくである。人間の身体が多様なインターフェイスに接続されるとき、自動車は、あらゆる種類の移動を支えるメインフレームへと変化する。こうしたインターフェイスによって付加的な諸活動が可能になるとき、それによって直接的環境からの運転者の距離化と孤立化はさらに強まることになる。知的自動車《インテリジェント・カー》は、たんに近接を可能にする乗物ではない。それどころかそれは高速の「逃走用の車《ゲッタウェイ・カー》」なのであり、くり返される脱出と作業放棄《アブセンティーズム》を可能にするものなのである。

　要するに「知性」と「支援」が客体と主体の結びつきを強めるにしたがって、自動車-運転者ハイブリッド化のプロセスはますます進展することとなる。さらにまたハイブリッド化の進行が継続するにつれて、自動車移動性《オートモビリティ》は自動性《モティリティ》へと変容してゆくこととなる。ハイブリッド化のプロセスは、より明確なかたちでの移動性と不動性の共存にとって代わられる。それによって不在と近接が同時にもたらされる。それは埋め込みと脱埋め込みを同時におこなうのである。自動車－運転者の周囲に私たちは移動性の両義的性格をはっきりと看取することができる。つまり私たちは自動ハイブリッドの目覚めを目撃することになるのだ。

何が自動ハイブリッドを目覚めさせるのだろうか？　いま路上で起こりつつある自動化《モティライゼーション》とハイブリッド化の背後で作用する推進力となっているのは、（自動車－）リスク社会における安全への遍在的要請である。道路の安全を達成するべく、専門家たちはハイブリッド化と自動化《モティライゼーション》の技術へと向かってゆく。彼らは自動車と運転者の結合を強化しつつ、このハイブリッドをモバイル化すると同時に不動化する。しかしながら安全の提供には明らかに限界があり、そうした限界は自動ハイブリッドが事故を起こすまさにその瞬間に訪れる。だがこの終焉は一時的なものにすぎない。以下で示されるとおり、交通事故を解析する専門家や科学者によって自動ハイブリッドはふたたび目覚めさせられ、生気あふれる「死後の生」を与えられるのである。

安全性——事故解析を脱構築する

知的自動車の内部でおこなわれるマルチタスキングは、事故の概念化、解釈、再構成にたいして数々の示唆を含んでいる。自動車事故はしばしば運転者が運転以外の活動に携わっているときに起こる——煙草に火をつけたり、ラジオやテレビをいじったり、電話番号をダイアルしたり、音楽を聴いたり、居眠りをしたり、同乗者に話しかけたり、セックスをしたり、ウェブ－サーフィンをしたり、等々。それゆえハイブリッド性の概念は私たちに交通事故（それはオフィスや家庭やスポーツでの事故と同じようなものになっている）について再考をうながすことになる。

こうした点を考慮に入れつつ、論考の第三部では「ハイブリッド性」と「自動性《モティリティ》」の概念を、従来とは違った種類の「事故解析」に適用してみることにしたい。自動ハイブリッドが、交通事故や現在の道路安全科学にとっていかに重要な意味をもつのかを、私は例証するつもりである。そうするなかで、新たな概念や隠喩によってすでに確立された交通科学をいかにモバイル化させうるかを例示し、それによって事故の分析家が、従来とは違った論点を提起したり、別様の問いかけができるようになる手助けができればよいと考える。

理想的には、知的な自動車－運転者ハイブリッド（ここではいまや知力が馬力にとって代わっている）の内部では、人間の起こす誤りのほとんどは、技術的支援や技術への権限委譲によって穴埋めされ免除されることになる。無意識的な反応は、速度や方向の電子的調整にとって代わられている。そこでめざされているのは、知的支援《インテリジェント・アシスタンス》によって交通の安全性を高め事故のリスクを減らすことである。

この支援が作動するうえで重要なのは、それが補助すべく企図されている者にそれが受け入れられることである。もしも一方で、安全技術の技術者が企図したものを運転者の側が受け入れないならば、システムの不具合が予想されうるし、なおかつ安全性の問題を解決するどころか、その介入自体が一連の新たな問題を生み出してしまう。他方、もしも運転者の側がその介入を受け入れるならば、彼は積極的にハイブリッド化のプロセスに参与することとなる。この参与は、しかしながら「全体論的な信頼」があってこそうまくいくのである。ハイブリッド化された自動車－運転者は専門家たちを信頼するのだが、その専門家は、彼／彼女がひとたび自動車を支援の担い手として受け入れる限りにおいて、リスクが減少するだろうと約束する。(6) ここで働いているのは、信頼の再配置——他の運転者たちの能力を信頼することからＩＴＳ

の能力を信頼することへ——である。操縦者を自動車‐運転者ハイブリッドの一部へと変えるのは、信頼の投資とその宛先の変更にほかならない(7)。

「理想的な」ハイブリッド化された交通世界では、事故が生じるのは諸々の要素体《エンティティ》が互いに不信を抱きはじめたときだけだろう。シートベルトを信頼しないことに決めてその利用を拒むなら、私は自分自身をリスクにさらすことになる。知的走行制御装置《インテリジェント・スピード・コントロール》に不信を抱いてそのスイッチを切るなら、私は他の人びとと自分を危険な状態に陥らせることとなる。もし速度制限を拒否するなら、私は交通計画家の専門知識にたいする不信を表明することになる。しかしながらここでの問題は、私が自分の代理体《デリゲイト》を信頼しないことに決めたという事実にあるのではなく、共在する信頼と不信のあいだに食い違いが生じるという点にある。私が信頼するのを止めたとしても、他の人びとはそれを続けるということは十分にありうる。これによってハイブリッドの社会的土台が浸食されてしまう。それは予測しがたい行為を導きコンフリクトを強化してしまう。信頼をもつ要素体と不信をもつ要素体とが共存している状態は、事故として(または路上の激怒《ロード・レイジ》や交通渋滞として)顕現するような不一致を招いてしまうのである。

それゆえ信頼が安定していればそれだけハイブリッドの程度が高くなり、事故に巻き込まれるリスクは低くなる。ハイブリッドの数が多ければ多いほど、交通は安全になる。完全なるハイブリッドはけっして事故を起こさない。このことが意味しているのは、(あらゆる予測を覆して)事故が起こったときには、ハイブリッドが不完全だったのであり、事故の瞬間に融合のプロセスが停止していたか、不十分であったか、もしくは不備があったということである。だとすれば、そうした不完全なハイブリッドを特徴づけているのは何だろうか? まさに故障したり事故を起こしたりしようとしている自動有機体にあって何が問題なのだろうか?

ラトゥール（Latour, 1988）によれば、自動車‐運転者ハイブリッドは不変の移動体《イミュータブル・モバイル》と考えることができる。不完全なハイブリッドはそれゆえ、その移動性と不変性の両方を失おうとしているのだ。不変の移動体《イミュータブル・モバイル》として自動車‐運転者は交通の構成要素となり、みずからの位置を変えることなく移動する。ラトゥール自身の言葉ではこのようになる。「その場面における個々の要素は移動しうるものであるが、それらの内的な関係はこの移動をつうじて維持されるために、結果的にそれらは不変のままなのだ」（1988: 21）。不変の移動体《イミュータブル・モバイル》として、自動車‐運転者ハイブリッドは道路のネットワークにしたがって移動しているのだが、しかし、別の種類のネットワーク――他の運転者との安定した関係（および安全な距離）を確保させてくれるネットワーク――のうちに固定され、そこに静止しているのである。

　こうした運動と不動の同時性は、ローとモル（Law and Mol, 2001）によってつぎのように説明されている。可変性《ミュータビリティ》と移動性は二種類の空間性と類比することができる。自動車‐運転者ハイブリッドは、ネットワーク空間とユークリッド空間の両方のうちに存在しているのである。交通のアクターネットワーク内に固定的位置を占めることは不変性を意味する。つまりそこにあってハイブリッドは安全な状態にあるのだ。ユークリッド的（道路）空間を移動するにもかかわらず、ネットワーク空間におけるその位置は安定している。こうした関係的な位置調整が維持されうる限り、自動車‐運転者は道路をうまく走ってゆくことができる。あるいは別の言葉で言えば、自動車移動はネットワーク空間における運転ユニットの不動性に依存している、というのはつまり、それはすべての自動車‐運転者ハイブリッドの不変性に依存しているのである。

　不変の移動体《イミュータブル・モバイル》において、私たちはまたもやある種の自動性《モティリティ》に出会うことになる。二種類の可能なる運動が相互依存し混合している状態を、先に自動性《モティリティ》と呼んでおいた。それは同時に、そしてまた――この場合にはさらに重要なことだが――種々の空間において、静止し、かつ運動しているような位相を意味している。もしもローとモルがユークリッド空間とネットワーク空間の「並行世界」を構成していなかったなら、こうした種類の自動性《モティリティ》はここでは観察されなかっただろう。彼らの解釈になるラトゥールの隠喩を交通に適用することで、自動ハイブリッドという概念に新たな生命が吹き込まれる。それは一方では移動し、他方では静止している自動有機体として復活させられるのだ。

さて自動車‐運転者が事故を起こすとき、ユークリッド空間とネットワーク空間の布置状況《コンフィギュレーション》において何かが変化する。交通事故に遭遇したとき、ハイブリッドは不動体と呼びうるものへと姿を変えるのである。事故を起こした自動車‐運転者は、完全に不動の状態に陥る――ユークリッド的な交通空間におけるその運動は停止する――のだが、しかし、アクターネットワークにおけるその位置についてはどうだろうか？　いまだ固定されているのだろうか、それとも何か変化が生じているのだろうか？

事故においてハイブリッドの不変性は維持されるどころか、自動有機体はとつぜん大きな可変性をもつようになる。これがもっとも顕著となるのは（致命的なかたちで）負傷した乗客、そして破損し変形した乗物においてである。自動車と乗客の両方が不動状態になり、同時に不変性が奪いとられてしまう。事故とともに自動車と乗客はネットワーク上の位置をとつぜん変え、そしてさらに重要なことに、運転者は自動車から引き離されてしまう――ハイブリッドはいまやばらばらに裂かれてしまうのだ。乗客は警察からの聴取を受け、消防士に救助され、病院に搬送され、カウンセリングを受け、拘置され、あるいは死体解剖を受けることになる。自動車は技術専門家によって詳細に調べられ、保険会社の査定を受け、機械工に修理され、あるいはスクラップの山に捨てられることになる。自動車と運転者のいつもの旅は、事故とともに終焉を迎える――それともその旅は中断させられただけだろうか？

交通をめぐるアクターネットワークのうちには、事故を起こしたハイブリッドが復活させられ、その旅が延長させられるような領域が存在する――それは事故の分析と再構成の領域である。事故に巻き込まれたハイブリッドは、被害者、報告をする警察官、そして他のアクターによる供述書やテクストや書類のうちで「生き延び、移動を続け」ることとなる。しばしば事故は、そうした事故の報告や処理に携わった専門家によるテクスト上の説明の結果としてのみ「明らか」になる。ひとたび衝突したハイブリッドが公的な警察の報告へと輸送され、その性質を変化させられると、それらは科学的構築物へと姿を変え、それとともに交通をめぐるアクターネットワーク内の自身の位置を変えるのである。

したがって道路からデータバンクへと至る旅のなかで、自動車‐運転者ハイブリッドはいま一度変化を遂げるわけである。それらは互いに衝突した時点で可変の不動体《ミュータブル・イモバイル》へと変わったのだが、他方、警察の報告書式に姿をあらわし、ついで交通安全科学者のエクセルファイルに登場するさいにふたたび不変の移動体《イミュータブル・モバイル》となるのだ。一般的に通用するカテゴリーとしての書類化をつうじて、事故は、社会的な解釈の余地がより小さいものへと変えられる。事故は、ひとつの出来事――さもなければ多様な読者の多様な解釈を誘い込むことになる出来事――をめぐる高度に枠づけられた諸々のイメージへと変容する。(8) 事故におけるハイブリッドの性質変容にかんする研究は、交通上の諸原因にたいする名づけと区別をうながす。ジョン・ロー（Law, 2000）が表現したように、それは「整理箱」をつくり出すのだ。多層からなる分類体系をつうじてその単独の事故は名前を受けとり、報告担当の警察官によって「しるしをつけられる」のである。(9)

ハイブリッドを扱うこうしたやり方は、多くの事故報告の書式がそなえている様式上の約束事によって可能となり、またそのうちに反映されている。「分類シート」のおかげで別々の事故を、まったく同じやり方で報告したり表象したりすることができる。ある事故が一度分類されると比較をおこなうことが可能となる。二つ、ないしはそれ以上の事故が同じような状況であれば――同じ種類であれば――それらを比較して、その出来事をもたらした諸要因をよりよく個別化することができる。ベルリンの事故解析者は即座にミュンヘンの同業者が過去に報告していたことを把握できる。別々の都市にいる専門家は自分たちの報告をひとつに並べ、そうして「全員に共通する書類上の現実のひとつのヴァージョンを構成する」（Atkinson and Coffey, 1997: 51）ことができる。報告書式を仕上げた段階で、警察官は自動的に――個人的解釈からは切り離されたかたちで――専門家がある事故特性を「現実的」かつ「真実」とみなすことに同意している、そのような均質的な現実を仕上げたことになるのである。

事故データの選択、分類、均質化のプロセスによって、人間／非‐人間の交通ユニットが衝突したあとの現場に散らばったばらばらの断片の一部を収集し、関連づけ、再構築することができるようになる。これが達成されると、書類上のハイブリッドはさまざまな他のテクストというかたちで自身を再生産しはじめる。特徴の一部は後続の文書のうちに複製され、あるいは他の科学分野へと移動《トラベル》する。このことはしかしネットワーク空間内の自身の位置を変えることなくおこなわれるのだ。その旅のなかで書類ハイブリッドは、いまやふたたび不変の移動体《イミュータブル・モバイル》として扱われる。テクスト、表、報告という形式をとるこれらのハイブリッドは、全体としていまだ交通のうちにあるかのように互いを参照し合う。みずからの表象として、それらは事故を道路から書類上へと、ひとつの空間から別の空間へと翻訳する手助けをおこなう。そのさい自動車‐運転者はふたたびモバイルかつ不変的になり、さらにいえばラトゥールの説明と歩調を合わせることになる。

……移動体が不変的なもの――色を塗られた現場、施設、会計簿、解剖図、書籍、エッチングされた

> 板――へと変容しつつある［ときに］、［それ］はこうした個別的かつ種々雑多な新奇《ノヴェルティ》な要素のそれぞれに新たな連続した結びつきを創出する、奇妙な特徴をもつ新たな空間をたどっているのである。
> (Latour, 1988: 21)

不変の移動体《イミュータブル・モバイル》から可変の不動体《ミュータブル・イモバイル》（衝突したハイブリッド）へ、そして最終的にはふたたび不変の移動体《イミュータブル・モバイル》へ――これが自動車‐運転者の自動性《モティリティ》サイクルである。交通のアクターネットワークに生じるハイブリッドの配置換えは、偶然により〔＝事故により〕引き起こされる場合もあれば意図的に引き起こされる場合もある。最初の再配置において自動ハイブリッドが反転させられるのにたいして、第二の再配置によってそれらはふたたび不変的かつモバイルなものになる。この第二の変換はけっして偶然による〔＝事故による〕のではない。むしろそれは事故を処理し、再構成し、分析し、最終的には事故を防止することを職務とする専門家の営為であり義務である。事故現場に入ってくる安全の専門家――警察官や開業医から、弁護士、保険代理業者、交通研究者にいたるまで――はすべて、どうにかしてそのハイブリッドを再‐モバイル化《リ‐モビライズ》しようとする。そうするなかで彼らは、ネットワーク空間内における自動車‐運転者の第二の配置換えを促進しているのである。彼らはこれをどのようにおこなうのだろうか？

この問いにたいする最初の答えは、ポール・ヴィリリオによって提出されている。彼によれば、事故に対処するうえで一般的な戦略として働くのは端的に否認である。ヴィリリオは説明する。

> 技術が発明されるたびに――船舶を例にとってみよう――それに付随して事故も発明されるのであり、この場合には難破ということになるが、それはまさに船の発明と同時期に生じた。鉄道の発明は必然

的に鉄道事故の発明を生み出すこととなった。飛行機の発明は、当初から墜落事故をもたらしていた。ここで、いま言及した三つのものは特定的・局所的な事故である。タイタニックはある特定の場所で沈没した。鉄道はまた別の場所で脱線し、飛行機もさらにどこか別の場所で墜落する。これが重要な点なのだが、というのも人びとは乗物、つまりは発明そのものに注目しがちであり、その結果としての事故には注目しないからである。技術をめぐる美術批評家として、私はいつでも発明と事故の両方を強調しようとしてきた。だが事故の発生はつねに否認されてしまっているのである。（引用は Armitage, 2000: 40 による）

ヴィリリオがあげている事故を起こした船や鉄道や飛行機のなかに、自動車を加えたうえで彼の議論を推し進めるなら、自動車移動が「正常に機能する」のは、その事故が否認されるからだということを予期しなければならないだろう。集合的な否認が個別の移動を可能にする――それゆえにこの相関関係が成り立つ。交通事故をめぐる社会的組織化をもう少しつぶさに調べてみると、ややひねくれたこの解釈は、しかし路上の状況をたいへんよく描き出していることが明らかになる。交通事故――それが起こるのが空中であれ、水中であれ、陸上であれ――は実際に否認されているものとみなしうる。というのも、もしそれが否認の対象とならないのなら、残骸はただ溝に放置されるだろうからである――その特定の道路で運転することの危険な側面の証拠として。だがこれは「自動車移動の市民社会」（Sheller and Urry, 2000; Urry, 2004）が事故に対処すべく考案したものではない。そのかわりに事故の再発防止をめざす事故調査によって運転のリスクは否認され、安全の幻想が再構成されるのである。事故処理業者が道路を洗い流し、車を修理し、被害者を治療し、無責任な運転者を拘留する――そうすることで、そのあとには運転が安全になると示唆しているのだ。そうした処理によって事故は、ただある種の否認を受けるというだけではなく、自動車ネットワークにおける別の領域へと移されることになる。

事故を道路から裁判所、病院、実験室、新聞へと移し換えることは、数多くの「事故現場」が存在するということを示している。ユークリッド空間においては、他方、ただひとつの事故現場だけが存在しうる。事故には実際、所与の場所があるのだ。事故をめぐる法的・臨床的・統計的な表象はしかし、そのすべてがネットワーク空間内に自分の場所を占めている。それらが出現するのは、安全の専門家が第一に道路から自動車‐運転者ハイブリッドの車体＝身体《ボディ》をとり除き、第二にその諸部分を科学的な展示物にするからにほかならない。

事故を起こして警察に報告されたハイブリッドは、テクストに変換されることでその「生息環境」——道路空間——から引き離され、ネットワークの法的・医学的・学問的領域のうちに位置づけられることとなる。その運命はあらゆる科学的事実や発見物がたどるものと同じである。ハイブリッドが道路からとり除かれデータとして流通させられるとき、それは、それが最初に生起した場所から独立した存在を獲得する。ほとんどの科学的データにとってこの場所は研究者集団ないしは実験室である (Latour and Woolgar, 1986)。事故を起こした自動車‐運転者ハイブリッドの場合には、それは最初の事故現場〔＝事故現場という原光景《プライマル・シーン》〕、つまり道路である。

「事故解析産業」の専門家によって生み出されるテクスト表象は、事故の「テクストに媒介された社会的組織化」(Smith, 1984) の枢要な要素とみなしうる。そうした事故のテクスト的媒介から生じる言説は、移動の管理＝制御《ガヴァナンス》の主要な形態——それは交通を円滑にし加速すると同時に自動車移動を促進することをめざす——と重なり合う。したがって事故の表象は、事故の言説を制御するうえで重要な役割を果たしている。それらによってきわめて特定的な社会的コンフリクト、つまりはラベル貼りされた事故の管理《ガヴァナンス》＝制御が可能となるのだ。事故の分類と書類化は、移動をめぐる賛否両論のさまざまな見解に——従来も現在も——さらされている交通システムを再生産するためのひとつの中心的な政策的道具になるのである。

こうしたことを背景として、安全の専門家は「科学的表象としてのハイブリッド」の流通に枢要な役割を果たしている。彼らは交通のアクターネットワークのうちに固定され安定した座標をもっている——そのように想定されるかもしれない。彼らの知は普遍的だとされ、その視座は客観的であるとされ、彼らの調査結果は広く議論の余地のないものとされ、提案された測定はすぐさま実行に移されるものと考えられている。「科学主義の［自動車］文化」（Lash and Wynne, 1992）において、専門家の知はネットワークの位置や他のアクターの関係を変化させる原動力となっているのだが、その一方で専門家自身はどういうわけかネットワークの外部にとどまっており、他の行為体《エージェント》の移動性と可変性による影響を受けることがないのである。

しかしネットワークの外側にあり、ネットワーク特有の流動性を超越しているこのような高みの地位はしだいに脆弱なものになってきている。以前には議論の余地なしとされた専門家の知識には疑問が差し向けられるようになり、専門家は流動的なネットワーク空間に引きずり込まれてきている。交通安全の専門家はもはや超然とした態度をとってはいられないのだ。自動車移動における「市民科学」（Irwin, 1995）の興隆にともなって、無数の「情報ルート」（Jamison, 1996）が交通安全リスクの社会的構築に関与してきている。安全解決策がますます開かれた性格をもつようになるにつれ、専門知の固定的地位は掘り崩され、専門家は交通のアクターネットワークの諸々の原動力にさらされるようになっている。伝統的な自動車移動化《オートモビライゼーション》にあっては安全の専門家はじつに「不動の動者」のごときものであったのだが、再帰的な自動車移動化《オートモビライゼーション》

(Beckmann, 2001a, 2001b) にあって彼／彼女は、依然としてハイブリッドの表象を動かしつつも、しかし同時にネットワーク特有の緊張関係により翻弄されるようになっている。交通のアクターネットワークのなかにあって専門家の位置はもはや固定されてはおらず、彼または彼女は客観的な観察者、評価者、測定者、調査者としての地位を拒まれているのだが、にもかかわらず専門家はなおも動者であり続けている——ただしいまや動かされる動者として。

結論——いかに安全性は移動性になるのか

この論考のなかで私は、自動車移動にかかわる移動のパラダイムに生じている種々の変容の一部に、より多くの光を当てようと試みてきた。出発点となったのは移動性に内在する両義性であり、このことは、移動性は不動性に依拠するという主張において極点に達した。さらに私は「交通のうちにあること」は、つねに共在する移動性と不動性の形式によって決定されることを示してきた。こうした両義的段階について、私はそれを自動性《モティリティ》と名づけた。ここからハイブリッドの概念へと話題を移し、自動ハイブリッドとしての自動車‐運転者——それらは同時にモバイルかつ不動的であり、また主体かつ客体である——について議論を展開した。ここでの意図は、すでに確立している交通科学を二つの新しい概念、つまりは自動性《モティリティ》とハイブリッド性の概念を導入することでモバイル化することであった。

これらの概念を実地に適用し、自動ハイブリッドの「解剖学」と「政治学」についてさらなる知見を生み出すために、論考の第三の最終部では道路交通事故について触れ、事故に遭ったハイブリッドに何が起こるのかという問題にとり組んだ。ラトゥールのいう「不変の移動体《イミュータブル・モバイル》」を援用することで、自動車‐運転者が道路空間とネットワーク空間に同時に存在することが示された。その場合に、移動性とは道路空間のうちで移動する機能にほかならず、他方、不変性――「安全性」と翻訳される――とは交通ネットワーク空間のうちに安定した位置を占めることをめぐる問題にほかならない。しかしながら事故が起こると、こうした自動車‐運転者の自動的《モタイル》存在――動いていると同時に静止している――は一時的に失われてしまう。ハイブリッドが衝突するとき、それは可変的かつ不動的となる――ただしそれは長いあいだではない。事故のあとに数多くの事故解析者や分析者がハイブリッドを再‐モバイル化《リ‐モビライズ》し、ふたたび不変的にするのである。自動車‐運転者にリハビリをほどこし、ふたたび道路空間に組み込むこととは別に、安全の専門家は、事故を起こした自動車‐運転者ハイブリッドにかかわる一連の表象を生み出す。自分自身の科学的表象としてハイブリッドはそこでふたたび自動的《モタイル》になる、というのはつまり、モバイルかつ不変的な科学的「事実」となるのである。

　自動ハイブリッドはなにゆえ興味深い――理論的な概念としてだけではなく交通科学や社会においても――のだろうか？　移動性と安全性はしばしば相矛盾するものと考えられる。移動性が高ければそれだけ交通事故のリスクも高くなるのである。現在の交通専門家の仕事はそれゆえ交通の安全性を減じることなく、より高度の移動性を設計することにある。明らかにこうした専門家たちは、常日頃から努力して移動性と安全性の不幸な結びつきと考えられるものを解体しようとしている。自動ハイブリッドの創案のおかげで、私たちはこの努力をよりよく理解できるようになる。それによって移動性と安全性のような一見相矛盾する概念のあいだの溝を、交通専門家がいかに架橋しうるかということに、いくらか光が当てられるのである。

　交通利用者が同時にモバイルかつ安全であることを確実にするため、交通（安全）の専門家たちは、自動化《モティライゼーション》とハイブリッド化のプロセスの制御を考慮に入れる。専門家たちは自動ハイブリッドが属する時間的‐空間的秩序をつくり出し、さらにはまた、どの時点で主体から行為主体性《エージェンシー》をとり去って客体に引き渡すかを決め、自動車‐運転者ハイブリッドの速度をどこで落としどこで上げるかを決定する。

こうした処理のあり方は「超《ハイパー》モバイル社会」においてきわめて重要である。「グローバルな移動性へのアクセス」(Bauman, 1998) をもたらそうとする社会において、交通安全専門家の仕事は「普遍的な安全を提供することにある。しかし安全性の供給は、そこでただ一つの社会的機能をもつことになる――すなわち、より以上の移動性を可能にすることである。したがって「安全性を供給すること」と「移動性を増大すること」とは、外見上――相矛盾するというよりも――同義語となりつつあるのだ。

だが安全な交通の将来の姿がどのようなものになるのであれ、移動性はつねに不完全であり続けるだろう――なぜならそれはつねに二つ組《ダブル・パック》のかたちで、不動性と一緒になった状態で登場するからである。それゆえ安全性を向上させることと、より高い移動性《モティリティ》を望むことは同じ程度において不動性をもたらすことになるだろう。別の言葉でいえば、それは自動性《モティリティ》をもたらすのである。

(1) 技術と科学を扱った社会研究におけるハイブリッド性にかんする包括的な議論についてはエラム (Elam, 1999) を参照。
(2) ハイブリッド・エンジンとは、少なくとも二つの動力(たとえば電気モーターとガソリンエンジン)を、あるいはまた二つのエネルギー貯蔵手段(たとえば液体燃料とバッテリー)を組み合わせたものである。
(3) 非‐歴史的なかたちで考えるなら、自動車‐運転者のハイブリッドはハラウェイのいうサイボーグの神話に似ている (Haraway, 1985)。それはクラインとクラインによって創案された言葉である「サイボーグ」――

サイバネティック有機体に由来する——を彼女なりに解釈したもの（そしてまた主張を表明したもの）であり、この言葉は、おそらくはハイブリッド性を扱う論者のなかでもっとも広く流通している。フェミニスト社会主義者であるハラウェイにとって、サイボーグは歴史をもたない——そしてまたジェンダーももたない。ハラウェイのサイボーグに特徴的なのは、それが社会主義的フェミニズムのポストモダン政治にとってひとつの理想像となっている点である。サイボーグという概念は、彼女が自身のマニフェストで主張しているようにアイロニー的な政治的神話であり冒瀆的な概念なのである。

（4）「車依存」——個人が自動車に依存している程度をあらわす専門用語として広く受容されている言葉——は、やっかいな副次的影響を生み出してきた。たとえば子供の歩行能力が毎日の自動車通学のせいで損なわれてしまったり、あるいはまた家族が車なしではもはや日常生活をうまく組み立てられなくなったりする、等々。このとき特定の「生活様式集団《ライフ－スタイル》」ないしは「移動様式集団《モビリティ－スタイル》」における車依存の増大をはっきり示すような経験的調査の結果について、理論的説明を与えてくれるのが、ハイブリッド化という概念である。

（5）この変換は、自動車が後期近代における生活の速度の「加速化」に果たした寄与の帰結としてとらえる場合にもっともよく理解できる。ますます速くなる移動手段をつうじて生活を加速化してゆくうちに、人びとは時間計画を過密化したり時間利用を効率化したりすることを強いられるようになった。こうした背景のもとで移動時間はしばしば「無駄な時間」とみなされるようになり、その時間はたんに列車内で座ったり車を運転したりするだけではない、さまざまな活動に利用されてきた。自動車の場合、移動時間を別のかたちで使えるようにする必要性は、頻発する交通渋滞がもたらす「待ち時間」——もっと「効率的」に利用しうる時間——のためにさらに高まる。それゆえ先進的な情報技術やコミュニケーション技術の助けを借りて、自動車は、しだいにあらゆる種類の活動のためのシェルターへと変容してきているのだ。

（6）ギデンズは自動車を事例として用いながら、専門家システムとそこに向けられる信頼の影響が増大してくる様子を説明している。彼はこのように述べている。

……家を出て車に乗ると、私は専門家知識が徹底的に浸透している場面——車の設計や組み立て、高速道路、交差点、交通信号など多くのものを含む——に入り込むことになる。車の運転は事故の恐れをともなう危険な行動であることを誰もが承知している。車での外出を選んださい、私はそうしたリスクを受け入れるが、そのリスクをできる限り小さくするために、前述の専門家知識に頼るのである。車がどういう仕掛けで動くのかをほとんど知らないし、かりに車が故障しても自分では簡単な修理しかできない。道路建設方法の専門的なことがらや道路面の補修管理、車の流れを整理するコンピュータについても最小限の知識しかもっていない。(Giddens, 1990: 28)

(7) こうした再配置はたいへんスムーズに働くのだが、それは自動車エンジニアが技術的介入を十分に信頼しうるものと想定し、そのように喧伝しているからである——技術的介入はその場に共在する仲間としての運転者、サイクリスト、歩行者よりも信頼できるのだ、と。もはや私たちは誰かを疑ったりする必要がない。なぜなら完全とされるシステムのうちに、あらゆる人びとがほぼ完璧に近いかたちで統合されているからである。自動車‐運転者のハイブリッドは、何ごとも疑わないようにうながされる。

(8) 警察報告書に記載されている事故のありようは、こうした特徴を他の多くの公文書と共有している。つまりそこでは調査結果が客観的報告として、明白な事実として提示されるのである。さらにアトキンソンとコフィーが指摘しているように、これらの文書が人びとの眼に触れるとき、そこには特定の個人的著者が欠けている。アトキンソンとコフィーの主張によれば、「含意される個人的著者の不在は、「信頼できる」「公式の」「事実の」報告の構成を可能にするひとつの修辞上の方策にほかならない。それはいかなる個人としての観察者、解釈者、書き手からも独立した、ある現実が存在していることを意味しているのである」(Atkinson and Coffey, 1997: 39)。

(9) このような事故の解釈の仕方はある特定の再構成的合理性にもとづいているのだが、それは以下のような考え方に根ざしている。つまり事故というものは、調査したり、いくつかの部分に切り分けたり、いくつかの段階に切り離したり、いくつかの局面にスライスしたり、因果関係のもとに編集したりすることができ、そのようにして完全に理解しうるという考え方である。ちょうど調子の悪い自動車を調査したり、その各々の部分を徹底的に検査したりするのと同じように、事故は「内視鏡手術」を受けることになる――そしてそのとき臨床的な基礎を提供するのが警察報告書の分類である。

自動車移動とナショナル・アイデンティティ

表象、地理、運転の実践◎ティム・エデンサー

私の関心は、ナショナル・アイデンティティがいかにポピュラー文化をつうじて構成され、日常生活のなかで経験されているのかを考察することにある（Edensor, 2002）。ナショナル・アイデンティティにかんする従来の説明では、いかに文化エリートが権威的なかたちでトップダウン型のネーションフッドの感覚を植えつけているかに焦点が当てられていた（たとえば Anderson, 1983; Gellner, 1983; Smith, 1991, 1998; Hutchinson, 2001 など）。だがそれとは反対に私は、ビリッグ（Billig, 1995）にしたがいつつ、現在におけるナショナル・アイデンティティの形成は、その大部分が日常的状況のなかで生成しているととらえるほうが適切であると考える。ナショナル・アイデンティティは、高級文化、物象化された民俗文化、さまざまな儀式——スペクタクル的な、公式の、発明された儀式——などをつうじて構成されるのではなく、ナショナルな場所にいるという感覚を浸透させるような、増加するネーションの記号表現《シニフィアン》、日常的習慣、ルーティンなどによって主に構成されるのである。多くの誇張表現によって世界がひとつの場所——「ボーダーレスの世界」（Ohmae, 1992）——になりつつあると喧伝され、ナショナル・アイデンティティの感覚が弱まっているといわれているが、他方で、こうした諸力に抗するためにナショナルな編成がくり返し動員されていると指摘する者もいる。どちらのプロセスにもその証拠があるのだが、私のここでの目標は、ナショナル・アイデ

ンティティはそうしたプロセスにもかかわらず持続する——非反省的な日々の実践のうちで、またポピュラー文化の形式をつうじて持続する——ということを示すことである。したがって、そこをつうじてナショナルな帰属の感覚が持続する多様な場所を突きとめることが重要なのだ——そうした感覚の消失や持続が一般化されてしまうことに抗するためにも、そしてまた、その感覚に特有の執拗さこそがアイデンティティの源泉であり、しばしば悲惨な結果をもたらしてきた要因であることを説明するためにも。

脱伝統化の時代、情報化の時代、そしてグローバルに拡張しつつあるメディアの時代にあって、ナショナル・アイデンティティは衰退しているかにみえるが、その反対に、それはより大きな空間的規模において再配分されつつあるのだと私は論じたい。ネットワークやグローバルな複雑性をめぐる近年の研究（Appadurai, 1996; Castells, 1996; Urry, 2003）と歩調を合わせつつ、私は、ナショナル・アイデンティティを、意味実践や文化的断片が——しばしば偶然的・一時的に——そのなかで一体化することで帰属意識を強固にしている複合的なマトリックスのうちに巻き込まれたものとして再概念化する。社会の複雑性、ネットワーク、フローなどをめぐる近年の社会学的概念と同じように、人びと、事物、空間、表象のあいだの多様な結びつきが——そうした要素の意味や利用が流動的であり曖昧であることを認めながらも——いかに同定されうるのかを示すこととしたい。アーリが論じるところでは、他のネットワークとの結節点が増加し、その結びつきと交錯の密度が増大することによって、ネットワークの拡張は幾何級数的にその力を増大させる（Urry, 2003: 52–3）。このような意味で、ネーションのもつ認識論的・存在論的な力は衰退してはいない——ネーションをとり囲む多様な結びつきがナショナルなメディアの全域で、そしてまた観念、イメージ、実践、人びとからなるグローバルなフローのうちで猛烈な勢いで拡張してきたのであるから。しかしながらナショナルな意味のネットワークを固定化しようとするヘゲモニー的試みがアクティヴな過程として持続している一方で、アイデンティティ形成は、現行のネットワーキングをつうじて絶えず結びつきを創出しているのである。

ネーションはそれゆえ集合的・個人的経験にとって、ひとつの力の場として作用し続けている。空間的・時間的に構成され「常識」のうちに基礎づけられることで、ナショナルなものはスペクタクル的なものや平凡なものを吸引し、その勢力圏のうちに事物、表象、空間、実践を引き寄せてゆく。集合的・個人的な理解と、そうした理解が浸透した実践とがナショナルなもののうちで融合し、その自明性を再生産するのである――ネーションのコミュナリティのうちに主観的経験を書き込みながら。

このような概念化を例証するため、アイデンティティをめぐる空間的・象徴的・現象学的・行為遂行的《パフォーマティヴ》な考え方を援用しつつ、ナショナル・アイデンティティの生産と強化にたいする自動車移動の重要性について検討してみることとしよう。自動車移動は人間、機械、道路やその他の空間、表象、取り締まりの制度、それに多数の関連ビジネスや基盤構造《インフラストラクチャー》にかかわる設備、等々から構成される「ハイブリッドの構成＝集合体《アセンブリッジ》」ないしは「機械状の複合体」(Sheller and Urry, 2000; Urry, 2004) として理解される。自動車移動はしたがって流動的なマトリックスから構成されるのだが、それはつねにコンテクストをなす状況のうちに位置づけられている。ここで私は、自動車移動のマトリックスが、ネーションというコンテクスト構成的なマトリックスとどのように交錯するのかを検討することにしたい。

変化をくり返しつつもなじみあるモノの世界のあれこれとかかわりながら、私たちは成長するのだが、これらモノの存在や空間におけるモノの秩序が、長期にわたって共有される生活様式――反省的評価の対象になることがほとんどない文化的価値や意味に満ちた生活様式――の物質的証拠を提供してくれる。それらはしたがってものごとのありようの一部となるのだが、このことは、それらが現出してきた社会的・

文化的関係を覆い隠してしまう。というのも事物は、製造され、利用され、理解され、共有され、所有され、再利用され、贈り物となり、改変され、捨てられ、それについて語られ、象徴化され、企画化《キュレート》されるのだが、それは文化的に種別的なやり方によってであり、そうした種別性は、たとえば（ナショナルな）アイデンティティと絡み合っているのである。そうしたモノ－人間の関係は、持続的な、もしくは制度化された枠組みのうちに巻き込まれている。ものごとは、このようにして関連する文化的要素――その周囲に集まってくる実践、表象、空間をも含む――のマトリックスの構成部分となることで、ナショナル・アイデンティティを支えるのだ。これはモノの世界が静的であるということではなく、むしろ、ナショナルな市場をつうじて商品を流通させる、ますますダイナミックになりつつあるグローバルなプロセスによって、なじみのない〔＝外国の〕事物の馴致と商品化された差異の受容がもたらされるのである。

物質文化とナショナル・アイデンティティのこのような関係を考察するために、私は自動車――もっともイコン的な二〇世紀の人工物であり、「典型的な製造物」であるもの（Sheller and Urry, 2000: 738）――をめぐるナショナルな結びつきについて検討する。ポピュラー文化のうちには、（さまざまな種類の）自動車に結びついた多様な特質や自動車をめぐる種々のアイデンティティや実践が多数見られる。そしてまた欲望、性、移動、地位、家族に関係した活動、独立、冒険、自由、反抗といった概念が、映画や広告やフィクションのうちで自由に遊動している。自動車は私たちの「第二の自然」の一部になっている。自動車文化がますます国際化するなかでそうした概念はたしかにグローバルに流通してはいるのだが、そういったことがらはこの論考の焦点ではない――自動車移動のグローバル化は独立した考察に値するものではあるが。というのもここで私が関心を向けたいのは、自動車文化のうちにナショナルなものが持続的に共鳴している、その執拗さなのである。

自動車移動は、ナショナル・アイデンティティの編成に含まれている多次元性を効果的に浮き彫りにしてくれるひとつの典型的な分野である。自動車移動とナショナル・アイデンティティの結びつきは複合的であり、そこには以下のものごとが含まれる——国家による規制、「ロードスケイプ」の地理、運転実践や運転様式、車内でおこなわれる文化的活動、自動車サービス産業、さまざまな種類の旅、自動車を中心とする一連の表象、日常的言説、象徴的な自動車産業の経済的重要性、乗物や道路のアフォーダンス、等々。こうした交錯状態の複雑さを示すため、私は——イギリスとインドの自動車文化に注目しつつ——とりわけイコン的な乗物の表象や独特のナショナルなモータースケイプ、それに特徴的な運転実践に焦点を絞ることとしたい。

イコン的自動車を表象すること

自動車は、歴史的に重要な生産システムと専門技術により生み出される、ありふれたイコン的製造物として、ナショナル・アイデンティティを表現する。商品はますますグローバルな規模で流通するようになっているが、ある種のモノ志向の専門技術は、長い時間をかけて特定の文化のうちに沈澱した諸実践として存続する。ネイティヴな技術の神話的特性や神話的形態を暗示することで、ある種の工芸品、皿、衣服、製品といったものは、ナショナルなコミュニティにとって（および外国人の旅行者や消費者にとって）重要なアイデンティティの記号表現《シニフィアン》となる。自動車産業もまた、ナショナルな経済の力強さや近代性を示す記号表現として持続的に作用してきた。「自動車産業は、他の何ものにもまして典型となり指標となる。ナショナルな経済におけるその存在や不在が、当該の経済の水準と力を示すのである」（Ross, 1995: 19）。歴史的にいえば、自動車サービス施設、道路建設、住居、小売り業の発達といった広範囲におよぶ関連産業の複合体が、ナショナルな自動車志向の基盤構造《インフラストラクチャー》をつくりあげてきたのだが、この状況は、国際的な規模での生産の組織化により浸食されつつある。このような脱埋め込み化プロセスにもかかわらず、ある種の自動車には、依然としてポピュラー文化をつうじてナショナルな意味が担わされている――ポピュラー音楽、新聞記事、映画、テレビ、等々のなかで、自動車の表象が、自動車とナショナル・アイデンティティの関係をめぐる周知の象徴的・常識的理解を何度も反復してみせることによって。トムソンが観察したように、メディアをつうじて「自己形成プロセスの主要な新しい活動領域《アリーナ》が創出された」（Thompson, 1995: 43）のであり、あるいはより的を絞ったかたちでモーレイは、「コミュニティ」や「ネーション」といった抽象物の構成的ダイナミクスを考察するうえでテレビがもつ潜在能力を指摘している（Morley, 1991: 12）。私としては、独特の「イギリス的な」自動車にかんする表象が、イギリスらしさの観念といかに交錯しているのか――自動車とそのナショナルな文化的価値についての慣習的観念をつねに拡大し強化するだけでなく、歴史的に位置づけられた観念を補足したりそれに異議を唱えたりもすることで――を示すこととしたい。

　そのおなじみのストーリーは、イギリスにおける初期の自動車運転がいかに裕福なエリートの独占物であったか、また彼らの自動車――アームストロング・シドレー、ベントレー、ランチェスター、それにロールス・ロイス――が、ヨーロッパやアメリカで製造される安価な大量生産モデルとは相反するかたちで、いかに広く高品質のシンボルとみなされていたかを物語る。こうした境界線を引こうとする心情を補うのは、英雄的なイギリスの男らしさ、すなわち「人びとに感銘を与える発明品、技師、製造業者、レースドライバー、等々からなる世界」（O’Connell, 1998: 3）をめぐる物語である。大部分がイギリス人の所有になる、より重要な自動車産業が一九五〇年代に発達したことで、自動車産業のイギリスらしさが強化されたのだが、そこで生産される自動車のうちにはこのナショナル・アイデンティティが染み込んでいた。もっともシンボル的な二つのイギリスのモデル、ロールス・ロイスとミニは、イギリスらしさをめぐる独特の観念――それはしばしば階級によって屈折を受けるのだが――といまなお関連づけられている種別的価値を体現している。

ひじょうに高価なロールス・ロイス――（イギリス的な）品質のよさと贅沢さをあらわす代名詞――は、イギリスの制度的生活の重要人物によって所有され、あるいはまた有名人、ポップ・スター、叩き上げのビジネスマンなどが「成功した」ことをあらわす記号表現《シニフィアン》として、しばしばタブロイドの全国紙に登場してくる。品質のよさや地位の高さといったエリート主義的観念にもかかわらず、「イギリスの」技術の高さを「世界一」とみなす、より広範なナショナルな自尊心がつねに喚起されるのである。しかし一九七〇年代以降になるとロールス・ロイスの会社の命運はしだいに衰えてきて、現在ではドイツ人の所有になっているのだが、この事実は、イギリスの製造業の衰退を示す徴候としてよく引証される。自動車事情の攻撃的評論の第一人者ジェレミー・クラークソンは、現行モデルがいまなお保持する魅力を疑問視してこのように言い添えている。「これについてアルフ・ガーネット〔イギリスの労働者階級向けメロドラマに登場する反動的な人物〕的になりたくはないのだが、ロールスの本質というのはつまり、ヘアクリームで髪を固めていたクルー〔イングランド北西部の都市で、一九四六年から二〇〇二年までロールス・ロイスの生産の中心であった〕の連中だったのだ。ドイツ人がつくったロールス・ロイスなんてものは、バッキンガム宮殿のガーデン・パーティーで出されるスシと同じくらい無意味だ」（Clarkson, 2002: 19）。ここにおいて、この高級車がもつ象徴的な重みは、イギリスらしさをめぐる別種のおなじみの神話的要素に言及しつつ――つまり、労働者の工学技術がニュース映画で激賞されていた一九五〇年代や、君主制（王室は数台の特別注文になるロールス・ロイスを所有している）、あるいはイギリスらしさの気取った偏狭な表現が称揚されると同時に嘲られもするシチュエーション・コメディ、等々に言及しつつ——とらえられている。だがロールス・ロイスをめぐる愛国的価値の再確認もまた、イギリス的な男らしさの表象に変化が生じていることを明示している。つまり「新しい若者《ラッド》」文化の出現であって、それはいまだに車、セックス、流行、体力についての典型的な「昔ながらの」男性的関心を中心に回っているのだが、しかし、そこではある免責事項が用いられている——そうした関心の焦点や偏見はアイロニー的に受けとられるべきだという免責事項である。ナショナル・アイデンティティの構築に不可欠な自己や「他者」の構築は、ロールス・ロイスにまつわる自尊心の喚起において明白であり、それはイギリス以外の国からの輸入自動車に関連するポピュラーな表象とは正反対をなしている。たとえばロシアのラーダや東ドイツのトラバントはかつて、お決まりのようにコメディアンの嘲りの的になっていた。

　ロールスがイギリス的な品質のよさの典型だとするなら、ミニ（一九五九年に発売されたイギリスの小型車で、現在はＢＭＷがブランドを所有している）は、階級差をこえて機能する象徴的特性をあらわしている。「伝統的な」ロールスとは対照的に、ミニは一九六〇年代——再創造されたイギリスが、戦後の階級に縛られた厳格さを表面的には捨て去りつつ、そのポップ・ミュージックやファッションを誇示した時代《ディケイド》——にイギリスのイコンとして出現した。そしてミニはいまなおビートルズ、ミニスカート、ロンドンのカーナビー・ストリートといった象徴的な場所とともに——ある面ではそれが階級区分を曖昧にするように思われたために——この「スウィングする六〇年代」の自信を取り戻したイギリスを象徴するのに用いられているのである。比較的裕福な労働者階級の手に届く安価な自動車として歓迎されると同時に、ミニは、フアッショナブルな金持ちにも熱望されていた。こうした流動的な象徴的価値は、よく知られているように映画『ミニミニ大作戦（*The Italian Job*）』に典型的に示されている。その映画では、イギリス人の犯罪者一味がローマで銀行強盗を働くのだが、そのさい三台のミニ・クーパーが理想的な逃走用の車として利用される。赤と白と青のミニは、アルファ・ロメオを操る警察の追っ手よりも上手に立ち回れることを示しつつ、異国の地のスペクタクル的な障害コースをうまく切り抜けてみせる。称揚されているのは、その車の機械的属性だけではなく、イギリス的な負け犬の厚かましさ（ミニによく使われる形容語句）と結びついたその「人格＝個性《パーソナリティ》」もまた讃えられているのである。そうしたイギリス映画の典型的性格はとりわけ、階級の両極端から俳優をキャスティングしている点にあらわれている。マイケル・ケインとノエル・カワード――一九六〇年代に登場した自信にみちた活動的な労働者階級の男と、それより以前の時代の洗練された上品な紳士と。

鉄鋼、綿糸、造船、石炭産業――「世界の工場」の中心的構成要素――の衰退と同じように、自動車産業とその鍵となる製品は、そこにおいて製品や人びとや場所の結びつきがポピュラーな知の一部をなす、象徴的なナショナルな地理および歴史の一部分を構成してきた。だが衰退にともなってイギリスの自動車産業は、ナショナル・アイデンティティの理想的でない側面――「イギリス病」――すなわち過激な労働組合の急進主義を連想させるようになってきた。「レッド・ロボ」や「レッド・ステフ」といった伝説的な労働組合運動家の活動は、人騒がせなタブロイドの評論を刺激して、もうひとつの想像されたイギリス――勤勉、企業家精神、節約を旨とするイギリス――とは正反対に、イギリスの産業の勢力と価値が退化しつつあると喧伝させることとなった。以前には産業の調和と熟練労働の本拠地《ホーム》であった自動車産業は、こうして、のちに「内なる敵」と呼ばれることになるものにとり憑かれるようになった。その結果、産業のなかの対立関係はナショナル・メディアをつうじて、ナショナル・ドラマとして想像的に上演されるようになるのである。

特定のモデルをめぐってナショナリストめいた擁護がなされたり、そうしたモデルの消滅を嘆く声があげられたりする一方で、生産のグローバル化の拡張によって、外国産や外国由来のモデルが、ナショナルな意味の網目のうちに巻き込まれるようになる機会が出てきた。たとえばコーティナ――在イギリスのフォード社によってイギリスおよびヨーロッパ市場向けに製造されている――はイギリスの道路で目立つ車のひとつだが、イギリスの文化的コンテクストのうちでのみ理解される意味を象徴的に担わされるようになった。たとえばコーティナは、イアン・デューリーの歌「ビラリキー・ディッキー」に示されるような、きわどさや大胆さを暗示するポピュラーなステータス・シンボルになっている。

ニーナといいことをしたのさ
俺のコーティナの後ろでね
経験豊かなハイエナは
これ以上ないってくらい淫らだったんだ

こうした馴化《ドメスティケーション》は一面で、ローカルな市場に合わせて製品をうまく調整できるトランスナショナルな企業の能力を証拠立てている。だがそれが同時に強調しているのは、モノがカスタマイズされる――場所《プレイス》や事物の位置づけ《プレイシング》にかんする現在の理解に象徴的・美学的に適合するかたちで――あり方であり、このことはまた、ある国でまったく製造されていない製品にも当てはまる(Miller, 1998)。より現代的な例を示してくれるのはストレッチリムジン〔胴長の車体を特徴とし、後部座席と運転席との間に仕切りのある豪華な大型乗用車〕である。アメリカ的な都市の過剰さを示す強力な記号として、それは、イギリスの道路でいまや日常的に目にする存在となっている。そこでストレッチリムジンは、階級とは無関係なある種のカーニヴァル的なイベント——女性だけのパーティーから誕生日や囚人の釈放にいたるまで——の特別な会場兼乗物の役割を果たしている。自動車——他の〔グローバルな〕モノと同様に——と、それが適応する密度の高いローカルな、またナショナルな文化的マトリックスとのあいだにとり結ばれる複雑な関係は、製造業者や広告業者が企図する象徴的価値が、自動車のうちに何の問題もなくコード化されるような事態はありえないことを示している。エキゾチックなカリスマ的魅力を担わされる場合も十分にありうるが、他方、自動車の適応が、審美的なカスタマイズ、地位の獲得、ポピュラー文化の実践、表象の様式、等々に基礎を置く状況づけられた諸過程にしたがってなされるという事実は、自動車がそなえるようになる文化的価値や文化的特性が、いかにあるナショナルなコンテクストのうちでしか意味を持たないようなものであるかを示している〔他の適応の事例としては Sørensen [1993], Hagman [1993] および Miller, 2001 における寄稿を参照〕。

にもかかわらず、こうした他所からのモノの編入とは別に、自動車にまつわるナショナルな自尊心の表現の源泉は、ポピュラー・メディア全域にわたって無数に存在する。ナイジェル・マンセルやコリン・マクレーといったレースドライバーの努力は、愛国的な調子をもって報じられている。またジェームズ・ボンドのアストン・マーティン、モース警部のジャガー、あるいは『ロンドン特捜隊スウィーニー〔*The Sweeney*〕』に登場するフォード・コーティナやグラナダ——他にも多くの例があるのだが——はそれぞれ、より広範なイギリスらしさの観念と結び合う一連の象徴的価値を担っている。ナショナルな特性や変化の記号表現《シニフィアン》とされるものを、自動車中心的に示している最近の主題は、メディアの諸形態をつうじて流通している、神話的な「白いバンの男」と（フォードの）「モンデオの男」である。政治的に構成された形象であるモンデオの男は、税金を払うのが嫌いで、コミュニティに関心がなく、快楽主義的で、ビジネスマンを敬愛して労働組合を軽蔑し、国家に疑いをもっている（McKibbin, 1999）。拝外主義者の白いバンの男は不作法かつ他のドライバーに攻撃的であり、向こう見ずな運転をする。これは、以前には礼儀正しかったイギリスの道路に増加していると考えられている路上の激怒《ロード・レイジ》をめぐる恐怖の代名詞となっている。

自動車にかんするポピュラーな知と、ナショナルなコンテクストに位置づけられたポピュラー文化の他の次元とが交錯する点を前景化するために、二〇世紀最後の数十年のノスタルジックな回想を主要テーマとする、あるイギリスのテレビ・シリーズに注目してみよう。グローバル化に直面した状況のもとで、物質文化の使用や消費をめぐる共有されたナショナルな歴史は、人びとを場所に固定することによって、彼らが「自分自身を表現するとともに安全と秩序のポイントを定めること」を可能にし、増大する複雑性に対処することを可能にする（Spooner, 1986: 226）。近年のBBCのテレビ・シリーズ『一九七〇年代が大好き（*I Love the 1970s*）』は、テレビ番組、映画、ポップ・ミュージック、スポーツ・ニュース、日常的なモノの混合物に焦点を当てている。たとえば『一九七三年が大好き（*I Love 1973*）』という番組では、オースティン・アレグロの自動車、ラレー・チョッパーの自転車、ボードゲームのマスター・マインド、そしてポピュラーなファッションとして「シュノーケル」パーカやプラットフォーム・ブーツ、ゆったりとした服や「ふっくらした髪型」等々を登場させている。こうしたモノのイメージは同時代のポップ・ミュージック、シチュエーション・コメディ、映画スター等々と一緒になって、ある特定の時代を想起させてくれる互いに関連し合った濃密な一連の項目を提供する。とりあげられるモノは、こうして記憶を支える要素の全体によってコンテクスト化され、数多くの視聴者に共有される――と想定されている――ノスタルジックな反応を媒介することとなる。これら日常的なモノや他のメディア製品を、「私たち」が馴致し消費してきたモノとしてとりあげることによって、その時代をナショナルな伝記の一部としてドラマ化し物語ることが可能となるのだ。そこにはまた、たとえば特定の車を運転したことをめぐる思い出をともなう個人的な記憶のための余地も残されている。

以上で論じたような広範に浸透している意味作用の支配体制《レジーム》は、ナショナル・アイデンティティの言説的旗振り《フラッギング》の一部をなしている。つまりそれはナショナルな形態のメディアが、画一的なナショナルなオーディエンスとしての「私たち」にアプローチするときに採用する、自明とされる参照項目に浸透しているルーティン的「直示《ダイクシス》」（Billig, 1995）の一部なのである。ビリッグはこの「議論の余地なく明白なトポス」（1995: 96）を日常的な政治談義の領域のうちに認めているのだが、それはまた同じ程度において、さほど露骨でないかたちでメディアに媒介される回想——ナショナルな「想像された共同体」（Anderson, 1983）をめぐる経験と関心の共有を前提とする——の組織化のうちにも存在している。他の形態の意味作用と同様に、こうした自動車の表象は「自然化されたコードになるのだが、それは、その作動が言語的ないしは視覚的コードの透明性をではなく、作動しているコードの文化的な習慣性の深さを露わにするような自然化されたコードである」（Barker, 1999: 12）。

シンボルとして、それらの自動車の表象は神話的性質をもっている。多様な意味や使用法を引き受け、さまざまな解釈に開かれる能力において、そしてまた、それによって「イデオロギー的なカメレオン」（Samuel and Thompson, 1990: 3）であり続ける能力において。したがってそれらは一方で、つねに選好された読みというイデオロギー的負荷を担っていながら、他方では「圧縮されたシンボル」として作用する——すなわち、さまざまな仕方でデコード化される重要な合意ずみの諸形態として、あるいはまた、それら自動車の表象がもつ共有された常識的関心の焦点としての力をさらに増大させるひとつの側面として。ここまで私は、イギリスを象徴するような自動車をめぐる表象の少数を選び出し注目することで、自動車の表象がいかに——とりわけ起源の神話、想像された歴史、象徴的な地理、境界の画定、階級の差異、外部の脅威をめぐる観念、ポピュラー・コメディ、等々と交差しつつ——ナショナル・アイデンティティの多様な文化的構成要素をつくりあげる複雑な表象のマトリックスのうちに状況づけられているかを示してきた。

ナショナルなモータースケイプ

グローバリゼーションや、世界中に拡大する企業小売店の系列化がもたらす脱埋め込み化の効果にもかかわらず、私たちのほとんどは互いに見分けのつく世界——なじみある仕方でモノの配置や制度的布置の埋め込みがおこなわれている、独特の物質的構造のおかげで他と区別される世界——に生きている。なじみある事物や道路や設備に囲まれながら、私たちは、自分が生きている空間に習慣的に参与することによって自分の本拠地《ホーム》をつくるのである。場所にかんする人びとの共通理解や集合的な行動《インアクション》は、しばしば高度にローカルないし地域特有であるのだが、その一方でナショナルな空間化という強力な感覚もまた持続している。

空間とナショナル・アイデンティティとの関係は、数々の境界、象徴的な地域や場所、布置関係《コンステレーション》、通路、居住の場所、日常的な領域、等々によって構成される、雑多でさまざまな規模の地理を生み出す（Edensor, 2002を参照）。ナショナルなものは、スペクタクル的な地誌《トポグラフィー》とありふれた地誌《トポグラフィー》の両方に鳴り響いている。大聖堂、戦場、スペクタクル的な風景、歴史的建造物といった象徴的で広く表象されている空間のすぐ脇に、非反省的に受容され、系列化され、反復される平凡な空間が並んでいる。自動車運転の地理は独自の象徴的な場をもっている——上に紹介したような象徴的な生産の場所が有名である——のだが、ナショナルなモータースケイプは、何よりも日常的な、道路ネットワークの全域に配置されている制度的な空間的記号表現によって構成されている。

なじみある特徴的事物は、多くのモーターライズされた景観のうちで場所の感覚をつくりあげる。というのもローカルなコンテクストに埋め込まれた制度、ありふれた事物、日常的設備などはネーションの全域にも反復して見られるからである。道路標識は、路面表示や緊急電話やガードレールや他の道路付属品とともに、日常生活の制度的マトリックス——運転者たちが確実にそれらになじむよう官僚的に押しつけられた——の一部分をなしている。標識のほかにも、なじみある特徴的な道路沿いの設備、たとえばグリッド、消火栓、道路照明、雨樋、電柱、鉄塔、電話ボックス、ポスト、ガソリンスタンドといったものがナショナルな場所の感覚を強化する。これらは無くなったり、なじみのない外国のモータースケイプのうちでその不在が顕著に感じられたりするときをのぞけば、ほとんど気づかれないような特徴的事物である。さらに道路沿いの建築物の形態——パブ、住居、フェンスや庭の装飾の様式——は一般的に、それと見分けがつく地域特有の範囲のうちに収まっている。そうした要素は、私たちが見るはずのものについての期待を混乱させることはなく、もし混乱が生じるような場合には、それらは標準的《ノーマティヴ》＝規範的な空間的コンテクストから浮きあがったかたちで見えてくることになる。これらのありふれたナショナルな記号表現《シニフィアン》に加わるのが、どこにでもある見知った動植物であり、それらは——もはや平凡でなく珍しいものになるような場合以外には——ほとんど言及されることのない地味な動物や植物である。空間的アイデンティティの安心感は、こうした日常的な、何の変哲もないモータースケイプの厚い相互テクスト性によって育成されているのである——というのもそうしたモータースケイプが、空間全域にわたるその連続的再生産をつうじて、ローカルなものとナショナルなものを互いに縫い合わせているのだから。たとえばアメリカの都市のロードスケイプは、マクドナルド、ラマダイン、モービル石油といった大量の企業ロゴにとり囲まれている。同じように教会の尖り屋根や塔が、イングランド全域にフェイススケイプ〔＝信仰の風景〕を刻みつけており、さまざまな地域特有の建築様式や歴史的形態が比較対照のポイント——それらはイングランドの教会という主要なカテゴリーのもとに集められる——を提供している。そうした特徴的事物は、私たちが運転をするときに周囲にあるだけではなく、先に確認したようななじみあるメディアスケイプの一部をなすものでもある。ただしそれらはイコン的な象徴というよりは、テレビのドラマやドキュメンタリーにおける無名の小道具なのだが。

こうした標準的《ノーマティヴ》＝規範的な地理において、モノや人びとは、路上や道路沿いにあって「場違いだ」とみなされる場合がある。というのも事物が利用され理解される仕方は、それらが属している場所にかんする地理的な知に依存しているからである。たとえば大型のアメリカ車や、しばしば嘲りの的となるフランスのシトロエンやルノー、それにヨーロッパの超大型トラック《ジャガノート》などは、いまだにイギリスの道路では場違いだとみなされている場合が多い。しかしながら、集合的空間は「包摂」(Attfield, 2000) によってつねに維持され再生産されており、そこにあって事物は、既存の物質的・空間的に制御されたコンテクストのうちで秩序化され枠づけられている。そのようにして新しい特徴的事物は、それと同定できる通常の空間化の体制をつうじてうまく既存の場所に適応させられるのである——たとえばイギリスの道路沿いに増加した携帯電話の柱や、すでに言及した道路沿いの企業小売店などのように。別の面では、雑草処理、生け垣の剪定、道路掃除などの管理体制をつうじた沿道のメンテナンスによって、事物が所定の位置にあるという状態が確保され、また何が許されるか（広告掲示板の色や大きさや建築様式）をめぐる細則によって審美的な規範への適合状態が確保される。たとえばスペインで運転をしているとき、巨大な広告掲示板が田園地帯の道路沿いをすっかり占拠している状況が許されていることに、私はたいへん驚いてしまう――というのもこの状況は、イギリスの幹線道路での広告標識をめぐるより厳しい規制とは対照的であるから。

　これら大量に存在する日常的で平凡な記号表現は、ただ記号として読まれるだけではなく非反省的に感じとられるものでもあり、このことがナショナルなモータースケイプをなじみある平凡なものにしている。道路と沿道は、運転のルーティン、仕事、楽しみ、運動、等々――私たちはそのなかで馴化された身体的主体として、非反省的な仕方で日常的活動や居住様式を実践している――にたいする、概して問われることのない背景をつくりあげている。運転は、種々の表象や記号論が感覚的・実践的・非反省的な知と混ざり合っている「しろうとの地理的な知」（Crouch, 1999）に依存している。空間的な制限と機会がモータースケイプの編成とアフォーダンスのうちに内在しており、これらが運転の生み出す身体的諸性向と調和しているのである。

　ルーティン化された時間‐空間の経路は、しるしつきのなじみある空間となる。そして集合的なレベルでは、共有され同期化された移動、仕事、娯楽が実践される経路や場所が、これら個人的な時間‐空間の経路を結びつけ空間的・時間的な交錯点を同定している。道沿いの店、バー、カフェ、ガソリンスタンドといったものは個々人の経路がひとつに集まってくる交錯点である。それらは景観のうちに、また習慣‐身体のうちに沈澱して連帯感と連続性の地誌を提供してくれる。人びとが運転する道路や人びとが車で向かう場所は循環《サーキュレーション》＝流通の空間であって、そこで人びとは諸々の活動を調和させ、同期化させ、時間‐空間における社会関係を安定化させる（Gren, 2001: 217）。日々の通勤（Edensor, 2003 を参照）や店までの運転、あるいはまた日常的な集まりの場所への運転をつうじて具現化されたリズムが展開することで、空間的・時間的な共‐存の共有に基礎をもつ集合的な場所の感覚が生み出される。

こうしたことを別の仕方で表現するなら、自動車移動を「タスクスケイプ」(Ingold and Kurttila, 2000)の一部と考えてみればよい。この場合に行為は「世界‐内‐存在」のひとつの様態として、すなわち、なじみある空間の環境を日常的な仕方で組織化し感じとる様態として非反省的なかたちで遂行される。ある特定の道路の状態――国家により課せられた基盤構造《インフラストラクチャー》上の制限、天候、運転技術などによってつくり出される――で運転するのに必要な技術は、環境との多重感覚的かかわり合いを要求する。慣れた運転者が経験する認知はかろうじて自覚しうる認知であり、それは道路の偶発的条件に反応し空間をつくり出す実践――すなわち人びとが空間に住まい、そこに属するようになるやり方の一部をなす実践――を生み出す性向である。この場合もまた外国での運転の試みが自己露呈的になりうるのだが、そこでは、この埋め込まれた即興的性格をもつ空間的知の状況依存性が引き出される。居住者は「タスクスケイプ」にかかわる日々の実践的性向、すなわちその物質性や表面や輪郭と相互作用する性向や、自動車のアフォーダンス――それはある行為を制限し別の行為を可能にすることにより一定範囲の行為を促進する――に向かう性向をもっている。こうした居住空間の実践的使用は、人びとが自動車に「住まう」やり方、そしてまた人びとが――日常的実践や過去にもとづく想定を適用しつつ――自分の移動を調整し、経路や結節点を組織するやり方のうちに内在している。

こうしたナショナルに構成された空間的配置について例証するために、インドにおけるモーター・スケイプの独特の特徴をいくつか詳述してみよう。ほとんどのインドの道路にはある種のヘテロトピア的な空間〔均質な近代的空間への対抗的契機をもつ異他性を含む場をミシェル・フーコーは「ヘテロトピア(混在郷)」と呼ぶ〕

が隣接しており、それは実際上非公式の緊急時避難経路や駐車用スペースを提供している。そのように道路とその周囲の土地との境界はいくらか曖昧になっている。しかしこの空間はまた、数多くの住居や産業や活動のための場所となってもいる。道路利用者を手助けする多くのサービスが存在しており、そこにはたとえば自転車のタイヤ修理工場や、公式および非公式のガソリンスタンドといったものが含まれる。公衆電話屋、路上の理髪店や歯医者、靴直し屋、それにあらゆる種類の物売りがサービスを提供している。食べ物を売る屋台や道端のダーバー（小さなカフェや軽食堂）が車の運転者に食品を供給しており、土地はまた牛や羊や鶏のための牧草地としても利用される。あまり管理されていないこうした空間はまた、貧しい人びとや住処を失った人びとが仮の住居を建て、道路脇を使って洗濯や料理をしたり、祈ったり、社交活動をしたり、遊んだりする機会を提供する。密集した都市域では、このような広い境界部分は自動車の部品やその他の再利用可能なものを含むがらくたであふれている。したがって道路脇の空間は、規制によってその重要性を切り縮められることなく、むしろ社会的相互作用や事業のための場所となっているのであり、それは、西洋諸国における境界部分――社会的には不毛な、「純化された」、「単一使用目的の」(Sibley, 1988) 境界部分――とは大きく異なっている。監視と規制のレベルは相対的に低く、そこでは過剰な規制を寄せつけない、すき間の領域が形成されている。そうした空間は習慣的なモーター－スケイプの一部をなしており、思いがけない出来事、サービス、娯楽の源泉となっている。道路それ自体が多様な性質をもっており、道路の両側にはしばしば輪状にペンキを塗ったプラタナスが並んで、夜間に道路の端がはっきりわかるようになっている。道路脇の環境のこうした諸側面とは別に、モーター－スケイプは――次節で論じるように――それに焦点を当てる実践的慣習によって恒常的につくり変えられるものでもある。

自動車中心社会の興隆によってナショナルな地理の感覚が発達するということには、もうひとつ別の意味合いがある。近代的なネーションの建設は内的差異の編入を必然的にともなうものであり、どのような地域的・民族的《エスニック》な差異であれ、いかにネーションの形成に時代的に先行しているにせよ、すべてがより大きなナショナルな存在に従属し、その一部分となる。宗教や都市や村落などはすべて、より大きな存在論的・現実的枠組みとしてのネーションに絶えず結びついている。ローカルな差異は「より大きな意味作用のコード」(Sopher, 1979: 158) のうちに吸収される。そうした差異は消されるわけではなく、地域的な特質の記号表現《シニフィアン》として、また、ナショナルな多様性のカタログの一部として国民がまなざすものとして認識される。したがって独特の慣習、方言、衣服、食事、自然誌、建築の様式、史跡といったものはすべて、想像された、その内部は複雑なナショナルな地理の一部としてカタログ化され流布されるのである。たとえばイングランドの田園地方の地域的多様性は、集中的に地図化されたり、他と明瞭に区分されたり、H・V・モートンの『イングランドを求めて』(Morton, 1984) をはじめとする大衆向けの書物によって広く宣伝されたりしてきた。その結果、アイスパイ〔最初の一文字を指定してその言葉を当てさせるゲーム〕の本は子供に、典型的な道路沿いのイングランドらしさにかかわる、あらかじめ割りあてられたシンボルを当てさせようとし、『リーダーズ・ダイジェスト』や『シェル』などのガイドや地図は、鳥類学的・考古学的・歴史的・建築学的に珍しいものについて詳述しているのである。これらの「イングランド」にかんする大衆向けの本は、制度化された理解の様式を再生産し、また自動車旅行の「民主主義」は、訪れるべきナショナルな風景や場所の価値を安定化させる――このようにしてネーションを「知ること」の可能性が開かれることになるのだ。自動車運転の発達によって「ゆっくり回り道をする自動車旅行」(Urry, 2000: 60) や「土地の生活や歴史をめぐる旅」(2000: 61) が生み出されてきた。そうした旅行は、自動車運転の初期からネーションを旅行すべしという命令と同時に生まれ、その命令を煽ってきたのである。同じように、スウェーデンの自動車旅行の熱心な愛好家はこう主張している。「スウェーデンを本当に知るということは、そのなかに出掛けていくということなのだ」（Crang, 2000: 91）。こうしたネーション建設のプロジェクトは、現代の運転ガイドやガイドブックの全体に現在もなお反響し続けている。

日常的な運転をパフォームする

あらゆる空間形態と同様に、モータースケイプは実践を促進するものであるが、それはまた人びとの行為や理解によって再生産されるものでもある。ナショナル・アイデンティティの感覚が、一連の相互に関連し合った観念、表象、空間、事物によって形成されるという点を考慮に入れたうえで、ここで、特定の実践——すなわち運転の様式と慣習——がナショナルな帰属感覚の意識的な面と非反省的な面の両方をどのように維持しているのかを考察してみたい。これらの実践について説明するために、パフォーマンスの隠喩を使うこととしよう（Edensor, 2001）。

ナショナル・アイデンティティは部分的に、日常生活における習慣的パフォーマンスから構成されている。ビリッグ（Billig, 1995）が指摘するように、ナショナル・アイデンティティは「ありふれた」もののうちに、すなわち日常的に共有された実践や観念や物質性のうちに存している。そうしたパフォーマンスの大部分は、意図的な計算というよりも——さまざまな種類のハビトゥス、独特の「常識的」あり方（Bourdieu, 1984）、あるいは「第二の自然」を露呈するようなかたちで——非反省的な想定や性向によって形成されている。ビリッグはこうした習慣的パフォーマンスを、「思考や反応やシンボルがルーティン的習慣へと変わる」（Billig, 1995: 42）場としての「慣習化《エンハビテーション》」と呼んでいるが、しかしながら彼は、こうしたナショナルな性向を対象とする分析を展開してはいない。より概略的にハリソンが主張しているところでは、習慣は集団における個人の生活を組織化しているのであり、「文化的コミュニティはしばしばなじみの手段を用いて周囲の世界に協同的にとり組む人びとによってつくり出される」(Harrison, 2000: 507-17)。アイデンティティはしたがって大衆的なルーティン化——それはネーションだけでなく階級、エスニシティ、ジェンダーによっても屈折が生じる場合がある——によって育まれるのである。

私はこうしたルーティン的習慣について、それを意識的・道具的行為とみなす——このようにみなす場合、より明示的に演劇性や演出法《ドラマトゥルギー》の隠喩が示唆されることになるのだが——のと同じ程度に、習慣的行為に基礎づけられたものとして考える。それゆえバトラー(Butler, 1993)がそうするように、自己意識的なパフォーマンスと反復的なパフォーマティヴィティを区別したり、あるいは道具的な「表舞台の」社会的パフォーマンスと、その反対をなす「舞台裏の」パフォーマンス(Goffman, 1959)を区別したりするよりも、二つの様態は互いに重なり合っているものとして把握したほうが適切である。たとえば新米の運転者にあっては、自分の行為や路上の危険への意識が鋭敏になっているが、熟練した運転者にとって同じ手続きは「第二の自然」となっている。とはいえ熟練した運転者でさえ——おそらく外国の路上などで——異質な運転のコードに直面したときには、自分の技術の状況依存性に気づかされることになる。

日々の習慣的パフォーマンスは、特定の状況のうちで行為を導くような、さまざまな技能、技術、実践的な身体化されたコードから構成される。これらが共有されているところでは、何が適切な行動《インアクション》であり何が不適切な行動であるかについて実効的な共通了解が達成される。この点で運転は文化的に拘束された行為にほかならず、その周囲に組織される操作やエチケットの様式や不快を示すジェスチャーは、ある特定のコンテクストにおいて「適切な」ものとなる。いったん学習されると、そうした実際的規範は非反省的なかたちで身体化されるだけではない。周囲の運転者たちが規律=訓練的なまなざしをもって他の運転者の運転パフォーマンスを監視しているのであり、もしこれらの運転パフォーマンスをめぐる共有された慣習への違反が生じたときには、非難が示されることになる。こうした集合的パフォーマンスが、日常的な道路の舞踏術と日々の運転にかんする知を生み出すのである。状況の変化に対応しなければならないため、習慣は必ずしも固定したものである必要はない。実際これらのことがらに関連するブルデューのハビトゥスの概念（Bourdieu, 1984）は、固定されつつも柔軟な諸々の性向から構成されている。習慣は、既知のモータースケイプにおいて即興的な仕方で作動する場合があるが、しかし古い習慣もまたなかなか消え去ることはない。というのも、なじみある社会的世界は持続的なコンテクストから構成されており、このコンテクストによって非反省的反応が要求されるとともに認識論的な安全が強化されるからである。

共有された規範が日常的な運転パフォーマンスを強固にしている一方で、国家の規制の枠組みもまた同様のことをおこなっている。法律、道路交通法規、速度の取締り、駐車の規制、自動車の状態にかんする規制、自動車税、車両保険、燃料価格政策やその他たくさんの政策——これらの維持をつうじて国家は、日常的運転を特徴づける統制装置を提供している。そこでは一連の技術を獲得しているかどうかのテストをつうじて、人びとが運転の仕方を学ぶことを要求しているのだ。国家はまた「よい習慣」を支持し、道路の利用をめぐる共有された慣習を危険にさらしてしまう「悪い習慣」（Frykman and Löfgren, 1996: 7-9を参照）——飲酒運転のような——を識別しようとする傾向がある。インドでは、慎重な運転をうながす道路脇のユーモラスな注意書きや、韻を踏んだスローガンが数多く見られる。共産党の支配が終わりを迎える以前のポーランドでは、国家がヒッチハイキングを望ましい旅行の形式として推奨しており、バウチャー・システムを運営してヒッチハイカーを頻繁に乗せた運転者に賞を与えていた。

あらゆる形態の社会的パフォーマンスがそうであるように、そのように共有される慣習や国家からの影響を受けた慣習が維持されるためには、運転者たちは、認可された行動を再生産する能力を身につける必要がある。こうした人びとの能力によって運転者は、余計な心配を最低限に抑えつつ作業《タスク》をおこなうことができ、先に論じたような「タスクスケイプ」をめぐる地理的な知を受容することができるのである。それはなじみの行為――ガソリンを手に入れたり、洗車をしたり、新しいタイヤやその他の部品を入手したり、毎年の点検を受けたり、駐車をしたり、等々――がおこなわれる、誰の目にもそれとわかる状況である。そうした実践は、反省や計画の対象となることがほとんどないままに、近隣の人びとや友人たちの行為のなかに反響している。こうした能力は実際的であると同時に身体化されたものであり、したがってハンドルさばきの様式、速度にかんする慣習、前方の車との適切な距離、他の運転者にたいするジェスチャーなどは第二の自然となっているのである。シェラーとアーリ（Sheller and Urry, 2000）が論じたように、自動車－運転者は車と人間を融合したハイブリッドであるがゆえに、こうした第二の自然はとりわけ運転にとって核心的な意味合いをもつ。これら運転の習慣がいかにナショナルなかたちで基礎づけられているかということは、別の国を訪れてみて、私たちが身につけていない数々の日常的能力にすっかり驚かされるときに明白となる。そこで人びとは私たちとは違ったかたちで運転をしており、道路の管理体制を、最初のうちはよく飲み込めないような場合があるのだ。道路脇の指示や警標、道標の方式、道路のシステム、料金の計算方法などがすべて当惑してしまうほどになじみのないものである場合がありうるし、運転の仕方が遅すぎたり過度に攻撃的にみえたりする場合もありうる。

　自動車文化は移動をますます増大させてきたのだが、そうした移動は、人びとになじみの共有される時間－地理を非同期化してきた。しかし移動は同時に自動車利用のパターンを再同期化してきたのであって、ラッシュアワーや休日には特定の道路で交通が激しくなったり、あるいは同じように、そうした道路が特定の時間には静かになったりする。それゆえ自動車移動の文化は、時間、仕事、娯楽、消費についての共有された経験を構造化するわけである。というのも運転のネットワークによって人びとは、「相当に大きな距離を越えるかたちで、自分たちの移動や社交性を複雑かつ多様な方法で組織化する」(Sheller and Urry, 2000: 744) ことを強いられるのであるから。たとえばイギリス人にとって、あてもなく田園に出かける日曜旅行、交通量の多い高速道路での運転、コーンウォールへの休日旅行、ブラックプールへ向かう途中で交通渋滞に巻き込まれること、交通巡視員に調書をとられること(イギリスのプチ権威主義のシンボルだ)、ショッピングセンターまで運転すること、等々は、誰もがよく知っている経験の全体、共有されたかかわり合いの全体を提供している。そうした経験は、ありふれた主題としてポピュラー文化のなかで表現される場合がある。たとえば性的な冒険を追求する手段としての「パッション・ワゴン」や「ラブ・トラップ」と表現される自動車をめぐる想像的世界は、イギリスコメディの「低俗文化」(Hunt, 1998) のうちにすっかり入り込んでいる──先に言及したイアン・デューリーの歌のように。

運転をめぐる身体化された能力や慣習がいかにナショナルなかたちで構成されるかについて、さらに踏み込んで例証するため、インドにおける運転パフォーマンスについて説明しておこう。

インドの道路では規制のレベルが低く、国家が規定したり伝達したりする公式の規則は数少ないのだが、それにもかかわらず、運転実践にかかわる慣習や規範といったものを広範に見いだすことができる。たとえば多くの自動車にはバックミラーが付いておらず、背後の車の確認は普通はおこなわれない。ということはつまり、追い越したいと思う自動車にたいしては警笛を鳴らす必要があるのだが、これはミラーの有無にかかわらず一般に受け入れられた慣習になっている。事実、ほとんどの営業車は「警笛ＯＫ」という要望や似たような言葉遣いの要求を掲げて、その行動をうながしているのだ。また道路使用者は、もっとも大きな車に優先権があるという一般原則にしたがっている。それゆえ乗用車はバスやトラックのために脇によけ、オートリクシャー〔オート三輪の輪タク〕は車に道を譲り、自転車はオートリクシャーやバイクに自分を追い越させる——たとえそのために道路の縁を走ることになるのだとしても。最大のものが優先するというこの規則は、T字型三叉路でも歴然としており、大きな車は交通の流れのなかで、ほんの少しのあいだも待たされることがない。というのもそれらの運転者は、他のより小さな道路使用者たちが停止して、邪魔せずにこちらを進ませてくれるだろうと期待しているからである。だがこのヒエラルキーは動物には適用されない。動物はしばしば道路を人間と共用しており、とりわけ道路脇や路上で草を食べる牛が無数にいるのだが、そうした牛の存在は何の問題もなく受け入れられている。

このように規制が最小限に抑えられているにもかかわらず、運転者たちは責任をもつように期待されている。ほとんどのインド人にとって自動車の所有はいまなお贅沢であることから、事故の罰則はときに厳しいものとなる場合があり、とりわけ負傷者のうちに歩行者が含まれている場合にそうである。怒った群衆が事故の加害者のところへ押し寄せてくるといった話は数多くあり、たいへんやっかいなために、運転者が事故現場から逃げだしてしまうことがよくある。最近では一種の燃料統制が登場してきたが、これは、インド諸都市での自動車による汚染水準の高さや、エネルギー節約の必要性などが理由となっている。多くの自動車は信号でエンジンを切り燃料を節約しているが、これもまた排煙を抑えることにつながっている。そしてまた、天然ガス自動車の導入に向けた方策はその速度を増している。一部の都市では、自動車は二種類の燃料を使えるよう改造されており、日中はガソリンを使って夜間には天然ガスを使うよう切り替えることで、スモッグを最小限にとどめようとしている。

私は別のところで、インドの街路の独特の性質について書いたことがある（Edensor, 2000）。道路利用者、歩行者、動物などの速度が多様であり、またその経路がさまざまな方向をとるため、インドの自動車運転者は、街路を往き来する諸々の身体や車の流れにつねに注意を払っておかなければならない。それらはくるっと向きを変えて中庭や路地や袋小路へと入っていったり、そこから出てきたりするのである。こうした道路は、西洋の幹線道路にみられるような、高度に統制された単一目的の「純化された」空間――そこでは規則への服従とさまざまな様式の中央集権的な規制が持続している――（Sibley, 1988）と対照をなしている。西洋の都市空間を論じるなかでリチャード・セネット（Sennet, 1994: 15）は、都市での運転経験はいかに都市空間が「たんなる移動の関数〔移動という要因に大きく依存する存在〕」となっているかを徴候的に示しているという。そこでは「触覚的不能状態」が生み出されることになるのだが、それは、興奮が引き起こされることのないまま高速移動がおこなわれることで、身体が「鎮静化させられる」状態である。このように脱感覚化された身体経験は、都市のなかを運転するさいに用いられる「極小の動き」によって生み出される。さらにオートスケイプはしばしば、運転パフォーマンスを損ないかねない審美的な妨害を最小限に抑えるよう工夫されている。ところがインドにおいては、交通の激しい街路は数々の活動がおこなわれる場所となっている。直線性を混乱させながら、それらの街路は、片隅、隙間、店先の日よけ、脇道といった無数の微細な空間を含む、より迷宮めいた空間編成の一部をなしているのだ。子供や大人の遊戯、デモや宗教上の行進によって、道路は臨時的な舞台になることもある。したがってインドの運転者の第二の自然は、潜在的な危険に注意を払うことに順応しており、目を引くような光景や、言うまでもないことだが、車の流れを縫ってうろつく窓拭き屋、物売り、物乞いなどに気をとられる傾向があるのだ。西洋の運転者に与えられている、視覚への意識集中や直線的な進み方といったものは現実的ではない。気をとられたり邪魔をされたりしながら、インドの運転者は、他の乗物や動物や人びとを避けなければならないのである。

街路を利用する種々雑多な乗物の集合――膨大な積み荷を載せた手押し車や、牛の荷車、乗用車、自転車、バイク、オートおよびサイクルリクシャー、バス、それに他のさまざまな形態の交通手段――はすべて、巧みにスペースを探りつつ、各々が違った速度で移動することで流動的な舞踏術を生み出している。より速度の遅い道路の利用者が道路の脇へと自然に引き寄せられる一方で、より速い乗物は中心へと移動してゆく。だがそのような中心部分でも、密集して交通の流れが悪くなったりするので、より小さな形態の交通手段利用者――自転車、リクシャー、バイク――は大きな乗物のあいだを縫って走ることとなる。近年になり自動車の種類がたいへん増加してきているが、それは、西洋由来のモデル――しばしばインドの企業との提携で生産される――が、インドの勃興しつつある中流階級に地位と近代性をあらわす記号を提供しているためである。かつてのステータス・シンボルであったヒンドゥスターニー・モーターズのアンバサダー――厳しい国家統制の時代にあってインドの自動車市場の開放の先触れとなった――は、バンガロールやムンバイといった都市ではあまり姿を見せないが、カルカッタやデリーではいまなお広く使われている。一九五二年型のイギリスのモーリス・オックスフォードのレプリカであるアンバサダーは、政治家や公務員の自動車として、あるいはタクシーとしてその卓越性を保持しているが、しかし新たな世代の自動車により劇的なかたちでその地位をとって代わられてしまった。いまや小型セダン車が多くのインドの街路を飾っており、そのうちもっとも人気の高いのは、現在、エコノミータイプの車の国内市場で優位を占めているマルチ社が提供している車種である。だがこうした露骨な近代性のシンボルとは別に、インドにおける乗物所有のパフォーマンスの一部はカスタマイズ行為によって表現されている。乗用車やリクシャーはさまざまな神々、色のついたランプ、スローガン（「インドは素晴らしい」、「安全距離を保とう」）、模型、後部のペイント、それに細々としたアクセサリーなどで飾られている。熟練した整備士や技師による機械的カスタマイズは、思いもよらない外見の乗物をつくり出し、それらはしばしば商業輸送に用いられたり、自動車の部品の寄せ集めからつくられたりする。ここにおいて自動車の素性とは無関係に達成される「モバイルな家庭生活《ドメスティシティ》」が生み出されている。

楽しみのために運転をするというよりも、多くの人びとにとって自動車はなおも費用のかかる贅沢品であり、一般的に、買い物や通勤といった日常的な機能的目的のために使われている。そして多くの中流階級のインド人は運転をせず、運転手を雇って自分を運んでもらう。インドの移動文化においては、長い距離の旅行は列車やバスを利用し、また短い移動は自転車やリクシャーを用いておこなわれる傾向がある。すでに述べたように車の所有は大多数の人びとにとって想像もできないことであり、このことがステータス・シンボルとしての、また幻想の対象としての自動車の魅力を増しているのである。

先に言及したような能力は、モノを道具として扱ったり操作したりする能力によって促進されるのだが、それにより人びとと事物の相互作用が生み出され、その相互作用から感覚的理解の共通の形式が発達してくる。事物は、その臭いを嗅がれ、感じられ、重さを量られ、聴きとられ、見られるのだが、そうした感覚的媒介はつねに文化的に種別的なものである。それは、感覚的経験の価値判断と解釈をめぐる伝統のうちに位置づけられるものである（Claessen, 1993）が、それはまた身体が記憶している、なじみある事物との持続的な相互作用によって構成されるものでもある。人びとのあいだでの日常的な事物の流通、それらが扱われるやり方、それらの形態や質感の経験などが、行為を拡張し世界を感覚化するのである。このように自動車にかんする――その特性や潜在力にかんする、またその重さ、形状、機械的性能によって移動や運転の観念や実践が喚起される仕方にかんする――十分な基礎をもつ習慣的理解によって、同時に認知的・感覚的・感情的・本能的であるような日常的関係が生み出されるのである。

こうした感覚的親密性は快適な状態と表現できるが、それは「自然の」経験としてではなく、路上での居住様式に身体が適応している状態としてそうなのである。というのも自動車は「家から離れた憩いの場《ホーム・フロム・ホーム》」を提供するものであり、また自動車‐運転者ハイブリッドがそなえる「外骨格」とグレーヴズ＝ブラウン(Graves-Brown, 2000) が呼ぶものを提供する点で、身体の拡張となっているからである。このように特定の自動車との身体的相互作用から独特の感覚が生み出されるのだが、それは特定のアフォーダンス――ハンドルや座席の感触、加速率、ギアの変えやすさ――をそなえているとともに、その車の運転され方に影響をおよぼす。このようにして特定の種類の技能や運転の性向が形成されるのだ。たとえばロールス・ロイスのアフォーダンスは、路面の衝撃を最小化するスムーズな運転を可能にするが、他方、フランスのルノーやシトロエンの比較的簡素な設計は、もっと窮屈な、がたがた揺れるような乗り心地を生み出す。多くのインド人にとって運転と自動車移動をめぐる身体経験は、以前には、由緒あるアンバサダーがそなえるアフォーダンス――低い革張りの座席、強力なサスペンション、そしてエンジンの快調な音――と同義であった。アメリカ車にオートマチック・ギアが普及したことで、運転者はエンジンの音や移動速度に精通している必要が少なくなっているのだが、それにたいして熟練したヨーロッパの運転者は、マニュアルで操作するギア――どのギアが必要かについての非反省的な身体的認識がくり返し教え込まれることで――に慣れている。実際的な技能とみなされるだけでなく、これらの運転操作はまた、運転の触覚性という独特の経験をつくり出してもいる。

自動車がそなえる特徴的な触覚的アフォーダンス――それは常習的感覚やさまざまな種類の実際的かか

わり合いを生み出す――だけでなく、乗物の騒音や臭いもまた、路上での居住の感覚を強化する。音楽、エンジン、緊急時のサイレン、空気の流れ、警笛やその他の機能といった音はすべて、「音と動きと空間の親密さ」（Fortuna, 2002: 73）を融合させる自動車移動のサウンドスケイプを提供し、運転者や乗客を路上に居心地よく落ち着かせる。たとえばインドにおける道路のサウンドスケイプは、多様な印象が織りなす交響曲である。さまざまな乗物や、止まったり動いたりする通常の交通の流れ、でこぼこした路面、効果のないマフラー、ブレーキのキーッと鳴る音、ひっきりなしに鳴らされる警笛、等々が立てる多種多様な音によって、いかなる厳格な騒音規制にも妨げられない都市の濃密な騒音がつくり出されるのである。こうした不協和音は商人や動物の叫ぶ声によって、また大音量で流されるボリウッド音楽〔インド映画音楽〕の断片によって、さらに増大させられ、さまざまな音程や音量や音色からなる、絶え間なく変転するサウンドスケイプが生み出されるのだ。

ブル（Bull, 2001, 2004）もまた音楽を聴くことが、運転の経験を構成する要素として――自動車の家庭的地位を強固にする親密な楽しみとして――重要であることを認めている。ラジオが自動的についたり、ルーティン的にカセットをかけたりすることで、たいていは外部の騒音をごまかすことができる内的なサウンドスケイプが得られる。音楽の種類のグローバル化の進展にもかかわらず、自動車にかかわるサウンドの経験においては特定の種類の音楽が優位であり続けている。北アフリカでの自動車移動では多くの場合、エジプトのポップないしはライ〔アルジェリアのポピュラー音楽〕がかけられ、またボリウッド音楽（および映画）はインドでのバスや乗用車の移動にはおなじみの要素である。こうした音楽が移動に与える微妙ながらも独特の性質は、ナショナルなものと結びついた運転の経験の一因となっており、ラジオ番組の微妙な差異が加わることでそれはさらに引き立ちうる。アメリカの中西部で運転者のあいだに普及している

――映画やテレビに表象されているように――カントリーやウェスタンのラジオ放送局について考えてみればよい。こうした聴取のパターンは運転者のルーティンに縫い込まれており、特定のナショナルなラジオ番組やローカルな放送局が人気の種類の音楽をかけるさい、特定の時間の聴取者を楽しませたり情報提供をしたりするよう工夫がなされている。たとえばあるコンテクストでは「ドライブタイム」の番組は通勤途中の運転者の同伴者になるよう考案されており、ナショナルな交通情報を伝えることで、ナショナルな共同体の感覚が強化されるという場合がありうる。

結論

以上において、自動車は他のモノと同様に、ナショナル・アイデンティティの形成に内属しているメディアに媒介される想像物、日常的地理、日々の実践などの一部をなしていることを示してきた。ほとんどの事例はイギリスおよびインドから引かれてきたが、私は読者が、他のナショナルな自動車文化と結びつけてくれることを期待している。ナショナル・アイデンティティについて、それをつねに顕著なものとして前景化することは私の意図ではなかった。というのも、ローカルおよびグローバルなかたちで構成されるアイデンティティもまた、同じように結合関係のマトリックスに巻き込まれたものとして概念化することができ、これらもまた、さらに他の種類のアイデンティティのマトリックスと重なり合うからである。ここで特定したようなナショナルな次元は一様ではなく、あらゆる場所に付随しているというわけではない――たとえば地域的な運転実践がより関与的なコンテクストをなしている場合もありうるし、あるいは、複数の地理的なモータースケイプが互いに入り混じって曖昧になっているような場合もありうる。にもかかわらず、確認してきたような複数の文化圏のあいだに属している、あるいはそれら文化圏の内部に属している濃密な相互連接関係がある以上、ナショナルなものは、無数の象徴的・物質的・空間的・習慣的な方法によって定着しうるのである。ナショナルなものを構成しているのは、こうした諸要素の布置連関《コンステレーション》であり、それはつまりポピュラー文化と日常生活の全域に行き渡っている、まことにおびただしい数の連接点——それはナショナルなものを、しっかりとした基礎のある日常的文化のうちに繫留することでナショナルな帰属感覚を維持する——にほかならない。

ネーションが、増大する諸々の関連性のネットワーク——先にマトリックスと呼んだもの——内の無数の連接点のうちにますます位置づけられるようになっているという考え方は、グローバル化のプロセスによってポスト・ナショナルなアイデンティティが生じているという見方に異議を唱えているように見える。生産と消費、移動文化、商品フローの拡張とディアスポラ的経験、等々のグローバルな加速化によって、さまざまな事物が、これまでになく変幻自在な仕方で流通するようになっている（Appadurai, 1990）。こうしたグローバル化のプロセスにより、ナショナル・アイデンティティの感覚はしだいに減衰してきていると一般的には想定されている。なぜなら諸々の表象は、いかなる地理的なコンテクストからも切り離されたかたちでますます自由に浮動するようになっており、また実践は空間のいたるところに再分配されるようになっているからである。遠方の地で生産された部品が世界中の自動車工場で組み立てられており、その結果生み出される製品のナショナル・アイデンティティを確定することが困難になっているのは事実である。にもかかわらず、論じてきたように、ある特定の車種にはいまなおナショナルな意味が染み込んでいる。そしてまた他の場所に由来するモノは、ローカルおよびナショナルなコンテクストのうちでシンボル的な意味を帯びることが多い。こうした顕在的なアイデンティティ形成の実践には、日常的経験に基礎をもつ習慣的実践が随伴している。このように人びとと自動車のあいだに継続している複雑で多様な関係性が、慣習的な知と実践から一緒に生み出されることで、ナショナル・アイデンティティが再生産されているのである。だがグローバル化がナショナルなものの力を奪うのだと理解するのではなく、そのかわりにグローバル化を、それによってナショナル・アイデンティティが再分配される手段として考えることができるのではないだろうか。以上では自動車文化の事例をつうじて、ナショナル・アイデンティティのマトリックスがどのように拡張するのかを示してきた。それは日常的ないしはスペクタクル的なモノ、実践、空間、表象を組み込み、持続的でもあり流動的でもある連接関係や布置関係《コンステレーション》や交錯点を構築する新たな手段を生み出すことによって、ナショナルな帰属感覚を支えているのである。

自動車とネーション

戦間期におけるイギリスとドイツの自動車移動観 ◎ ルディ・コーシャ

もしティム・エデンサー（Edensor, 2002: 103）が論じるように、「事物は部分的にネーションに帰属するものと理解される」のならば、自動車については何が言いうるだろうか？　ネーションに属する人びとは、特定の自動車会社と自動車のモデルに一体感を覚えてきた——ちょうど自然の風景、道路、運転実践がかたちづくる固有の「モータースケイプ」の独特の性質について彼らが主張してきたのと同じように。雑誌からウェブサイトにいたる自動車移動をめぐる巨大なポピュラー文化を一瞥しただけでも、自動車とネーションが、過去一世紀にわたって互いに密接な結びつきをつくりあげてきたことがわかる。しかしエデンサーが論じるには、社会学はこれまでそうした結びつきをほとんど説明してこなかった。事実、この学問領域では、一般的にモノは「無意味なものの地位」（2002: 103）に貶められてきたのである。こうした批判を歴史の領域に拡張するには留保が必要だとしても、事物がどのようにして過去の日常的な文化的実践のうちに媒介されていたのかを探る研究が、いまだに展開されていないのは事実である（Roche, 2000）。アメリカやヨーロッパの自動車の歴史については膨大な研究がなされているが、二〇世紀の道路にはおよそ一〇億台の自動車が走っていた事実を少し考えてみるなら、この領域での学問的生産は驚くほど限られていることになる（Volti, 1996: 663）。自動車関連の学問領域のうちもっとも活発な部類に入る合衆国の自動車の社会史（Berger, 1979; Foster, 2003; Gartman, 1994; Kirsch, 2000; Lewis and Goldstein, 1983; McShane, 1994; Preston, 1979; Scharff, 1991; Wik, 1972）にしても、過去百年間にわたる世界中での自動車をめぐるポピュラーな経験が織りなす巨大な歴史的織物と比べるなら、ほんの小さな皺でしかない。さらに人類学者のダニエル・ミラー（Miller, 2001）が論じたように、大西洋の両側における自動車についての近年の学問の多くは、文化的プロセスとしての自動車を対象とする詳細な調査をほとんどおこなっていない。そのかわりに自動車はデザインの産物や技術的存在、ないしは特定の――普通はネガティヴな――「外面的性質」をそなえる商品として扱われるのである。だが「私たちは自動車が何でありうるかについて思い込みをするわけにはいかない」とミラーは述べ、自動車は「影響力をもつ事物であるのと同じく、特定の文化的コンテクストの産物」でもあると論じている（2001: 17）。この主張は以下の議論に深くかかわっている。というのも、もしも自動車が特定の文化的相互作用に由来するとみなされるなら、自動車はどのようにネーション――事物や商品がそのなかで意味を得るいまなお中心的な文化的環境のひとつ――に「帰属」するのかが重要な問題となるからである。

戦間期のヨーロッパにおける自動車文化は、こうしたコンテクストにおける事例研究にとりわけ興味深い材料を提供してくれる。マイケル・セジウィック（Sedgwick, 1970: 16）が論じたように、一九二〇年代から一九三〇年代にかけての自動車はそれらを生産したネーションの歴史と密接に結び合っているのだが、それはとりわけ、この期間にヨーロッパ諸国が自動車移動に向けてまったく違った道筋をたどったからである。もっとも明確な対照をなすのは、二つの主要なヨーロッパの産業大国イギリスとドイツである。戦間期にイギリスはモータリゼーションに向けてたいへんな発展を遂げた。自動車生産において当初は先導的立場にあったフランスを制し、さらには自動車を中流階級の生活に不可欠な要素としたのである（Church,

1979, 1994; Foreman-Peck et al., 1995; O'Connell, 1998; Richardson, 1977)。それとは対照的にドイツは、イギリスやフランスよりもかなりの後れをとっていた。ただし第一次世界大戦によって乗用車、トラック、バイクにたいする人びとの関心がひじょうに高くなっていたため、ドイツの住民の多くが実際に自動車で移動するようになるかなり以前から、ドイツ文化はモーターライズされていたのだと論じることも可能なのだが(Boch, 2001; Flik, 2001; Koshar, 2002; Merki, 2002; Möser, 1998; Sachs, 1992)。第二次世界大戦までのあいだにイギリスとドイツは、自動車を互いに異なった仕方で経験していただけではなく、イギリスとドイツの産業的・政治的競争のゆえに、それぞれ固有の自動車文化にグローバルな対立という要素がつけ加わっていた。イギリスの自動車雑誌はとくに第一次大戦後、ドイツの自動車デザインを詳細に観察しており、イギリス人旅行者は、第二次大戦が近づきつつある時点でドイツの自動車、道路の状況、社会の状況についてかなり詳しい報告をおこなっていた。アウトバーンの建設と国家社会主義者たちの「国民車」計画は、イギリス海峡の向こうの人びとから賞賛と疑念の両方を得ていた。その間、ドイツの自動車製造業者、労働組合、政治家、自動車マニアといった人びとは大衆的な自動車移動の可能性に色めきたっていたのだが、しかし彼らは、アメリカの「フォード的な」生産モデルがはたしてドイツの文脈状況で妥当であるのか、また実際的であるのかどうかを測りかねていた(Nolan, 1994)。ヒトラーは、近代のネーションとは本質的にモーターライズされたネーションにほかならないと説き、ドイツが自動車にとり組んだ時期の遅れを克服するのみならず、ドイツをアメリカ的な大衆モータリゼーションのモデルに同調させようとしていたように思われる。じつのところヒトラーにとって自動車は政治的資源であり、ドイツのネーションがもつ近代化への意志の所産であり、したがってまた軍事的・人種差別主義的な目標による所産だったのである。こうした対照的な状況にあって自動車は、製造業者、消費者、世論形成者にたいして——じつにネーション全体にたいして――高度に固有な、しかも変化しやすい意味を担っていたのである。

エデンサーの言葉には強い限定詞が含まれていた。つまり、事物はただ「部分的に」のみネーションに帰属するものと理解しうるのだ、と。以下で示されるのは、国際的な場面を考慮することなしには、より特定していえば、過去のある時期に固有の自動車文化同士がネーション間の境界を越えていかに相互作用していたのかを考慮することなしには、自動車がもつネーション帰属性は十分には分析できないということである。もし自動車をネーションに帰属するものと仮定するなら、また、もしネーションの内部で多様な集団が自動車の形状や意味について意見を異にしていたり同意に達していたりするなら、そうした帰属性はまたトランスナショナルなプロセス――それ自体が論争や同意により形成される――にも依存していることになる。実際以下で示されるように、自動車の独特なナショナルな性質と概念的に考えられるものは、ある面で、自動車がナショナルな境界を越えて文字通り、あるいは比喩的に旅《トラベル》をする場合に――戦間期ヨーロッパでのメルセデスの事例のように――他のネーションの自動車オーディエンスが、その車を技術的産物でありイメージであるものとしてどう考えるかという点に左右される。この文脈状況にあっては、メルセデスは――ヨーロッパに、そして合衆国に、とまではいかないにせよ――ドイツとイギリスの両方に帰属していたことになる。ただし技術的観点およびデザインの観点からすれば、ちょうどダイムラー－ベンツがワイマール時代およびナチ時代のドイツの企業文化において独特の位置にあったように、メルセデスは連続的かつ独特の「ドイツ的」特性をもっていたのだが (Bellon, 1990; Gregor, 1998)。

そうした相互作用が生じる重要なモードとなっていたのは、旅行や国際展示会を別とすれば、自動車ジャーナリズムである――とりわけテレビとインターネットの以前においては。しかし驚くべきことに、自動車雑誌や他の種類の車関連の著作について持続的な学術的検討がなされることは、これまでほとんどなかった。研究者は一般的に「ロードトリップ」文学（Lackey, 1997; Primeau, 1996）をはじめとする、どちらかといえば文学的な自動車関連の著作の事例に焦点を当ててきたのであって、技術的議論や自動車ファンの雑誌、運転体験記といった興味の少ない、ないしはより「複雑」でない種類とみなされるものは無視してきたのである。アメリカの雑誌『ホットロッド』についてのムーアハウスによる一九九一年の研究は歓迎すべき例外である。以下では自動車雑誌に注目しつつ、イギリス的な自動車観のうちにドイツ的要素を特定すると同時に、ドイツ車の発達をその国内的な文脈状況で検討することをつうじて、イギリスとドイツの自動車文化の関係について評定をおこなう。目標となるのは、自動車をめぐるナショナルな文化を、やがて互いに接触するようになる個別的かつ境界をもつ実体と理解することではなく、むしろ――著者が別のところで書いたように（Koshar, 2001）――ナショナルな境界を越えた交換や総合、すなわち、相対的に安定的でもあり一時的でもあるような自動車のナショナルな帰属性の定義や表象がそこから生じてくる、イメージ、概念構成体、伝統、関係性、等々の混合状態の創造について論じることである。自動車をめぐるイギリスとドイツの議論を分析することで、換言すれば、戦間期の重要な自動車雑誌に登場するそうした議論から選び出した諸局面を分析することで、二つのネーションにおける自動車から自動車への、あるいはむしろ自動車の部品から部品への、重要な意味の移動＝移住《マイグレーション》を跡づけてゆくことができるのである。その結果、事物はネーションに帰属するというエデンサーの議論に一定の圧力が加えられることとなる――もちろん戦間期ヨーロッパにおけるナショナルな、またトランスナショナルな自動車論議を理解するうえで、それが有効な出発点として重要であることを認めたうえでのことだが。

　本論考の最初の節では、一九二八年のベルリン自動車展示会をめぐるイギリスの自動車記者による報告を概観する。それは一九一四年以前にはじまったドイツ自動車産業主催の最初の真に国際的な展示会であり、それゆえ第一次世界大戦から一〇年が経過した段階でのヨーロッパでの自動車文化の相互作用を考察するうえで指標となるものである。第二節では、ナショナルおよびクロスナショナルな意味の相互混合がより明確になってくる。そこではメルセデスや他のドイツ車がもつ文化的・ナショナルな意味合いにかんする記者の意見が、さまざまな問題――イギリスの自動車産業の競争力から、合衆国の自動車デザインや工学技術がヨーロッパにもたらす影響にまでいたる――をめぐる根深い不安を露呈してしまう様子が示される。ドイツ車の象徴としてのメルセデスの持続性は、複数のナショナルな自動車文化において数々の不安と緊張を駆り立てているように思われる。第三節でもこうした主題が続くが、強調されるのは、イギリスの自動車記者が主として高級車ではなくドイツの小型車に反応を示していたこと、そしてまた、こうした反応が大衆的な自動車移動をめぐるより大きな展望《ヴィジョン》を示していたことである。最後の節では、小型車にたいするドイツ人とイギリス人の態度の違いが比較される。そうした態度は、一九二八年の展示会の最中とその後における自動車ジャーナリズムの他の事例に反映しており、それはフォルクスワーゲン――ドイツの国家的希望であると同時に、第二次大戦前夜におけるヨーロッパのモータリゼーションがもっていた可能性と限界のトランスナショナルな象徴でもある――にまでつながってゆく。メルセデスからフォルクスワーゲンにいたる道を検討＝横断《トラヴァース》したのちに、論考の結論部で強調されるのは、自動車のナショナルな帰属性を議論するうえでは歴史的種別性が必要だということである。

メルセデスとドイツ車の伝統

『オートカー』(*The Autocar*) ――イギリスの主要な自動車雑誌であり、自称するところ「世界最高の自動車雑誌」である――の匿名の記者が、ドイツ国際自動車展示会を見るために一九二八年一一月にベルリンへと赴いたとき、彼は、そこに到着するのに二四時間をかけるだけの価値は十分にあったと述べている。その展示会がバランスよく公平な質をもっており、それゆえ、そのイベントに出された六二の乗用車の展示について「いかなる点でも（機械ないしは車体の点で）変革的であったり、安くて品質の悪いものであったり、奇矯なものであったりすることはなかった」と断言することができただけではない。むしろベルリンの展示会はその性格の大部分を、それが開催された大都市の性質からも得ていたのだ。ベルリンはパリやニューヨーク――それらは「貧困や不潔と隣り合っている、過剰さと富と壮大さの都市」である――といった西洋諸国の他の巨大な首都とは違っていた。ベルリンはまた、「中心から一マイルやそこら離れると」貧弱になってしまうロンドンの腹立たしい傾向を示すこともなかった。そのかわりにベルリンは「中心から何マイルの範囲にもわたって一様に壮麗」であり、人びとは「みな普通のまっとうな男女で、際立って見映えがするわけでもなければ著しく不細工というわけでもない」。その都市は「安定した繁栄」のオーラで共鳴している――そのように評価することは、著者によれば、彼に愛国心が欠けているからでもなく、また、いかなる親ドイツ的共感によるものでもないという（E.J.A., 1928: 1144-5）。

『オートカー』の記者は、その展示会と都市との関係はすぐに感じられる明白なものであると確信していた。さらに重要なことに、少なくとも展示されていた自動車のモデルのひとつ、すなわちメルセデスは、展示会そのものがそうであったように、明らかにその都市の文化的環境の産物であった。「メルセデスはとりわけ古いドイツをあらわす特徴をもつ唯一のドイツ車である」と彼はいう。「他の車はどれとして同じようなナショナルな性格をもっていない」。著者に主題を与えているのは、またもや首都同士の対照的関係である。「ちょうどシックなフランス車の一部には、パリの精神が染み込んでいるようにみえるように」と彼は書いている。「ドイツ車の多くもまた、ベルリンそのものによってデザインされていることを示している」（E.J.A., 1928: 1145）。当のドイツの大都市は事実、相当の規模の自動車産業をもっていた（Engel, 2000; Kubisch, 1985）。しかしそのイギリスの観察者は、メルセデスがベルリンではなくシュトゥットガルト＝ウンターテュルクハイムで製造されているという事実には頓着していなかった。彼がめざしていたのは、国の首都の環境により媒介される、より一般的な何ものかをその自動車が具現化しているということ、すなわち、ベルリンの人びとがじつに無自覚な仕方で日々の生活のうちで示している安定性や能率が、メルセデスのうちに例示化されていることを明らかにすることであった。

たんなるナショナルなステレオタイプ化の実践という以上に、『オートカー』の記者の視点は、ヨーロッパの自動車文化と、それが各々のナショナルな社会とのあいだにもつ関係についてのさらに広範にわたる見解を示していた。一九二〇年代末より以前には、ドイツ車は「たいへんはっきりとした個性的な外見をしていた。イギリス人の目にはいくぶん醜く映るラジエーターや車体の顕著なタンブルホーム〔側面の傾斜角〕は、ドイツ車の明確な目印となっていた」。しかし「今日では、ラジエーターはアメリカ人やイギリス人の考え方に追随しており、車体はもはや戦前の輪郭をしていない」。ナショナルな差異の平板化は、この著者の目からすれば一九二〇年代末を特徴づけるものであり、「一九二九年のドイツ車は現在のイギリス、アメリカ、イタリア、フランスの運転者たちがもつ理想から、いかなる点でも大きく異なってはいない」。メルセデスの工学技術はひじょうに近代的ではあるが、そのデザイン、自動車の全体的印象、それが動作するときの静かな性能などは、すべて過去の言葉、すなわち概念上独特のナショナルな特徴が――その記者によれば――自動車にもっとはっきりと示されていた時代の言葉を話しているのである。堅実で信頼しうるベルリンの人びとと同様、メルセデスは、ドイツ車にあって賞賛すべきあらゆるものを反映していた。

「これみよがしの装飾をしたり、過度に細部をぞんざいにすることのない、申し分なく健全な車種――全体をとおして優れた実用向けの自動車」(E.J.A., 1928: 1144-5)。

『オートカー』の記者は、メルセデスが戦前期の過去とのつながりをもつようにみえる唯一の自動車であるという事実には、当惑することも狼狽することもなかった。自動車の国際的なデザインがいまや「共通標準」に近づいているとするなら、このプロセスは、自動車メーカーが航空機のデザインからアイディアをとり入れようとしていた戦後初期の無秩序なデザインの独創を、製造業者たちが捨て去ったことを示すものであり、またそれと同じ程度に、製造業者たちが「十分に吟味された自動車の系列」にそれなりの安定性を見いだしたことのしるしでもあった。ここにおいてデザインの文化は政治の展開と並行関係にある。第一次世界大戦以降の改良と改革的実験の時期は、安定と「常態」への復帰の時期にとって代わられたのである。

ベルリン自動車展示会で公開された技術的達成は、大きな歓喜をもって注目された。たとえば記者は、ドイツの技術者がマイバッハや、より高級なモデルのハンザ‐ロイド、マンネスマン、オペル、ヴァンダラーなどに、いかに上首尾にオーバードライブ装置を導入したかを記している。同様に印象的だったのは小型車、とりわけ排気量一〇〇〇cc以下の小型車の展示であった。デキシー(BMWと提携したオースティン・セブンのドイツ版)やハノマグ、チェコのプラガ、DKW――フレームをとり除き、調子のよい八気筒車と同じ推進力効果をもつと評された、九〇度の四気筒エンジンを搭載した画期的な車――などが、このカテゴリーの花形であった。記者はDKWを「もっとも魅力的な小型車」(E.J.A., 1928: 1148)と呼んでいる。こうした賞賛は比較の観点から重要である。というのも以下で見るように、ドイツの自動車ジャーナリストたちはドイツの小型車の現状に大きな不満を抱いており、ヒトラーが一九三〇年代に約束した真の「国民車」にたいする欲望は、その不満によって煽られたのであるから。

ドイツ人は自動車展示会に大きな熱狂を示したと記者は書いているが、事実、カイザーダム展示場には群集が押し寄せていた。一〇月に開催されたロンドンでのオリンピア自動車展示会よりも三倍大きなその会場は、イベントの最後の土曜日には興味津々の来客で満杯になり、警察は来客を統制するのが困難なほどであった。ドイツは、一人あたりのバイク所有が一九三〇年代のイギリスのそれを上回るなど、モーターバイクの最初の主要大国となりつつあった(Flik, 2001: 80-5)。ベルリン展示会でのバイクの展示が、自動車のセクションよりも多くの来客数を生んだことは驚くにはあたらない。群集が巨大となり手に負えなくなったので、秩序を守らせるために警察はゴム製の警棒を使わねばならなかったと記者は記している。ドイツの自動車産業はイギリスのそれの約三分の一の台数しか生産していなかったが、ベルリン展示会は、ドイツにおける自動車への人びとの関心の深さと持続性を露わにしてみせた。記者はこう結論づけている。「ドイツは戦争後の長期間にわたり悩まされてきた困難から回復し、自動車生産国として、一九一四年までに保ってきた水準にまで到達している」(E.J.A., 1928: 1149)。

自動車のトランスナショナリティとその不満

一九二八年の展示会をめぐるこの短い記事のなかで示されている自動車についての展望《ヴィジョン》は、世界的な経済危機がその影響をおよぼす直前のドイツの自動車産業の状況について、多くのことを明らかにしてくれる。ドイツの評論家はベルリンのイベントを、世界最初の真に国際的な自動車展示会であるとして賞賛した。なぜなら、そのイベントには世界中から(六二の乗用車の出展者のうち三八はドイツ以外からの出展者であった）出展者が参加しており、乗用車のほかにもバイクやトラックやバスなどをとりあげていたからである（*Allgemeine Automobil Zeitung* [*AAZ*], 1928b）。有名なロンドンとパリの自動車展示会について、あるいはニューヨーク市やデトロイトで開催された展示会について、これと同じような主張はできないだろう。一九一八年以降、ドイツの自動車展示会は国内産の型やモデルだけを扱っており、一九二八年に先立つ二年間には展示会はベルリンではまったく開かれず、ライプチヒとケルンで一度ずつ開催されただけであった。展示会がベルリンに戻ってきたことは、それゆえ、その大都市にとっても、またドイツ自動車産業の国際舞台への復帰にとっても、歓迎すべき出来事だったのである（Runge-Schüttoff, 1928）。

　そうであるにせよ、色濃くあるナショナリスト的な基調は見逃すことができない。「和平調停の一〇年ののち」と、ドイツの主要な自動車雑誌『一般自動車新聞《アルゲマイネ・アオトモビル・ツァイトゥング》』は展示会の紹介記事で述べている。「ラインラントにはいまなお黒人のフランス人の姿が見られるし、ヴィースバーデンで『世界に冠たるドイツ』〔ドイツ国歌〕を歌うには、いまだにイギリスからの許可が必要なのだ」。継続しているラインラントの占領――それは部分的にアフリカ諸国から連れてこられた黒人のフランス人兵士によるものであった――をめぐる、こうした暗示的な人種主義的言及に意図されていたのは、一九一八年の屈辱的な敗北ののちにドイツの産業がいかに復興してきたかを測る指標を提示することであった。けれども世界の他の国々――「中国人や黒人」を含めて――では自動車の所有率が六〇人に一台となっている一方で、ドイツ人は一三〇人に一台という状況を考えるなら、ドイツの自動車産業にはやらねばならないことがたくさんあった（この疑わしい統計比較の出典については何も言及されていない）。展示会の場に定員いっぱいのドイツの出展者とともに多くの外国の自動車メーカーが参加していたことは、国際競争の新たな水準を反映していた。あるいはむしろ、興隆しつつあるドイツの自動車産業と、その他の世界の国々とのあいだの「ハンディキャップなしのグローバルな競争」を反映していた（*AAZ*, 1928a)。『オートカー』の記者にとって、ドイツ車が復活を果たしつつある状況を示す印象深い証拠となっていたものは、ドイツ人の観点からすれば激しく攻撃的なナショナリスト的自動車競争の徴候になっていたのである。

もしイギリスの観察者の見解がドイツのそれよりも公平であったとすれば、彼らはイギリス車の歴史と将来にかんしていくらかの不安を示してもいた。戦間期にドイツの政治にたいするイギリス人の態度は徐々に変化し、それはナチ運動の勃興にともなって、とりわけヒトラー政権の樹立にともなって切迫してゆくのだが、ちょうどそれと同じようにドイツの技術と経済生活にたいするイギリス人の態度は変化していった。この場合、ドイツ車にたいする態度には、イギリス車の地位と未来にかんしてイギリス本国で展開されていた継続的な――しばしば問題含みの――会話が反映していた。自動車にかんする、また自動車の生産やデザインや日常的利用にかんする明確にナショナルな会話は、イギリス、ドイツ、アメリカ、その他の国々の影響のもとでダイナミックな、ハイブリッド化された、文化横断的な混合物が生み出されるなかで互いに混交していった。こうしたハイブリッド化のプロセスは、ヨーロッパの自動車メーカーがアメリカの「フォード主義的」生産のパラダイムに合わせてその性格を変容させ適応していったという面で確認されている（Zeitlin, 2000）が、それはまた、自動車デザインの歴史にかんする研究でも認められている（Petsch, 1982)。そのプロセスはしかし、もっとも広い意味でのナショナルな自動車文化同士のあいだの関係をめぐる分析の主題となることはこれまでほとんどなかった。ここでとくに興味深いのは、ドイツとイギリスにおける自動車をめぐる会話がいかに互いに接合し合うのかという点である。

一方で私たちは、少なくともひとつのドイツ車、すなわちメルセデスが、一見したところ、高品質と質実剛健な性能にこだわるドイツに固有の伝統――と著者がみなすもの――との結びつきを保持しているようにみえる様子を眺めてきた。もちろんメルセデスは上流階級や専門職に就いている上層中産階級向けの車であり続け、ドイツの自動車市場では、裕福な階級の所有に大きく傾いた約一〇パーセントのシェアしかもっていなかった（Reichsverband, 1938: 49）。それにもかかわらず、ウンターテュルクハイム産のこの自動車のデザインと工学技術からは、なおもナショナルな文化を読みとることができた――少なくとも『オートカー』の記者の視点からは。やがてこの事実は、イギリス車とイギリスの自動車産業にとって、何かポジティヴなものというよりもむしろ脅威を表象するようになった。戦争直後において「腹黒いドイツ兵《フン》」は、国際的な自動車市場でドイツの敵と対抗するには継続的な国際的努力が必要だとイギリスに警告する不気味な人物像であった。第一次世界大戦が終結した翌年の『オートカー』の記者によれば、「粗製濫造の」自動車は「鈍重で醜い」ものではあるが、にもかかわらず、印象的な六気筒七・二五リットルのツーリングワゴンなどのメルセデスや、その他のドイツの高級車は、イギリスのモデルの将来の競争相手として注意を要するものであった（*The Autocar*, 1919, 1920）。戦後間もない時期のメルセデスは、賞賛と尊敬の対象であるのと同じ程度に、なおも継続中の国際的衝突のしるしでもあったのだ。それゆえ一九二九年型メルセデスへの好意的な反応は、国際的緊張が冷却したことを反映したものでもあり、またイギリスとドイツの自動車文化のあいだの接触点を反映したものでもあった。かつて二つの自動車文化を引き離したものが、いまや互いを結びつけていたのである。

　さらにイギリスの記者によるメルセデスの好意的評価は、より深い文化的なレベルで作用していた。記者が的確に言及しているように、メルセデスは戦前から自動車の品質の国際的標準となっていた。スティーヴン・トリデー（Tolliday, 1995: 278）がそうするように、一九三〇年代末より以前には、ドイツの自動車産業は品質の点でイギリスよりもはるかに遅れていたと論じるのはかなりの誇張である。これはイギリス人の観察者が考えていた状況とは違っている――少なくともメルセデスにかんしては。当の会社――ダイムラー自動車会社とベンツ社の一九二四年における共同提携、そしてまた二年後の完全合併によって成立した――自身が「品質第一」というモットーのもとに卓越性のイメージを育んでいた（Bellon, 1990; Gregor, 1998: 16-28; *Mercedes-Benz Nachrichtenblatt*, 1925: 1; Thieme, 2001）。一九一四年から一八年にかけてのおびただしい流血や、戦争から五年後に生じたワイマール共和国の政治的崩壊、さらには二つの企業の合併――それがなければいずれの企業も戦後の経済危機を切り抜けることはできなかったであろうが――等々といった事情にもかかわらず、メルセデスは、二つの自動車文化の連続性をあらわす象徴としての役割を果たしていた。何度もくり返しドイツ人たちはお互いに、ダイムラーとベンツが、世界中でもっとも古い自動車製造業者であることを思い出させてきた。それは、ドイツのモータリゼーションが特別な歴史的使命を負っているという議論を正当化するのにしばしば利用された事実であった（Bade, 1938; Schuder, 1940）。ベルンハルト・リーガー（Rieger, 発行年不詳）は、一八九〇年から一九三〇年代初期にかけての急速な技術発展によって、イギリスとドイツの人びとが文化的反応を示すことを余儀なくされた事情を明らかにしている。彼らは、とくに第一次世界大戦での機械化された殺戮についてのいまなお生々しい記憶をもっており、船舶、航空機、映画、自動車、その他のさまざまな「近代の驚異」に不安を感じると同時に魅惑されていたのである。メルセデスの品質の連続性は、そうした相反する感情の解毒剤とみなしうるかもしれない――しかも両社会の自動車を所有する人びとにとって、というだけではなく。自動車をもっていない人たち、あるいはメルセデスをもっていない人たちでさえ、自動車展示会や、新聞やイラスト入り雑誌の無数の記事、そしてダイムラー゠ベンツの「プロパガンダ・ツアー」――会社の最新モデルの車を都市から都市へと運転して回り、人びとの吟味に供するもので、しばしばかなり大きく新聞で報じられた――に惹きつけられたのである（Mercedes-Benz Archiv, 1927-28; *Münchener Neueste Nachrichten*, 1929; *Münchener Zeitung*, 1929a, 1929b)。

この文脈において、メルセデスを「伝統の発明」――いまではやや陳腐になっているが、なおも多く文化史の記述に使われている概念を指す――とみなすことは魅力的であるかもしれない（Hobsbawm and Ranger, 1983)。しかしこの概念が、当の事例に十分に適用できるかどうかは疑わしい。結局のところ、この会社と海峡の両側の金持ちの顧客にとって、その機械的人工物それ自体が、想像による構築物以上の何ものかを示す物質的証拠となっていたのである。二つのラインの自動車が同じ会社の同じ象徴的な屋根のもとに一緒にされたというだけでなく、この会社が一九二〇年代末までにモデルのラインナップを拡張し、一九三〇年代にも拡張を継続しようとしていたことを考えるなら、一九二〇年代末においてメルセデスが何であるかを正確にいうのはますます困難になっていたかもしれない。そのようにモデルが激増したのは、ある面でクラフト技術が維持されていたおかげであり、それによって要求の厳しい消費者の個別的嗜好にアピールすべく多種の自動車を生産することができたのである。無数のモデルの種類のゆえにこそ会社は「ブランド」――現在の言葉遣いを用いるなら――をとり扱うにあたり、より大きな努力を払うよう余儀なくされたのだともいえる。合併後、一部の車の品質が期待ほど高くないという人びとの批判に会社が直面していたことや、かなりの内部的衝突を経たのちに会社が一九二〇年代末に小型のメルセデスを発売したことを考え合わせるなら、この印象はより強められる。小型メルセデスは、材料と生産技術を標準化して生産することができ、「中流階級の」――それでもなお裕福ではあるのだが――顧客にアピールしうるものであった（Gregor, 1998: 23-8; Oswald, 1996: 217)。

だがこうしたすべてについて、何ごとも「発明され」はしなかったように思われる。事実、メルセデスの品質はモデルのラインナップをつうじて保持されていた。アドラーやホルヒ、その他の高級志向の自動車製造業者との厳しい競争にもかかわらず、人びとは、メルセデスのブランドを敬意をもって評価し続けていた。国際的には、メルセデス——オリンピア・モーターショーの花形であった——は「自動車の歴史をつうじて保持される一貫した地位」（*The Autocar*, 1928b: 773）によって称賛を得ていた。そうした永続性を確保するのに役立っていたのは象徴資本である。新しい会社のトレードマークは、ゴットリープ・ダイムラーの三つ星——陸、空、海へと技術的な勢力を拡げようとする創立者の大志を象徴している——と、ベンツの古典的な月桂冠——合併後の数年間のうちにシンプルな輪へと抽象化された——とを組み合わせたものであった（Walz and Niemann, 1997: 113）。このトレードマークは間もなく、メルセデスの自動車を指す重要な象徴的参照点として西洋世界全体に知られるようになった。あるドイツの新聞記事が一九二〇年代の終わりに主張したように、「メルセデス-ベンツの星印」のもとで高い技術をもつ「ドイツの仕事」は、自動車における卓越と力強いナショナルなプライドの両方を生み出したのである（*Münchener Zeitung*, 1929b）。「伝統の発明」の概念は持続的な、そしてときに操作的な、イデオロギー的な主題や主張の構築を暗に示している。だがメルセデスが——ナショナルな自動車文化の全体にわたって、また一連のトラウマ的ないしは予測しがたい歴史的出来事をつうじて——それによってある種の高品質な自動車工業を象徴してきたところの連続性は、この伝統が非作為的な不変性——それは努力なしに達成されたというわけではないが——を保持してきたことを示している。このことは発明や捏造といった概念では把握することができない。

メルセデスの卓越にもかかわらず『オートカー』の記者は、展示会におけるほとんどの自動車を特徴づけているのは同一性への傾向であると主張していた。その傾向は、ますます形式化の度を強めるトランスナショナルな標準規格の順守から生じているように思われた。こうした認識の背景には、アメリカ的な発想やデザインによる影響が潜んでいたのだが、『オートカー』の記者は敏感にも、ラジエーターの形態（これはデザインの点において、さもなければ似たようなモデルを区別するうえでなおもっとも明確な方法であった）が、イギリスとアメリカ両方の影響を示す証拠になっていると記していた。だがアメリカナイゼーションという問題は、戦間期の自動車記者たちを当惑させていた。とりわけイギリスでは、あらゆる文化実践にかかわる「趣味の地図作成法」が、合衆国からの影響の受容——地方主義的な景観計画や「景観整備道路《パークウェイ》」の建設に見られるように——と、それと同時に生じる恐怖、すなわち「均一化」、趣味《テイスト》、商業主義、民主主義、ナショナルな個性の喪失、労働者階級の消費による影響、等々にまつわる恐怖によって強力に形成されていたのである。均一化についてのイギリス人の議論は、ナショナルな特殊性にかかわる不安だけではなく、階級関係をめぐる不安や、階級間を区別する社会的標識が除去されてしまうことへの不安にも言及していた。一九三〇年代の産業デザイン界では、アメリカの流線型のインパクトが、イギリスと大陸の両方の世論形成者のあいだに大きな不安を生み出していた。自動車からトースターや冷蔵庫にいたる幅広い製品のうちに、悪趣味な、というのはつまりより露骨なかたちで商業的・大衆的なデザインのモティーフが、不当にも「間テクスト的に」移住してきてしまうのを彼らは恐れていたのである（Hebdige, 1988: 45-76; Matless, 1998: 58-9, 204-5; Trentmann, 1994）。

自動車産業では、第一次世界大戦前後のT型フォードの成功によって、大量市場向けの単一モデルのパラダイムを志向する組み立てライン生産の可能性が生じていた。ここでもまた平準化の問題が目前に迫っていたのだが、しかしいまや問題は、イギリスの自動車メーカーが、生産や労働関係やマーケティングにおける、そしてまた自動車産業をそのようなものとして統制する哲学そのものにおける、大規模な変化を余儀なくさせるプロジェクトに投資するのかどうかであった。より具体的にいえば、イギリスの製造業者たちは、中流階級の趣味と好みの多様性にアピールするようデザインされた、さまざまな種類の型やモデルを相対的に少量だけ生産する、より「職人芸的な」制度的配置《アレンジメント》＝配列を捨て去るのだろうか？　あるいは、より少ないモデルの大量生産、部品や生産技術のさらなる大幅な標準化、厳密に細別された仕事をこなす非熟練労働、より差別化の程度の低い「マス」消費マーケット、等々にもとづく均質的な「フォーディズムの」パラダイムが採用されるのだろうか？　もちろん生産技術にかんする問題はほとんどの場合「あれかこれか」という類の問題ではなかった。ジョナサン・ゼイトリン（Zeitlin, 2000）や他の者が論じるように、イギリスの自動車産業はフォーディズムの影響を、ナショナルな伝統と構造になじむよう適応させ改変していたからである。生産パラダイムの移入と適応は、そうした社会間の伝播を支持したり、批判したり、表象したりする自動車談義《カー・トーク》がそうであったのと同様、文化間の借用や相互交流の問題にほかならなかったのである。

オーウェン・ジョンのような著名な自動車ジャーナリストにとっては、アメリカの影響という問題はさらに別の意味合いをもっていた。ジョン（John, 1929a）は、自動車移動が個性を促進したというアメリカ人の主張に疑いを差し向けるのだが、というのも、合衆国の自動車のデザインや生産技術についてだけでなく、その運転文化についても均質性が増大していると彼は考えているからである。アメリカ人たちは、同じような種類の自動車を運転し、同じ場所を頻繁に訪れ、囲いに追い込まれる羊のごとく交通渋滞のなかで長い時間を費やすことを何とも思っていない。ジョンの懸念によれば、イギリスは同じ道を歩みつつあるのであり、「彼ら〔イギリス人〕が、海の向こうの連中と同じようになるのを防ぐのに役立つのは、たくさんの違ったパターンの自動車」（John, 1929a）だけであることを強調するのは、彼および同意見の人びとの義務なのであった。この議論にあっては、イギリスの自動車メーカーが、人びとに提供する商品の豊富さを高い状態に維持しておくことは、たんなるビジネスの戦略ではなく一種の文化的主張なのであり、アメリカ的なパラダイムのグローバルな拡がりにたいする防御なのであった。戦間期までにはかなり使い古されてしまった議論を用いて、ジョンは、アメリカ流の均質性に向かう傾向の原因は、ますます増大する女性ドライバーにあるとした。女性ドライバーは献身的なファッションの追随者として、そうした反‐個性的な行動を促進するものとみなされたのである。このような立場をとることでジョンは、『オートカー』の記者たちのあいだに強い風潮となっていたものに反対してみせた。記者たちは、その一〇年間の最初に標準化されたモデルの大量生産という考えを擁護し、T型を、イギリスの産業がたどるのにふさわしい道として称賛していたのである（Church, 1979: 73）。ジョンにとっては、流布している自動車の概念は、いまなお均質で「マス化された」もの――それがアメリカの自動車文化だとされているのだが――よりも多くの価値があり、ナショナルな独自性を示すものであり、また柔軟性に富むものなのであった。

研究者の指摘によれば、ドイツの自動車メーカーは、アメリカ的な生産技術の長所と短所、そしてまたそこに含意されるあらゆることがらについて議論を交わしていた。フォーディズム的なパラダイムが「アメリカの脅威」をあらわすのか、それともオペル社のような会社――一九二〇年代に部分的に組み立てライン生産を導入し、小型車を生産して成功した――が他に抜きん出る機会となるのかは、大きく議論の余地のある問題であった（Flik, 2001: 157-60）。しかし、一九二八年の展示会に関連するアメリカナイゼーションをめぐるドイツ人による表象は、『オートカー』の観察者によるものとは違っていた――それも展示会をナショナリスト的なイベントとして際立たせるという、前述のような傾向においてだけではなく。むしろドイツの評論家たちが論じるところでは、一九二八年は、フォーディズム的な技術の使い尽くしと、ドイツのみならずヨーロッパ的な技術の卓越性の再確認を反映していたのである。合衆国の産業は一九二〇年代末には世界の自動車生産の八六パーセントを占めていたのだが、アメリカの大量生産は技術的革新にかんしてすでに行き着くところまで行ったと考えられていた。ベルリン展示会が――それに先立って秋に開かれるパリとロンドンの毎年の自動車展示会とともに――示していたのは、合衆国は「戦後の長年にわたって技術的なリーダーシップを掌握していたのだが、いまやそれをヨーロッパに、旧来の文化に返還しなくてはならない」(Friedmann, 1928) ということである。技術面で未来の自動車がどういうものになるのかを知りたければ、誰しもヨーロッパでの三つの主要な自動車展示会を参照する必要があるのだった。近い過去におけるアメリカの偉大な新機軸――美しいスタイルから八気筒のエンジンにいたるまで――はすべて、ヨーロッパの製造業者によって認知され採用されていた。ベルリン展示会に展示されたグラハムページのたいへん名高い四段変速装置だけが、こうした以前の優れた技術を思い起こさせた。しかしいまやフランスやドイツの技師たちは、洗練されたオーバードライブ変速装置を提供しており、独立サスペンションシステムや前輪駆動やその他の革新的な技術を開発するなかで、ヨーロッパの製造業者こそが未来の基調を定めていたのである (Friedmann, 1928)。

ここでの問題は、こうした性格づけが実際の事態の進行をとらえているかどうかではなく、それがいかにつぎのような一般的な考え方ないしは認識を反映しているかということである。つまり、自動車の将来についてのグローバルな会話のうちで、ヨーロッパの自動車産業が――合衆国の自動車製造業にたいして明らかに劣位にあるにもかかわらず――技術面において自己の存在を主張する準備ができている、という一般的な考え方ないしは認識を。こうした主張の中心にあるのは、巨大な変化が差し迫っているという感覚である。もしくはある評論家が一九二八年の展示会で述べたように、「あらゆることがらがほとんど大変革の状態にある。次回のベルリンの世界展示会では……普通の乗用車がどのようなものとなっているだろうか?」大西洋を横断する技術的交流と競争の網目のうちにあって、自動車は、巨大な絶えざる流動と変容の状態にあるものと経験されていた（*AAZ*, 1928b: 30）。この一年後、オーウェン・ジョン（John, 1929b）がそれに同意している。ただし彼の観点からすれば、来たるべき「車体の変革」とスタイルの急速な変容のほうが機械的革新よりもさらに重要であったのだが。彼の主張は、ロンドンのオリンピア自動車展示会――それはイギリスの自動車産業によって中止の危機にさらされていた――をめぐる彼の擁護と結びついていたのだが、根底的な変化が差し迫っているという感覚は見落としようがない。

自動車のスタイルのアメリカナイゼーションと均質化にたいする批判的な反応は――より形式主義的な調子で――自動車を、同時に換喩的・隠喩的な観点から考える傾向を反映していた。一九二八年のドイツ自動車展示会の報告では、ラジエーター――第一次世界大戦の以前より、それはブランドの違いを示す特徴的なしるしであった（*The Autocar*, 1913）――は、自動車の部分をその全体と結びつけて連想させる場合に換喩的に作用していた。だが国際的なスタイルの標準と、それがナショナルなデザインの文化におよぼす影響についての議論の要点を担いながら、自動車の代理という役をつとめる場合には、それは隠喩的に作用していた。部分と全体が相互作用して自動車の意味《オートミーニング》を構成するという、こうした自動車のとらえ方は、ドイツの事例も含めてナショナルなコンテクストで何度もくり返し見受けられる。『AAZ』では、「自動車のフロントからリアまで」と題された連載のなかで、自動車は事実上、重要な部品や構成部分へと解体され読者に提示された。そこではラジエーターからフェンダー、エンジンの構成部品やタイヤにいたるまでの自動車の個別的な部品が、議論され、評価され、自動車オーナーの啓発のために捧げられたのである（*AAZ*, 1936a）。おそらくそうした歴史的事例のうちもっとも有名な（あるいは悪名が高い）のは、ネーションをまたぐかたちで巻き起こったテールフィン〔車体尾部のひれ状の突起〕への文化的没頭だろう。テールフィンは、一九五〇年代のアメリカ車に不可欠であっただけではなく、アメリカの経済的発展もしくは物質的過剰——そのどちらととるかは見る者の政治的な観点によるのだが——のシンボルでもあり、あるいはまたアメリカのＳＦや、フラッシュ・ゴードン〔アメリカの漫画に登場するヒーロー〕といったポピュラー文化に登場する人物がおよぼした、より広範な影響に関連する特定のデザインの軌跡のシンボルでもあったのである（Bellu, 1990/91; Dudas, 1991）。そうした部分‐全体の関係は、いかに自動車の意味《オート・ミーニング》が移ろいやすいものでありうるか——自動車の部分から全体へと、あるいはまたナショナルな水準や国際的な水準にまで飛び移ってゆく——を反映している。自動車は、さまざまな車体部品やシステムや機構からなる関係的構成物としての物質的人工物であるだけではけっしてなく、それは絶えず変化する、部分的でありながらも偶発的に統合される、移動ならびにコミュニケーションのシステム——それはつねに多様なオーディエンスによる意味の構築と脱構築のプロセスに開かれている——でもあるのだ。

小型車とナショナルな自動車文化

評論家による報告の別の側面についても同じような見方ができよう。つまり評論家がドイツやその他ヨーロッパ大陸の小型車を称賛していることであるが、それはイギリス人がドイツの自動車文化に以前からもっていた興味と、新たに起こってきた関心の両方を反映している。戦間期イギリスに到来した自動車移動の大衆化は、中産階級向けの主要な市場での小型車の成功にその要因を帰すことができる。その市場では当初はフォードが、ついで時代が下るとともにモーリス、ローバー、そしてオースティンが目立ったかたちで成功を収めていた。中産階級——それに労働者階級の一部——は、オートバイやサイクルカー〔オートバイの部品を用いた小型車〕を卒業して、超小型車《ベビー・カー》や小型車《スモール・カー》へと進んでいった（Davies, 1928）。それはしばしば中古自動車の市場をつうじてであり、やがて分割購入の利用も増えてきた。当時の人びとに「民主的」自動車とみなされた（*The Autocar*, 1928a）オースティン・セブンは、この文脈において注目すべき達成であった。最初は二二五ポンドで発売されたのだが、一九三〇年には一二五ポンドにまで値段が下がっていた。時速五〇マイルに達し、一ガロンあたり五〇マイル走ることができた。オースティン・セブンは、一九二〇年代におけるイギリスの小型車の主要な型となるもの——「最大一五〇〇ccの前部搭載型直列四気筒サイド・バルブ水冷式エンジン、円板クラッチ、三速およびバックをそなえる一体型ギアボックス、そして後車軸までのシャフトによる最終駆動を標準装備」（Foreman-Peck et al., 1995: 48）——の典型であった。小型車の所有が急激に増加しはじめた一九二〇年代には、オースティンとモーリスとでイギリスの市場の六〇パーセントを獲得していた（Church, 1994: 34）。オースティンの小型車は、過給器を装備した型が発売されるとさらにパワフルになり、一九三〇年代のイギリスの自動車産業において全体的にエンジンの出力は二〇パーセント上昇し、小型で軽量の経済的な内燃機関のおかげで、さらに大きな動力を得ることが可能になった。注目すべきことにオースティン・セブンはまた、女性のドライバーを引きつけた点でも特徴的であった（Rose, 1926）。

だが一九二八年における報告者の関心は、広がりつつあったより一般的な不安という観点からも考えておく必要がある。それは下層中産階級へと、そして労働者階級というより広範な大衆へと自動車所有の拡大を促進させうる高品質の小型車生産において、いまなおイギリスの自動車産業は劣っているのではないかという不安である。一九二八年の秋に『オートカー』の記者は、「イギリスは世界の小型車産業をリードしている」と、いまだ自信をもって主張することができた（*The Autocar*, 1928c）。それからわずか五年後、ヒトラーによる権力掌握ののち『オートカー』は、ドイツ自動車産業の発展の様子を跡づけている。高速道路システムを建設しようとし、合成ゴムと合成燃料の製造によってエネルギー面での独立を達成しようとし、さらに大衆向けの安価でしかも技術的に先端をゆく自動車を生産しようとする、ナチ体制のとり組みの成功と失敗を記しているのである。一九三六年に『オートカー』の寄稿者は、国民車を製造するというヒトラーの計画は期待よりも進展が遅れていると述べている。たとえそうだとしても成功を期待するだけの十分な理由はあった。なぜなら記者が言うように、「もし国民の需要に見合う十分な量の合成ゴムと合成燃料を生産することができ、しかも労働者が購入しうる自動車をつくることができる国があるとすれば、ドイツこそがその国である」のだから（*The Autocar*, 1936）。

こうした態度は、まもなくイギリス自身に差し向けられることになる。国民車を製造しようとするドイツの確固たる姿勢は、国内の自動車文化にたいする、より批判的な観点の基盤となったのである。一九三八年の『オートカー』の論説では、「夢の実現を遅らせることになった延期とそれへの失望を強調するのはたやすい」とふたたび言及している。ここでの夢とはフォルクスワーゲンの導入であるが、それがドイツの消費者に姿を見せるのはいまや一九四〇年にまで延期されたのである。それにもかかわらず、

……スポンサーの主張によれば、「週に五シリングで買うことができ、あと一シリングで保険もかけられる」自動車、そしてまた文字通り何百万人もの大衆のための自動車となるような自動車、こうした自動車の構想そのものに示されているエネルギーと展望《ヴィジョン》までもきちんと理解する必要がある。この国に広がっている見通しとは何と違っていることだろうか。

論説ではさらに、国の三番目に大きな産業について、年間に八〇〇〇万ポンドを引き出せる資金源として

しか考えていないとして、イギリスの国家を酷評している。くわえて論説の書き手が文句を言うのには、イギリスという国では「自動車を所有することが、官僚主義的な人びとが考えつく限りの多くの制限によって束縛されているのである!」(*The Autocar*, 1938)

ネガティヴな比較は一九三九年にも引き継がれており、今度はヨーロッパ諸国とのあいだで比較がおこなわれている。国民車の計画はドイツにおいては「政府……の側での、自動車運転の普及促進に向けた熱心な態度」を反映しているのだが、『オートカー』の評論家の見るところでは、それは、国民車計画にとり組んでいるのが国家ではなく私企業であるフランスには欠けている態度であり、またおそらくはイタリアでも――大衆車をもちたいというムッソリーニの願いにもかかわらず――欠けているのであった。一方、イギリスにおいて問題は、普通のドライバーのための小型で実用向きの自動車が手に入らないということではなかった。問題は、政府による直接的な補助金ということでもなく、むしろ税金の引き下げだったのである。主張によれば、イギリスにはすでにいくつかの国民車があったのだが、「当の人びとが、それを所有することに関連する税金を払うことができないために」、そうした自動車の普及は押しとどめられているのであった(*The Autocar*, 1939)。

こうしたレトリックの一部は、セクター別の利害関心の産物として割り引いて考える必要がある。結局のところ、真の大衆車が失敗に終わったことは、政府が一般の人びとの欲望に障害を設けたという点だけに起因するのではない。そのことを示すのがモーリス・マイナー・SVの事例である。この簡素な小型車は、一九三一年にわずか一〇〇ポンドで売り出され、三速の変速装置と一本のワイパーのみという装備だったが、市場では失敗に終わった。イギリスの消費者たちはその新発売の車を敬遠し、そのかわりにもっと値の張る装備のよいモデルを購入することで、市場でもっとも簡素な自動車よりはいいものを買うだけの余裕があることを示そうとしたのだと思われる——これは、比較的慎み深い社会経済的な地位の人びとによる誇示的消費の事例である（Church, 1994: 36-7; O'Connell, 1998: 22）。より広範な観点からすれば、一九三〇年代における自動車ジャーナリズムによる批判は、イギリスの自動車産業の全般的な沈滞を反映している。その沈滞は、自動車産業がアメリカの製造業や、程度はより小さいがドイツの製造業による国際的な競争にうまく対応できなかったことから引き起こされたものである。世界の自動車貿易におけるイギリスのシェアにたいするさまざまな挑戦は、自国におけるひとしきりの自己批判と責任追求を引き起こすこととなったのだ（Church, 1979: 125）。

そうした但し書きはさておき、『オートカー』の見解は、イギリスの運転文化におけるいくつかの重要な動向をも反映していた。第一に、先述のことから示唆されるように、フォルクスワーゲンの計画に魅惑されるという状況は、けっしてイギリス文化に独特なものではなかった。ヨーロッパ大陸の道路を走る大型の自動車の小型版という以上の、小型車にたいする工学的関心やポピュラーな関心は、ヨーロッパ中にみられるものであった。また少なくとも一人の技師ベラ・バレニーが、一九二〇年代のウィーンにおいて、後代の大衆車が導入することになるデザインや技術的特徴の多くを先取りする自動車の計画を立てていた。この計画はフランスの自動車雑誌『オムニア』（*Omnia*）に一九三四年に掲載されている——ただし著者の許可を得ることなく（Niemann, 発行年不詳 : 89-93）。T型によって大衆車という発想が旧聞に属するようになったアメリカにおいてでさえ、フォルクスワーゲンは、自動車評論家の注目を惹きつけ称賛を得ていた。『自動車産業』が読者に指摘するところでは、ヒトラーは、モーターライズされた交通を商業上必要というだけでなく、それにともなう娯楽と「国民の健康」の重要な基盤としても考えている「社会主義者」なのであった。一九三八年にブルンスヴィック近くのファラースレーベンに新しいＶＷ〔フォルクスワーゲン」の工場を起工するというニュースは、「これまで何度も言及されているフォルクスワーゲンの生産計画の背後には確固たる決意がある」（*Automotive Industries*, 1938）ことを世界に深く思い知らせた。イギリスは、国家社会主義者による新しい国民車の見込みと可能性をめぐるいまや国際的な会話となったものに参加し、基本的にポジティヴな見解をもつようになったのである。

第二に、税政が自動車の所有におよぼす影響にかんするイギリスの論説委員の不満には一理があった。とりわけ馬力税が消費者の決断に重くのしかかっていたのだが、それはまた製造業者の生産目標をも方向づけていた。多くのイギリスの自動車購入者にとって「強迫観念」になっていた馬力税は、製造業者に、できるだけ多くの中産階級所得の隙間市場にアピールするべく、モデルとエンジンの品ぞろえを多様化させるよう仕向ける要因のひとつとなっていた。自動車の小売価格は戦間期に実質的に著しく下落し、一九三六年の平均価格は一九二四年の水準の半分近くになっていた。中産階級の実収入が高水準だったことや分割払い購入の広まりとあいまって、新車価格の引き下げはますます巨大な消費者集団に自動車をもたらすこととなり、第二次世界大戦の前夜には、二五〇万人の消費者が自動車を所有していた。とはいえ、もし維持費がなければさらに多くの人びとが自動車を所有できたであろう。一九三〇年代末頃には毎年の維持費は、税金とガソリン代を含めて、小型の八馬力の自動車で新車購入価格の三分の一を優に超してしまうこともあった（Foreman-Peck et al., 1995: 71, 73-6; O'Connell, 1998: 22-3）。国は一九三四年に馬力税を実質的に引き下げたのだが、それは『オートカー』の目からは十分ではなく、政府の税政は公的に示される自動車嫌悪の証拠とみなされた。

そうであったにせよ、イギリスの国家の側に自動車にたいする強い関心が欠けていることへの不満は、批評家の見るところ、根本的には、産業政策や政府の意思にかかわるというよりも、むしろナショナル-

文化的な性向にかかわるものであった。一九二八年に『オートカー』の記者は、その年の自動車展示会の入場者数から、ドイツはイギリス人よりも車好きであることがわかると強調している。最新の自動車とオートバイのラインナップを何とか目にしようと警官の列に押し寄せてくる手に負えない群集のイメージによって、その見解はよりいっそう説得力をもつようになっていた。こうした比較は一九三〇年代にも引き継がれ、見てきたようにフォルクスワーゲンが参照されているのだが、同時にアウトバーンの建設も引き合いに出されている。イギリス人の旅行者はその高速道路に何度も驚嘆している。混雑し速度が監視されるイギリスの道路では得られない、運転の爽快な気分と自由をもたらすものとして（Dugdale, 1939; Nockolds, 1936）。ドイツ文化の全体的な「雰囲気」──そしてドイツで生産される自動車の、ないしは生産が計画されている自動車の「雰囲気」──は、過去との健全な関係と近代の進歩的受容との両方を示していた。豊かな伝統をもつメルセデスと未来志向のフォルクスワーゲンは、こうした二重性をなす歴史的関係の表徴となっていた──ちょうどヒトラーの自動車にたいする好意的な政策が、伝統と近代性のあいだを媒介するように見えたように。

フォルクスワーゲンに向かって？

アンジェラ・シュワーツ（Schwarz, 1993）が示しているように、ドイツにかんして多くのイギリスの評論家は、必ずしも詳細な事実に注目することなしに、その国の文化の特定の要素に強い思い入れをしていた。ちょうどナチ体制の人種主義的・権威主義的な政策に批判的なまなざしを差し向けないままに、彼らがナショナルな政治的共同体にたいするドイツ人の欲望を容認していたのと同様に、多くの自動車の熱狂的愛好家は、ヒトラーのモータリゼーション政策を理想視し、誇張して考えていたのである。しかしこうしたイギリス人の会話と比べて、小型車モータリゼーションにかんするドイツ人の会話は、どのようなものだったのだろうか？

ドイツ語圏のヨーロッパにおける自動車への強い欲望は、比較的最近にその起源をもつという点に注意しなければならない（Merki, 1998, 1999, 2002）。ドイツの小さな町や田舎の地域が深く心に抱いていたしばしば激しい「自動車への嫌悪」、都市居住者と社会的エリートに向けられた数多くの階級的・文化的反感から生まれた憎しみが、きっぱりと捨て去られたと自動車の熱狂的愛好家が論じることができたのは、一九二〇年代末になってからであった（*AAZ*, 1928d）。同じ頃、著名なジャーナリスト兼小説家のハインリッヒ・ハウザー（Hauser, 1928）が技術入門書を出版しているが、そのなかで彼はとりわけ教養のある中産階級（教養市民層）こそが、自動車を含んだ「機械と仲良く」なる必要があると論じている。運転の仕方を学び、それによって機械的存在としての自動車の理解の仕方を学ぶことが、「文化」と自動車のあいだによりポジティヴな関係を打ち立てるひとつの重要な方途なのであった。ヒトラーは自分の独裁政権によって、ドイツにおける自動車にたいする敵意の最後の名残がきれいに一掃されるだろうと確信していた。だがその仕事は、ひじょうな努力と「モータリゼーションへの意思」の広範な動員をもってはじめてなし遂げうるのであった。人びとが自動車をほぼ全面的に受容しているかにみえた状況の裏側には、自動車が社会をどのような道筋で通過していくべきかをめぐる、ごく最近の闘争の歴史が控えていたのである。

くわえてヨーロッパ全体でもそうであったように、ドイツ国内においては、ヒトラーの計画に先立つかたちで、国民車をめぐって長期間にわたりしばしば活発に議論が交わされていた（Edelmann, 1997; Flik, 2001: 57-60; Tolliday, 1995: 277-9）。この議論のなかには多くのナイーヴな想定があったが、なかでも真の大衆車が生産されるのに必要なのはただ、偉大な技師のエネルギーと天才だけであるという想定があった。ヘンリー・フォードのもたらした感化は大きかったが、大衆的想像力がディアボーンの魔法使い〔フォード〕を受けとめるさい、アメリカにおける大衆的な自動車移動の興隆を支えた特定の諸条件はしばしば見逃されてしまっていた。こうした文脈状況のなかで、自動車は、社会的諸力の複雑な相互作用の産物としてではなく、創造力に富む工学の天才が生み出したものとしてあらわれた。こうした人格化《パーソナライズ》の動きを促進したのは、大衆ジャーナリズムだけでなく、自動車製造業者自身もまたそうであった。それはある面でグローバルな規模での大量の組織化されたプロパガンダ――ヘンリー・フォードの事例では――によるものであったが、別の面ではまた、自伝や回想録など伝統的手段によるものでもあった（Horch, 1937）。アドルフ・ヒトラーの国民車計画を駆り立てたのは、まさしく天才的技師の行為への意志という、こうしたポピュラーな想像だったのである。ヒトラーは自分自身、政治における「立志伝中の人」――「意志の勝利」をつうじて権力を行使する指導者――という神話を利用したのだが、それはドイツのモータリゼーションについての総統の構想に類似していた。みずからの責任ではないにせよ、フェルディナント・ポルシェ――技術的革新に深く関与していたが、政治的主張や文化的名声には必ずしもかかわり合っていなかった――は、そうしたイメージを例示していたように思われる（Nelson, 1965: 36-75）。

自動車産業の観点からは、国民車が実現できるのかどうか、またそれがいかにして実現しうるかについて意見が分かれていた。BMWの取締役フランツ・ヨーゼフ・ポップは一九二四年に、合衆国の自動車産業の調査を踏まえて、ドイツには百万人の潜在的な自動車の購買客がいるという、むやみに楽観的な、そして大きく喧伝されることになる推定をしている（Flik, 2001: 56）。国民車こそがこの市場を開拓し、国内的にも国際的にもドイツにとって多くの経済的利益をもたらすだろう、というわけである。一九二八年の展ない人びとにも購買できるモデルを提供することで「自動車を社会化する」ことを望んでいるのだが、その目標にいたる道筋には多くの障害があると主張している（*AAZ*, 1928d）。ドイツの労働組合は、工場を大規模に合理化しようとする自動車メーカーの努力を支持していたのだが、それは、部分的に彼らもまた国民車という発想に刺激されていたからであった。ヘンリー・フォードの自伝がドイツで出版される以前から、ドイツの金属加工業者の新聞では、一九二二年に「自動車王」の本の短縮版が連載されてさえいた（Flik, 2001: 58）。労働組合の代表者は製造業者とよく似たレトリックを用いつつ、国民車について、ドイツの経済的・政治的危機を救いうる「社会の改革者」として描き出していた（Edelmann, 1997: 282）。ヒトラーは製造業者の優柔不断と労働者の熱望の両方を利用したわけであるが、しかし彼でさえ、その計画を最終的に実現させることはできなかった（Mommsen, 1996）。「人びとの頭のなかにある車」を「玄関口にある車」へと変えるには、リベラルな資本主義市場と、ＶＷの取締役ハインツ・ノルトホフの精力的な活動、そして第二次世界大戦後のドイツの特殊な歴史的条件が必要だったのである（Stieniczka, 2001: 181）。

よりナショナリスト的な『ＡＡＺ』は、一九二八年の自動車展示会の時点ですでに大衆向けの小型車が目の前に実現していると確信していた。「低廉な自動車」が「一般の関心のなかで緊急課題」となっていることに注意を向けつつ、雑誌では、『オートカー』の記者が選び出したのと同じ自動車を称賛している。単気筒のハノマグは「十分に仕上げられた国民車」であると雑誌は主張している。より強い印象をもたらしたのはデキシー——オースティン・セブンのドイツ版——であり、それは「大きくはないが悪魔のように走る」（*AAZ*, 1928c）のであった。デキシーはすでにレースの世界で際立った存在であったが、一般の市民生活のなかでもたいへん好まれており、とりわけ医者や弁護士といった専門職の人びとに好評であった。

こうした人びとのあいだでの人気が示唆していたのは、デキシー――もっとも低廉なモデルの値段は二五九五ライヒスマルクであった――を購入できる余裕があるのは、労働者の男性や女性ではなく、主として裕福な階級であるという事実であった。一九二八年において、ドイツのすべての賃金労働者の九五パーセントは、まだ年に二一〇〇ライヒスマルク以下の収入だったのである（Petzina et al., 1978: 105）。もちろんイギリスと同じように、購入するという選択の決め手となるのは、最終的に新車の販売価格というよりもむしろ維持費であった。こうしたコスト――とくにガソリン税と新車購入税により左右される――は、フランスやイギリスや合衆国に比べてドイツにおいてかなり高くなっていた（Flik, 2001: 304）。中流階級の多くにとってもデキシーは、一九二〇年代から一九三〇年代にかけてのオペルやオートユニオンが出していた競合製品と同様、手の届かないものであったと思われる。

　そうした根拠から、他の人びとは小型車はなおも遠い夢であることを確信していた。一九二八年の展示会について一〇年後に雑誌『自動車批評《モートアー・クリティーク》』が回顧しているが、そこでは、ベルリンのイベントには大衆向けの小型車への真剣な関心が欠けていたと多くの人びとが考えていたことが指摘されている。「［ベルリンで］みられなかったもっとも興味深いものは、妥当な値段の合理的につくられた小型車（あるいは軽自動車）である」――そのようにこの大衆向け評論はベルリン展示会について述べている（*Motor-Kritik*, 1939）。『自動車批評』は小型車を強く提唱して評判を得ていたが、ドイツの自動車産業にたいする鋭い批判もまた人気を呼んでいた（Kubisch, 1998: 43）。だが一九二八年の展示会をめぐるその冷ややかな評定は、党派心の産物でもないし、あるいは国民車というジャンルを自動車産業が扱うことについてのいつになく悲観的な見方の産物でもない。色彩豊かな表紙をもち、美しい写真が掲載されている教養中産階級向けのスタイリッシュな『自動車《モートア》』でさえ、一九三〇年に「ますます多くの人びと」が「ドイツの国民車」を待ち望んでいると述べている（Otte, 1930）。一方、ナチ時代のあいだに『ＡＡＺ』の寄稿者は、一九二〇年代末の浮かれた調子を捨てて、国民車について批判的に期待するというレトリックに移行した。編集者への手紙は「静観する」という態度を後押ししていた（*AAZ*, 1936c; 'Kapitän Nemo,' 1936）。一九三六年のベルリン自動車展示会――二〇〇台以上の自動車が展示された――を扱ったその雑誌の記事にある価格表は、販売価格が二〇〇〇ライヒスマルク以下の自動車はたった五台しかなかったことを示している（*AAZ*, 1936b）。廉価で技術的に先端をゆく小型車がいまだ登場していないことを問題提起するのに、何の論評も必要なかった。ヒトラーは、フェルディナント・ポルシェとドイツの自動車産業からの大きな懐疑に迎えられつつも、フォルクスワーゲンはたったの一〇〇〇ライヒスマルクで販売されるべきだと主張していた。

結論

自動車をめぐるイギリスとドイツの議論をみることで、ナショナルな共同体を横断するかたちでの自動車の意味の複雑な調整や再調整のありようが露わになる。「自動車」はここで文化的な実験場としてあらわれている。一連のシンボリックな連結性、意味作用の網目、アクティヴな流用《アプロプリエーション》＝占有がそこで層をなしており、これまで議論してきたように、それらによって自動車の意味や定義をめぐる見方の急激な変化がうながされているのである。自動車の意味は車の部品から全体へ、そしてまたその逆へと移行し、あるいは個々の自動車からナショナルな、またトランスナショナルな水準へと移行していた――イギリスとドイツの評論家たちが、それらの国の自動車産業について観察しているように。しかし自動車に重要性を付与することはまた、それぞれ異なる社会的・ナショナルな見方をもつ話者たちのあいだに、連続性、不変の期待、文化的接触点といったものをも生み出す。戦争の継続や企業の合併にもかかわらず、メルセデスは、自動車へのドイツ特有のアプローチを例証する、品質の高い自動車の「異文化間に通用する《インターカルチュラル》」安定したシンボルとして作用し続けたのだが、それはまた同時に、イギリスの自動車評論家によって、他と区別されるドイツ的な何ものかを示すものとして批判されたり受容されたりした。さらに揺るぎないかのようにみえたもの、つまり、自動車を求める新興の大衆向けに良質な小型車を生産するうえでのイギリスのリーダーシップは、まったく不安定であることが露わになった。というのも国家社会主義的な自動車文化の興隆によって、国家的なモータリゼーションにたいするイギリスの積極的関与と、大衆向けの実用的な自動車を生産するうえでのイギリスの自動車産業の能力との両方が疑問視されるようになったからである。一方、ドイツの立場からすれば、メルセデスとフォルクスワーゲンが、ナショナリスト的な自動車移動の過去からの連続性と予期される将来をそれぞれ象徴していた――ナチ体制は国民車という野望を実現しえなかったにもかかわらず。自動車が担っていた文化的負荷は、部分的にナショナルな共同体が自動車の重要性についてもつ一般的観念から生じていたのだが、しかし、この負荷の形態と内容はもっぱら、ナショナルな自動車文化を越えて活動する世論形成者や媒介者によってつくり出された、歴史的に種別的な諸々の見方に由来していたのである。もし「事物」が実際に部分的に「ネーション に帰属する」ものと理解されるなら、重要なのは、そうした帰属性を条件づける持続的な構造と一時的な絡み合いが、しばしばトランスナショナルなコンテクストで作用するという点を強調することである。

ドライブの場所

マルク・オジェ、非《ノン》-場所《プレイス》、イギリスのM1高速道路の地理 ◎ ピーター・メリマン

第一に、私たち人間の動きをコンテクストのなかに置くため、このようなことを思い起こそう。この車はじつにありふれた仕方でM1を走って（その間、私たちはラジオでメルヴィン・ブラッグ〔イギリスの作家でテレビやラジオのパーソナリティとしても活躍している〕と議論をしている）おり、それが通り抜けるのは日ざしのなか、あるいは半解けの雪のなかで、しぶきが飛んでいたりするのだが、こうしたことは視点が変わるとまるで細々としたこととなってしまうのであり、これらのことがその上で生じている地球はそれ自体、地軸にそって危なっかしく回っている。……あらゆる動きはよく言われるように相対的である。そして第二にもちろん、こうしたことのなかで私たちはそれぞれ違った場所に立っている（あるいはこういったほうがよければ移動《トラベル》している）ことを念頭に置いておこう。(Massey, 2000: 227)

通勤のさいの移動によって生み出される空間化《スペーシング》を描写するなかでドリーン・マッシー（Massey, 2000: 225）は「空間というものは多様な軌跡から構成される……布置連関《コンフィギュレーション》である」と述べている。そうした布置連関のなかでは、人びと、物質、思念などの動きが空間および場所の生産とパフォーマンスにとって重要

な意義をもつことになる。マッシーは空間と場所について、よりモバイルでダイナミックかつ関係論的な説明を定式化しようとしてきた他の社会科学者の気持ちを代弁している（Thrift, 1996, 1999; Urry, 2000; また Cresswell, 1997, 2001 を参照）。彼らの関心は、書くこと、考えること、移住すること、行楽に出かけること、インターネット‐サーフィンをすること、ダンスをすること、山歩きをすること、空を飛ぶこと、等々のモバイルな実践に向けられてきたが、他方で車の運転に結びついた運動、欲望、感情、テクノロジー、時間、空間などもまた、ますます多くの研究者たちの関心を集めつつある（Sachs, 1992; Ross, 1995; Katz, 1999; Lupton, 1999; Michael, 2000; Sheller and Urry, 2000; Urry, 2004; Dant, 2004; Dant and Martin, 2001; Miller, 2001 を参照）。人類学者や社会学者や歴史学者は、さまざまな場所や時代において乗物がいかに消費されてきたかを跡づけてきた（Urry, 2000; Miller, 2001; Wollen and Kerr, 2002）。一方、運転者や車が通過する多様な環境——それは新しい道路をめぐる係争中のルートであったり、さまざまな国のサービスエリア、モーテル、街路、道路、高速道路であったりするのだが——のデザイン、工学技術、造園、シンボリズムについて調査をおこなった研究者もいる（Merriman, 2001, 2003 を参照）。こうした一連の研究の高まりにもかかわらず、特定の道路ないしは地景を運転することを対象とする地理学や社会学や人類学について批判的説明をおこなっている研究者はほとんどいない（Edensor, 2003; Williamson, 2003 を参照）。つまりは運転行為と結びついた主体性、物質性、時間性、空間性といったものが、自動車、身体、道路、環境の空間や物質性（さらには多様な思考、雰囲気、感覚、存在）のダイナミックで偶発的かつトポロジカルな構成《アセンブリッジ》＝集合体への折り重ねと場所化《プレイシング》をつうじて、いかなる仕方で創出してくるかを跡づける作業がほとんどなされていないのだ（Hetherington, 1997a, 1997b を参照）。旅《トラベル》や移動《モビリティ》にかかわる空間や地景はしばしば「没場所的《プレイスレス》」（Relph, 1976; Casey, 1993）、「抽象的」（Lefebvre, 1991）、「非‐地理的《アジオグラフィカル》」（Sorkin, 1992a）、「非‐場所《ノン・プレイス》」（Augé, 1995）などというかたちで言及されるが、本稿では、ある特定の高速道路のデザインや建設や利用が「場所化」へと導かれる場合に、いかにそれが時代ごとに特徴的な仕方でおこなわれるかを考察することとする（Hetherington, 1997a: 185）。人間主義的な地理学者や哲学者や人類学者が場所を、個々人がそれについて相当の年月にわたって愛着を育むような、意味に満ち、生きられ、地に根づいた、有機的で、シンボリックな場所として考える傾向があったのにたいして（Relph, 1976; Casay, 1993）私は、より開かれた関係論的・包括的な場所の作用（Massey, 1991）をうまく用いることにしたい。その場合に移動者《トラベラー》の動きは地景を横切《アクロス》る動きとはみなされない。むしろこうしたフローやそれと結びついた摩擦や混乱は、地景や場所の構築とパフォーマンスにとって重要な意義をもっているのだ。ケヴィン・ヘザリントンが述べるように場所は「モバイルな効果」なのであり、「ものごとを互いに複雑な関係のうちに場所化することをつうじて、また、そうした配置《アレンジメント》＝配列により行使される行為主体性《エージェンシー》／権力の効果をつうじてモバイル化される非‐表象」なのである（Hetherington, 1997a: 184, 187）。場所や地景はさまざまな物質、雰囲気、空間、時間を、「多様な差異」（Hetherington, 1997a: 197）により特徴づけられる複雑な「くしゃくしゃの地理」（Doel, 1996: 421）へと折り重ねることをつうじて絶え間なく秩序づけられ、実践され、場所化されている。さらにまたこうした襞や折り重ねをつうじて現出するハイブリッドな主体性や、あるいは場所、居住、家郷《ホーム》、社会性といった観念は、こうした場所で住まうことやくつろぐことや「やり繰りすること」をめぐる、変わりやすくモバイルな束の間の感覚や経験と結びつく可能性がある――それらが場所や地景についての人間主義的、とりわけハイデガー的な説明のなかでしばしば強調されるようなかたちで持続的ないし反復的な動作、固定性、関係性、居住などと必然的に結びつくというよりも（たとえばRelph, 1976; Heidegger, 1978; Macnaghten and Urry, 1998; Urry, 2004; Ingold, 2000 など）。

本稿の第一節で私は現代西洋における空間、場所、個人性の性質の変容を扱ったフランスの人類学者マルク・オジェの仕事について批判的議論をおこなう。オジェは場所を、占有され、慣れ親しまれ、部分的に根をおろしている有機的なものであって、歴史や家庭や居住といった観念と結びついていると考えているのだが、その一方で、空港、高速道路、ショッピングモールといった空間は、しばしば非-場所《ノン-プレイス》として経験されるのだと示唆している。つまり単独の利用者が、テクストやスクリーンをつうじて環境や他の人びとと相互作用する移動と消費と交換の空間である（Augé, 1995）。オジェはある種の移動者／利用者の経験について説得力ある民族学を展開しているのだが、私が論じようとするのは、彼はこうした空間がもたらす現代的経験の新奇性と差異を誇張しすぎており、そのような環境の生産に密接にかかわる社会的ネットワークの異種混淆性と物質性を認識し損なっているという点である。第二節で論じられるのは、社会科学者がなすべきことは場所と非-場所の二極と結びついた現前と不在に焦点を当てることよりも、むしろ「場所についてのダイナミックな感覚を鍛えるよう努力する」（Thrift, 1999: 296）こと、そしてまた、移動や消費や交換にかかわる多様なパフォーマンスや運動をつうじて生じる、複合的で局部的で関係的な「場所化」に焦点を当てることだという点である。こうしたアプローチを利用しながら、私は、イギリスのM1高速道路がさまざまな時点において偶発的な、またしばしば暫定的なかたちで組立＝構成《アセンブル》され場所化される多様なありようについて考察することとしたい。オジェが民族誌学者《エスノグラファー》／旅客《パッセンジャー》としての経験を詳述するのにたいして、私は、過去四五年間にわたってさまざまな状況のうちに高速道路を場所化し空間化するのに積極的な役割を果たした、数々の書類やテクストをつうじてM1のトポロジーを跡づけることとする。工事計画、地図、建設作業、建築素材、人びとの反対などがどのようにして多様な仕方で高速道路の場所化に重要な意義をもったのか、そしてまた、一九五〇年代末と一九六〇年代に高速道路とサービスエリアがいかにして人びとがこぞって訪れ、走り、そこに居たがるようなエキサイティングで目新しい近代的な空間として建設されたのかを描き出すのである。高速道路の数の増大やその近代性を称揚する見方の消滅といったことが、高速道路での移動が退屈で孤独で非社交的なものとみなされるような超近代《スーパーモダン》の時代の特徴であるとオジェは示唆するかもしれないが、それにたいして私は、さまざまな時点で、多様なものごとの配置や折り重なりや運動をつうじてM1が「場所化」されてきた複合的・局部的なありようを考察し、また、退屈や孤独や興奮といった感情がいかにして特定の「場所化」から生じ、あるいはその生産と密接な関係にあるのかを考察するのである。

マルク・オジェと非‐場所《ノン‐プレイス》の地理学

一九八〇年代の初頭から中頃にかけてフランスの人類学者マルク・オジェは、コート＝ジボアールやトーゴといった西アフリカ諸国を扱う自身の研究とは別に、現代フランス（とりわけパリ）を対象とする民族学的研究を開始した（Augé, 1994, 1998; また Conley, 2002a を参照）。一種の「自己分析」（Augé, 1996a: 175）を用いながら、オジェは『リュクサンブールを横断すること』（Augé, 1985）――一九八四年七月二〇日にリュクサンブール庭園を歩いたときの語り手の動きを扱った半ばフィクション的で半ば自伝的な報告――や『メトロに乗った民族学者』（Augé, 1986; 英訳は『メトロに乗って』2002）――パリのメトロの空間をめぐる民族学的研究――さらには『非‐場所《ノン‐リュー》』（Augé, 1992）――現代西洋における個人性、社会性、空間、場所の関係をめぐる主として理論的な考察――といった研究において、「近きものの人類学」（Augé, 1995: 7）を追求している。[1]

『非‐場所』の英訳版――『非‐場所――スーパーモダニティの人類学へのイントロダクション』――

のなかでオジェ（Augé, 1995）は、極度に、または過剰に近代化した世界に生じている空間や場所や個人の性質の変容について考察している。これは「スーパーモダニティ」の世界にほかならない――その世界を「特徴づけるのはモダニティの決定的な構成要素の加速ないしは増強」（Augé, 1996a: 177）であり、さらにまた「過剰の三つの形態」である。第一に、時間ないしは「出来事の同時性の過剰」であり、これはコミュニケーションや情報のフローが加速化して――「歴史の加速化」――人びとが異なる時間や場所のイメージを浴びせかけられていることから生じる。第二に、やや逆説的だが「空間の過剰」であり、これはこうした加速化や接続可能性の増大が「地球の縮小化」をもたらしていることに由来する。そして第三に「個人主義の過剰」であり、そこではスーパーモダニティの諸力が「各々の個人を他者の現前へと」開きつつも、同時に「個人を自分自身へと引き戻し、閉じさせ、現代生活における行為者というより目撃者として構成」してもいる（Augé, 1998: 103-5; また Augé, 1995, 1999a, 1999b も参照）。オジェによるスーパーモダニティの記述は、どこか聞き覚えのある、後期／ハイモダニティやポストモダニティや高度／後期資本主義時代といったものにつけられた新しい名前と思われるかもしれない。そしてまた加速化や縮小化、移動や接続可能性や脱埋め込み化の増大、時間や空間や個人といった概念の変化をめぐるオジェの語りは、グローバリゼーション、資本主義、モダニティ、ポストモダニティ、ノマディズム、グローバルメディア、その他関連する話題についての経済学、社会学、政治学、地理学、等々を論じる書き手たちの観察と響き合うところがある(2)（たとえば Harvey, 1989; Giddens, 1990; Jameson, 1991; Benko, 1997; Castells, 2000 などを参照；また Thrift, 1995 を参照）。けれどもスーパーモダニティの諸々の過剰性が、彼が「非‐場所」と呼ぶもののうちでいかに具現化され、媒介され、経験されているかをめぐるオジェの理論化の試みについて批判的な関心が払われたことは、これまでほとんどなかった。

場所ないしは「人類学的な場所」(Augé, 1995: 52) というものが、ローカル化され、慣れ親しまれ、よく知られ、有機的性格をもち、居住され、(そこに居住する人や観察者にとって) 意味に満ちているもの、言い換えれば「アイデンティティや関係性や物語が創出されうる空間」(Augé, 2000: 8) とみなされるのにたいして、非‐場所がもたらすのは、個人と、彼ないし彼女が通り抜ける空間とのあいだのある種の距離化である。「そうした空間は流通とコミュニケーションと消費の空間であって、そこではいかなる社会的結びつきや社会的感情さえも生み出されることなく、諸々の孤独が共存している……」(Augé, 1996a: 178)。利用者は、非‐場所における自分の存在を十分に認識することができない (Augé, 1996b)。そしてこうした空間において他の人びとに出会ったり、過去や現在の出来事を目撃したりする場合があるにせよ、スーパーモダニティは個人を麻痺させる効果をもっており、個人は「たんなるまなざし」(Augé, 1998: 103) と化して、「言葉やテクストの媒介をつうじて……周囲のものごとに出会う」(Augé, 1995: 94) こととなる。スクリーンやサインやテクストが、個人が彼ないし彼女自身、他の人びと、異なる時間、異なる場所とのあいだにもつ関係を媒介し促進するのだが、そのさい当の個人の「個人契約」(1995: 94) の感覚が積極的に創出され維持されることになる。こうしたテクストやインターフェイスが「「平均的な人物」をつくりあげる」、つまりはこれら非‐場所の利用者をつくりあげるのである (1995: 100)。

どのような環境が非‐場所と呼ばれるのだろうか？　空港、高速道路、テーマパーク、ホテル (とくにモーテル)、デパート、ショッピングセンター、観光空間、それにコミュニケーションないしメディア・テクノロジーにもとづく抽象的かつ／またはヴァーチャルな空間、等々はすべて典型的な非‐場所とみなされる (Augé, 1994, 1995, 1996a, 1996b, 1998, 1999b, 2000; また Morse, 1990 を参照)。人類学者はどのようなかたちで非‐場所にアプローチし、それを研究すればよいのだろうか？　非‐場所を往き来する数多くの孤独な個人の一人として、あるいは「身近にいる唯一のネイティヴ」として、スーパーモダニティの人類学者は民族学的な「自己分析」――それはオジェのいくつかの本では半‐虚構的かつ半‐自伝的な形態をとっている――をおこなうよう努めるべきである (Augé, 1996a: 175)。『非‐場所』のプロローグは、こうした半‐虚構的で半‐自伝的な民族誌の典型的事例として読むことができる (Augé, 1995)。オジェは、ピエール・デュポンという名の企業幹部がおこなう海外出張の様子を記述している。そこではピエールが通過してゆく非‐場所の性格、みたところ平凡で、孤独で、テクスト化され、規則正しく、統御され、商品化された性格が巧みに描かれている (1995)。彼はとくに特徴のない、しかも凡庸にも英雄的に仕立てられた非‐場所の利用者として、すなわちビジネスクラスで旅行する特権的な幹部として仕立てられている。こうした空間を彼が頻繁に往来し滞在する経験から、なじみある、予期された、習慣化された孤独が生み出されるのだが、そうした孤独は「雑誌やノートパソコン、あるいは無感動なまなざしといった典型的な小道具」によって媒介され促進される (Gottdiener, 2001: 35)。これは、オジェの読者にとってはよく知られているかもしれない経験であるが、しかし――彼はこう続ける――非‐場所は「けっして純粋なかたちでは存在しない」。

> ……場所はみずからのうちに自分自身を再構成する。諸々の関係性が、そこにおいて修復され再開されるのである。……場所と非‐場所は対立し合う極のようなものである。第一のものはけっして完全に消去されることなく、第二のものはけっして十全になし遂げられることがない。それらはパリンプセスト〔書いたものを消去してまた書くことのできる古代の羊皮紙〕のようなものであって、そのうえでアイデンティティと関係性のごちゃ混ぜゲームが絶え間なく書き換えられているのである。(Augé, 1995: 78-9; また 1998 も参照)

場所と非‐場所はつねに関係的であり、偶発的であり、絶えず互いに折り重なり合っているのだが、研究者たちは、こうした空間にかかわる書き換えや関係性についてのオジェの主張を見逃しがちである――そうした研究者が現代世界における非‐場所の増殖について指摘する場合（Sheller and Urry, 2000; Urry, 2000 を参照）や、あるいはまた整備員、警備員、買い物客、ビジネス旅行者、等々がしばしば実際にはスーパーマーケットや高速道路や空港といった空間を場所とみなしている点を認識していないとしてオジェを批判する場合（Tomlinson, 1999; Morley, 2000; Cresswell, 2001 を参照）において。[3] この理由は部分的に『非‐場所』のスタイルに求めることができる。オジェがその本で展開している理論的アイディアは、彼が人類学者に要請している種類の民族学的技法に由来するようなものとは読むことができない（Sherringham, 1995）し、またオジェの読者は彼の主張について、それが現代のモダニティの空間編成をめぐるより一般的な観察であるかのように同調したり批判したりする傾向があるのだが、重要なのは、この本を一種の自己分析として読むことである。つまり、ある種の典型的な旅行者による一連の独特な空間の経験についての記述を提供する、数々の「エスノ‐フィクションの実践」（Augé, 1999a: 118）ないしは「批判的自伝」（Conley, 2002b: 74）のひとつとして読む必要があるのだ。オジェの民族学的技法については『非‐場所』では論じられていないが、この本は、より反省的もしくは虚構的なスタイルの民族誌的テクスト（プロローグでのピエールの旅行についての記述にみられるような）や、語り手／旅行者の同一性と差異を同時に認識する一種の「自己分析」から力を得ているとも考えられる（Augé, 1996a: 175）。こうした差異はのちのエッセイやインタビューや本のなかで、さほど反省的ではないかたちではあるが認められており、そこで彼はトランジットの空間が同時に場所および非‐場所として編成される多様なあり方を考察している（Augé, 1994, 1996a, 1996b, 1998, 1999b, 2000 を参照）。

以上で非‐場所にかんするオジェの主要な考え方を概観してきたので、こうした空間にかかわる彼の理論をめぐるいくつかの批判や懸念について詳述することとしたい。第一に、詳細な民族誌的研究ないし「自己分析」によって、場所と非‐場所のあいだの複雑かつ相互構成的な関係性が明らかにされてきたのだが、その一方で、民族学者に含まれる諸々の差異をオジェが認めたがらないこと、そしてまた「ポストモダン人類学」への反感（Augé, 1995: 37, また 1999b も参照）から、彼は、こうした空間の内部と外部に同時にいる旅行者というやっかいな立場を前提する羽目に陥っている。(4) オジェによれば、現代という時代は「他者性の危機、ないしは他人のことを考える力の欠如」（Augé, 1994: 117; また 1999b も参照）によって特徴づけられており、民族学者は「他の人びとと同じ」（Augé, 1996a: 176）である以上、差異や距離や外部性に依拠することはできないのだが、しかし定義上「ひとは自分がそこにいると認識しない」（Augé, 1996b: 82）非‐場所を人類学者が読解できることが明白になるとき、こうした同一性や孤独は示差的特徴および社会的認識へと転換する。民族学者は彼がそう見えている以上のものであって、しかも彼のもつ差異が明白になってもそれは気づかれないままなのだ。オジェはまた、人類学と歴史学とのあいだのいくぶんやっかいな区別をもたらしてもいる。歴史学の技法は「その領域の直接的観察からはかけ離れている」（Augé, 1995: 9）とオジェは示唆するのだが、しかし彼は、社会的・文化的諸関係は現場の実践や物質や雰囲気だけではなく、文書館や図書館における書類の配置《アレンジメント》＝配列やそれらとの出会いをつうじて実現されることを認識し損なっている。

私の第二の批判は、スーパーモダニティをめぐるオジェの年代区分《クロノロジー》にかかわるものである。ジェイムソンやカステルやハーヴェイといった書き手の誤りをくり返すかたちで（Thrift, 1995; Frow, 1997 を参照）オジェは、非‐場所に関連する経験の新奇性や異質性を過度に強調してしまっていると私は主張したい。乗合馬車、鉄道、電信、電話、自動車といった多様な（新しい）テクノロジーと関連して、現代の変化をどう読みとるかをめぐる諸々の関心が数百年間にわたって表明されてきた（Thrift, 1995, 1996）。非‐場所というものが「観察者‐旅行者と、彼が見つめている、もしくは急いで通り過ぎている地景の空間とのあいだの断絶ないしは非連続性」（Augé, 1995: 84）によって特徴づけられうるとするオジェの示唆は、容易に一九世紀の鉄道旅行者をめぐる観察にもなりうるだろう。そこにあって旅行者はすばやく動く景色に混乱を覚え、新たな速度に対処する手段として、また閉鎖的な客室で他人と一緒に座ることの気まずさに対処する手段として、視線を読みものへと向けていたのである――そこで生じたのが沈黙であり、孤独であり、またテクストやスクリーン（新聞や本や窓）をつうじた他の時間や空間との接続であったのだが、そうしたことは現代における非‐場所の利用者と同じようなやり方でなされていたのだ（Daniels, 1985; Schivelbusch, 1986）。

私の第三の批判は、オジェが非‐場所を客観的かつ主観的、量的かつ質的なものと提示しているように思われること、そしてまたオジェが、非‐場所と場所のあいだの諸関係や両者の協働生産についての詳細な説明を提供し損ねているということである。非‐場所は「経験的に測定可能かつ分析可能な」空間であって、それは「地域や大きさや距離の換算を利用して定量化しうる」ものであり、あるいは「時間という単位で測定できる」ものであると考えられている（Augé, 1995: 115, 79, 104, また1999bも参照）。非‐場所は、コミュニケーションや交通ネットワークの構造に対応する物質的形態や配置関係を前提するようにみえるのだが、しかしこうした説明や定義は、これらの空間がまた多様な仕方で生産され経験されもするという主張といささか折り合いが悪い。

……場所と非‐場所は物質的空間に対応するものであるのだが、その一方、個々人がそこで生活を営み、そこを移動する諸空間についてもつ態度や位置や関係の反映でも、ある。（Augé, 1998: 106, 強調はメリマンによる）

オジェは、場所と非－場所をめぐる物質的構成と社会的構成のあいだの諸関係にアプローチできていない。その一方、近代のコミュニケーション・テクノロジーが「同時性と遍在性の現実的条件」を提供することで、「私たちを時間と空間の制限から解放してくれている」（Augé, 1999b: 119）というオジェの言及にあっては、彼自身が描き出している地理の非均質性および局部性が見落とされている（Massey, 1991 を参照）――これはオジェの仕事に重要な影響を与えているポール・ヴィリリオにも向けられうる批判であるのだが（Augé, 1995, 1996a, 1996b, 1999b を参照）。

『非－場所』についての最後の批判は、社会的世界および社会関係へのオジェのアプローチに関係している。オジェが示すところでは、非－場所において個人は多くのテクストやスクリーンやイメージと向かい合い、他の人と言葉を交わすことはめったにないために社会関係は不在であり、移動者は日常生活の孤独な観察者となる。社交や孤独は直接的な人びとの相互作用と相関関係にあるものとみなされているのだが、ここでは社会的ネットワークの複雑さや物質性や異種混淆性が見逃されてしまっている（Latour, 1993; Frow, 1997）。パリのメトロにかんするオジェの初期の研究について、ブルーノ・ラトゥールはこのように述べている。

……オジェは研究対象をメトロのもっとも表層的な側面だけに限ってしまう。……対称性《シメトリー》を重んじるマルク・オジェであったなら、きっとメトロの社会技術的ネットワークの全体を研究対象としていたであろう。すなわちエンジニアや運転手、管理者や乗客、雇い主たる国家、等々からなる全体的な仕組みを——つまりは端的に彼がいつも別の場所で実践してきたことを自分の家郷《ホーム》でも実践するわけである。(Latour, 1993: 100-1)

ある移動者による経験や実践や社会的交流は、あるいはまた利用者の交流や移動を促進したり管理したりする複雑な仕事は、人類学者 - 乗客の目に必ずしも見えるわけではない。彼は「潜在的な社会関係ないしは高度に媒介された社会関係が……さまざまなかたちで打ち解けた社会的交流を構成［しうる］ということ」(Frow, 1997: 77) を見逃しており、さらにまたスーパーマーケット、インターネットのチャット・ルーム、空港、高速道路のサービスエリアといった場所が、実際にあらゆるかたちの社会関係が展開される「合流点」として作用するという点を見落としているように思われる (Augé, 1996b: 82; また Miller et al., 1998; Morley, 2000 を参照)。さまざまな人びとが多様な仕方でこうした移動と交換の空間のうちに身を置き、そこを通過し、そこに住まうのであって、そのさい個別的で、ハイブリッドで、モバイルで、個人化されると同時に標準化された構成《アセンブリッジ》＝集合体——企業幹部や自動車 - 運転者や買い物客といった構成《アセンブリッジ》＝集合体——のうちには、さまざまな思考、物質、雰囲気、肉体が包み込まれているのである (たとえば Lupton, 1999; Michael, 2000; Sheller and Urry, 2000; Crang, 2002 などを参照)。

これまで非 - 場所についてのオジェの理論的著作を対象とする詳細な批判はほとんどなされていないのだが、その一方、空港やショッピングセンターやテーマパークといった空間についてはかなりの量の文献が存在する。それらはオジェの著作を支えるアイディアの多くと関連しており、こうした空間が場所であったり、没場所的であったり、あるいは両者の混合であったりすることを多様なかたちで論じている。例として飛行機旅行の空間をあげてみよう。建築家、都市計画家、社会科学者、芸術家などはみな飛行機旅行の空間の没場所性ないしは匿名性について間接的に言及してきた。空港は「私たちの存在論的疎外」(Thackera, 1997: 60) を強めたり、「アトム化された主体の経験」(Rosler, 1998: 63) を生み出したり、「不透明なシステムのうちで根無しのモナドであることから生じる認知的不協和」(Theckera, 1997: 64) をつくり出すと考えられてきたのである。そうした空間は「閾の《リミナル》」空間であるとか、「どこでもあると同時にどこでもない場所」であるとか、「ヘテロトピア」として機能するとみなされる最新の場所であると言われてきた (Bode and Millar, 1997: 54)。多くの旅行者が接続便を待つよう強いられるハブ空港には、しばしば特別な批判が向けられる。作家のデイヴィッド・クープランドはそれを「あいだにある場所、「どこでもない場所」、専門的なことがら……反‐経験」(Coupland, 1997: 72; また Rosler, 1998; Pascoe, 2001 を参照) と表現している。空港とは、退屈、欲求不満、孤独、位置喪失といった感覚を旅行者が経験するかもしれない空間ではあるが、しかし、これらの経験はそうした移動と交換の空間に必然的に生じるものでもないし、そこに限られるものでもない。研究者はそのような感覚が生じる複雑なプロセスを見落としてはならず、またそうした空間の複雑な歴史学や地理学や社会学にもっと注意を払わねばならない。

一九六一年にパリのオルリー空港の新ターミナルがオープンしたとき、その送迎用デッキ、映画館、レストラン、専門店などは、それら自体が人気の旅行者向けアトラクションとなった (Pascoe, 2001) のだが、そうした経験や場所化について、その原因をたんに近代ないしは前《プレ》‐超近代《スーパーモダン》の時代に帰することはできない。頻繁に飛行機を利用する乗客、手荷物係、乗組員、はじめての乗客、ファーストクラスの乗客、難民、航空管制官、警察官、ホームレスといった人びとが、これらの場所でもつ経験——移動、滞在、安全、親密、帰属などの経験——はひじょうに多種多様であるだろう (Cresswell, 2001; Crang, 2002)。さまざまな事物や建築的構成＝集合体《アセンブリッジ》の多様性――航空機のひじ掛けや出入国管理ホールから、特定のテーマをもつパブや機内用の靴下にいたるまで――もまた、空港や航空機や旅行者の場所化にとって重要である。お抱え運転手は重役を出迎え、旅行客は待っている親戚と落ち合い、動物は検疫担当職員にとり扱われる。地域の居住者、空港の経営者、環境保護論者、地域開発局など（そして旅行者もまた）もまた、そのすべてが空港が地景のなかに占める位置、ないしはそこに埋め込まれているという事実に意識的である。彼らは、航空機の騒音や公害や拡張計画について苦情を申し立てたり、空港をショッピングやビジネス用途に売り込んだり、そのなかでくつろいだり社交活動ができるよう美しいターミナルを設計したり、あるいは地域開発における成長の極として空港を宣伝したりするのである（Gottdiener, 2001）。ターミナルやコンコースがますます巨大化し、空港経営者が利益を増大させようと努め、（ハブ空港の増加、混雑の増大、安全対策の強化によって）待ち時間が長くなるにつれて、建築家や計画者や空港経営者は、旅行のための空間というだけではなく、ショッピングや食事やリラックスのための空間として機能するよう空港を再設計し建設してきた（Gottdiener, 2001）。

旧式のターミナルが改変されてアーケードスタイルのコンコースが建設される状況を受けて、ゴットディーナーはつぎのように考察している。「ますます……モールと空港はデザインにおいて融合してきており」、両者はレストラン、テーマパーク（ディズニーランドなど）、博物館、観光客向けの場所、あるいは都市全体（ラスベガスなど）においても顕著になってきている「テーマ化」により特徴づけられるように思われる、と（Gottdiener, 1997: 96; また Relph, 1976; Sorkin, 1992b を参照）。こうした空間は典型的に過剰な警察活動《ポリシング》とシミュレーションの場所として描き出される。そこで消費者は、ハイパーリアルでスペクタクル的な風景、幻想と現実逃避と自由を約束しながらも、単調さと退屈と没場所性をもたらしてしまう風景のうちに巻き込まれるのである（Baudrillard, 1994; また Miller et al., 1998 を参照）。

ディズニーランドでは、ひとはつねに変成の途上にある状況のうちに、またはどこか他の場所に「似ている」場所のうちに宙吊りにされている。……この新しい都市ではあらゆる場所が目的地となり、あらゆる目的地がどの場所にもなりうるために、個別的な場所という観念は、普遍的な没場所性の海のなかへと消散してしまうのだ。（Sorkin, 1992b: 216-17; また Relph, 1976 を参照）

こうした環境を個人は多様かつ複合的なやり方で消費したり、滞在したり、通り過ぎたりしている（たとえば Shields, 1989 などを参照）のだと研究者たちはしばしば指摘するのだが、その一方で、特定の消費空間の詳細な歴史や地理に、またそうした場所にいる「『普通の人びと』の視点」にもっと注意を向ける必要があることが示唆されてきた（Miller et al., 1998: 53; また Morris, 1988 も参照）。ミラーとその共同研究者は、民族誌やフォーカスグループ調査や歴史的調査などを用いて、ショッピングセンターが均質的ないしは没場所的であるどころか「それぞれ異なる場所であり、ひじょうに多様な人びとの要求に応えている」ことを示している（Miller et al., 1998: 28）。新しいセンターは古くなり、旧式のセンターは定期的に刷新されブランド再生されるのだが、場所によっては、さまざまな集団が利用できる地域生活センターや「社交の場」となることもある（Morris, 1988: 204）。そうした詳細にわたる経験的研究は、それらの場所を個別的に把握するのに役立ち、またそのような場所と消費者たちのアイデンティティとが、多様かつ継続的な仕方で構築される相関的なありようを明るみに出してくれる（Miller et al., 1998: 20; また Morris, 1988 も参照）。それゆえショッピングセンターや空港やテーマパークについて、それがかなり非個性的で、没場所的で、デザインが貧弱で、過度に平凡で、テーマ化されている消費とグローバリゼーションとシミュレーションの空間であると頻繁に描き出されるのにたいして、近年の研究は、そうした記述がしばしば諸々の場所——それは時代とともに変容するものであり、人びとがそれに出会いそこに住まう仕方は種々様々である——がもつ複雑な歴史や地理や物質性を見逃してしまっているということを示している。

ドライブの場所——M1高速道路のトポロジー

マルク・オジェがフランスの高速道路について描写する場合、それはスーパーモダニティの時代を特徴づける典型的な非 - 場所として示されるのだが、実際のところオジェの記述はいくらかなじみあるものに感じられる——少なくともこの本を読んでいる読者にとってはそうだろう。オジェの典型的な高速道路の移動者は、町や村——標識にはその名前と存在が記されており、脇道にそれて見所を訪れるよう私たちに誘いかけている——を無視して通り過ぎる(Augé, 1995)。高速道路は孤独な空間であるようにみえる。そこで運転者や乗客たちは、他の自動車に乗っている人びととコミュニケーションをとることはめったになく、たとえば「交通省」や警察といった「「道徳団体」や公共機関……が掲げるテクストとだけ相互作用することになっている」(1995: 96)。方向標識、電子情報画面、ガイド、地図などが移動者の移動を手助けし、進行状況を計測できるようにする。こうした典型的な移動にかんするオジェの描写は、「永遠の旅客《パッセンジャー》」の経験をめぐるまことに説得的な説明を提供してくれる。けれどもこの節で私は、これらは高速道路での活動についてのひじょうに偏った説明であると論じたい(Tomlinson, 1999: 111)。こうした距離化の経験や媒介された関係の経験は、オジェがそう言おうとしているほどには新奇なものでも異質なものでもない。そしてまたオジェは「非‐場所における疎外や個人化をもたらす側面や契約的な側面」（Tomlinson, 1999: 111）を誇張しているだけではなく、こうした空間を通過する移動と結びついた複雑なかたちでの居住、滞在の実践、具現化された関係性、物質的存在、場所化、ハイブリッドな主体性といったものを見落としてしまっているのである。さらに場所と非‐場所という二極的対立関係に導かれるかたちで、オジェは、非‐場所と呼ばれる場所がもつ異質な特徴を過剰に強調し、そこに含まれる欠如に焦点を当てている。この節で私は、あるひとつの（この場合はイギリスの）高速道路のトポロジーとその複合的で異種混淆的な「場所化」に焦点を当てることで、そうした二項対立や断絶――モダニティとスーパーモダニティのあいだの、また場所と非‐場所のあいだの――と結びついた諸問題をいかにして克服しうるのかを示したい。そこにおいてそうした場所化は、範型的であったり画期的であったりするというよりもむしろ創発的であり、ダイナミックであり、関係的であり、複合的であり、被産出的であるのだ。

モーターウェイやオートルート〔フランスの高速道路〕やエクスプレスウェイなどはとりわけ新奇なものではないし、オジェの見解の多くは、一九三〇年代におけるドイツのアウトバーンや一九六〇年代初頭のイギリスのM1高速道路について述べられていてもおかしくはない。私がM1の地理の調査を開始しようと思うのは、まさにこうした初期の時代についてである。つまり文書館や図書館に配されている資料をつうじて、イギリスで最初の主要な高速道路のトポロジーをたどるのだ。ロンドンからヨークシャーへの高速道路、ないしはロンドンからバーミンガムへの高速道路と一般的に呼ばれているものの最初の区間――ウォトフォードからクリックまで――は一九五九年一一月二日に開通した（Merriman, 2001）。一九四六年に企てられた政府の計画は、一九四〇年代末から一九五〇年代初頭にかけての経済状況が原因で遅延したのだが、しかし、一九五五年から一九五六年にかけて綿密な計画と調査がはじまると、戦後イギリスの再建プロセスの一環をなすその最新のプロジェクトに注目が集まるようになった。新聞各紙は、イギリスにはじめてお目見えする種類の道路の登場を歓迎していた。当初には技師の仮の案や計画によって、あるいは全国地図に引かれた粗い線によって組み立てられていた高速道路が、やがては農場、庭園、家屋、サッカー場、さらには一般の人びとの生活などを包み込むようになり、あるいはそうしたもののうちに展開していった。そのあいだに測量技師やジャーナリストや技師たちは、設計図、地図、ペン、測量ポール、ノート、カメラ、セオドライト、ブルドーザー、等々を用いて地景に働きかけていた。計画や測量や関連法令に導かれるかたちで、建築家と、謎めいた新たな高速道路が放つオーラが、地域の居住者や土地所有者の私有地のもとに乗り込んでいったのだが、その一方で、一九五五年の九月から一二月末のあいだに、高速道路の立地をめぐって一四二の団体による異議申し立てがおこなわれた（The National Archives, Kew [TNA] PRO MT 117/28 を参照）。ベッドフォードシャーではティンリス村の住民が、新しい高速道路を走る自動車の振動と騒音のせいで村の物的構造が壊れてしまうだろうと述べた。「農家の屋根が割れたり壁が崩れたりするだろうし、教会は『私たちが修繕する暇もないほど早く揺すぶられて粉々になってしまうだろう』」（*The Times*, 1955）。これらの反対やその他の反対は、今日の読者には耳慣れたものであるかもしれないが、しかしこの高速道路は、諸々の主体のもとに、また土地所有者や住民がそれぞれ独自のやり方で占めている諸々の空間のもとに包み込まれていったのであり、そのさい彼らの反応は、一九五〇年代イギリスにおける景観や計画にたいするより広範な考え方を反映していたのである。多くの異議申し立ては、分断された農地へのアクセスについて詳細な情報が与えられていないことに関連するものであったのだが、その一方、自宅がとり壊される予定であったG・デイヴィス氏のような農民でさえ、自分の反対は「道路それ自体が理由なのではない」と述べていた。「というのも彼は進歩の必要性を認めていたのである……」（*Mercury and Herald*, 1958)。彼が懸念していたのは計画者や政府の権柄ずくのやり方であり、概してイギリスの最新の高速道路がもたらす進歩やモダニティについては、イギリスの地方において歓迎すべき影響力とみなされていたのだ（Merriman, 2003）。

一九五八年三月に建設業者のジョン・レイン・アンド・サン株式会社が建設を開始してからは、ひじょうに多岐にわたる諸々の存在が、報道機関や一般の人びとによってとりあげられるようになった。高速道路は、過剰なまでのトポロジカルな配置《アレンジメント》＝配列ないしは場所化のうちに配置され、働きかけられ、展開されたのだが、それと同時に、さまざまな時間、空間、思考、物質の絶えざる包み込みをつうじて組立《アセンブル》＝構成され生み出されていった。高速道路は、全国の空間と時間のうちに多様なかたちで編入されていった。レイン社の広報資料のなかでは、M1は、イギリスのヴィクトリア時代の偉大な技師による業績と比較されていた（Rolt, 1959）。テレビ局と新聞各紙は、一般の人びとの生活とリビングルームにむけて建設作業のイメージと記事を送り込んだ。レイン社はプレスリリース、スタッフのニュースレター、PR用ブックレット、フィルムなどを準備して、ジャーナリスト、会社のスタッフ、それに全世界の潜在的な顧客が消費できるようにした。建設現場からの騒音は現地の家々に侵入していた。高速道路の作業員は、現地の村や町にあるホステルや移動住宅用地やパブで生活を送り社交活動をおこなっていた。高速道路に必要な資材を得るためにトラックが採石場へと向かい、現地の道路に泥や塵をまき散らしていた（Merriman, 2001）。人びと、資材、会話、その他の音などが高速道路の諸要素を多様な空間、場所、主体性のもとへと展開していったのだが、それと同時に、計画者、技師、景観設計家、政治家、労働者によって、そしてまたそうした人びとの機器や図面や法規によって、さまざまなアイディア、土、コンクリート、鉄、植物が、M1の社会‐物質的形態へと組みあげられていった。トリニダード・レイク・アスファルトがカリブ海域諸島から運ばれてきた。新規の採石場や既存の採石場から——公的調査や異議申し立てを踏まえたあとで——その土地の砂利がもち込まれてきた。またレイン社やその下請け業者が集めた労働力のうちには、数多くのアイルランド人やイギリス人の労働者にくわえて、カナダ人、インド人、ポーランド人、南アフリカ人、ジャマイカ人、ハンガリー人、スコットランド人、ウェールズ人などが含まれていた（Rolt, 1959）。さまざまな身体、経験、歴史、空間、記憶が高速道路の建設現場の地景をかたちづくっていたのだが、しかし、外国人やとりわけ非‐白人の労働者たちの雇用は、レインのPR用ブックレット『ロンドン‐バーミンガム高速道路』（Rolt, 1959）のなかでは好ましく進歩的であるように示されていた一方、こうした労働者たちの経験や生活誌や彼らが住む場所は、他の評論家たち——彼らはそれら労働者たちをエキゾチック化し、その存在に魅了されていたように思われる——にはたいてい無視されていた（Merriman, 印刷中）。

　高速道路の建設にかかわる人びと、資材、思考の流通によって、従来ではなじみのなかったものごとの存在や並列状況が生じてきており、地元の居住者、ジャーナリスト、コンサルタント役の技師、建設業者、それに一般の人びとは、そうしたことがらについて多様なかたちで議論を交わしていた。M1は、労働者、技師、建築評論家、運転者、乗客らと結びついたさまざまな活動、経験、労働、資材をつうじて、偶発的なかたちで、一九五〇年代から一九六〇年代にかけてのイギリスにおいて、刺激的で異質でモダンな空間ないし場所として組立《アセンブル》＝構成され秩序づけられたのである（Merriman, 2003）。建設会社や新聞が高速道路の建設を称揚する一方、地元の人びとは、建設現場を歩いたり橋の上に立ったりして工事の進行具合を眺めていた。一九五九年一一月二日、交通大臣のアーネスト・マープルズの手により高速道路が開通してからは、何百人もの運転者が回り道をして自分のセダンやスポーツカーを高速で走らせてみようとした。やがて高速道路は日曜の午後の家族ドライブや、ロンドン交通の高速道路バス旅行で首都からやってくる観光客のための、人気のルートないしは行き先になった（*The Times*, 1959）。M１がダイナミックでモバイルなトポロジーのもとへと折り重ねられ、配置《アレンジメント》＝配列され、場所化されることで、一連の独特の影響や主体‐客体の構成――それらについてさまざまな専門家が研究を試みている――が生じることとなった。運転者は、消費者として、専門家として、逸脱者として、犯罪者として、統計値として、ナビゲーターとして、あるいは科学実験の参加者として、自分の車や道路空間との関連で局部的かつ同時的に組立《アセンブル》＝構成されていた。他方、道路調査研究所の科学者、交通警察、自動車協会の巡回員、公務員、技師、サービスエリアのオペレーター、景観設計家といった人びとは、ハイブリッド化した車の運転者や乗客の行為や活動を制御しようとしていた（Rose, 1996 を参照）。M１の開通に先立ち、公務員や自動車団体やジャーナリストたちは、平均的なドライバーや自動車がこの速度制限のない道路の高速度にうまく対処できるかどうか、その能力について懸念を示していた。政府は一九五八年一二月のプレストン・バイパス高速道路の開通に間に合うように『高速道路規則集』を発行した。それは高速道路での運転にまつわる規則や特別な技術について指針を与えるもの（Ministry of Transport, 1958）であったが、一年後には、自動車協会、全国紙、自動車関連の新聞雑誌が『規則集』を特別付録やM１の案内書というかたちで転載し、同時にルートマップ、標識の図、安全運転や自動車整備についてのアドバイスなどもそこに添付した（たとえば *The Motor*, 1959 など）。あるジャーナリストは、高速道路の運転者たちは「高速道路上では……別々に切り離された存在」になるだろうと指摘している（*Chronicle and Echo*, 1958）。他のジャーナリストのなかには、高速道路での運転にかかわる新たな空間性について言及している者がおり、そこでは視力のよさが重要であること、また「運転者は自分の前にあるものよりも、自分の後ろからやってきているものを認識しなければならない」（Martin, 1959）ような空間で安全に走るために、指示器やバックミラーの使用が重要であることが強調されている。自動車協会とイギリス自動車クラブは、自動車を整備することの重要性を主張しているが、というのも多くの自動車は高速運転に対応するよう設計されていなかったからである。他方、自動車製造業者、建設会社、タイヤ会社などは、自社の製品を使えばドライバーの能力と自動車の機能が高まるはずだと述べている。一九五九年一一月の『タイムズ』紙の広告では、自動車部品関連株式会社が高速道路の運転者たちに、「ハンドルを握る技術以上の何かがあなたに必要である」なら、その会社の高性能ブレーキ、クラッチ、フィルター、ステアリング・システムを購入するようアドバイスしている(Automotive Products, 1959: 9)。一方、インディアタイヤ社は「あの高速道路での景色のため！」の製品や、「ドライバーとしてのあなたの技術を存分に発揮できるように」(India Tyres, 1959: 5)する製品を推奨している。

運転者や乗客や自動車は、時々刻々と異種混淆的でハイブリッドな主体‐編成ならびに場所化のうちに組立《アセンブル》＝構成されるのだが、しかし、自動車の運転者の関係性や活動のうちに織り込まれている装備品、テクスト、スクリーンは、過度に媒介された現在——社会関係が不在であったり孤独が生み出されるような現在——の徴候として解釈されるべきではない(Augé, 1995を参照)。『高速道路規則集』をはじめとするテクストは、一九五九年当時のドライバーにとっては目新しかったかもしれないし、事実、高速道路の場所化に積極的役割を果たしてもいた。だが『規則集』を考案した専門家たちやその他の人びと、すなわち運転者の活動を理解し、手助けし、うまく導こうとした人びとの仕事を調べるなら、運転者や自動車を、技師、景観設計家、労働者、ターマック〔タールと採石を混ぜた舗装材料〕、霧、道路標識、政治家、ガードレール、等々と結びつけている社会性のネットワークが浮かびあがってくる。公務員や景観設計家や設計者たちは、高速道路の景観を、特異な細部や気を散らせる要因がないように設計し建設するべく意図的な選択をおこなっていた。道路標識の情報は標準化され、その配置についてはテストが実施された。運転者の気を散らせ事故につながりかねない細かな花の咲く低木は避けられた（TNA PRO MT121/78を参照）。運転者たちは、これらの空間やテクノロジーと関連するかたちで特定の種類の主体として組立《アセンブル》＝構成されるのだが、しかし、彼らはつねにそうした空間を多様かつ戦術的な仕方で利用し、また流用《アプロプリエート》＝占有してきたのである（de Certeau, 1984）——乗客に話しかけたり、移動中に仕事をしたり、地図を読んだり、空想にふけったり、ラジオを聴いたり、電話をかけたり、子供たちと自動車ゲームをしたり、等々のかたちで。その他さまざまな時間、空間、思考、主体が移動中の自動車の空間と場所化のうちに折り込まれる。そしてまた自動車のテクノロジーは運転者を外界から隔離して、「都市や田園の光景、音、味、温度、匂いを……自動車のフロントガラスをとおした二次元的な眺めへと」切り縮める（Urry, 2000: 63）と言われてきたのだが、私としては、そうした見方は運転という身体的経験を過度に単純化してしまうのではないかということ、さらにまた、こうした関係論的な構成《アセンブリッジ》＝集合体の歴史性と空間性を認識することが重要であるということを主張したい。

自動車‐運転者の空間と——より特定していうなら——自動車の物質性は、一九五〇年代末以来、多様なかたちで変化してきた。当時のイギリスの道路を走っていた自動車の多くは、古く、すき間風が入り、寒く、やかましく、一九九〇年代初頭にピエール・デュポン氏が乗っていた自動車（Augé, 1995）に比べて高速度に対応するのがずっと困難であった。運転者が自分の身体や機械や交通空間のうちに住まい、それらを利用し、それらと関係し合うやり方は個々別々である以上、運転行為は特定の空間性および存在論と密接に結びついてもいる。たとえばミラーを覗いたりガラスごしに注視することで、他の運転者や自動車の挙動、位置、動作、外見を観察したり、予測したり、判断したりすること。あるいはペダルを踏んだり、レバーを押したり（ウインカーを出したり、加速したり、進路を変えたり、クラクションを鳴らしたり）その他のジェスチャーをすることで、意思や感情を伝えること（たとえばKatz, 1999を参照）。一九六〇年代末のことだが、M1をドライブしたA・C・H・スミスは『ニューソサエティ』のなかで、運転者たちがはっきりそれとわかる、しかも「時々刻々と変化する」一時的な社会集団の成員であることや、また運転者たちが、ある種の誇示行動や運転行為をつうじて、あるいはまた『交通規則集』などの共有された規則の解釈をつうじてのみ、互いにコミュニケーションができるということを述べている（Smith, 1968: 78）。これは運転者たちの集団ダイナミクスをめぐるかなり単純化された社会学的分析に見えるかもしれないが、運転者や車が社会性と物質性の複雑なネットワークのうちで活動し構成されるあり方に目を向けさせてくれるし、さらにはまた自動車と道路が組立《アセンブル》＝構成され、場所として経験される過程について概略的な説明を提供してくれる（Sheller and Urry, 2000; Miller, 2001を参照）。

一九五〇年代末から一九六〇年代にかけて、M1は、さまざまな個人や組織によって空間や場所として運営され、統制され、消費され、研究の対象とされた。政府の道路調査研究所の科学者たちは、科学報告書や科学雑誌のなかで高速道路の性能を評定し、郡警察は事故や交通統計を蓄積して種々の動向をさまざまなかたちで可視化し、自動車記者たちは運転者や車や道路それ自体の能力について論評を加えた。フェラーリ所属のグランプリレース・ドライバーである二七歳のトニー・ブルックスは、『オブザーバー』紙の高速道路についての論評で、高速道路を、現代社会に特徴的とみなされる空間、実践、モノと関連づけてみせ、同時に高速道路に含まれる近代性や異質性をイギリスの田園のなじみ深さと対照させている。

M1をドライブすると、子供の頃のイギリス……がもはや存在しないかのように感じられてしまう。この幅の広い六車線の高速道路は、田園から切り離され、町や村からも切り離され、たくさんの小村や細道やパブがある小さな島というイメージを台なしにしてしまう。他の何ごとにもまして――エスプレッソ・バー、ジーンズ、ロックンロール、地下鉄でのフランス煙草の匂い、白いリップスティック〔六〇年代に流行したメイク〕、等々にもまして――それは二〇世紀に特有のものなのである。とはいうものの結局のところ高速道路は大歓迎したいのだが。(Brooks, 1959: 5)

高速道路は現代のイギリスの風景のうちに織り込まれた新手の、近代的で若者向けの、どことなく異質な場所として登場していた。そしてそのような見方は、一九六〇年代末に最初の二つのサービスエリアが開業したときにもくり返されていた。それらのひとつ、バッキンガムシャー州のニューポートパグネルにできたものは、ブルースター・ガソリンスタンドとソーホー・カフェ、それにコーヒーハウス会社のフォーテスの共同所有になるものであり、まもなくそれは「手っ取り早くわくわくしたいティーンエイジャーにとっての巡礼地」となった。

若者たちにとってこの新しい道路は、新種の興奮がその先に待ち受けるコンクリートの脱出路であった。……M1にあるフォート氏のスナックバー……この居心地のよい人工島はイギリスの若者たちを誘い出した。彼らは、ソーホーのコーヒーバーに通うのをやめて、土曜の夜にはこの長いまっすぐの道路で「時速一〇〇マイルで走って」過ごすということでしか、若さが何か特別なものであることを実感できないティーンエイジャーの世代なのである。(Greaves, 1985: 8)

一九六〇年代に高速道路とサービスエリアは、ソーホーのお洒落な若者たちのほか、家族連れやトラック運転手や有名人たちにもスペクタクル、滞在、社交、興奮、等々の場所として経験されていた――ただしトラック運転手の多くは、長距離ドライバー用軽食堂《トランスポート・カフェ》の親密な雰囲気と社交性のほうを好んでいたのだが（Bugler, 1966）。こうした空間の場所化は、プラスティック、コンクリート、ガラス、フィレステーキ、紅茶、植物、身体、思考、自動車、それにたくさんの他の事物が、それぞれ多様な関連、形態、イメージ、主体性のもとに折り込まれることで果たされ、そうしたなかから近代的な建造物、景観、活気あるティーンエイジャー、サービスエリアの絵はがきといった「ものごと」が生み出されてきたのである（Merriman, 2001, 2003を参照）。

Ｍ１のトポロジーは一九五〇年代末から一九六〇年代にかけて、空間と場所にかかわる局部的な、独特の、風変わりな一連の感覚を生み出した。しかし、これらはたんに当時の高速道路をとりまく新奇性やモダニティや一時的興奮と結びついているように見えるとしても、そしてまた過去二、三〇年間のあいだに高速道路はむしろ陳腐でなじみある遍在的な非‐場所となってきたように見えるとしても、こうした見方では、高速道路の社会‐物質的空間をめぐる配置＝配列《アレンジメント》と場所化が多様かつ複合的に継続されてきた点が見逃されてしまう。なるほど技師や景観設計家たちが高速道路を見た目に感じがよく、しかも気を散らす要因がないように仕立てようと心がけた結果、高速道路が移動者たちに独特の田園地帯の景色を提供してきたのは事実である。ときに道路標識が運転者が近くの町や村と接触する唯一の手段になるような場合もあれば、教育や監視や規律＝訓練にかかわるその他のテクストや規則やテクノロジー――『交通規則集』、地図、運転技術試験、速度監視カメラ、警察のパトロール、法廷――が、運転者と自動車と高速道路の空間のあいだの関係を管理するために利用されたりもする。地域のショッピングセンター、工業団地、小売り流通センターといったその他の典型的な非‐場所がしばしば高速道路の近くに立地しており、サービスエリアもまた匿名的な場所として経験される場合がある。

場所や時間にかかわらず、あなたは無条件に何ものにでもなることができ、さまざまな要素に満ちた雰囲気のうちにいつでも溶け込むことができる。……どこにいるにせよ誰であるにせよ、あなたはどこでもない場所の中心にいるのだ……（Clifford, 1990: 48）

だがこうした景観の地理は、マルク・オジェやこれらの引用が示唆する以上に複雑で異種混淆的で多種多様である。町や村は、その名前が標識に出たりサービスエリアの名称に使われることで、新たに有名性や連想関係を獲得する場合がありうる――こうした標識や場所が村それ自体の空間や輪郭よりもおなじみになってしまうと、訪問の延期や脱位置化《ディスロケーション》や抽象化が生じるように思われるとしても。より新しいサービスエリアは、地元の居住者にとって仕事と消費の場として出現してきている。エゴン・ローネイをはじめとする料理評論家たちは、イギリスの個々のサービスエリアを対象に、食事とアメニティを格付けして論評をおこなっている。ＥＭＩ〔イギリスのレコード会社〕は一九七九年に、Ｍ１のウォトフォード・ギャップ・サービスエリアについてのロイ・ハーパーによるきわめて批判的な歌をめぐって名誉毀損で訴えられ敗訴した（*Daily Telegraph*, 1979）。他の書き手のなかには、サービスエリアの質と値段に懸念を示し、運転者が高速道路のジャンクション近くにあるレストランや旅行者向けの施設に訪れることができるようガイドブックを書いた者もいる（Pick, 1984）。一九六八年にマーガレット・ベーカーは『Ｍ１新発見』という書名の旅客向け地理ガイドを書いているが、そのなかでは高速道路のルート沿いにある名所旧跡や郷土史が詳述されている（Baker, 1968）。さらにＭ１とサービスエリアは、一九七〇年代と一九九〇年代にＩＲＡのテロ活動の戦略拠点となっていた（Tendler et al., 1997）。

オジェはサービスエリアを非‐場所として描き出しているのだが、イギリスのサービスエリアは、労働者、ビジネス旅行者、トラック運転手、ヒッチハイカー、観光客、さらにまたテロリスト、ガイドブックの書き手、文化批評家、広告業者、建築評論家といった人びとにとって重要で意味のある場所になっている。移動者の大部分はサービスエリアを、通過してゆく場所、ないしは一時的に滞在する場所として経験するかもしれない。その場合には、サービスエリアの正確な位置や個別的特徴といったものは、運転者や乗客が「なんとかやっていく」ようにする任務と比べるとほとんど重要ではないのだが、しかしサービスエリアはまた待ち合わせの場所という役目ももっている。ティーンエイジャー――そこには非合法のパーティーに出かけようと待ち合わせている遊び好きの若者《レイバー》や、仲間で集まってゲーム機で遊ぶ地元の若者たちも含まれる――は毎日のようにサービスエリアの駐車場やカフェで落ち合い、そこをたまり場にする。ロードシェフ社は自身の経営する一九のサービスエリアを、ビジネスマンと女性のための「絶好の待ち合わせ場所」として積極的に宣伝している（ロードシェフ社の一九九九年の宣伝用リーフレットより引用）。またジェフリー・チョーサーの没後六百年を記念する「二千の物語」のシリーズ製作を依頼されたＢＢＣラジオのプロデューサーたちは、Ｍ１のサービスエリアが、その物語を語る架空の人物たちの理想的な落ち合い場所となるだろうと考えた。

誰かが高速道路のサービスエリアを思いつくまで、まさにそれだと感じられるものはなかった。とつぜんこれが格好の場所だと思われたのである。誰しも、しばしば高速道路に乗らざるをえないときがある。……もっとも重要なことにサービスエリアというのは、あいだにある場所であり、周囲の環境とさまざまな仕方で切断された場所であり、ミニ・ブリテンの島々、あるいはまた現代の疲れきった旅客たちにとって唯一の寄航港なのである。(Hillier, 2000: 1)

プロデューサーたちが直面した問題は、さまざまな語り手たちが自分の物語を互いに語り合うことになるというシナリオを、いかに考案するかということであった。そこで案出されたのは、嵐のために「高速道路が閉鎖を余儀なくされ、移動者たちはみなM1のフォーシーズンズ・サービスエリアに避難せざるをえなくなる」のだが、そこで職員たちが時間をつぶす助けになればと、物語コンテストを開催するというものであった(Hillier, 2000: 2)。多様な集団からなる人びとのあいだで会話が生じるには、奇妙なイベントが必要とされるというわけなので、この「二千の物語《テイル》」の物語《ナラティヴ》は、非‐場所の孤独で非社交的な性格についてのマルク・オジェの評言を裏づけているように見えるかもしれない。しかしプロデューサーやその他の人びとが高速道路のサービスエリアに抱いている見解が示しているのは、これらの場所のうちで並置され組立《アセンブル》＝構成される種々の差異や多様な要素について、移動者たちはたいへん意識的であるということ、そしてまたオジェが言うような「他者性の危機、ないしは他人のことを考える力の欠如」(Augé, 1994: 117)は見受けられないということである。

M1の地景は、日常的で、見たところ平凡な移動者の個人的・集団的活動によってだけでなく、非日常的で劇的な出来事《イベント》によっても場所化される。高速道路、橋、道路、サービスエリア、等々から見えるランドマークは、個人や家族にたいして特別な意味をもつ場合があるが、他方、人目をひく公開のイベントやメディア・イベントは、高速道路の空間を、人びとの心のうちに――あるいはまたより永続的なテクストのうちに――ある特定の連想関係のもとに折り込んだり場所化したりしてきた。前代未聞の措置であるが、警察は、一九九七年九月六日にオルソープ・ハウス〔ロンドン郊外のダイアナ妃の実家〕に向かってM1を通ってゆくダイアナ妃の葬列を見ようと、一部の人びとが緊急避難用の路肩に立つことを許可した。一九八九年一月八日、ケグワース（レスターシャー州）で起こったM1での航空機墜落事故は、事故に巻き込まれた人びとにとっての、また何百人もの目撃者たちにとっての高速道路のある短い区間がもつ意味と重要性を変えてしまった。その五年前には、高速道路は鉱山労働者たちのストライキにおいて戦略的な重要性を担っていた。一九八四年三月、高速道路は二〇〇〇人の鉱山労働者たちの異議申し立ての場となり、彼らは道路を五〇台の車両で封鎖した。一方、警察官らは支援ピケの動きを封じようとして、一九八四年から一九八五年にかけて、ノッティンガムシャー州とダービーシャー州の高速道路ジャンクションに路上バリケードを建設した（Blomley, 1994）。より最近では、M1の警備という日常的業務がカールトン・テレビの『高速道路』などのドキュソープ〔特定の職業の人びとを追うドキュメンタリーとソープオペラを融合させた番組〕でとりあげられている。イングリッシュ・ヘリテッジが戦後イギリスの建造物を保全する施策を練りあげていたとき、オーウェン・ウィリアム卿からM1の橋をリストに入れるべきだという意見が出されたが、それら「洗練された建造物……はわれわれの国家遺産の重要な一部である」というのがその理由であった（Saint, 引用は Glancey, 1992: 30 による）。以上のような出来事《イベント》のすべてにかかわるメディアの報道や人びととの注目によって、高速道路は、仕事、行進、哀悼、惨事、異議申し立て、遺産、警備、等々と結びついた空間編成へと、不均等なかたちで組立《アセンブル》＝構成され場所化されたのである。現在の移動者や評論家の大部分は、M1からそうした経験を連想したり、新奇性やモダニティや興奮を思い起こしたりすることはないかもしれないが、しかし四五年間にわたるこの道路での移動者たちの移動の反復や、それが他の諸空間ととり結んできた複雑な連接関係によってこそ、高速道路をめぐる無数の異なった仕方での場所化やトポロジー的な配置《アレンジメント》＝配列が生み出されてきたのである。

結　論

現在の西洋社会を対象とする人類学的研究のなかでマルク・オジェは、生きられ、慣れ親しまれ、ローカル化され、有機的で、社会的で、固定性ないしは反復される活動や関連性により特徴づけられる人類学的な場所と、高度に媒介され、遍在的で、孤独や距離化や疎外といった経験が顕著にみられる非‐場所とのあいだに区別を設けている。本稿で私が論じてきたのは、オジェはこうした空間の特異性や均質性や空白性を過度に強調しすぎており、また半‐自伝的かつ半‐民族誌的なアプローチと、人間学的・静態的な場所の観念――それは運転者、機械、道路の景観を一緒に織りあげている多様な事物や関係性を見落としてしまっている――に依拠しすぎているということであった。場所というものは、マルク・オジェが提示するよりももっと偶有的で、開かれた、ダイナミックかつ異種混淆的なものであり、もし私たちが、人びとが移動の空間に住まう多様なやり方に注意を向けるなら、退屈や孤立や距離化といった経験が特定の場所化や活動から生じてくることが理解できるだろう（Martinotti, 1999; Bender, 2001）。実際、そうした感覚が高速道路などの空間で経験されるのだとしても、それらの感覚は自分の家や村や職場でまったく同じように生じるものであり、私としては、そのような移動状態にあることや移動状態に住まうことをめぐる連想や感情や反省について説明したり理解したりするために、新しい種類の場所――たとえば非‐場所――のようなものを描き出す必要はないのだと論じたい。Ｍ１はさまざまな時点で、興奮、退屈、遍在性、モダニティといった経験と結びつけて考えられてきたが、これらの場所化は、独特の存在論、物質性、およびさまざまな移動や居住の仕方と結びついた局部的・関係的な達成として理解されなければならない。M1のような道路や高速道路は、多種多様な空間、時間、思考、物質を、さまざまな建造物、雰囲気、主体性、テクストのうちへと折り込むことをつうじて場所化されうる。景観設計家、アイルランドや西インド諸島の労働者、アメリカのブルドーザー、高速道路の建設を一九世紀における鉄道建設と比較するPRブックレット、ガイドブック、ジャーナリスト、そしてさらには芸術家やBBCラジオのプロデューサーといった人びとが、高速道路の運営と場所化にさまざまな仕方で関与している。私が用いてきた歴史的アプローチは、高速道路がさまざまな空間や時間のうちに同時的に場所化される点を強調するのだが、しかしながらオジェの包括的な民族誌的アプローチは、特定の空間や時間や物質が、これらの移動、消費、交換の場所のうちに配置され折り込まれてゆく様子を記録したり追跡したりすることを困難にしてしまう。オジェはそうした空間をスーパーモダニティの秩序（化）のうちに編入しようとするのだが、そのさい、それらの空間に、固有の複雑性や個別性を曖昧にしてしまうような存在を与えることによって――言い換えれば「永遠の旅客《パッセンジャー》」（Tomlinson, 1999: 111）の戯画的な経験に焦点を当てることで、そうした場所に結びついた不均衡かつ不完全なかたちでの場所化や空間化を無視することによって――そうするのである。

（1）現代フランスを対象としたオジェの研究としては、このほかに『領域と城』（Augé, 1989）および『パリを再横断すること』（Mounicq and Augé, 1992）がある。

（2）オジェは、スーパーモダニティとポストモダニティは同じひとつのコインの両面――前者が「ポジティヴな面」であり、後者が「ネガティヴな面」である――として扱わねばならないという（Augé, 1995: 30）。

（3）オジェが、パリンプセスト式の場所と非‐場所への絶えざる書き込み、ないしはそれらの生産を示唆するためにテクストの隠喩を利用するのにたいして、本稿での私の狙いは、高速道路のパフォーマティヴな場所化をめぐる「非 - 表象的な」説明をたどることで、場所の生産に、いかに多様な実践と物質性が結びついているかを暴きだすことにある（「非 - 表象理論」については Thrift, 1996, 1999 を参照）。

（4） オジェはジェイムズ・クリフォードによる研究についてとりわけ批判的である（Augé, 1995, 1999b; Sherringham, 1995 を参照）。

自動車の三つの時代

自動車の文化的論理 ◉ デイヴィッド・ガートマン

ジョン・アーリ（Urry, 2000: 57-64）は近年、自動車移動《オートモビリティ》という発想によって自動車についての私たちの見方を一変させた。運動とプロセスに焦点を当てたこの概念によってアーリは、社会学者たちに、自動車を事物として、生産や消費のたんなる対象として考えることをやめ、相互に連動する社会的・技術的実践のシステム――市民社会を再構成してきたシステム――とみなしてはどうかと提案している。この自動車移動のシステムをつくりなす諸々の次元のうちに、アーリは自動車を――製造されたモノとしての、個人的な消費項目としての、機械的な（経済的な）複合体としての、環境に影響をおよぼす因子としての、移動の形態としての、支配的な文化的言説としての自動車を――含めている。こうした複数の次元が相互作用した結果、新たな種類の空間、時間、居住、相互作用をともなうモバイルな市民社会が生み出されるのである（Urry, 2000: 190-3; Urry, 2004）。

こうした複数の次元の相互依存性を念頭に置きながら、私はそのうちひとつの次元に焦点を当てることとしたい。すなわちより広範な消費文化――モノはそのなかで直接的な有用性を超えたかたちで意味やアイデンティティを充塡される――における個人的な消費項目としての自動車である。私が示そうとするのは、消費対象としての自動車は自動車移動のその他の次元から相対的に自律し、しばしばそれらと矛盾をきたすような文化的論理を具現化しているということである。これはしかし、こうした文化的次元が他から独立しているというわけではない。自動車移動の複数の次元が根本的には相互依存的であることを明らかにしつつ、私は、ある特定の自動車の時代における文化的論理の発生は、自動車の生産上ないしは使用上の必要性から影響を受けているということを論じたいのである。しかしながら、この文化的論理が成長して社会にもたらす影響を増大させるにつれて、それは最終的にその論理自身とのあいだに、またそれに付随する生産や使用の実践とのあいだに矛盾をきたすようになり、その結果として新たな自動車移動の布置連関《コンフィギュレーション》が生じてくる。それゆえ私の分析の主要な目的は自動車移動の概念にダイナミックな次元をつけ加えること、換言すれば、社会への影響を刻々と変容させてゆく、つねに展開途上にある矛盾を含んだシステムを照らし出すことにある。

以下で私が論じようとするのは、二〇世紀において三つの自動車の時代——その各々は意味とアイデンティティをめぐる独自の文化的論理によって特徴づけられる——があったということである。これら互いに異なる論理を概念化するうえで、私は消費をめぐる三つの社会学理論を援用する。ピエール・ブルデューは消費を、そのうちで種々の階級が文化資本や地位にまつわる名声を求めて競争する差異化のゲームと考えている。彼にとって自動車は示差的なステータス・シンボルであるのだが、それは区別を設けながらも結局のところは階級社会の不平等性を誤認するものであるという。フランクフルト学派もまた大衆消費文化は階級的差異を正当化すると論じているのだが、ただしその正当化は、ブルデューが考えるようにこれらの差異を象徴的序列のもとに誇示することによってではなく、そうした差異をまるごと隠蔽することによってなされるのだという。とりわけテオドール・アドルノにとって自動車のような消費向け商品は、その生産をめぐる階級関係を大衆の個性という物象化された見せかけの背後に隠し、消費者たちに同一の幻想を異なる量だけ配分することで大量生産という事実の否認の代償を果たすものである。最後にポストモダニズムの理論家たちが論じるところでは、消費向け商品の多様性と個性は、断片化したサブカルチャーの基盤を形成することによって古い階級的アイデンティティを掘り崩しているのだという。彼らにとって自動車とそのサブカルチャーは、モダニティの崩壊のあとに登場する断片化され解放された「差異」の社会の一部をなすのである。

それぞれの理論は、近代社会における消費主義の唯一の文化的論理をとらえていると主張するのだが、少なくとも自動車移動にかんしていえば、各理論はそれぞれ特定の歴史的な時期ないしは時代についてのみ有効であると考えられる。これはしかし継起的に生じる論理がまったく独立しており、先行する論理を完全に無効にするというわけではない。それら論理同士の関係は、本来のヘーゲル的な意味（Marcuse, 1960を参照）において弁証法的なものとして理解するのがもっとも適切である。各々の段階とその論理は、先行するものの代替物ではなく発展した形態に相当する。先行する段階が抱える諸問題と諸矛盾は、後続する段階のうちで乗り越えられる――すなわちそれらは、いかなる最終的な解決をもたないかたちで、より高度の発展段階のうちに組み込まれ克服されるのである。それゆえ古い論理は新しい論理のなかで生き残るのだが、ただしより高度の発展形態のもとで生き残るのである。ということは、ある意味で私は――ヘーゲルやマルクスがするように歴史的進行になんらかの最終地点や目的を前提しないかたちで――各段階の連続《サクセッション》ではなく進展《プログレッション》を想定しているのである。しかしながら三つの段階すべての基礎には、ある共通の主題ないしは衝動が存在している――自律性を約束しながらも同時に経済の他律性のもとでそれを否定する資本主義社会にあって、個人のアイデンティティを探求するという主題ないし衝動が。

経験的な面からいえば、これら三つの時代の時期区分は、主に私の著書『オート・オピウム』（Gartman,

1994）に示したアメリカ社会における自動車についての研究にもとづいている。しかし私はまた同じような時代の進展が他の国々、ことにイギリスでも生じている――ただし時期は異なるだろうが――という考えに私を導いてくれた他の諸研究にも言及するつもりである。本稿は私の以前の研究を国際的に、また歴史的に拡張するものである。『オート・オピウム』では一九七〇年までの時期を中心に論じているのにたいして、ここでは、ポストモダニズムとポストフォーディズムという項目のもとに最近の三〇年間についての概観をも含めている。このように自動車の文化的論理に焦点を当てることをつうじて、私は、自動車移動がダイナミックかつ矛盾をはらんだシステムであり、それが社会にもたらす影響は広範にわたるとともに絶え間なく変化し続けているということを示したい。

階級的差異化の時代――ブルデューとクラフト生産

自動車がアメリカ社会に登場してきたのは一九世紀末であった。当時は経済危機と階級闘争の時代であり、自動車はそうした状況と不可避的に結びついていた。自動車は、ますます議論の種となりつつある階級的差異を顕在化させるものであったが、というのもその価格の高さ（六〇〇ドルから七五〇〇ドル）のために、自動車の所有は上層のブルジョワジーにしか手が届かなかったのである。こうした価格は熟練したクラフト的労働プロセスの結果であるが、そこでは自動車の機械的機能と同じくらい審美的外見が重要であった。とりわけその車体は車体製作の技巧が生み出す芸術品であり、上層階級の趣味に合うようさまざまに趣向を凝らした様式でつくられていた。これら初期の自動車については、その生産だけでなく、使用もまた自動車と階級的特権との結びつきを強固にしていた。自由ということがつねに地理的移動と結びついている合衆国において、自動車はその裕福な所有者たちに、列車の時刻表や旅程表による集合的統制に縛られない、迅速で融通のきく個人的な移動形態という自由をもたらしたのである。しかしこれらの美しく高価な自動車は、しばしば実際的な移動というよりも余暇活動や人びとへの誇示のために用いられた。自動車は有閑階級に欠かせない装飾品となり、彼らは自動車を旅行やレースのために、また流行の先端をゆく大通りを誇示的にゆっくり走るために用いたのである。その結果、自動車はまもなくアメリカ文化のなかで自由と娯楽の道具、ないしは裕福さの象徴——ある階級の人びと全体を仕事や職務活動といった日常的関心事の外へと連れ出してくれる——という意味をもつようになった。

より低い階級の人びとは、こうした象徴的意味に敵意と反感をもって反応した。農民たちは農村地域の共同体に侵入してくる車の所有者の「自由」に不快感を抱いていたが、それは土地や家畜類におよぼす損害のためだけでなく、自動車が都市部の大企業家——彼らの勢力濫用のゆえにこの時期には農民によるラディカルな異議申し立てが生じていた——を象徴していたからである。都市部の労働者たちもまた街路で車を運転するブルジョワの人びとに反感をもっていたが、それは彼らが街路での生活《ストリート・ライフ》を台なしにし、また労働者たちの生命や生活にたいするこの階級の傲慢な無関心を象徴していたからである。だが同時に労働者たちはこの裕福な人びとの所有物をうらやんでもいた。このことは、自動車のレースやパレードを主題とする初期の映画を観ようと大勢の人びとが映画館に引きつけられていた状況からも示される。一九〇六年にウッドロー・ウィルソンは、自動車がもつ階級分断的効果に懸念を示しながらこのように述べている。「自動車の使用は他の何ものにもまして社会主義的な感覚をこの国に浸透させている」（*New York Times*, 1906: 12)。ショーン・オコンネル（O'Connell, 1998: 11-42, 77-111）はイギリス社会における初期の自動車のうちに、階級的特権や余暇や移動の自由といった同様の意味合いを認めている。

これら自動車をめぐる初期の文化的意味——それは自動車の生産と使用により条件づけられている——は、ピエール・ブルデューが彼の著書『ディスタンクシオン』(Bourdieu, 1984) で展開した階級的差異化としての消費の理論と合致している。消費財をステータス・シンボルとみなすシンプルな着想にもとづく、洗練された精密な理論を構築するなかで、ブルデューは、文化的事物は個人の階級的地位の証拠となるような社会的に構築された意味を担っていると論じる。だが経済的階級と文化的趣味とのあいだの象徴的結びつきは直接的なものではなく、身体化されたハビトゥス、つまり一連の持続的な性向および世界観により媒介されている。それゆえたとえばブルジョワジーの豊富な経済資本は、日常的な物質的必要や事物の機能から距離を置いた生活を規定するのである。このような生活はこの階級の成員を、そうした必要性からの距離を形式化や審美化により明示するような文化的財へと向かわせるハビトゥスを形成する。物質的機能よりも審美的形式を特権化するような財を選択することで、ブルジョワジーは無意識的に、日常的な機能や必要に無関心でいることが十分な資源になるということを示唆しているのだ。労働者階級の消費財はもっぱら直接的な物質的必要や満足に焦点化されているのだが、ブルジョワジーの形式化された文化は自身をそうした労働者階級から卓越化する。経済資本の欠如は、労働者たちがつねに物質的必要を満たすことに関心を払わねばならないことを意味しており、そのことは彼らのうちに、審美的形式よりも物質的機能を優先する財へと向かわせるハビトゥスを植えつける。このようにして文化的消費は階級的アイデンティティをしるしづけ、またブルジョワジーの「正統文化」の消費は文化資本や名誉という付加的資源をもたらすのだが、それによって階級システムが依拠している経済資本が隠蔽され正当化されることになる。文化資本は洗練された趣味の証拠となるとともに、そうした趣味をもつ上層階級の人びとが他の人びとよりも人格的に優れており、それゆえ豊かな経済資源をもつのにふさわしいのだという幻想を生み出す。ブルデューが述べるように、文化は階級を象徴化するのだが、そうした象徴化はその現実的な基盤を誤認させるような仕方で果たされるのである。

初期の自動車は明らかにアメリカ社会の上層ブルジョワジーにたいして、彼らが必要性を免れている点を証拠立てることによって文化資本を付与していた。高度な技術で製作された車体の美しい形状は、これらの高価な自動車が移動のための日常的機械というだけではなく、洗練された文化的趣味を証拠立てる芸術作品でもあることを示していた。そして余暇活動での自動車の利用は、生計を立てるという日常的な物質的関心に煩わされない生活を示すしるしとなっていた。こうした初期の自動車にかんしてブルデュー理論が説明してくれるもうひとつの事実は、自動車所有の一般的普及である。ブルデューが論じるところでは、プチブルジョワジーや中流階級の成員たちは文化資本の蓄積をめざしてブルジョワジーの権威ある財を獲得しようとする。ところがブルジョワジーがもつような経済的手段と文化的ハビトゥスの両方を欠いているために、彼らは安っぽい模造品で妥協してしまう。それらは彼らには申し分なくみえるとしても、より高い階級の人びとにたいして自分たちの資源が劣っていることを露呈してしまう。合衆国で二〇世紀の最初の一〇年間のうちに中流階級の専門職や経営者のあいだに自動車が普及したことは、こうした階級的模倣のプロセスによって説明される。自分たちの増大する成功をどうにかしるしづけようとして、これらプチブルジョワジーは裕福や閑暇や自由といった自動車にかかわるシンボルを借用したのである。成長過程にあるが羽振りがよいわけではないこうした自動車市場に刺激されるかたちで、自動車メーカーは自身の生産ラインに低価格のモデルをつけ加えていった。自動車移動の需要にはほとんど下限がないと気づいたフォードやオールズなど少数の先見の明のある製造業者たちは、そうした刺激を受けて、他に先駆けて大量生産に着手していった。一九〇八年にフォード自動車会社は低価格のT型を発表し、そのあと二〇年を費やして専門特化した機械と組立ラインからなる生産プロセスを開発していった。そのおかげで自動車の価格は大多数のプチブルジョワジーや、あるいは労働者階級の上層にさえも、しだいに増加する収入により手の届く範囲にまで下がっていった。イギリスではしかし大量生産の登場は、経済的にも文化的にもより強固な境界をもつ階級構造が障害となり、遅れてしまったように思われる。自動車メーカーは、車の所有による差異の土台を掘り崩してしまうことを恐れて、生産の標準化を回避してしまったのである(O'Connell, 1998: 18-38)。

量産型のアメリカ車は、裕福な人びとが乗っている大型の高級車とは明らかに異なっていた。しかし当初は、買い手はこうした差異をあまり気にかけないようにみえた。どのような種類であれ自動車を所有することは、なおそれだけでステータス・シンボルになる希少なことだったのである。けれども大量生産によって階級の序列の下位の方にまで自動車が普及するようになると、自動車を所有するというだけでは差異を表示することができなくなってしまった。しだいに自動車の型が地位を示すようになり、簡素で機能的な量産車は、高級な型に比べてはっきりとその価値が低下しスティグマ化されたのである。高級な型は自動車による差異化の真の記号となり、地位の高い所有者の裕福さとその上品な趣味を証拠立てるものとなった。そうした車のサイズとパワーにおける量的な優越性は、直接的に量産車との違いを表示していた。だが洗練された目には、その審美的・機械的要素における質的な差異もまた気づかれることとなった。高級なクラシックカーは、卓越した技術と注意深い職人の調整のゆえに機械的にも緩みが少なく、よりスムーズな走りをみせたのである。エンジンは静かに動き、変速機は楽々とシフトし、ブレーキはちょっと触れただけで作動するといった具合に、上流階級のハビトゥスの特徴をなす誇示的安逸にふさわしい、洗練されゆったりした運転の経験が生み出されたのだ。こうした高級車の審美的要素はしかし、芸術の名のもとに、その機械面での機能を打ち消し無効にしていた。何百時間ものクラフト労働が木製の車体――曲線を描く、しばしばロココ調の様式に成型された車体――に惜しみなく費やされた。その光り輝く表面は、遅乾性ワニスによる最大で二〇層もの塗装によって仕上げられていた。その結果として出来上がった自動車は、統一感のある優雅な芸術作品であった。それは移動という日常的機能を形式的・審美的な経験へと高め、巨大な富が可能にする必要性からの離脱を証拠立てるものとなったのである。

量産車はそれとは対照的に、機能性や性能などへの日常的関心――ブルデューによればこれは労働者階級の消費に特徴的である――によってしるしづけられる。大量生産のプロセスは、できるだけ迅速かつ安価に、シンプルで機能的な自動車を生産することを目的としているのだが、こうした基準は製品の外観と動作のうちに痛ましいほど明白にあらわれていた。安っぽい技術と迅速な組み立ては、大きな音がする動きの荒いエンジン、骨の折れる変速機、絶えず振動するフレームと車体をもたらした。こうした自動車は運転にかなりの労力を要し、それは所有者が肉体を使う仕事に就いている証拠となった。ばらばらでまとまりのない外観もまた、調整や仕上げにほとんど時間をかけない大急ぎの非熟練労働プロセスの証拠となっていた。曲線をもつパネルは機械に問題を起こすという理由で、車体は堅苦しい直線と平面で構成されていた。そして短時間でのエナメル塗装がもたらした単調で想像力に欠ける真っ黒な仕上がりは、美的なヴァラエティというものへの関心の欠如を物語っていた。こうした自動車にかかわるすべてが、贅沢に費やす資源をほとんどもたない階級の生活を特徴づける、無駄を省いた効率と機能への差し迫った関心を象徴していた。高級なクラシックカーとは対照的にこれらの自動車は、一九二〇年代において価値が低くスティグマ的なものとみなされていた。フォードのT型は一九一〇年代には自動車を大衆にもたらす民主主義の道具として歓迎されていたのだが、一九二〇年代には見た目が悪く造りが雑だとして一般に嘲笑されるようになっていた。当時のあるジョークはこう尋ねている——T型は愛人と似ているが、それはなぜか。答え。街で一緒のところをみられたくないから。

こうした自動車移動の初期の段階において自動車の質的な差異は、階級の不平等だけではなくジェンダーの不平等をも象徴化し正当化していた。合衆国（Scharff, 1991）とイギリス（O'Connell, 1998）のいずれにおいても自動車の生産と使用のあり方は、活動領域の分離というジェンダー・イデオロギーによって影響を受けていた。概して自動車は男性的なものと特徴づけられていたが、それは自動車が公的領域における移動性を与えたからであり、またそれが実用本位の機械的な生産物だったからである。女性は私秘的《プライヴェート》な家庭領域におさまり、消費や美にかんする非実用的関心にとどまるのが当然と考えられていた。したがって自動車の所有と運転は、文化的に主に男性にふさわしいものとみなされていたのである。だがこうした初期にあっては、女性が車を利用するときでさえ、ジェンダー・イデオロギーによって彼女らは別種の自動車へと隔離されていた。すなわち電気自動車である。ガソリン車は臭いが強く、騒音がひどく、パワーも強力で、女性が運転したり維持したりするのは難しいとされていた。電動車は静かで清潔で機械的にも単純なので、女性によりふさわしいと考えられたのである。電動車の大きな欠点——電池の充電と充電のいだに短い距離しか移動できないこと——は、女性の場合は問題にならないと考えられた。いずれせよ女性が家から遠いところまでふらふらと出かけていくことは禁じられていたからである。

女性の側での需要とガソリン車メーカーの利害との兼ね合いにより、電気自動車が最終的に死滅してしまうと、ジェンダー・イデオロギーはふたたびガソリン車の市場のうちに書き込まれるようになった。大型で高級で値段の張る自動車が、その美や快適さへの関心とともに女性らしいものと意味づけられるようになる一方、小型で安価な量産車は、その実用性や効率への関心とともに男性らしいものと意味づけられるようになった（Scharff, 1991: 49-58）。それゆえ初期の自動車移動の文化には、階級とジェンダーの暗示的意味がはっきりと二重焼きされていたのである。しかもこれは、高収入の女性が定収入の女性よりも自動車を運転することが多いからという理由だけによるのではなかった。こうした重なり合いの文化的基礎をブルデュー（Bourdieu, 1984: 382-3, 402-4）は認識しているが、彼の議論によれば、階級的差異はその本性からしてジェンダー化されているのである。一般的にブルジョワジーはより女性らしいとみなされているが、それはこの階級の男性と女性はいずれも肉体的な生産の領域から距離をとり美や形式を重視するからである。対照的に、労働者階級は全体としてより男性的だと特徴づけられるが、それは彼らが肉体労働に従事して美にはあまり関心をもたないからである。結果としてこの時期には、高級車と量産車のあいだの差異は、同時に階級とジェンダーの両方を示すしるしとして両者の不平等を正当化するものとなっていた。

一九二〇年代中頃までには量産車が階級をスティグマ化する特徴をもつようになり、模倣のプロセスは、たんなる自動車の所有から審美的なことがらにまで拡大していった。上層の労働者階級の人びとが量産車を購入しはじめるようになると、プチブルジョワジーはこの階級にたいする自動車による差異を失ってしまった。その結果、自動車市場のなかで量産車とは違ったよりよいもの、より「上品さ《クラス》」をそなえた低価格車が求められるようになった。ゼネラル・モーターズの社長アルフレッド・スローンは、一九二〇年代中頃に彼が「大衆高級車市場《マス・クラス・マーケット》」と呼ぶものが到来したことを察知し、多くの購買者たちはいまや基本的な移動という水準を超えた自動車に少々多めの金を払うことをいとわなくなっていると論じた。スローンの会社は、高級なクラシック・カーの外見上の様式を採用した量産車をつくることでフォードのT型と競いはじめた。そうした量産車のうちもっとも成功したのは、その会社の高級車キャデラックの小型で低価格な型にあたる一九二七年型ラ・サールであった。クラフト生産になるキャデラックとは異なり、ラ・サールはその価格を抑えるため大量生産でつくられた。だがキャデラックの名声を借りるべく、スローンはその車にハンドクラフトによる高級感をもたせようとした。この「キャデラックの模造品」をデザインするためにスローンは、映画や映画スターのために特別注文の車体をつくっていたハリウッドの車体製造者ハーリー・アールを臨時雇用した。アールは量産型のラ・サールの外観を統一感と品位をそなえたかたちで形成するのに成功したため、GMの自動車のライン全体について同じことをするようスローンに依頼された。一九二七年にアールは美術と色彩の部門——のちにその名称はスタイリング部門に変わる——の責任者としてゼネラル・モーターズに入社した。

アールのGMでのその後の仕事は、しかしブルデューによる階級的差異化のモデルの有効性について疑念を提起するものとなる。アールは、見栄を張ったりさらに上をめざして奮闘したりするプチブルジョワジーのために、キャデラックの模造品をデザインするだけでは満足しなかった。スローンの要請にしたがってアールは、もっとも低価格のものからもっとも高価なものまで、GMの自動車の序列全体にクラフト生産になる高級車の外観をもたらしたのである。こうした最低価格の車にまでいたるスタイルの拡大によって、ブルデュー理論の土台は崩されてしまうことになる。ブルデューの理論では、労働者たちにはシンプルで機能的なものを好む趣味が染みついていると想定されているからである。アールがデザインした低価格のシボレーの売り上げがこの時期に急増したことで、労働者たちもまた、上層ブルジョワジーの美化された形式をそなえる物財を求めていたことが明らかとなった。これは、ブルデューが労働者たちを差異化のゲームから免除されているものと扱うのは間違っていることを示唆している。労働者階級の人びともまた他から際立ち、優越しているように見られたいのであり、機会さえあればそのためにブルジョワの財を模倣するのである。労働者たちは当初はシンプルで機能的な車を消費していたのかもしれないが、それは彼らがそういう車しか購入できなかったからであり、それらを好む趣味がもとから染みついていたためではなかった。しかし一九二〇年代にアメリカの労働者の収入が増加したことで、彼らがそうした物財を捨ててスタイルをもつ車を求めることが可能になった。そうして彼ら労働者たちは、はじめて差異化のゲームに参入してくることとなったのである。

だがスタイルと美をそなえる自動車がブルジョワジーを超えて普及してくると、分離したジェンダー領域という固定的観念への違反が生じる恐れが出てきた。上流階級の「女のような」男性が審美的なことがらや美に関心をもつことは、文化的に容認されるとしても、こうした特徴は中流階級やとりわけ労働者階級の男性たちのより男性的な自己イメージを脅かしてしまうものであった。実際、合衆国とイギリスの両方においてこの時期、外観や流行への関心が工学的機能や性能への関心よりも重視されるにつれて、自動車がしだいに女性化されつつあるという懸念や警告が生じていた。だが好都合なことに、上流階級の物財による差異化をすばやく手に入れようとする下層階級の男性の試みによって脅かされつつあるようにみえる当のジェンダー・イデオロギー自体が、こうした消費上の決定にかかわるアリバイを提供してもいた。男性たちは、スタイリッシュな自動車への自分たちの好みを妻たちのせいにしていたのである。マーケティングの専門家たちの立証されざる所説に後押しされるかたちで、男性たちは、女性たちが消費領域での支配的立場を背景にしながら、家族での自動車購入にますます大きな影響力を行使していると主張していた。その結果男性たちは、それにともなう女らしさという汚名を回避しつつ、差異をもたらしてくれる自動車を購入することができたのである（O'Connell, 1998: 63-70; Scharff, 1991: 57-66）。

ジェンダーの差異については大部分が無傷のままではあったとはいえ、自動車による差異化のゲームがますます数多くの人びとに普及してゆくと、最終的に、階級的差異化の文化的論理とのあいだに矛盾が生じることとなった。ブルデューの差異化の論理は、複数の文化的財のあいだの実質的な差異——それによって質的に異なる階級的地位が象徴化される——に依拠するものである。形式化された財は命令的な地位——その地位をもつ者は仕事を免れることができる——を象徴化するのにたいして、機能的な財は、他人の命令のもとでなされる能率のよい活動への従属を象徴化する。外観においてスタイル化され美化された車の大量生産は、自動車市場におけるこれらの質的差異を無効化しはじめていた。低価格の量産車でも外観上は同じように見えるようになった時点で、クラフト作業で生産された値の張る高級車を所有し運転することの象徴的な優越性はますます失われていった。品質の優れた自動車がもっていた差異は、低い階級の人びとが運転する無数の似たような車のうちに消え去ってしまったのである。さらにまた分割され単純作業化された大量生産プロセスによって、質的に異なる機械を区別するのに必要となる感受性が掘り崩されてしまった。その結果ハンドクラフトによる高級な型は、一九二〇年代中頃に衰退しはじめた。キャデラックやリンカーンといった一部の型は量産会社に獲得され、その生産ラインナップに組み込まれることとなった。他の会社のうちには量産会社と競争するために製品のグレードを落とすものや、あるいは、とりわけ高級車の需要が急激に下落した一九三〇年代の大恐慌の時期にはそうだったのだが、ビジネスから完全に撤退してしまうものもあった。高級車メーカーは、市場力とスケールメリットの点から判断して、巨大な大量生産の会社と競争するのはほとんど不可能だと悟っていた。一九二〇年代中頃には、合衆国の三大量産自動車メーカーが自動車生産の総計の七二パーセントを占めていた。結果として、卓越した趣味を象徴化したり文化資本を表示したりする質的な差異は、市場のうちにほとんどなくなってしまった。実質的な階級的差異の象徴としての自動車は、アメリカにおいて終焉を迎えたのである。

だがイギリスでは、自動車市場における同様の質的な平準化は第二次世界大戦後にいたるまで生じなかった。モーリスのような一部の製造業者は一九二〇年代中頃に大量生産への道を進みはじめたのだが、とはいえ完全なかたちでの大量生産は、〔アメリカよりも〕不平等な収入構造と堅固な階級間の文化的境界のゆえに妨げられていたのである。そのため労働者階級の人びとのあいだに、高級な外観をもつ量産車への大きな需要は生じていなかった。労働者たちは概して中流階級の中古車で妥協するよう強いられていたのである（O'Connell, 1998: 19-38）。

大衆的個性の時代――フランクフルト学派とフォーディズム

個々の自動車のあいだの示差的・質的な差異が崩壊したからといって、しかし、量産業者に支配された市場が均質化したわけではない。実際、アメリカの大手自動車会社は一九二〇年代末に、質的には似たようなものであれ、外観上は審美的特徴や付属品によって差異化された多様な型を提供しはじめたのである。こうした量産車はすべて、ますます稀少になった高級車の洗練された統一された外観を模倣していたのだが、しかしそうした車は、クロムメッキの飾りやサイズやパワーといった価値属性の量により価格のグレードというかたちで差異化されていた。質的には似たような自動車のあいだに、なぜわざわざ人工的な差異をつくりだす必要があるのだろうか？　答えは、新たな大量生産システムを文化的に正当化する必要性という点にある。ミシェル・アグリエッタ（Aglietta, 1979）らのレギュラシオン理論家が論じるように、新たな大量生産のプロセスは、専門分化した機械と組立ラインがつぎつぎと送り出す財をすべて流通させ消費させるために、新たな大量消費の様式を必要とする。彼らは新たな生産組織と新たな消費組織の組み合わせをフォーディズムと名づけるのだが、それは彼らが両者の創始をヘンリー・フォードに帰しているからである。組立ラインの導入から間もない一九一四年に、フォードは日給五ドル制を創設し、労働者たちの賃金を劇的に増加させるとともに、彼の車の新たな消費者を大量に生み出した。だがこの制度は、たんにより多くの消費者を生み出そうとする試みではなく、より信頼性の高い従順な労働者をつくりだそうとする試みでもあった。賃金の増加は主に彼の新しい、より集中的かつ搾取的な生産方法が引き起こす労働者たちの不満の波を抑えるために導入されたのである。日給五ドル制の見返りとしてフォードは労働者たちに、大量生産方式への黙従とともに、主要な耐久消費財を中心とする安定した家庭生活――それによって労働者たちは給与の高い仕事に依存することになる――への黙従を要求したわけである（Meyer, 1981）。

だが労働者たちはどのような種類の消費財を、自分たちのますます疎外され搾取されつつある労働を十分に埋め合わすものとみなすだろうか？　これが一九二〇年代末以来アメリカの自動車産業が答えようとしていた問題であった。ハーリー・アールや他の自動車デザイナーたちは、量産車に高級車の外観をもたらすことで、たんに大衆の差異への欲望を満たすだけではなく、大量生産の非人間的側面から逃避したいという彼らの要求を満たそうとしていた。この時期にアメリカの労働者階級は比較的高い賃金によって家庭内に独立した消費領域をつくりはじめており、そこに彼らは労働領域からの一時的退避とその埋め合わせを見いだしていた。自動車はこの麻酔作用をもつ消費主義的組織の要石であった。社会改革論者や資本家の博愛主義者は、労働者たちが都市の混雑を避け、田園地帯に娯楽と気晴らしを求めることを可能にする点で、自動車移動が労働問題や社会問題を解決しうるだろうと論じていた。彼らはまた、自動車の所有によって労働者が「資産家」になり資本主義に利害をもつことで、階級間の緊張が克服されるのではないかとも期待していた。だが労働者が購入する自動車が、消費領域のうちに大量生産を象徴的に想起させるものを一緒にもち込むことになる限り、そのいずれも達成されることはなかった。直線的で統一感に欠ける量産車の均質性は、労働者たちがそこから逃れたいと思っている、融通のきかない退屈で他律的な生産過程を象徴していたのである。これらの自動車の表面を、高級車のように洗練され曲線的で変化に富んだ形状に成型することで、アールたち自動車デザイナーは不快な労働を想起させる要素を覆い隠し、自動車がそれとわからぬ仕方で逃避機能を果たせるようにしたのである。アールが述べたように、彼は「乗り込んだときにはいつも気分がほっとするような――しばらくのあいだちょっとした息抜きができるような自動車をデザイン」しようとしたのである（引用は Sloan, 1972: 324 による）。

だが自動車の消費者たちが物財を求めたのは、たんに労働を覆い隠すためだけではなく、その労働において自分たちに否定された欲求を満たすためでもあった。そしてそれら否定された欲求のうちもっとも重要なもののひとつは個性であった。大量生産プロセスは労働を標準化された反復的作業に還元し、個々人の独自性や差異を表現する余地をほとんど残さない。それゆえこのプロセスに従属する人びとが個性的で独自性をもつ財――それにより他の人びとと違って見えればよいのであって、必ずしもブルデューの差異化の概念のように優越して見える必要はなかった――を買うことによって、自分の消費生活のうちで埋め合わせをしようとしたのは当然のことだといえよう。GMのアルフレッド・スローンは一九三四年にこのように述べている。「人びとは他人とは違ったものを好む。多くの人びとは隣人がもっているものとまったく同じ物をもちたくはないのだ」（Sloan, 1972: 207）。その結果、個性を求める消費者の要求に合わせて数多くの種類の自動車をつくること――あるいはスローンがいうように「あらゆる財布《パース》、目的《パーパス》、個性《パーソン》にかなうような自動車」（1972: 520）を生産すること――がGMや他の量産メーカーの方針になった。個性を創出するために自動車メーカーが用いたひとつの方法は、価格別に等級分けされた種々の車の型を生産することであった。こうしてたとえば一九二〇年代中頃にスローンは、あらゆる収入水準の消費者たちにアピールすることを狙いつつ、ゼネラル・モーターズの型をひとつの価格の序列のうちに注意深く配置してみせた。キャデラックが高価格の極にあり、そのあとにビュイック、オールズモビル、ポンティアックと続き、そしてシボレーが低価格の極にあった。それらのあいだに実質的な違いはほとんどなかった。すべてが——キャデラックでさえも——大量生産されており、型が違っても同じ構成部品のいくつかを共有していた。しかしスタイリングのおかげで自動車メーカーは、こうしたモデルを差異化させつつ大量生産の大規模な需要を満たすことが可能になったのである。

一九二七年にスローンがアールを雇い入れたとき、彼はアールに、差別化された価格設定を正当化するため、GMの個々の型のあいだでのスタイル上の厳密な区別を維持するよう指示した。すべての型が高級車のような統一感のある曲線的な外観を与えられ、そうした外観によって大量生産の形跡が覆い隠されていた。だが、これに加えて価格の序列のなかの各ブランドは、比較的安価なスタイル上の鍵要素《キュー》——クロムストリップやクロムグリルなど——によって差異化されていた。こうした恣意的な特徴的要素のおかげで、別々の型が共有している量産された車体構造が互いに異なっているように見えたのである。こうした鍵要素《キュー》を別とすれば、一番上の型と下の型を差異化するものは、それらの特徴的要素の質ならぬ量であった——最上級の型は誰もが欲しがるものをより多くそなえていたのである。価格の高いキャデラックは低価格のシボレーよりも長く、重く、より多くのシリンダーと付属品をそなえていた。それゆえキャデラックの購入者は、シェビー〔シボレーの愛称〕の買い手と違っていると感じるだけではなく、何となく「より優れている」感じがしたのである。ただしそれは趣味が卓越しているからではなく、彼ないし彼女が、誰もが望ましいと考えているものをより多く手に入れることができたからであった。

スローンの考案によってGMのスタイリング部門に導入された第二の方針は、消費者に、生産において否定されたもうひとつの欲望の表層的な代替物を提供するものであった――つまり進歩への欲望である。消費者はたんに他人とは異なった事物が欲しいというだけではなく、進歩を象徴する絶えず変化し続ける製品が欲しいのだということをスローンは理解していた。象徴的な進歩をもたらすためにスローンが考案した方策は、毎年のモデルチェンジであった。毎年、車体や付属品に手を入れることで、すべてのモデルの外観にわずかな変化がつけられ見た目が新しくなった。だが一皮むけば、量産された機械部品は何年にもわたって変わらないままであった。ハーリー・アールは、こうした毎年のモデルチェンジとさまざまな型の序列的差異化とを組み合わせて巧妙なトリクルダウン方式をつくり出し、進歩だけでなく社会移動をも求める消費者の欲望をうまくかき立てた。サイクルの最初の年には、アールはGM製品の序列の最高の型――キャデラック――にスタイル上のある特徴的要素を導入し、そこから威信や高収入が連想されるようにした。つぎの年にはアールはそれを二番手の型――ビュイック――に移し、この車にキャデラックの威信の一部を与えた。このトリクルダウン式のスタイリングをアールはそのあとの何年間か、その特徴的要素がもっとも低価格の型――シボレー――に到達するまで継続した。そうしてありふれたものになった時点で、彼は新しい特徴的要素を最上位に導入して新たなサイクルを開始するのであった。下位の型の消費者たちはこうして、自分たちの自動車はよりキャデラックに似てきているのだから、だんだん良くなっているのだということを――したがって自分たちの生活も同じように良くなっているということを――信じ込まされたのである。

自動車産業におけるこうした事態の展開は、消費はハビトゥスにより決定され、つまるところ階級的地位を象徴化するというブルデュー理論の有効性をさらに掘り崩してしまう。彼の理論では、それぞれの階級のハビトゥスに適合する財の生産は、財の生産者と消費者の地位とのあいだの無意識的・構造的な相同性《ホモロジー》の結果としてもたらされることになっている。各々の階級は独自の生産者をもっており、それら生産者は文化的生産の場において、その消費者が社会的階級の場において立っているのと同様の地位——アウトサイダーにたいするインサイダー、古参にたいする新規参入者——に立っている。その結果これらの生産者たちは、文化資本を求めて他の階級と競争をしているある階級のハビトゥスに適合するような種類の財を提供するべく、他の生産者と競争することから動機づけられるのである（Bourdieu, 1984: 230-4）。しかしこれは明らかにこの時期における種々の自動車の型については当てはまらない。こうした型はほとんどすべてが同じ大手量産会社によって生産されており、それぞれの会社では、序列をなす種々の型は同じスタイリング部門でデザインされていたのである。そこでデザイナーは個々の型を差異化するため意識的に型のデザインを操作しているのだが、ただしそれは種々のハビトゥスにアピールすることによってではない。同一の階級のハビトゥスをもつデザイナーは、ブルデューによれば、さまざまな消費者のハビトゥスにアピールすることはできない。こうしたデザイナーたちが自分のデザインするすべての型でアピールしていたのは、管理された大量生産システムによって——その割合に違いはあれ——あらゆる階級が否定されている同じ要求にたいしてなのである。より高い階級の人びとは、誰もが望むもの——とりわけ個性、それに大量生産の紛れもない証拠となるものの隠蔽——を端的により多く手に入れることができるのだ。

じつのところブルデュー理論は、上流階級向け製品の示差的特徴が、その威信を借用するために低い階級の人びとによって模倣されるという、自動車産業に導入されている種類のスタイルのサイクルをきちんと認識している。こうした特徴的要素が広く普及してあらゆる差異が失われてしまうと、ブルジョワジーは文化の場に戻り、まだ凡庸さや商業主義に汚されていない新機軸を流用＝占有《アプロプリエート》するのである（Bourdieu, 1984: 372-84）。しかしブルデューにとってこのサイクルは、差異化を求める階級間の競争の非意図的・非組織的な結果にほかならない。こうしたサイクルが、進歩の感覚や社会——その基盤的構造は同一のままなのだが——のなかでの移動の感覚を消費者に与えるための意識的な方針となり意図的に創出されるという可能性については、ブルデューは想定していない（Gartman, 1991）。

だがしかし、自動車移動のこうしたフォーディスト的段階の文化的論理をとらえている消費理論がある。すなわちフランクフルト学派の批判理論である。当初からマックス・ホルクハイマーとテオドール・アドルノは、大量消費財を、階級の低い人びとの地位をめぐる闘争に役立つ道具ではなく、むしろ労働者たちが大量生産の非人間的条件を埋め合わせるための道具として概念化していた。彼らは「文化産業」のなかで、大衆娯楽向けの製品は「機械化された労働プロセスからの逃避として、また、ふたたびそのプロセスに向き合える力を回復するために求められる」と書いている（Horkheimer and Adorno, 1972: 137）。こうした消費財は満足を与えるのだが、しかしそれは、疎外された生産過程によって否定された欲求の非本来的・代替的な満足にすぎないのである。

> 体制は彼ら［消費者］から奪うばかりで約束したものを与えてくれない、そのために彼らの内部には少なからぬ欲求不満が蟠っており、何はともあれ牢番が飢えている彼らのことを思い出し、彼らの飢えを充たすために——右手でパンをよこさないのなら——せめて左手で石を恵んでくれるように、大きな口を開けて待っているのである。（Adorno, 1974: 148）

それならシステムの生産という右手によって否定され、消費という左手から提供される空虚な代替物によりなだめられる飢えとはどのようなものだろうか？　これらのうちもっとも重要なのは自由や個性や進歩であり、それらはすべて資本主義的大量生産にかかわる「管理社会」の犠牲者なのである。
フランクフルト学派の理論家たちは、生産において拒絶された欲求の満足を消費において提供しようとするこうした試みが、たちまちジレンマを生じさせるということを認識している。消費財はそれ自体が大量生産されたものであり、必然的に標準化や均質性やデザインの不変性といった大量生産プロセスの特徴をそなえている。大量生産が文化を占有するようになり文化を交換価値の規則に従属させるとき、結果として生じるのは、提供されるものの「知的レベルの低下」である。機械による標準化された商品のロングランをうながすために、製品の品質が最小公分母で通分されてしまうのだ。そうした文化的平準化の主要な事例のひとつとしてアドルノがあげているのが自動車である。一九四〇年代の中頃にアドルノは、量産メーカーの序列をなす個々の自動車のあいだには実質的な機械的差異はほとんどなく、クラフト生産による高級車はひとつの種のごとくしだいに絶滅しつつあるということを認識していた。

たしかにキャデラックは、シボレーと比べるなら値段が高い分だけ相応の長所をそなえているだろう。しかしキャデラックの卓越性は——この点が古いロールス・ロイスのそれと違うわけだが——それ自体が綜合的な生産計画から生み出されたものであり、この種の計画は、大量生産の基本方式を堅持しながら、その枠組みのなかで抜け目なく品質のちがうシリンダーやねじや付属品などを車種ごとに振り分けるのである。だから生産工程をちょっとずらしさえすれば、シボレーはたちまちキャデラックに早変わりするわけだ。こうして贅沢の空洞化が進行する。(Adorno, 1974: 119-20)

この一節は、アドルノやフランクフルト学派をブルデューから隔てるような、文化の機能にかんするより深い問題を提起する。ブルデューからすれば贅沢品には、階級の不平等を維持するという点を超えた内在的な価値は何もない。ところがアドルノにとって、無用かつ無益なかたちで美しく洗練された贅沢品は、文化の縮図であり、必然的に社会のうちで価値転倒《サブヴァーシヴ》的な役割を果たすものである。彼にとって文化は不平等かつ圧制的な世界における「幸福の約束」なのであり、人間の欲望を否定する醜い社会にたいする潜在的批判を提供するものなのだ（Adorno, 1984: 17-18)。資本主義において文化は、あらゆる人びとや事物を交換における直接的「有用性」へと還元してしまう市場の趨勢にたいする重要な対抗力となっている。文化における不要ともみえる美しいものや贅沢なものは、市場の量的還元主義に対抗し、交換によっては実現されえない人間性を擁護する。それゆえアドルノにとって大量生産における贅沢品の喪失は、進歩的ではなく反動的な事態なのであり、最後に残されていた対抗的な力が抑圧的な資本主義社会のうちに包摂されてしまうことにほかならない（Adorno, 1974: 120)。

だがもし贅沢品が平準化され、それが市場における例のごとき均質化した交換価値になってしまうとするなら、文化の大量生産者はいかにして自分の消費者に、生産において彼らが拒否された真の欲求の代替的満足を与えられるのだろうか？　アドルノが私たちに語るところでは、その答えは、自動車産業が提供している種類の人為的な操作された差異化という点にある。

> 消費財の規格生産によって誰にでも同じものがあてがわれている。ところでこの均一性を蔽いかくすための市場の側の必要は、操作された趣味と公的文化の個性的な見かけをあみだすのだが、この見かけは必然的に個人の解消に比例して増大してゆく。(Adorno, 1978: 280)

システムの正当性は、あらゆる階級の消費者に見かけ上多様な商品のあいだでの自由選択という幻想を提供することで確保される。だがそうした表層の下では大量生産プロセスが、事物のあいだの、また人びとのあいだの実質的な差異を平準化しているのだ。アドルノの考えでは、拒絶された欲求にたいするそのような幻想的代償は上層ブルジョワジー——つまりいわゆる支配階級——さえをも特徴づけている。ブルデューが主張するごとく、この階級がかつて経済的必要性から離脱することで他から卓越していたことが事実であるにせよ、アドルノが論じるには、「[上流] 社会の生活は……経済原則——その種の合理性は全体に浸透する——によって全面的に刻印を受けている」のである (Adorno, 1974: 187)。ブルジョワジーの生活の形式化と審美化は、アドルノによれば、経済的必要性からの離脱をあらわしているのではなく、ブルジョワジー自身が交換システムに従属していることから生じる退屈と他律性——ブルジョワジーはそれを他のすべての階級の人びとと共有している——から逃避しようとする試みをあらわしているのである。この階級はいまやこうした逃避を実現するための手段をより多くもっているという点でのみ、他の階級から卓越しているのだ (1974: 187-90)。

大衆的個性および進歩としての消費を対象とするフランクフルト学派の理論は、こうした文化が最終的にもたらすのは資本主義社会の階級システムの正当化と維持にほかならないと論じている点で、ブルデューの理論と似通っている。だがフランクフルト学派の理論は、正当化を確保するさいの方法をブルデューとは違ったかたちで想定している。ブルデューにおいて消費は階級間の経済的不平等を顕著な仕方で示すのだが、それはみずからの起源を誤認するような象徴形式でおこなわれる。内面化された階級的ハビトゥスにより規定される正統的な消費の趣味は、それを保持する個人の人格的な卓越性を証拠立てているようにみえるのだが、このことによって、彼らが経済的資源をより多く保有することが正当化されるのである。

それにたいしてフランクフルト学派の議論によれば、消費は、階級間の真の差異を全体的に隠蔽することによって階級を正当化するのだという。すなわち、すべての人びとが共有する個々に区別のつかない大衆文化のもとに差異を埋め込んでしまうことで、消費は、差異を認識不能にしてしまうのである。アドルノが書いているように「今日、階級の存在はイデオロギー的見かけによって隠蔽されている」(Adorno, 1976: 55)。文化産業は、種々の階級の趣味を証拠立てる商品間の質的な差異を消去してしまい、それにかえて、すべての人びとが必要とする同一の代償的特徴をもつ人為的に捏造された量的差異をもち出してくる。これら量的差異があらわしているのは、正確にいえば階級——つまりは生産に根ざした社会的権力の質的差異——ではなく、たんなる「層」——すなわち消費に根ざした市場における収入の量的差異——にほかならない。それゆえフランクフルト学派の立場からするなら、大衆文化は階級構造を物象化することによって、言い換えれば諸々の事物——市場における諸々の商品——の関係の背後に社会関係を隠すことによって、階級構造を正当化するのである(Gartman, 1991)。

フランクフルト学派は、消費を物象化された大衆的個性とみる理論を明示的な仕方ではジェンダー関係に拡張していないが、しかしスーザン・ウィリス(Willis, 1991)などの論者による洞察に満ちた研究が明らかにしているように、それをおこなうことは可能である。自動車は、そうした拡張的応用が経験的に有効であることを示している。大衆的個性の時代には、自動車の使用と消費の両方においてジェンダーの差異が狭まっている。自動車移動の利便性が明らかになるにつれて、ますます多くの女性がハンドルを握るようになった。第二次世界大戦後のアメリカでは、自動車が促進した人口の郊外化それ自体がさらなる原因となって、自動車は、新興の分散した地形のうちで女性が家事役割を果たすうえで不可欠の道具となった。運転をしない郊外の主婦はほとんどいなかった。さらに、ますます寡占化する自動車市場において、スタイリングや美しさが重要な競争手段になってくるにつれて、女性だけが美に関心をもつという観念を保持するのは困難になってきた。これは、自動車をめぐるジェンダー的な差異の観念が消失したということではなく、ただそれらの差異が質的ではなく量的なものとして再定義されたということである。男性たちは、自分たちもまたスタイルや美しさや快適さを好むということをしだいに進んで認めるようになっていた。だが車の広告から判断する限り、女性のほうがこうした特性をより好み、また求めていると考えられていた。それゆえ、たとえば一九四〇年代および一九五〇年代の広告はしばしば、自動車の内装のスタイルや快適さ全般についてはジェンダー中立的な言葉で宣伝しながらも、ある特定の色や布地のファッショナブルさをとくに売り込むときには女性に的を絞っていたのである。一九五〇年代末に女性を狙ったマーケティング・キャンペーンを立ちあげたときに、ゼネラル・モーターズは、自社の数少ない女性デザイナーによる車を用いた一連の「女性の《フェム》」展示会を開催した。これらの車はGMの量産型とスタイルにおいて質的な違いはなく、ただ、過剰な量のスタイリッシュな付属品が用意されていたのである。ある自動車には季節ごとに取り換えられる四セットのシートカバーが付属していた。別の「女性的な《フェム》」車にはパステル調の内装に調和した小型旅行鞄が付いており、また別の自動車はメタリックローズで塗装され、内装には格子模様の入った赤と黒の革が用いられていた (Barley, 1983: 99-108)。より多くの付属品、より明るい塗装、より多くの色を用いた内装――女性はこうしたものを求めていると考えられていたのだ。このように権力や職業や機会におけるジェンダー間の質的・社会的差異は、同一の商品のたんなる量的差異――市場で彼女たちをより強く引きつけるための差異――へと物象化され還元されていたのである。

　だが以前の階級的差異という文化的論理と同じように、大衆的個性という論理の拡張と増大は、究極的にはそれ自体の乗り越えを招いてしまうような矛盾を生み出すこととなった。一九五〇年代末までに、アメリカの自動車メーカーの量的差異にもとづく製品序列が提供していたトリクルダウン式の個性というプログラムについて、すべてがうまくいっているわけではないことを示す徴候が出てきていた。自動車移動のフォーディズム的システムはみずからの成功の犠牲になりつつあった。戦後フォーディズムのケインズ主義的需要管理政策は収入の増加と平等化において多大な成功を収め、何百万人もの労働者階級の消費者を新車市場へと向かわせた。より公平になったこの市場は、企業の序列をなす型のあいだの量的差異に平準化の効果をもたらした。最大の市場はいまやシボレーやフォードといった低価格の型により構成されており、こうした市場において車一台ごとの利益を増加させるため、自動車メーカーはこれらの車をグレードアップしはじめていた。低価格の車はさらなるサイズやパワーや付属品をそなえ、その結果、高級車とのあいだの格差は最小化していった。同様の平準化への圧力は自動車のスタイルにもかかっていた。個々のスタイル上の特徴を、型の序列の下方に向かって順序正しく移行させてゆく手法は、消費者の需要と生産者の競争の両方の煽りを受けることとなった。自分たちの新たな繁栄の象徴を切望する労働者階級の消費者は、より高価な型が示している個性的外観を強く求めた。各製造業者は、デザイナーたちがこうした消費者たちに彼らが要求するものをすぐに与えなければ、競争相手がそうするだろうと気づいていた。たとえばGMのハーリー・アールは、テールフィン――一九四八年型キャデラックに導入された特徴的要素であり、航空学を連想させてテクノロジー的進歩や現実逃避という暗示的意味をとり入れようとしたもの――の順序正しいトリクルダウンを維持しようとした。彼は一九五〇年代の初頭にビュイックやオールズモビルにゆっくりとそれをもち込もうとした。だが低価格の型を購入する労働者階級の消費者たちはこの飛行と結びついた自由の象徴を待ちきれず、クライスラーは、一九五六年よりソアリング・フィン〔車体尾部のひれ状の突起〕をすべての型にとり付けることでこの抑えつけられた需要に口を開いた。そのあとで生じたスタイル戦争は、結局のところ自動車間の量的差異化のシステムを掘り崩すこととなった。

威信の高い特徴的要素を、利益のあがる低階層向け市場にすばやくもち込もうとする競争的圧力のもとで、デザイナーたちは一九五〇年代末には漸進的変化を放棄し、大胆な新機軸を打ち出すことで互いに張り合っていた。フィンがそびえ、車体は長くなり、クロムメッキ部分が増殖するといったかたちで、これまで例のない自動車のモデルチェンジの狂熱が巻き起こったのである。それぞれの型のあいだの美的な差異という見かけは失われた。こうした美的な平準化が何を含意していたかは、フォードが一九五八年に売り出した新型車エドセルの途方もない失敗のうちに明らかである。過密した市場において自分たちの新しい車を目立たせるべく、フォードの重役たちは、どの方向からでもユニークにみえる車をつくるようデザイナーたちに指示した。そのためエドセルは、通常は凸状である側面に対抗して凹状の側面を、垂直フィンに対抗して水平フィンを、水平グリルに対抗して垂直グリルをそなえつけられた。個別的にみるなら、こうしたスタイリング上の要素はそれほど奇妙でも特異でもなかった。だがこのうんざりするような注目度抜群の新奇性をすべて組み合わせたものは、やり過ぎ以外の何物でもなかった。エドセルは他との差異をたいへん声高に、しかも薄っぺらなかたちで主張したため、アメリカ自動車産業《デトロイト》のむやみに装飾の多い大型ファミリー・セダンすべてが、根本的には互いに似たようなものであることが露呈されたのである。その車は、それまでの一〇年間に自動車の過剰性にたいして蓄積されつつあった不満を一身に引き受ける身代わりとなった。売れ行きがたいへんに悪かったため、その型は三年後には市場から姿を消すことを余儀なくされた。このエピソードは、消費者が大量生産の美的偽装の正体を見破りはじめたことを示しているのだが、その傾向は、ヴァンス・パッカードの『かくれた説得者』(Packard, 1980/1957)やジョン・キーツの『横柄な自動車《チャリオット》』(Keats, 1958)といった暴露本の人気にも明らかであった。美的にも構造的にも互いに近接してきているアメリカ車は消費者にごく小さな個性しか与えないため、ますます多くの人びとが輸入車を購入しはじめていた。文化エリートたちはアメリカ車の「クロムで覆われた風船のような車体」を、中流階級の主婦のうわべだけのステータス・シンボルとして嘲り、敏捷なヨーロッパ製スポーツカーへの好みを示していた（*Fortune*, 1947: 184）。富裕なビジネスマンは、メルセデス・ベンツなど高級なヨーロッパの型を利用《アプロプリエート》して自分たちを個性化しようとした。労働者階級の若者たちでさえも均質的なアメリカ製セダンを拒絶し、改造市販車をいじることで差異と個性を求めていた――そこから生み出されたのがホットロッドと改造車のサブカルチャーである。中流階級の若者や大人たちの一部は、シンプルで変化のないフォルクスワーゲンを差異のしるしとして採用した――そうすることでフォルクスワーゲンはアメリカ文化における「反自動車《アンチカー》」となった。

大衆的個性というフォーディストの時代の矛盾は、消費者の審美的感覚だけにとどまらず、使用という側面にまで波及していた。あらゆるアメリカ人が路上に出ることで大量生産からの個人の自由と逃避を表明しようとしていたとき、彼らは、こうした自動車移動の楽しみを掘り崩すような意図せざる集合的効果を生み出していたのだ。道路の混雑によって故障や事故や騒音や汚染が増大し、またマイカー利用者たちがそこへ逃げ込もうとしていた汚れなき田園地帯が広く荒らされてしまった。一九六〇年代には、自動車がもたらしたこれらの状況に対抗すべくいくつかの運動が出現したが、そのうちもっとも重要なのは環境運動と消費者運動である。大衆的個性という自動車の時代はその終焉に近づきつつあり、みずからの矛盾のもとに崩壊しつつあった。だがしかしこうした葛藤と矛盾のうちから数々の要素の新たな総合が、つまりは自動車を新しい千年期《ミレニアム》にもち込むような生産と消費と使用の新たな時代が浮上してきたのである。

サブカルチャー的差異の時代――ポストモダニズムとポストフォーディズム

一九六〇年代以降、アメリカ政府と自動車産業はフォーディスト的な自動車移動に含まれる諸々の矛盾への対処に着手した。議会は一九六五年に環境運動に応答すべく、自動車に排出基準を設ける自動車大気汚染規制法を可決した。また安全性にたいして消費者運動が示す懸念に対処するため、議会は一九六六年に全国交通自動車安全法を可決し、連邦政府関連機関が新車の安全基準を設定できるようにした。アメリカの自動車メーカーは一方でこうした政府の規制に対抗すると同時に、他方で、外国の競争相手にたいする市場シェアの喪失に歯止めをかけるべく一連の方針転換をおこなった。問題は結局のところ製品の個性が欠けている点にあるのだと気づいた諸メーカーは、量産しながらも表層的に差異をほどこした車を重視するフォーディスト的な考え方を捨て、構造や工学技術の点で根本的な違いをもつ、より幅広いヴァラエティのある自動車を提供しはじめたのである。一九六〇年から一九七〇年のあいだにアメリカの製造業者は販売モデルを五〇パーセント増やし、その過程で大量のまったく新しい種類の自動車を導入した。すなわちコンパクト、サブコンパクト、インターミディエイト・サイズの自動車、マッスルカー（パワフルなパフォーマンスの自動車）、ポニーカー（スポーティな若者志向の車）、スポーツカー、そして自家用高級車などである。それぞれの車種は以前のように大きな収入集団を狙うのではなく、年齢やジェンダーや家族内地位といった非‐階級的な特徴にもとづく、小さなより特定化された市場のニッチに目標を絞っていた。こうした車種の多くはホットロッダー、改造愛好家、自動車反対運動家といった既存の自動車関連のサブカルチャーに基礎をもつものであった。こうして実質的な階級的差異を隠蔽するような人為的な差異化と序列をそなえた大衆向けの市場は分裂し、平準化されつつも相互に違いのあるニッチ市場へと分かれていった。このフラット化した競技場にあって、美的差異はもはや高い製品から低い製品へと普及してゆくのではなく、周縁的なサブカルチャーから主流の市場へと広まってゆくことになった（Gartman, 2002）。

しかしながらこの新しい、より差異化された自動車の消費のモードは、旧来のフォーディスト的な生産方法とは両立しないことがすぐに明らかとなった。製品の多様性の増大はフォーディスト的な大量生産の基礎――つまりは製品の標準化――を脅かすこととなったのである。モデルの数が増加するにつれ、それぞれのモデルを生産するために特別な工場を建設する必要が出てきた。さらに各モデルに装備可能な付属品の数が増大することで、同じラインのうちで自動車の組立時間にばらつきが生じるようになった。このばらつきのおかげで労働者の側での裁量の余地が生まれ、努力協定をめぐる経営側との継続的闘争において生産スピードを緩めることが可能になった。論争的な労使関係というコンテクストにあって、ばらつきの増大がもたらしたのは、各部門の生産コストの増加と各部門の利益の減少であった。一九六〇年代末から一九七〇年代初頭にかけて自動車メーカーは、従来からのコスト削減の方法である能率促進をもって、低下する利益率を押しあげようとした。だがこうした方法を肩に担わされた労働者階級の側は、強力な労働組合と失業保険、それに社会賃金プログラムなどのケインズ的プログラムによって、解雇という危険からは免れていた。それゆえ経営者たちが労働のペースを増大させると、安全に保護されたフォーディストの労働者たちは反発し、さまざまな程度において無断欠勤や離職や生産停止などが急増した。自動車メーカーや他の製造業者たちは、消費者にさらに多様な製品を利益のあがる仕方で提供するには、生産過程だけではなく、労使関係や社会プログラムからなるフォーディスト的組織の全体をも再編成せざるをえないということに気づいたのである（Bowles et al., 1984）。

自動車メーカーは一九七〇年代に採算性を回復するため、また高まりつつある外国との競争に対処するため、みずからの生産過程の再編成に着手した。海外の自動車メーカーは一九七三年の石油ショック以降、アメリカ市場でさらに強固な足場を獲得していた。石油ショックによってガソリン価格が上昇し、日本やドイツが長年にわたって生産してきた小型の低燃費車が重視されるようになったためである。硬直的なかたちで標準化されたフォーディスト的な生産過程と官僚機構のゆえに、この競争において不利となったアメリカの自動車メーカーは、先を争うようにしてコストを削減し、ヴァラエティと変化に富む製品を生産しうる、よりフレキシブルな生産方法を見いだそうとした。日本の製造業者、とりわけトヨタにヒントを得て、これらの企業は工場を閉鎖して部品生産を請負業者――その多くは賃金の低い第三世界の国々で操業されていた――に移行しはじめた。そして残された工場では汎用機器を用いたり、幅広い作業を扱えるよう訓練された労働者を使ったりすることで、生産のあり方をよりフレキシブルに、多様な製品に対応できるよう変えてゆく試みがなされた。しばしば「リーン生産」や「フレキシブルな専門化」と呼ばれるこの新たな生産の組織化によって製造コストが実質的に削減され、自動車メーカーは資本の大部分を、ますます重要になりつつあるデザインやマーケティングといった非生産的部門へと移すことが可能になった。こうした企業の再編策のすべてを促進していたのは、しかし、国家の側での新自由主義的な再編であった――そこでは組合労働者への風当たりが強まり、社会的プログラムが縮小され、企業や富裕層にかかる税金が削減され、経済の金融セクターの規制が解除されていた。こうした施策によって、職場の技術的再編が促進されただけでなく、法的に保護され組織化された労働力にかかる高い固定費を削減し、権利や保護をほとんどもたない低賃金の臨時の労働者へと生産を移すのに必要な資本移動が可能となったのだ（Klein, 1999; Milkman, 1997; Rubenstein, 2001; Womack et al., 1991）。

こうした一九七〇年代から一九八〇年代初頭にかけての再編の時期には、アメリカの自動車市場は停滞し落ち着いていた。エネルギー危機や環境問題のために、何十年かぶりに自動車にたいする実践的かつ実際的な態度が生じていた。さらにまた、この何年かの経済の停滞とインフレーションによって消費者の購買力が減じてもいた。だが一九八〇年代中頃から再編された経済が成長しはじめ、ブルジョワや知的職業階級の富と収入が急速に増大する一方で、労働者階級のそれは停滞するか下落するという、二つに分岐したかたちでの好況が生み出された。一九八〇年代末から一九九〇年代にかけて自動車市場を再生させたのは、前者の消費であった。新しく裕福になったヤッピーたちは、主として自分たちの富ではなくライフスタイルを誇示しようとして、自分たちの個性をあらわす、また旧来の世代のビジネス専門家たちとの差異をあらわす、なんらかの象徴を求めて自動車市場に押し寄せてきたのである。アメリカの自動車メーカーは、新たに獲得したフレキシビリティをもってこうした需要にすばやく対応した。それぞれが「ライフスタイルの選択」の証拠となるような多種多様な車種の爆発が市場のうちに起きた――ミニバン、レトロカー、スポーツタイプの自動車、エコカー、多目的自動車、ハイブリッドカー、等々。各々の自動車は、誰もが欲しがるものを違った量だけもつような大衆ではなく、特定の娯楽的関心やアイデンティティにもとづく小さなニッチ市場にアピールしていた。こうしたライフスタイル自動車は互いに「より優れている」とか「より劣っている」とか考えられることはなく、もはや序列的ではなく断片化した寛容な市場にあって、ただ互いに異なっているとみなされたのである。そうした市場にあって自動車メーカーは、たんに自動車を売るのではなく、ひとつの「ブランド」、あるアイデンティティの全体、生活の意味ないしイメージを売っていたのである（Klein, 1999; Rubenstein, 2001: 217-50, 287-306; Sparke, 2002: 198-243）。

このように平準化され複数化された自動車移動の文化をもっともうまく説明できるのは、ポストモダン理論である。かなり伸び縮みのある「ポストモダニズム」という境界内に含まれる理論的傾向は数多くあるが、私は、バーミンガム現代文化研究センターによって練りあげられた種類のものに焦点を当てることとしたい。そのなかでもステュアート・ホールとディック・ヘブディッジによる研究はとくに有用である。彼らが実践している種類のポストモダニズムは、フォーディズムにかんする文献に直接とり組んだうえで、ポストモダン文化はポストフォーディズムと呼ばれる新たな生産様式に一致すると論じている。こうした理論家たちによれば、新しいポストモダン社会が出現しているのは、「近代大衆社会を特徴づけていた均質性や標準化、またスケールに重点を置く経済や組織ではなく、多様性や差異化や断片化により特徴づけられるようになっている」(Hall and Jacques, 1989: 11) 先進資本主義諸国においてである。彼らが論じるところでは、一九六〇年代に、人びとを定義づけ社会のうちに位置づけていた階級的アイデンティティが崩れ出し、数多くの新たな政治的・文化的集団が生まれてきた。概して一九六〇年代の社会運動がこうした断片化に寄与したとみなされるが、それは、そうした運動がジェンダーやセクシュアリティや年齢や対抗文化といった、数々の非経済的な問題をめぐる非階級的な政治的アイデンティティを先駆的に唱えたからである。こうした階級的アイデンティティの崩壊にともなうかたちで、それらを表現していた序列的文化への異議申し立てがなされた。ポストモダン文化を特徴づけるのは、とりわけエリート文化と大衆文化のあいだの差異の崩壊である。一九六〇年代の多くの若手の芸術家たちにとって、高級なモダンアートは、企業資本主義による管理社会と結託したことで信用を失っていた。彼らは大衆文化のいくつかの側面をとり入れはじめ、高級なものと低級なものを融合させて、増殖しつつある社会の非階級的アイデンティティを表現するような新たな多様な形態を生み出していったのである (Hebdige, 1989)。

この時点において大量生産をおこなう諸々の産業は、文化的アイデンティティの多様化と断片化という要因を背景に危機に陥りはじめていた。フォーディズム的生産は、固定化された機械と組立ラインによる標準化された商品の生産をおこなううえで大衆市場に依存していた。こうした標準化された商品は、収入の異なる諸階級に販売するために量的属性という点で人為的に差異化を施しうるようになっていたが、そのシステム自体は、誰もが基本的に同じようなものを求めていることを想定していた。さまざまな非序列的・非階級的な下位集団が登場してくると大衆市場は断片化されるようになったが、それは各々の集団が自分独自のアイデンティティを表現するために互いに異なる商品を求めたからである。ポストモダンの理論家たちによれば、こうした消費者需要の新たな性質に刺激されるかたちで、スケールの経済ならぬ多角化《スコープ》の経済にもとづいた新たなポストフォーディスト的生産方式が推進されることとなった。コンピュータやその他の新奇なマイクロエレクトロニクス製品など新たなテクノロジーを導入しつつ、製造業者は、大量生産にかえてフレキシブルな専門化——すばやく用途を変更しうる機械を用いて多種多様な製品を少量生産する製造システム——をとり入れた（Mort, 1989; Murray, 1989）。平準化し断片化した消費文化において多様な商品生産への需要が増大するなか、あらゆる先進資本主義諸国の製造業者のうちますます多くのものが、時代遅れのフォーディズムを捨て、このポストフォーディズムという新たな生産システムを採用することを余儀なくされるようになった（Amin, 1994）。

ジャン・ボードリヤールなど一部のポストモダン理論家は、階級的アイデンティティのこうした崩壊と、種々の消費スペクタクルに支配された文化——ライフスタイルの関心別に断片化した大衆のアイデンティティを表現する、つねに移り変わる種々の消費スペクタクルにより支配された文化——の興隆という事実から、ひじょうに陰鬱な政治的含意を引き出している。だがバーミンガム学派は、ポストモダニズム／ポストフォーディストの社会の政治的布置状況《コンフィギュレーション》にかんして楽観的である。なかでもディック・ヘブディッジは、消費者のスタイルにより定義されるサブカルチャーについて、それらがもつ価値転倒的な潜勢力を称揚するような分析を練りあげている。階級アイデンティティと、それに付随する二つに分岐した文化が崩壊したことをヘブディッジは歓迎する。それらは両方とも、底辺にいる大衆が頂点にいる専門家たちによる解放を待つというかたちでの、大衆の受動性を再生産する序列的モデルにもとづいているからである。ヘブディッジ（Hebdige, 1989）の議論によれば、階級のアイデンティティと文化の断片化および平準化は、階級やネーションを越える、資本主義社会の全体性を転覆しうる潜勢力をそなえるサブカルチャーを大量に生み出すという。画期的な研究『サブカルチャー』（Hebdige, 1979）においてヘブディッジは、イギリス労働者階級の若者たちの消費にもとづくサブカルチャーを分析し、彼らのつぎはぎによるスタイルは、序列的な社会を基礎づけている文化的コードの重大な混乱を表象していると論じている。

ヘブディッジはまた『光のなかに隠れる』（Hebdige, 1988）と題された論文集のなかで、価値転倒的な差異としてのライフスタイル・サブカルチャーというモデルを、自動車へと応用している。ここでの彼の議論によれば、自動車は、他の消費されるモノと同様に、それを独自の目的で流用＝占有《アプロプリエート》するさまざまな集団が割り振る多様な意味をもつのだという。暴いたり隠したりすべき本質的な生産関係というものはなく、あるのはただ圧制的な全体化的・序列的秩序を無効化し掘り崩しうる、互いに競い合う表層的な意味だけなのだ（1988: 77-80）。一九五〇年代イギリスにおけるアメリカ製量産車の受容を扱った論文のなかでヘブディッジは、これらの自動車は、階級的差異を正当化する既成の趣味の序列にたいする脅威とみなされ、また事実においても脅威であったと論じている。多くの上流階級のイギリス人たちは、戦後の大衆的消費者の豊かさのうちに致命的な「レベルダウンのプロセス」を認め、そのなかでエリートの道徳的・美的な標準が浸食されていると考えた。キャデラック・エルドラドのような巨大で過剰に装飾されたアメリカ車は、大衆の卑俗さに迎合し、デザインにおける真の上品さと洗練を台なしにするという理由で、とりわけ退廃的で不快であるとみなされた。労働者にとってはしかし、これらの自動車は進歩の――というのはつまり彼らの生活水準の改善とそれを可能にした科学の発達の――象徴にほかならなかった。ヘブディッジの議論によれば、こうした量産型のアメリカ車は、エリートの権威を支えていた示差的な文化的遺産の液状化を加速化したのだという。だがヘブディッジは、保守的な人びとはこうした平準化した消費文化がもつ均質化効果について思い違いをしていたのだと論じている。

むしろアメリカのポピュラー文化は……豊かな図像学ないしは一連のシンボルやモノや人工物を提供しているのであり、それらはさまざまな集団によって文字通り限りない数の組み合わせのうちに組立《アセンブル》=構成され、ふたたび再組立《リアセンブル》=構成されるのである。そして選ばれた各々の対象の意味は、個々のモノ……が本来の歴史的・文化的コンテクストから引き離され、他の出所に由来する別の記号とともに並置される……ときに変容を被ることになる。(Hebdige, 1988: 74)

さまざまな集団が独自のアイデンティティを表現するべく自由に構築するこれら多種多様な意味によって、この平準化された消費文化は「新たな異議表明の言語」(1988: 71) となるのである。

自動車を、断片化されつつも価値転倒的なサブカルチャー的アイデンティティの表現とみなす点において、これと同じような、しかしより最近のポストモダン的分析がダニエル・ミラーの『自動車文化』と題された論文集で提示されている。ミラーの主張によれば、人びとは自動車をとおして自分自身を理解し表現するのだという――ということは、ここでは「集団ごとに異なる文化形態や経験」(Miller, 2001: 12) があると想定されているのである。こうしたサブカルチャー的表現は私的であり多様であるがゆえに、「自動車は疎外の徴候というよりもむしろ疎外に対抗する手段となっている」とミラーはいう（2001: 3）。この著作には、こうしたポストモダン的アプローチの有効性を裏づけようとする自動車をめぐる数々の民族誌的《エスノグラフィック》研究が含まれているが、そのなかにラッガレないしは暴走族《グリーサー》と呼ばれる、若い労働者階級のスウェーデン人の男性を扱った研究がある。このサブカルチャーの中心をなすのは、一九五〇年代から一九六〇年代の巨大なクロム仕上げのアメリカ車をレストアし運転することである。この研究の著者トム・オデル（O'Dell, 2001）が論じるところでは、労働者階級の若者たちがこうした自動車を選ぶのは、とくにスウェーデンの中流階級が押しつける「よき趣味」という規範――それはアメリカ車を卑俗で仰々しく快楽主義的だと決めつける――と自分たちとの違いを示し、またそうした規範への軽蔑をあらわすためだという。オデルはまた、こうした自動車サブカルチャーはこの国に特有のものだと考えているが、それはこのサブカルチャーがスウェーデンの中流階級に特徴的な価値観――実用性や合理性や慎み――に対抗するものとして定義されているからである。オデルはさらに、中流階級がラッガレとその自動車を危険や道徳的衰退の象徴とみなしているという理由から、ラッガレを価値転倒的だと考えている。

だがこのサブカルチャーの独特な性質を主張しようと性急になるあまり、オデルは不思議にも、同時期に登場したアメリカのホットロッダーについて何も言及していない。ムーアハウス（Moorhouse, 1991）が明らかにしたように、これらアメリカの若者たちもまた大部分が労働者階級であり、主流をなすアメリカ人たちの標準的な自動車との違いを主張しようとしていたのである。さらに彼らもまたモラルパニックや恐怖の対象となっていた。大幅な変更と改造を加えられたホットロッダーの車は、ラッガレの自動車とは違っている――ラッガレの車のほとんどは、アメリカ車を標準的にレストアしたものである。しかしアメリカのホットロッダーは、合衆国ではありふれている装飾つきの巨大なセダンから自分たちを差異化するために車を改造する必要があった。他方、改造を加えないラッガレのアメリカ車は、地味で実用的なスウェーデン車にたいして同じような差異を獲得していた。それゆえ文化的表現に違いはあれ、その意味するところ——自由、逃避、差異——は同じだったのである。オデルはまた、このサブカルチャーが社会にもたらした現実的影響についても深い考察をおこなってはいない。そうした若者たちがブルジョワ社会にたいする脅威だと考えられたからといって、実際にそうであったとはいえない。合衆国では、ホットロッダーが先駆的につくり出した自動車の「価値転倒的」な差異の多くは、主流の自動車メーカーのモデルのうちに組み込まれていった。このようにしてこのサブカルチャーはたんに、より複数化し平準化した自動車市場に役立つ個性と差異の新たな源泉となったのである。

自動車によるサブカルチャー的差異の表現をめぐって、同様の疑問がジェンダーについても提起されうる。ポーリン・ガーヴェイが『自動車文化』に寄せた論文では、自動車はノルウェーの若い女性たちに、既成のジェンダー役割を踏み越えるための手段を提供していると論じられている。無謀で違法な運転をつうじてこれらの女性たちは、家事という限られたルーティンや社会的孤立からの自由や逃避を獲得するのである。そうした行動はまたノルウェーにおいては国家当局への挑戦という意味合いをもつが、というのもこの国の政府は自動車移動の初期から車の所有を——最初は制限することで、そしてのちには促進することで——統制しようとしていたからである。けれどもガーヴェイはまた、これらの女性が自動車を使用することで、同じくらいしばしば既存のジェンダー役割を——それに挑戦するのではなしに——促進しているという点を理解しているように思われる。道路を逆走する向こうみずの運転によって得られるのは、家事からの一時的解放——それによって家事が少しだけ耐えられるものになるような一時的解放——にすぎないのだ。そして少なくともインタビューを受けた一人の女性にとって、運転は、家庭内での孤立を打ち破るような社会関係を生み出すことはなく、「ときおり欠如している社会関係の代替物となり……家庭のなかに長いあいだいるという耐えがたい孤立を解放する圧力弁として作用している」のである（Garvey, 2001: 140）。

事実、シンディー・ドナテリの議論によれば、とくに女性に的を絞ったあるニッチ市場の自動車について、それは彼女たちの自由を促進しておらず、むしろ彼女たちを伝統的なジェンダー役割のうちによりしっかりと取り込んでいるのだという。ドナテリは、ライフスタイル自動車の何よりも成功したもののひとつであるミニバンについて、それを「ロナルド・レーガンが選ばれた一九八〇年代初頭に、政治的言説における主要テーマのひとつになった「家族の価値観」という逆行的な保守的論題のための物質的外殻であると」みなす（Donatelli, 2001: 85）。この車輪のついた郊外型住宅は、こうしたフェミニズムにたいするバックラッシュの時代にあって、異性愛的な結婚および生殖の支配的位置を再主張したのである。この車の構造そのものがジェンダー的ステレオタイプに合わせてつくられている。ミニバンはたくさんの子供――女性の伝統的役割はその出産と世話によって規定される――を乗せるのに十分な大きさをもつ。それでいて床が地面に近く、簡単に操縦できるようになっているのだが、というのも女性は繊細で柔弱であるため、従来のトラック――明らかに男性的な乗物である――を運転することはできないとみなされたからである。家庭のあらゆる女性的な快適さを詰め込まれたミニバンによって、女性は、伝統的な家庭的役割を効率よくこなすことができ、同時に他方では、新たに発見された賃金労働者となる「自由」に八時間もしくはそれ以上の時間を捻出することができるようになるのだ。

ポール・ギルロイは同じようにアメリカ黒人のサブカルチャーと結びついた自動車について、それは人種的ステレオタイプを壊すのではなく、たんにそれを維持し、主流の消費文化へと結びつけているのだと論じている。奴隷や強制労働という歴史のために、アフリカ系アメリカ人たちは、自動車を移動の手段として——しばしば黒人たちが人種差別を逃れ、雇用の機会を得るための移動を可能にするような手段として——受容するようになったという点をギルロイは認めている。さらにまた物質的貧困のために、アフリカ系アメリカ人たちは高級車などの製品——それは彼らが通常は入手できない富やその結果としての地位を公的に誇示する——を好むような傾向をもってきたのだという。こうしたことを認めていながらもしかし、ギルロイは、高級車やクロムメッキのリムや凝ったカーステレオといったアフリカ系アメリカ人の自動車サブカルチャーは、アフリカ系アメリカ人が慢性的に受けている傷を癒しつつステレオタイプを維持する、集団的な人種ブランディングであるとみなしている。そしてさらに重要なことに、黒人の自動車移動は、人種主義にたいする集合的・政治的闘争から個人主義的・消費主義的主張へとエネルギーをそらしてしまっているのだ。それゆえ自動車は

> ……私たちをこのような歴史的地点に連れてくるにいたった。そこでは黒人《ブラックネス》であることが、恒常的・体系的な不平等に直面したうえでの苦痛や抵抗や連帯をあらわす徴候というよりもむしろ、どことなく魅惑的なライフスタイル上の「オプション」——それは高度にブランド化された商品と、彼らに合うようにみえるあらかじめ封印された「エスニック」なアイデンティティとの多文化的錬金術により与えられる——へと、簡単に変容してしまうのだ。(Gilroy, 2001: 86)

ポストモダニストたちは、他とは区別される独自の特徴をもつ自動車移動の時代があるのだと論じてき

た。それはつまり自動車が、階級的差異や大衆的個性の表現としてではなく、数多く存在するライフスタイル集団——そのうちどの集団も必ずしも別の集団より優れているということはない——のうちのひとつの集団のアイデンティティのしるしとして生産され、購入され、使用される時代である。しかし、こうした平準化され断片化された文化的論理が、なんらかのかたちで階級や人種やジェンダーなどの制限的役割から人びとを解放するというポストモダニストたちの主張は疑わしい。富や収入の分極化が急速に進行し、積極的差別是正措置《アファーマティヴ・アクション》が廃止され、女性の性や生殖にかんする権利《リプロダクティヴ・ライツ》が切り縮められてくるにつれて、消費者の差異という見かけは、たんに自由や多様性という煙幕を提供するだけとなってしまう可能性もある(Jameson, 1991)。それゆえこの自動車移動の時代は、大衆的個性の時代においてフランクフルト学派が主張したような物象化に置き換わったものではなく、それがより高度な形態に乗り越えられたものと考えるのがもっとも適当である。ポストモダン的差異が対処する基本的欲求は、大衆的個性というフォーディストの時代に見いだされるものと同じである——つまり人びとから経済的自律性を奪いとるような社会における代償的個性への欲求である。しかしながら、過去二〇年間にわたって経済市場を拘束してきたフォーディズムの崩壊にともない、人びとは生産領域における自律性の喪失を克服するため、ますます強烈な消費者としての個性を欲するようになっている。似たような消費者からなる大衆のうちでの量的差異化はもはや十分ではなく、それは無限に分割可能なライフスタイル集団のあいだでの質的差異化にとって代わられている。だがこうしたモノによる強烈な個性は、またしても階級やジェンダーや人種などの現実的な人間関係——これまでになく均質化され分極化されている人間関係——の隠蔽に寄与しているのである。

　このことはしかし、自動車移動がいまや均衡状態にあるシステムのうちに固定されているということを意味するのではない。その反対に、大衆的個性という文化的論理からサブカルチャー的差異のそれへの乗り越えは、その構成要素のうちに、もしくは各要素同士のあいだに、種々の矛盾を生み出すこととなった。第一に、このような徴候がみられるのだが、夥しい数のライフスタイルのサブカルチャーのあいだに差異をつくり出すべくモデルが急増したことで、ポストフォーディズムのフレキシブルな生産システムにおいてでさえ、それにかかる経費とのあいだに矛盾が生じるようになった。消費者の差異への欲求を満足させようと、一九九〇年代に自動車メーカーが以前よりも多くのモデルを生産したとき、商品の市場での持続期間が短くなり、またスケールメリットが縮減したことにより、とりわけ日本の生産者のあいだで一台ごとの利益が下落するようになった。そうした生産者が示した対応は「最適リーン生産」のシステムへと移行してゆくことであり、そこでは生産性とスケールメリットが目標としてふたたび強調されることになった。これらを達成するためには、しかし、企業はモデルの多様性や新機軸を犠牲にしなければならなかった。それゆえたとえばコストを削減し部品の息を長くするため最適リーン生産をおこなう生産者は、新しいモデルを、古いモデルからより多くの構成部品を利用しうるかたちでデザインするようになった。各々のプラットフォーム（自動車の構造的基盤）の数、トリムレベル、各モデルで利用可能な付属品のパッケージ、等々を減らすことで、さらなるスケールメリットが達成された。最後に、スケールをより拡大するために各企業は合併や共同事業による統合に着手し、同じプラットフォームをより多くの車種で用いられるようにした。たとえば他のブランドを買収したことにより、現時点でフォードはリンカーンとジャガーとボルボの生産に同一の高品位なプラットフォームを使っている。こうした手段はしかし、ポストモダニズムというニッチ市場を走る種々の自動車のあいだの実質的な差異を減じてしまう恐れがある（Rubinstein, 2001: 42-55）。

現在の自動車移動の時代に含まれる第二の矛盾は、差異の文化と自動車の使用とのあいだで発生してきている。個々の運転者が自動車によって彼または彼女の独自のアイデンティティを表現しようとするとき、道路を走る自動車の数が増大し、自動車による表現主義にたいする苛立たしい障害が生み出されてしまう。もしポストモダニストが主張するように、個々人がそれぞれ数多くのアイデンティティをもっており、場合に応じて違ったものを表現したいと考えるようになるとすれば、この問題はさらに悪化することとなる。たとえばソフトウェア会社の重役であるヤッピーは、出勤時にはBMWを運転して彼のハイテク企業的人格を表現しようとする一方で、週末には、オフロード車に乗って自然に帰れ式の余暇的人格を表現しようとするかもしれない。結果として合衆国にはすでに、免許証をもつ運転者よりも多くの自動車が存在するという事態が生じている。それゆえ自動車はますます環境の大きな部分を占有するようになり、道路はたいへん混雑し、運転は解放や個性の経験というよりもフラストレーションの経験になる。ひどい自動車渋滞のなかで自由な個性を感じることは難しい。先進資本主義諸国の道路は限られた空間《スペース》＝余地を求めての戦場となり、そこではストレスが突発的に燃えあがり路上の激怒《ロード・レイジ》というやっかいな出来事が生じてくる。文化が運転者に自在な速度と逃避を約束するとき、あらゆる妨害物は耐えがたいものとなってしまう(Michael, 2001: 72)。空間を争点とするダーウィニズム的闘争において個人的利益を確保するために、運転者のなかには、巨大かつパワフルで軍用めいたスポーツ用多目的車を購入して、賭け金をつり上げようとする人びとがいる。攻撃的な威厳をもって路上の低級の種にいばり散らすのだが、その結果はといえば、運転が余計に競争的になり危険になってしまうだけなのだ。

路上におけるこうした礼儀作法の衰退は、ポストモダンの自動車移動をめぐる第三の矛盾、すなわち文化それ自体の領域に内在的な矛盾を反映しているのかもしれない。個々人が公的生活から離脱し、多数の孤立したライフスタイルの飛び地のうちに閉じこもり、まったく自分自身と似たような他者とのみ関係をもつようになるとき、その他の運転者を自分と重ね合わせることが困難になってしまう。彼または彼女は、権利や義務を一般に共有する仲間としてではなく、稀少となった空間＝余地《スペース》と承認を求めて競争する、ライフスタイルを別にする異質な他者とみなされるのである。ロバート・ベラーとそのグループは『心の習慣』（Bellah et al., 1996）のなかで、合衆国は「孤立したライフスタイルの飛び地」の集合体となりつつあり、集合的努力や一体化《アイデンティフィケーション》を可能にする運命や文化を共有しているという感覚を失いつつあると論じている。そうした文化的原子化こそが――環境の使い尽くしや生産の収益性の低さではなく――ポストモダンの自動車移動の時代の究極的限界をもたらすということもありうるだろう。

結論

二一世紀の移動を主題とする著作のなかでジョン・アーリ（Urry, 2000: 205-11）は、こうした複雑なシステムが、諸社会を予測不能かつ非線形的な仕方で変容させつつあると論じている。ある特定の複雑なシステムにあって、諸々のアクターはその秩序を再生産するような活動をくり返すのだが、時の経過とともに、個々の活動の蓄積的効果によって、システムを混乱させ不均衡状態へともたらしてしまう非線形的な予期せざる結果が生み出されるようになる。自動車の文化的論理を対象とする私の研究が明らかにしているのは、自動車移動をめぐるそうした混乱と矛盾は二一世紀の諸社会においてはじめて生じたわけではなく、自動車の歴史のうちですでに二回起きているということである。階級的差異と大衆的個性の論理はいずれも、各々の拡張および反復をつうじてその土台を掘り崩され、自動車移動の諸要素の強制的再編がもたらされることとなった。だがアーリと違って私の自動車移動の分析がその存在を明らかにしているのは、ランダムかつ予測不能なシステムの動揺ではなく、弁証法的線形性をもつひとつの発展プロセスである。私が主張する自動車移動の三つの時代はすべて、自動車移動のシステムとその文化的論理を駆動するような原動力が潜在していることを証拠立てている。この原動力とは、潜在的には自律的である人間存在と、その自己決定を独特の異質な論理をもって妨害する経済市場システムとの対決にほかならない。前世紀の全般にわたって展開してきた市場法則により、人びとは、自分たちのアイデンティティや自律性や個性への欲求を、消費の領域において満足させるよう強いられてきた。そしてこうした代償的消費の究極的な表現こそが、自動車、つまりは自由と同義語になった個人的移動手段なのである。自動車の各段階が最終的に崩壊してきたのは、この自動車が人間の欲求を満たすこと――薄い金属板によってアイデンティティを提供し、動きによって自律性を提供すること――ができなかったからである。そのようにして諸矛盾はひとつの段階からつぎの段階へと積み重なり、増大し増幅するのだが、けっして解決されることはない。こうした自動車をめぐる愚かさが終局を迎えるのは、システムのなんらかの不可避的・客観的な展開によってではなく、人間が自分の運命をその機械からとり戻そうとする行為をつうじてのみであるだろう。

オート・クチュール（Auto Couture）

戦後フランスの自動車を考える ◉ デイヴィッド・イングリス

この『理論・文化・社会』（*Theory, Culture & Society*）誌の特集号〔本書のもととなった特集号〕の目的のひとつは、現在の社会科学における奇妙な脱落のひとつを埋め合わせることにある。それはすなわち、自動車が分析と調査の対象として相対的に無視されているという点である（Hawkins, 1986）。ときおりポール・ヴィリリオ（たとえば Virilio, 1986 [1977] など）などの研究者が、社会組織のパターンを創出し維持するうえで移動の諸様式全般が――とりわけ自動車の諸形態が――果たす役割について社会理論的な関心を引きつけてきた。(1) にもかかわらず現代の諸社会の輪郭をつかもうとする思想家たちが、自動車にしかるべき注目を払っていないという状況は、いまなお継続している。シェラーとアーリ（Sheller and Urry, 2000）が論じるように、これはたいへん興味深い状況なのだが、それはひとつには自動車テクノロジーが、二〇世紀をつうじて種々のことがらの形成および再形成――都市空間および非‐都市的空間の、思考と存在の方法の、そして社会的相互作用の様式の形成および再形成――に深くかかわってきたからである。

この論考で私がめざしているのは、自動車を中心に据えた社会理論的分析に関心をもつ人びとの注意を、特定のフランス人の著者たち――自身が経験する社会状況において自動車がどのような意義をもっているのかを理解しようと試みた著者たち――の見解に向けさせることである。私が考察を加えるのは、戦後におけるフランスの知的生活の全般に——とくに自動車文化の理解に——貢献してきた著者たちである。おおよそ一九五〇年から七五年にわたる期間に焦点を当てるつもりだが、その理由は、ひとつには紙幅の都合によるが、より重要なことに、この時期には自動車にかんするとりわけ豊かな思考の鉱脈——現在の研究者が開発すべき鉱脈——があったからである。以下で概観するように、戦前のフランスの知識人も自動車の問題にいくらかの注意を向けていたのだが、自家用車が、人口の大部分をなす人びとにとって経済的に手の届くモノとしてフランスのどの道路でも目にされるようになり、同時に、作家や映画製作者やその他の知識階級の関心と興味の源泉になったのは、一九五〇年代中盤とそれ以降の戦後消費主義の急速な発展のもとにおいてであった。フランスにおける大衆レベルでの自動車輸送の登場は合衆国よりも遅れていたため、そしてまた、私が対象とする期間に自動車は論議を呼ぶテクノロジーとなっていた——アメリカナイゼーションのトロイの木馬であるとか、フランスの日常生活のうちにまったく問題なく適合するものであるとか、さまざまな見方がされていた——ため、フランスの知識人は多くの場合、きわめて敏感な態度をもって、自動車が社会的・文化的状況にどのような影響を与えるのかを理解したいと考えていた。本稿で対象とする種々の見解は、自動車の影響のもとでフランスはどうなるのかという知識人の関心から刺激を得ていたのである。

本稿の具体的な目的は三つの面からなる。第一に、戦後フランスにおける自動車文化の発展——それは、当時のさまざまな知識人が自動車の重要性をめぐって展開した種々の見解を生みだした土壌にほかならない——について簡潔な社会 - 文化史を提供したい。第二に、これら諸々の見解をまとめ、多様な著者の手でばらばらに書かれたものをひとつの通観的なかたちで提示したい。私が知るかぎり、こうした試みが英語の出版物でおこなわれるのはこれがはじめてである。これにより英語圏の読者が、考察対象となる期間にフランスの思想家が展開した自動車文化をめぐる多くの興味深い観点に触れられるようにしたい。第三に、これが最後の点だが、それが適切な場合には、ここで並べられる諸々の見解や観点が、今日の社会の動きに自動車が与える影響を把握したいと考える著者たちにとっていまなお有用であるという点に注意を引くこととしたい。戦後フランス人が「自動車の社会《オートモビリック・ソサエティ》」の理解に果たした貢献の分析から明らかになる――と私が考えている――ように、ここで展開される見解の多くは、社会理論家にとっていまなおひじょうに興味深いものである。それゆえある意味で戦後フランスの著者は、自動車文化のダイナミクスをめぐる理論の展開の基礎をかたちづくった人物であるとも考えられる。本稿がめざしているのは、このトピックについての「古典的文献」の資料集成《コーパス》――現代の思想家が有効に利用できるような――の確定に寄与を果たすことである。

まず最初に、自動車をめぐって戦後フランスに展開された諸状況について、その歴史的背景を詳述する。そのさい、フランスの自動車産業の興隆にかんして簡潔に、経験的なやり方で考察をくわえると同時に、モダニストの建築家ル・コルビュジエによる自動車の熱狂的受容について言及しておく。ついで自動車がスペクタクルのかたちで誇示を具現化する役割を果たした点について検討する――これはロラン・バルトや若きジャン・ボードリヤールによる記号論的な著作で探求されている主題である。つぎに自動車が機能上必要とするコンクリートとアスファルトのネットワークが建設されたことで、フランスの物理的空間が誰の目にも明らかな仕方で破壊された状況をめぐり、ギー・ドゥボールやアンリ・ルフェーヴル、アンドレ・ゴルツといった左翼の思想家たちが当初示した反感にみちた反応について考察する。そのあとで一部のフランスの思想家たちが、どのように自動車を広範な社会的ダイナミクス――誇示的消費、社会的地位をめぐる競争、高度に個人主義的・競争的な社会によって促進される攻撃的な行動、等々――と結びつけたかを検討する。最後に一九六〇年代後半以来、一部のフランスの思想家たちが自動車を日常生活に不可欠な要素——それはまた独特の儀礼と特異な形式の社会的実践をもち込んできた——とみなすことが可能になった状況について考える。結論部では、現在において「自動車を考える」試みにとって、こうした多様な観点の諸側面がいまなお保持している意義を引き出してみたい。

自動車の登場

自動車の時代の最初期にあって、フランスは、自動車のデザインと生産において世界をリードする存在であった。最初の自動車は一八八〇年代末にドイツで開発されたのだが、そうした自動車のデザインを発展させ商業的に成立しうるまでに仕立てる点で主導権を握ったのは、自転車製造業者アルマン・プジョーなどフランスの企業家たちであった（Laux, 1976）。このプロセスは、一八九〇年代をつうじてたいへん急速に進行した。世界で最初の本格的な自動車レースのひとつは、一八九五年にパリとボルドーのあいだで開催されている。フランスの会社パナール・ルヴァッソールの製造した馬なし馬車（*voiture sans chevaux*）が、パリとボルドーのあいだの七三〇マイルを踏破し、わずか五二時間で戻ってくるのに成功したことは、自動車がもはやたんなる実験的装置ではなく、人びとや物財を運搬する方法を変容させる大きな潜在的能力を秘めた、十分な実用可能性をもつ輸送形態であるということを世界に知らしめた。フランスの道路の状態が良好であること、そしてまた全国的にガソリンが広く入手しやすいことも手伝って、フランスにおける自動車の数は一八九五年に三〇〇台であったのが、一九〇〇年には一万四〇〇〇台以上にまで跳ねあがった（Barker, 1987）。

これ以降、絶対数からすれば合衆国とイギリスの道路を走る自動車の数のほうがフランスよりも大きかったのだが、それにもかかわらず自動車製造は、第一次世界大戦前後にはフランス経済の重要な一部となっており、ルノー、プジョー、シトロエンといった製造業者はすべてこの時期に大手の雇用者となっていた。この理由のひとつは、戦時経済下の自動車運搬にたいする需要のおかげで、自動車製造が、職人の手作業を含む主として小規模な生産形態から、大規模な大量生産事業へと変容したことにある（Fridenson, 1989; Kuisel, 1981）。戦間期にはアンドレ・シトロエンが、生産工程にアメリカ式経営管理法の利点を導入することで、フランス版ヘンリー・フォードとしてのイメージを自覚的に打ち出していた（Schweitzer, 1982）。だが別の面では、この会社の巨大な自動車工場は、労働者のあいだでは労働争議における好戦的態度のゆえに悪名高く、その評判は少なくともその後五〇年間は続くことになった（たとえばMothé, 1965など）。価格が比較的高かったために、自家用車〔の所有〕は戦間期には裕福な中流階級に限られていたのだが、しかし一九三〇年代初期までには、ほとんどの大都市圏にすでにかなり多くの自動車ディーラーがあった（Fridenson, 1972）。運転者向けの雑誌や旅行ガイド（タイヤ会社のミシュランがつくったものなど）や地図など、自動車関連の刊行物が急増したことも、戦間期に上層ブルジョワジーのあいだに自動車が広く行き渡っていったことを示すもうひとつの指標となる（Fridenson, 1987）。

この時期に自動車が知識人の思考に与えた劇的なインパクトは、一九二四年のル・コルビュジエ（Le Corbusier, 1971）によるモダニズムのマニフェスト『ユルバニスム』（*L'Urbanisme*）のうちに鮮やかに示されている。ここで彼は新たなユートピア的都市——高層タワー、ショッピングセンター、空中を走る高速道路、地下ガレージ、等々を特徴とするガラスとコンクリートでできた未来のパリ——の綱領を打ち立てている。マニフェストの序文には、彼自身がこの構想の美点に気づいた経緯にまつわるひとつの寓話が置かれている。ある夏の夕方に大通りを散策していたとき、交通の密集と騒音のために、彼はぶらぶら歩きを早く切りあげざるをえなくなった。彼の表現では、「交通の激しさは増していた。家を離れることは、いったん敷居をまたいだなら、無数の自動車というかたちの死の犠牲者になりうることを意味していたのである」(Le Corbusier, 1971 [1924]: 3)。当初は混乱し狼狽しつつも、ル・コルビュジエは、自動車の遍在を特徴とするこの状況は、未来を完全なかたちで象徴していることにすぐに気がついたという。こうした未来像に愕然とさせられるかわりに、彼が考えるようになったのは、人類はその状況に対処しなければならないというだけではなく、コンクリートの高速道路が通り、自動車が高速度で走るような世界と合致する新たな美の理想を創造することで、その状況に喜んで応ずる必要があるということであった。彼は自分の人生の新たな目的が見えてきたと述べている。

……私は比較的新しい現象——交通——が大規模なかたちでふたたび覚醒するのに立ち会っていた。あらゆる方向に向けて、あらゆる速度で走る自動車。私は圧倒され、ある熱狂的な恍惚が私を満たした。きらめく光のもとで輝く車体がもたらす恍惚ではなく、力がもたらす恍惚である。それほど大きな力、それほど大きな速度の真っ只中にいることの単純かつ率直な快感である。(1971 [1924]: 3)(2)

この時期のル・コルビュジエの見方についてマーシャル・バーマン(Berman, 1993: 167)がいうように、「街路にあって人間は、自動車に乗り込むことで自身を新たな力[交通の力、そして未来全体の力]のうちに組み込むのである」。自動車を運転する者は、合理性とテクノロジーと速度を特徴とするすばらしき新世界の典型的な人物像となるのだ。(3)

第二次世界大戦後の数年間にフランスは、一連の大きな社会‐文化的および社会‐経済的変化を経験することとなった。ゴーロン（Gauron, 1983: 96）がいうように、一九五〇年代末までに「フランス社会は、激しい人口増加、新たな資本主義的生産方式、急速な都市化、国際貿易のフロンティアの開拓、脱植民地化、等々によって深く揺さぶられていた」[4]。自動車はこれら広範囲にわたる社会変化の多くに関与していた。複数の要因の絡まり合いにより、自家用車の生産は、戦前期の年次生産量をはるかに超えるようになった。フランス国家は経済を「近代化」するための一連の大規模な施策に着手したが、そのひとつの側面をなすのが、自動車に関連する諸条件を、アメリカ合衆国に近似したかたちで創出しようとすることであった。ルノーの会社が国有化されたという事実——それはある面では、占領期に一部の幹部らがとっていた敵国協力的態度の帰結なのだが——がこのプロセスを後押ししていた（Jones, 1984）。

ルノー、シトロエン、プジョーという三つの大手自動車製造業者、それにシムカやパナールといった小さな企業にたいして、政府は、それぞれ自動車市場のうち違ったセクターを標的にし、そうすることでさらに市場の発展——とりわけ低い社会‐経済層のあいだでの市場の発展——を刺激するよう奨励した。そのようなわけでルノーは低価格市場に焦点を当て、一九四六年より比較的低廉な4CVを、一九六一年からはR4を製造した。プジョーの自動車は中間市場の価格帯に設定され、一九四九年より人気の203モデルを製造していた。シトロエンは当初は高級市場の価格帯を志向していたが、イコン的な2CV——それは最初は農業従事者を対象にしていたのだが、すぐに若者やボヘミアンのあいだで人気のある車種となった——も製造している（Dauncey, 2001）。

部分的に国家によって促進されたこうした市場の発展とセグメント化の効果として、一九五〇年代の中頃以降には、上層労働者階級および下層中流階級のうち相当な数の人びとが自動車を所有する立場になった。自動車所有の割合がとくに高くなっていたのは、新興の「基幹人員」の階級――公共および民間セクターの両方において技術官僚的な事業を管理する中堅クラスの人員――においてであった（Boltanski, 1987）。急成長する消費者経済――そこでは自動車をはじめ、冷蔵庫などの家財道具がますます生活必需品として売られていった――の顕著な体現者となっていったのは、これら中間所得層のホワイトカラーの労働者たちにほかならない。一九五〇年代初頭には、自家用車の所有という点でフランスは他のヨーロッパ諸国に後れをとっていたのだが、しかしこうしたさまざまな発展の結果として一九六〇年代中頃には、フランスは他のどの西側ヨーロッパ諸国にも劣らずモーターライズされた国となっていた（Fridenson, 1987: 134）。

自動車《オート》‐スペクタクル

一九四五年から一九六〇年代中頃という比較的短い期間のうちに、自家用車は、上層中流階級の領分を脱して、あらゆる社会階級の生活のうちにますます中心的な地位を占めるようになった。この頃には、多くのフランスの人びとは実際には自動車を所有してはいなかったが、しかし運転をする人もしない人も同様に、新聞、雑誌、ラジオ、テレビという新たなメディアに登場する自動車の広告に日常的にさらされていた（Fridenson, 1981）[5]。一九五〇年代初頭以来のフランスで、自動車が「文化的議論の舞台の中央」を占めるようになったことを示していたのは、自動車の直接的な物理的遍在性というよりもむしろ、その象徴的遍在性であった（Ross, 1996: 23; Bardou et al., 1982 も参照）[6]。フランス人全般が――とりわけ知識人が――自動車が社会に果たす役割についてきわめて反省的に意識していたのだが、その理由はひとつに、アメリカ合衆国とは違って自動車の増加が自明なものとは考えられず、あるいはそれが必ずしも科学的ないしはテクノロジー的な近代性の先触れとはみなされなかったことによる。(7) 文学研究者のロラン・バルト (Barthes, 2002 [1963]) が一九六三年に指摘しているように、フランス人が現在の自分の国のあり方とその将来——アメリカの影響を受けて消費主義の状態を迎えていると予想される将来——について自省するさいの媒介物として、自動車に匹敵しうるものはただ食だけであった。

フランス社会でその象徴的遍在性が増大していたにもかかわらず、自動車は当初、知識人によっても他の社会集団によっても、何か異質なモノとして——アメリカ合衆国でのように日常的な存在へと完全には溶け込んでいないものとして——とらえられる傾向があった。たとえばジャック・タチの一九五八年の映画『ぼくの伯父さん』——当時最新流行だったモダニストのインテリア・デザインや、目新しい装置《ガジェット》を好む家庭にたいする風刺になっている——では、新しい緑やピンクのシボレーの登場は、当初は唐突にあらわれた「風変わりで奇妙な訪問者としてキャメラにおさめられて」いた (Ross, 1996: 31)。真新しく輝く自動車を、別世界からの訪問者のようにみなす発想は、自動車をより広範な社会的 - 文化的動向の本質的要素とみる、もっとも有名な説明のひとつのうちにその影を落としている。のちに『神話作用』という選集に収められた一九五〇年代中頃の印象的な新聞論説のなかで、バルト (Barthes, 1993 [1957]: 88) は、ある自動車フェアでの新しいシトロエンＤＳ (Déesse——「女神」) の展示について考察している。バルトが関心を寄せているのは、自動車が何を意味しているのか、またどのようなメッセージがその形態そのものに刻み込まれているのかについて記号的な読みを展開することである。彼はこのように述べる。

自動車は今日、ゴシックの大聖堂のかなり正確な等価物であると私には思われる。私が言いたいのは、時代を画する偉大な創造物ということだが、情熱をこめてそれをデザインするのは名も知れぬ芸術家たちであり、その想像物が消費されるのも、それを使うわけではなく、それをイメージとして消費するような国民たちであって、国民全体がその創造物のなかの完全に魔術的な対象を自分のものにしているというわけである。

ＤＳは、それがもつ「魔術的」性格によって、完璧さという宗教的概念の近代的な等価物となる。「新しいシトロエンは、何よりも最上級のモノのようにあらわれるという意味では、明らかに天空から降臨している……モノというものは超自然を伝える最良の使者なのだ。モノのなかには完璧さとともに起源の不在がある」(Barthes, 1993 [1957]: 88)。ＤＳの超自然的な要素はそのデザインのうちにある――手作業による生産が示すあらゆる欠点や不備をそなえつつも、そのスムーズな輪郭と滑らかな外見が、人間の手によらずに創造された事物を連想させる点で。それどころかＤＳの形状は、人間の弱さを超えた世界、そこにおいて調和のとれた形状が最高位につくようなプラトン的な純粋なる形式の領域を示唆している。ここでのバルトの主張はマルクスの主張――商品形態は、それがみずからの発生の条件を隠すフェティッシュである点でそのうちに神学的要素を含んでいる――と響き合う。バルトにとって自動車のデザインは、商品フェティシズムの最高の表現のひとつであり、そこでは搾取的生産という散文的条件が、流線型をした完全性からなる超自然的領域へと変貌させられているのである。

一九六〇年代末に――その頃までには自動車はフランスの日常生活のうちですっかり平凡な事物となっていたのだが――ジャン・ボードリヤールは、バルトが先鞭をつけていた一連の自動車デザインの記号論的分析を展開していった。家具や家庭用品など日常的事物の分類学を提示しようとした彼の著書『物の体系』(Baudrillard, 1996 [1968]) は、戦争以来、消費資本主義がフランスでなし遂げた長足の進歩を反映している。

モダンなフランスのインテリアになだれ込んでいる多様な物品について、ボードリヤール（1996［1968］: 3）は、いまだ「私たちはそれらすべてを名づけるだけの語彙を欠いている」と述べている。ボードリヤールは著書の一部を、現代フランスの社会生活における自動車の重要性をめぐる議論にあてており、自動車はいまや平均的な消費者‐市民にとって、かつて家庭がそうであったのと同じくらい重要であるとみなしている。

自動車（主としてアメリカ車）の特徴のうち、とりわけボードリヤールの注意を引きつけるのはテールフィン〔車体尾部のひれ状の突起〕の現象である。(8) テールフィンのアイロニーとはこのようなものである。つまり「［車が］それ以前の種類の乗物の諸形態を脱するや否や、自動車‐モノがただちにおこなうのは、そうして達成された結果を意味する——それ自体を勝利した機能として意味する——ことにほかならない」（Baudrillard, 1996［1968］: 59）。ここでは奇妙な論理が働いている。というのも「自動車のフィンは空間にたいする勝利の記号となった」のだが、しかし「フィンはそうした勝利になんら直接的な関係をもっていないのだから、それは純粋な記号である。事実、フィンは自動車をよけいに重く、扱いにくくしてしまう傾向がある以上、むしろその勝利に反しているのだ」（1996［1968］: 59）。テールフィンはしたがって「現実の速度ではなく、崇高な、測定を超越した速度の」記号表現《シニフィアン》なのであった。「フィンは奇跡的な自律運動性《オートマティズム》、一種の恩寵を示していたのである」（1996［1968］: 59）。テールフィンという物質的記号表現《シニフィアン》によって速度のフェティッシュ化が果たされるのだが、そのフィンは逆説的にも自動車の技術的効率を減じてしまうのである。

バルトと同様に、このときボードリヤールは、自動車のデザインのうちに崇高さや純粋性にかかわる神学的言説の要素を認めている。そしてまたフランスの生活はモノと記号——「自然」となんら対応しておらず、「自然」を消去してしまうような記号――のシステムによってますます植民地化されつつあるという『神話作用』（たとえば Barthes, 1993 [1957]: 54 など）でのバルトの考え方と同様に、ボードリヤールのテールフィンをめぐる議論は、鳥や鮫のフィンといった自然の事物が、自動車のデザインに流用《アプロプリエート》されそのなかで脱自然化されるとともに、空間中の滑らかな動きに関連する一連の純粋に抽象的で人工的な記号表現《シニフィアン》へと変えられることを指摘している。このようにして自動車‐商品は、旧来の見た目にはより「自然な」環境を破壊し、そのかわりに完全に人工的なコンテクスト――そのなかで自然現象はもっぱら定型化したパロディーとしてあらわれる――のほうを選びとることに一役買っているのである。ここで私たちは、ボードリヤールの中心的な主題的関心事となるものの萌芽を目にすることになる。すなわちシミュラクラ――それらが表象していると称する外的現実とのあらゆる接触を欠くことで、それ自身やそれと同じ種類のものだけを意味するようになるシンボル――にもとづくような社会が組み立てられ運営されるという事態である（Baudrillard, 1983）。自動車デザインをめぐるボードリヤールの評言が示唆しているのは、「オートモビル」という語の接頭辞「オート」は、「みずから動く」乗物だけでなく、見た目にはより「自然」な別の意味論的システムの作用を犠牲にしながら、それ自身の意味の領野をつくり出す自己言及的なシンボル形式をも示しているということである。運動における美的要素は、動物の有機的身体《ボディ》よりも自動車の無機的車体《ボディ》に結びつけられるようになり、そうした車体は、みずからを「たんなる」自然よりも優れた完成形態として提示する。このようにして「自然」はますます実在性を失ってゆき、自己意識的で人工的な想像的なもの――それはダイナミックな力の象徴的典型として自動車をその中心に据える――にとって代わられるのである。

ハイウェイを地獄まで

バルトやボードリヤールのような記号論者が、自動車の意味作用上の潜勢力にとり組んでいたその一方で、マルクス主義的社会批判のモデルを消費主義の時代に向けて再構成しようとしていた他の左翼思想家たちは、自動車を批判的に論じはじめていた。当時、自動車はますますフランスの社会生活の織物《ファブリック》=構造のうちに染み込みつつあった。こうした左翼思想家たちの多くにとって自動車は、国家主導による近代化プロセスの破壊的影響を示す有力な象徴とみなされた（Mathy, 1993; Rigby, 1991）。自動車は、アラン・トゥレーヌ（Touraine, 1971）が「プログラム化された社会」と呼んだもの——技術官僚的国家とすべてを包括する消費主義という対をなす要素により支配される社会秩序——の主要な象徴のひとつでもあり、その中心的担保のひとつでもあると考えられたのである。自動車は「フランスのアメリカナイゼーションにいたる幹線道路《ハイロード》」（Lefebvre, 1971 [1968]: 67）の建設——左翼はその進展を多少の不安を抱きつつ眺めていた——を予示するものとみなされた。当時の主導的な左翼思想家の一人であるアンリ・ルフェーヴル（1971 [1968]: 100）は、左翼の知識人たちの多くが抱いていた見解を表明している。すなわち「自動車は「モノ」の典型ないしは主導的なモノであり」、一九五〇年代以来急速にフランス社会を巻き込みつつあるようにみえる消費主義的心性の精髄ないしは極致である、と。フェティッシュ化されたモノが、消費資本主義が個人に植えつけた「偽りの欲求」を満たす状況にあって、自動車は、真の喜びの「代理物の体系のうちに名誉ある地位」を得ているとみなされた（Lefebvre, 1971 [1968]: 104）。このような観点からすれば、資本の要求を中心に国家によるプログラム化がますます進行する社会という文脈状況において、もっとも反動的な習慣や慣習を強化するものとして「自動車以上のものはない」のである（1971 [1968]: 100）。

こうした自動車批判のひとつのあり方を、シチュアシオニスト・インターナショナルの思考に見いだすことができる。シチュアシオニスト・インターナショナルとは、一九五〇年代末に形成された極左の知識人や芸術家の集団であり、彼らはマルクスの商品フェティシズムの分析を、戦後に出現した消費社会の新たな要素を把握しうるかたちで展開しようとしていた（Plant, 1992）。この集団の重要人物の一人であるギー・ドゥボールは、一九五〇年代末以来、自動車について「疎外された生活の至高の財」としての役割という観点から考えている（Debord, 1989 [1959]: 56）。一九五九年の「交通についてのテーゼ」と題された短い論考でドゥボールは、自動車文化の核にある中心的矛盾と彼がみなすものを特定している。一方において自動車は、近代の諸社会に「拡散する傾向をもつ資本主義を展開させてきた幸福の概念のもっとも顕著な物質的象徴」の役割を果たしている（1989 [1959]: 56）。だが他方で自動車は、労働する大衆の搾取の程度をさらに推し進める手段として作用している。上層労働者階級や下層中流階級の人びとは自動車の所有について、たとえば余暇に出かける保養地への旅行がより楽になる点で、自分たちの生活を改善する手段とみなす傾向があったのだが、しかし自動車の使用にはまったく別の、いくぶん隠された効果があった。車での通勤に時間を費やさねばならず、また、この移動手段を利用する人びとが増えるにつれて増大する道路の混雑にともなう苦痛を経験しなければならないことで、労働者は逆説的にも、自分の一日のより大きな割合を労働に関連する諸活動に引き渡す結果となったのである。ドゥボールが考察するように自動車は、マルクスが十分には予期しえなかった仕方で労働者から剰余価値を抽出するプロセスを増強するうえで重要な役割を果たしていた。「通勤時間……はそれに対応するかたちで」運転者が利用しうる「「自由」時間の量を減少させる剰余労働である」（1989 [1959]: 56）。その結果、労働者にとって余暇目的の恩恵として表象された移動形態は、実際には経済的に支配的な立場にある人びとの利益関心にそった、時間と労力のさらなる抽出のための偽装された媒体＝乗物《ヴィークル》なのであった。こうした観点からすれば、通勤に利用されるさいに自動車は、搾取側の階級に仕えるトロイの木馬として機能していたのである。

一九六八年五月の動乱の直前に刊行され、それを予言していたものと広く受けとられた著書『スペクタクルの社会』（Debord, 1995 [1967]）のなかで、ドゥボールは、似たような仕方で自動車を非難している。このコンテクストでドゥボールは、自動車は現代フランスに破滅的な害をおよぼしているあらゆることがらと共謀していると論じている。「無から創造され、何エーカーもの駐車スペースに囲まれた巨大なショッピングセンター……これらの熱狂的な消費の礼拝堂」は道徳的にも精神的にも荒廃した場所であって、そこで唯一見いだされる価値は、広告会社の幹部による軽薄なキャッチフレーズやジングルに表現されているのだ、と（1995 [1967]: 123）。

大規模な自動車利用により創出された諸空間にかんして同様の見解が、これと同時期にアンリ・ルフェーヴルによって提出されている（Gardiner, 2000）。ルフェーヴルにとって、一九六〇年代から一九七〇年代におけるフランスのモダニティの中心的事実は、自動車による日常生活の植民地化であった。この観点によれば、自動車の利用のために、生活を営む方法の多くの側面が大幅に変更されることとなった。ドゥボールの見方を反復するかたちでルフェーヴル（Lefebvre, 1971 [1968]: 101）は、共同体的な形態（集会場、公園、市場、等々）をとる「都市生活の崩壊」を引き起こした原因は――他のものごとのなかでもとりわけ――都市を貫く高速道路《オートルート》の建設、増加する自動車交通の必要に合わせた既存の都市街路の拡幅、私有化された自動車空間への個々の運転者の閉じこもり、等々によって、そうした都市生活が押し流されてしまったことに求められると論じている。ルフェーヴルにとって（ここではモーリス・メルロ＝ポンティ（Merleau-Ponty, 1996

[1945]）が展開したさまざまな種類の空間にかんする見解を援用しているのだが）これは、自動車製造業者たちと一体になって活動する技術官僚的な公務員が好む「幾何学的空間」による、共同体に根ざした関係性からなる「生きられた空間」の征服にほかならない。幾何学的な空間的想像力において「空間は、自動車の必要と交通問題の観点から〔のみ〕把握される」。現代の社会状況のもとでは「交通の流れが社会の主要な機能のひとつに［なってきており］、そのようなものとして、それは駐車スペースや……街路や道路の〔他の考慮すべきあらゆる事項にたいする〕優先を含んでいる」（Lefebvre, 1971 [1968]: 100）。大都市中心部はますます「商品や貨幣や自動車が詰め込まれた商業センター」により特徴づけられるようになっている（Lefebvre, 1993 [1974]: 50）。

ルフェーヴル（Lefebvre, 1993 [1974]: 313）は、そうした都市的状況のもとでは、運転者の都市景観の経験から豊かさや多次元性――歩行者には開かれているような――が失われてしまうと論じている。というのもその経験を特徴づけているのは、幾何学的に秩序づけられた空間の、創造性を押し殺すような合理性だからである。

……運転者は自身を目的地に向けて進めてゆくことにしか関心がなく、周囲を見回すさいにもその目的にとって必要なものだけしか目にとめない。運転者はこうして機械化され技術化された……経路しか知覚せず、またそれをただひとつの見地から、つまりは速度や可読性や便利さ［等々］といった機能性からしか見ないのである。……［ゆえに］空間はもっぱらその還元された形態でのみ現出する。量感《ヴォリューム》は表層へと退いてゆき、あらゆる全体的観点は、すでに「設計図」のうちに規定された固定的な軌跡にそって一定間隔に配置された視覚的シグナルにみずからの地位を譲る。

同様の主張をするなかでボードリヤール（Baudrillard, 1996 [1968]: 66）がいうように、自動車は、世界から「起伏と歴史性を剝ぎ取りつつ、それを二次元性やイメージ」へと還元するような仕方で空間と時間を変貌させる能力をもっているのだ。

こうした主題を一九七〇年代初頭以来の論考のなかで追い求めつつ、ルフェーヴルは今日の空間の再-創造について、「高速道路や駐車場や車庫の増加、その結果としての並木道や緑地や公園や庭園の減少」により都市が「薄切りにされ、品位を落とされ、最終的に破壊されてしまう」傾向をもつ状況と考えている（Lefebvre, 1993 [1974]: 359）。この時期の仕事でルフェーヴルが導出している結論は、ますますもって「自動車と高速道路が空間の全体を支配しているかのような状況になっている」というものである（1993 [1974]: 374）。こうした自動車による物理的空間の征服は、アメリカナイゼーションのプロセスの典型とみなすことができる。そこではフランスの都市環境が、アメリカの大都市圏のコンクリートとアスファルトからなる風景にますます似てきている。一九八〇年代当時について書くなかでボードリヤール（Baudrillard, 1994 [1986]）は、自動車による古い都市空間（この場合にはロサンゼルスの都市空間）の簒奪についてこのように主張している。「高速道路のシステム以前には、間違いなく都市がここにあったのだが、しかしいまや大都市は事実上、この幹線のネットワークのまわりに建設されているかのようにみえる」。ルフェーヴルも共有しているこのような観点からすれば、かつては都市環境の付属物であった自動車は、いまやその決定的特徴というだけでなくその支配者にもなっているのである。

一九七〇年代初頭にルフェーヴルが示した悪夢めいた見方では、「自動車は……日常生活を征服し、みずからの法をそこに押しつける……今日では日常生活の大きな部分にエンジンの騒音が随伴している」（Lefebvre, 1971 [1968]: 101）。これはジャン＝リュック・ゴダールが一九六七年の映画『ウィークエンド』で達しているのと同じ結論である。巧妙な八分にわたる長回しのシングルテイクのうちに、近代の都市社会は交通渋滞、通勤の倦怠《アンニュイ》、排ガス、残酷な交通事故からなる行き詰まり状態の地獄として表象されている。(9)

この時期の左翼知識人たちにとって、自動車は明らかに、技術官僚的な国家による近代化、誤り導かれた産業化、無分別な消費主義、等々の複合的諸力によってフランスが立ちいたった沈滞状態を意味するようになっていた。ルフェーヴルやドゥボールのこうした考え方に（そしてある程度においてバルトやボードリヤールの考え方にも）示唆されているのは、かつての牧歌的なフランスの農地や市場の姿をとる「自然」が、駐車場や環状道路や郊外モール――これらはすべてフランスの物理的空間を消し去るアメリカナイゼーションのしるしとなっている――によって呑み込まれているということである。今日では上記のようなルフェーヴルの見解を、虚構的な黄金時代の社交性にたいする――自動車を動力とする幾何学的に秩序づけられたゲゼルシャフトのダイナミクスにより破壊された、生きられた空間からなるゲマインシャフトにたいする――保守的な慨嘆を体現するものとして端的に切り捨ててしまうのは容易だろう。

だがそうした運転の空間の分析は、ほぼ間違いなく今日もなお重要性を保っている。それは民族学者のマルク・オジェによって近年、より「中立的」かつ「人類学的」な方法で有効に展開されてきた。オジェは彼が「スーパーモダニティ」と呼ぶ社会的布置状況《コンフィギュレーション》に特徴的な「非‐場所《ノン-プレイス》」――空港の待合ラウンジやジャンボジェットの内部など――について説明している。オジェ（Augé, 1995）によれば、フランスの主要な高速道路《オートルート》を走っている運転者は、脱‐自然化され、脱‐歴史化され、幾何学化された抽象的なスーパーモダニティの状況を特徴づける知覚手段を経験している。一方において、主要な幹線のネットワークはほとんどの都市や町を無視する傾向があり、速度とひきかえに、そうした場所の直接的な経験を運転者から奪いとっている。それらの場所はたんなる「地図上の名前」になり、それ以上は場所について何ごとも知られない。だが同時に、高速道路《オートルート》の道路標識のネットワークは「史跡」や「名所」を指示することに心を砕いている。「高速道路の旅行は……二重の意味で注目に値する。それは私たちを連れてゆく主要な場所のすべてを機能的な理由から回避しつつ、それらについてコメントをしているのである」とオジェは結論づけている（1995: 97; Merriman, 2004 を参照）。それゆえ「運転者的」な知覚の性質とは、その知覚が潜在的に、地理のかなりの部分を断続的に点滅する一連の抽象的標識としてのみ「経験する」ようになるというものである。高速道路の運転者は、ちょうど航空機の乗客と同じように、自分の旅行中に通過するどのような特定の場所にたいしても、高度に媒介された関与のほかに何ごとも費やすことなく、大きな距離を移動することができるようになったのだ。空間が高度に平板化され抽象化される一方で、さまざまな特異性やローカル性はその意義を失い、高速道路の滑らかな単調さのうちのとるに足らぬ要素に成り下がってしまう。

自動車と軽蔑

ここまでは、自動車交通にかかわる経験の性質をめぐる諸々の説明の輪郭を描き出してきた。ここから私たちが導かれるのは——ルフェーヴルや他の同時代のフランスの思想家たちに従いつつ——自動車に依存するようになった人びとが経験する世界を、自動車がいかに変容させてきたのかという考察である。

ルフェーヴルの著書『現代世界における日常生活』（Lefebvre, 1971 [1968]）の自動車文化を扱った部分で、彼は、現代フランスにおいて「自動車が果たす役割は多岐にわたっている」と論じている。というのも自動車は「経済から発話にいたるまで多様な領域における行動を方向づける」からである（1971 [1968]: 103,

100)。後者の要素についていえば、ルフェーヴルが念頭に置いているのは、道路における自動車の配置をコード化する多様な意味作用システムであり、そこには『交通規則集』――「その尊大さによって私たちの社会が指示不足の社会であることを隠蔽する強制的なサブコード群の典型」――だけでなく「法的・ジャーナリズム的・文学的な小冊子や広告など」その他の形式の言説も含まれている。一九五〇年代以来に自動車交通に関連する種々のテクスト――交通法規の書類から最新の車のモデルを扱った高級雑誌にいたるまで――が激増している状況を考慮に入れつつ、ルフェーヴルは、自動車はそれ自身を扱う「コミュニケーションのシステムを生み出しただけでなく」、「車を利用したり車が利用したりする諸々の組織や制度もまた」生み出したのだと指摘している（1971[1968]: 103）。

　自動車関連の文化的・制度的諸形態がこのように幾何級数的に増加してきた結果、ルフェーヴルによれば、自動車は現代フランスの日常生活のますます多くの部分を植民地化するようになったという。バルトを反復するかたちでルフェーヴルは、自動車が商品の消費の中心的な結節点になっており、人びとが自分の生活において重要だと考えることがらについて、このシステムが与えてきた副次的影響をさらに促進させていると論じる。

> 自動車はステータス・シンボルであり、快適さや力や権威や速度を意味する。自動車はその実際的使用にくわえて記号としても消費される。それは何かしら魔術的なものであり、見せかけの国からやってきた居留者である……それは幸福を象徴し、また象徴によって幸福を招き寄せる。[10]（Lefebvre, 1971 [1968]: 102-3）

ルフェーヴルは、所有される自動車の種類と社会的地位とのあいだの密接な関連について指摘している。誰であれ、スタイリッシュさやパワフルさやテクノロジーの程度において自分よりも劣った自動車をもつ人物を、馬鹿にして見下すことができる。自動車の劣等性として受けとられたものは、心理的にその運転者へと振り向けられる。つましい自動車を運転している人物は、象徴的な面でより権威あるモデルの運転者から馬鹿にされてしまうという具合に。ある人物の他者の目に映る社会的地位は、その人がどのような種類の自動車を所有しているかという点と深く結びついているのだ。(11)

運転者の自尊心の感覚に重要な意味をもってきたのは、たんに自動車の特定のモデルやその外見といったことだけではない。むしろ「パフォーマンス」というフェティッシュ化された考えが登場してきており、それは「真の」個性がますます困難になっているような社会的コンテクストにあって、個々人が、自分の車のパワーやハンドリング能力に言及することでなんらかの個性を得ようとするひとつの手段になっている(Lefebvre, 1971 [1968]: 102)。自動車は卓越した商品であり、それゆえ日常的実践の統制された諸形態の連続性を支える主要な手段であるのだが、にもかかわらず自動車は「自由」という独自の幻想を生み出す。ルフェーヴル(1971 [1968]: 101)にしてみれば、運転者は、自動車それ自体の性質から生じる奇妙な逆説のうちにとらえられているのだ。

モーターライズされた交通のおかげで、人びとや諸々の事物は出会うことなく集合し交際しうるようになり、それは交換なき同時性の顕著な事例となっている。各々の要素は自分の個室に閉じこもり、その殻のうちに隠れている。そうした諸条件は都市生活の分解の一因となり……運転者に特有の「精神病」を促進する。他方で、現実的ではあるが限定された、またあらかじめ予定された危険は、人びとが「リスクを負うこと」を妨げはしない。というのも自動車にともなう怪我人や死体や血痕は、日常生活の痕跡にほかならず、その興奮と危険のうちわずかな量を占めるにすぎないからである。

この説明において道路は、交通の整然とした流れに基礎づけられているのだが、それは絶え間ない消費を基礎とする経済における、商品の整然とした流れのアナロジーとなっている。だが消費の流れを維持するのに一役買う広告のメカニズムは、最新の自動車のモデルを売るため、しばしば個人化された自由や飛行や速度といったイメージを利用する。このことは交通システムのうちに生じる無秩序と混乱を——たとえそのほとんどが一瞬のことであり隙間に生じるのだとしても——刺激する要因となる。それにもかかわらず自動車は、現代生活において、以下の点でいくらか両義的な地位を占めるようになっている。つまり自動車は、ますます統制されつつある「日常生活［の諸形態］を回避するあらゆる試みを凝縮したもの」なのであり、というのも自動車は、管理社会における「危険やリスクや重要性」の最後の避難所として意味づけられるようになってきたからである（1971［1968］: 103）。

ここでのルフェーヴルの分析の背後にあるのは、一九六〇年代から一九七〇年代にかけてのフランスでの運転事情をめぐる国際的に名高い悪評である。フランスは何年も連続して、あらゆる西欧諸国のうち交通事故死者数がもっとも高かったのである。月曜日の新聞には先週末の路上での死者数を扱う特別欄が設けられていた（Vallin and Chesnais, 1975）[12]。しばしば攻撃的になる（主に男性の）運転者の特性をめぐる問題は、一九七〇年代中頃に社会学者リュック・ボルタンスキーによってとりあげられている。ボルタンスキー（Boltanski, 1975）は、路上で他者との競争にかかずらう運転者という現象について、私有財産や消費財の蓄積、あるいは上方志向の社会的移動をめぐって組織化された階級社会が促進する、競争的個人主義の文化のあらわれとして論じている。運転の危険な性質は、「時間上の利益の最大化の等価物となりうる空間上の利得の最大化」をめざす運転者のあいだの競争に由来するものであった（Ross, 1996: 61）。こうした観点からすれば、攻撃的な利益追求社会が特定の日常的実践の様式を生み出しているのであり、そのなかでも際立っているのが、好戦的な運転スタイルにほかならない。同じ時期に政治評論家のアンドレ・ゴルツは、ミシエル・ボスケ（Bosquet, 1977 [1973]: 21）という筆名のもとで同じような論点についてこう述べている。

……大衆的な自動車利用は、すべての人を犠牲にすることで勝者となり前進することができるという幻想を個人のうちに生み出し育むことで、日常的実践の水準におけるブルジョワ・イデオロギーの究極的勝利をもたらす。往来をまっしぐらに進むのを邪魔する「馬鹿ども」を象徴的に殺害する運転者の残忍で競争的な利己主義は、普遍的なブルジョワの行動の隆盛を表象している（ある東ドイツの友人はパリのラッシュアワーをはじめて目にしたとき、ぞっとした様子で「こういう人びとと一緒に社会主義を築いてゆくことなどけっしてできない」と言った）。

こうした分析は、アルチュセール主義的要素によってやや粗雑になってはいる（「ブルジョワ・イデオロギー」は特定の日常的実践——この場合には競争的で好戦的な運転——を直接的に生み出すものとみなされている）が、それにもかかわらず「路上の激怒《ロード・レイジ》」やその他の路上の暴力といった現象を生み出す、広範な社会-文化的コンテクストに着目するうえで、今日でもなお有効である。他の運転者にたいして激怒するあまり、わざと怪我を負わせたりするような運転者の行為の背後にある諸要因は、たんに個人の精神のうちにあるというだけではなく、競争的な個人主義や利己的な消費主義によって特徴づけられる、より広範な社会-文化的秩序の一部としても考えることができる――とくにそうした消費主義にはしばしば、他の人びとが選択した自動車のモデルについての見下すような態度が含まれるという点を考慮に入れるならば（Collett and Marsh, 1986）。

ありふれた自動車

これまでは、戦後フランスの自動車文化の展開にかんして同時代の特定の知識人たちがおこなった悲観的な予測のいくつかを考察してきた。だが自動車文化をめぐるもっとも絶望の度合いが深い批判においてでさえ、自動車時代における社会的・空間的諸関係の再構築については、より楽観的な評価が隠れたかたちで含まれていた。自動車交通によるフランス都市域の組織構造への大規模な侵略をめぐるルフェーヴルの分析は、たしかに、自動車が登場する以前の都市景観を追い求めるノスタルジー的な憧憬とみなすこともできるが、しかしそれはまた、自動車文化における諸矛盾の正体を突きとめる試みであったとも考えられる。ルフェーヴルによる日常生活の諸条件の総合的分析がめざしていたのは、「その諸々の両義性――その劣悪さと潤沢さ、その貧困性と多産性――を明るみに出すこと」であった（Lefebvre, 1971 [1968]: 13）。自動車時代において移動が被りつつある私化は、実際のところ運転者の攻撃的な個人主義と、自動車が過度に管理された生活形態からの避難所――少々の無謀さや「楽しみ」を、さもなければ高度に統制された通勤者の生活のうちに注入してくれる避難所――として働く可能性との両方を生み出すものとみなしうる。

システムによる個人への命令を強調する「構造主義的」分析から、日常的状況のなかでいかにして特定の個々人がそうしたシステムと交渉するのかに注目する「ポスト構造主義的」パラダイムへの移行は、一九七〇年代中頃以降のフランス社会思想における重要な特徴的要素となっている。[13] 一九七〇年代後半に開始された都市生活の「リズム」をめぐる分析のなかで、ルフェーヴル（Lefebvre, 1995, 2004）は、都市生活のテンポを、公的に強制された社会的秩序（たとえば街路の取締りの効果）の拍動《ビート》と、そうした秩序にたいする私的かつローカルな抵抗（たとえば赤信号を突っ切って走ること）の拍動《ビート》の両方にしたがうものとして描き出そうとしている。こうした種類の分析を、ミシェル・ド・セルトーもまた一九七〇年代をつうじて展開している。彼が表明している関心は、個々人が規制と管理をもたらす諸システムのうちで活動し、それを転覆させ、それに抗して共謀するさまざまな仕方を示すことにかかわっている（de Certeau, 1984: xii）。「場所」が、諸々の権力の制度が自身を書き込む場面であるのにたいして、ド・セルトーは、それらをいかにして「空間」へと、つまりは特定の個々人によって「私的な」やり方で使用される場面へと変容させうるのかを照らし出そうとしていた。そのようにして焦点は「都市計画によって幾何学的に定義された街路が、歩行者により空間へと変換される」方法へと向けられることになる（1984: 117）。見たところ完全に管理された都市の秩序のうちに、創造性や活動という予期されざる窪みを探し出そうとするこうした見方からすれば、都市計画家や他の権力機関の集団はこのようにみなされる。

> ……内部領域（アパートメント、階段、等々）や公共領域（街路、広場、等々）の生きられた空間を組織し、それらのうちに無数の旅路を張りめぐらせる複数的で流動的な文化システムのうえに、鉄筋コンクリートの合理性を押しつけることは不可能である。（de Certeau, 1997 [1974]: 133）

こうしてルフェーヴルが特定した「幾何学的」空間は、ド・セルトーの説明では、それらを「生きられた空間」へと差し戻す私的・反ヘゲモニー的な諸実践によって転覆可能だということになる。ド・セルトーの論考の精神は、ルフェーヴルが指摘した攻撃的な追い越しなどの運転をめぐる「私的な実践」だけではなく、起こるべきことが起こらないという平凡な事例にも私たちの注意を向けさせる。すなわち出発の遅れ、出口の見逃し、信用できない地図、その他、現代の道路の合理化されたシステムを超えて存在する、あるいは合理化されたシステムにもかかわらず存在する、あらゆる不運な出来事である（ド・セルトーの自動車文化をめぐる分析が示唆するところについてのより詳細な説明は、本書のスリフトの論考を参照）。

日常生活における人びとによる自動車の流用＝占有《アプロプリエート》にかかわるさらに別の要素が、一九六三年という早い段階で雑誌『レアリテ』掲載のバルト（Barthes, 2002 [1963]）の論考のなかではじめて指摘されている。そこでバルトは、すでに言及した一九五〇年代中頃の新聞記事とは明確な対照をなすかたちで、自動車はフランスの生活のうちでまったく平凡かつ自明な要素になったと論じている。彼は、他のどのような二項対立にもまして、自動車のさまざまな特徴をカテゴリー化するようになったと考えられる二項対立を特定している。すなわち「スポーティ」（*sportif*）と「家庭的」（*domestique*）とのあいだの対立である。自動車の前者の側面は明らかに、あるモデルにおいて他のモデルよりも顕著になるのだが、それは束縛なき個人主義という意味を含んでおり、そのとき運転者はその他大勢から離脱する自由な魂として表象されうる（こうした考え方と、ボルタンスキーやゴルツのいう攻撃的な個人主義者たちとの結びつきは明白である）。自動車がもつより「家庭的」な側面は、ファミリーセダンやエステートにおいてもっとも典型的に強調されることになるのだが、それは対照的なかたちで、別様のもっと穏やかな種類の個人主義を可能にする。こちらの側面は自分の居心地のよい繭を意味しており、そこではブリコラージュという手段によって、所有者はリアウインドウにブラインドを貼ったり、訪れた各地の思い出やスポーツチームへの忠誠を示すステッカーを貼ったりするなど、余分な付属品を加えることで自身のパーソナル化された環境を創出するのである。このような車こそが自分自身の空間、自分がコントロールできる慣れ親しんだ環境にいるという感覚を――たとえ何百マイルも離れたところまで移動していたとしても――与えてくれることになる。私たちはまたも や、ボードリヤール(Baudrillard, 1996 [1968]: 67)の一九六〇年代末の論考がバルトの見解を反復しているのを目にする。自動車の家庭的側面がもつ逆説的な性質は、「家にいると同時に家からはるか遠くにいることが可能になること」である。自動車の両義性は「推進体であり……[かつ]居住空間」であるという同時的能力のうちにある(1996 [1968]: 69)。こうして「自動車は日常生活の代替的領域として家のライバルとなる。自動車もまた住居ではあるが、ただし例外的な住居である。それは閉ざされた親密性の領域であるが、家の親密さに通常そなわっているさまざまな制約から解放され、多大な形式的自由が与えられた領域である……」(1996 [1968]: 67)。

バルトとボードリヤールが各々のやり方で主張しようとしている論点は、自動車の内部は、行きたいと思うところにはどこであれ――少なくとも理論的には――連れていってくれる能力を導入された家庭内領域にほかならないということである。このことは、一九六〇年代までにどの程度フランスにおいて自動車が、敵対的な存在というだけではなく、自分の家のなかの家具や地域の近隣の光景と同じくらい、個人の生活の慣れ親しんだ一部として人びとの目に映っていたかを例証している。これはバルトとボードリヤールの論考だけに限られた観点ではなく、自動車を「自分の場所」とみる見方に特徴づけられる、より一般的な感受性の一部分とみなすことができる。[14] ジャック・タチの有名な最後の映画、その名も多くを語る『トラフィック』(1970)では、典型的な現代都市が際限のない自動車の海として表象され、車のなかで人間の居住者たちがおこなう特異な仕種が詳しく描写されている。たとえば渋滞で動きがとれない種々の運転者が鼻をほじっているのを、観客がじっと見ることになる有名なシークエンスがある。また別のエピソードでは、自動車のフロントガラスのワイパーが動く様子を、その運転者の身体的・人格的な特徴になぞらえている――太っちょの男の自動車のワイパーは重苦しく動き、年寄りの紳士のそれは大いに骨を折りつつ動くのだ。いったん購入した後には自動車はある程度その利用者の人格《パーソナリティ》＝個性に見合うよう固有化され、再加工され、鋳直されるということを強調するために、タチはテクノロジーを人間化しているのである[15]（Bellos, 1999）。

人びと――運転者を含めた――の日常的活動をめぐる同じような「人間的」評価が、小説家でありエッセイストでもあるジョルジュ・ペレックの一九七〇年代中頃の作品によく示されている。ありふれた生活の細部をめぐるペレックの説明のなかで、何の変哲もない存在としての自動車の役割をくどくどと詳述しているところがある。たとえば、リュ・ド・バックとサン・ジェルマン大通りの交差点にあるカフェの外のテラスに座っているときに彼は、「一〇〇グラムのフルーツゼリーを買うためだけに駐車するとき、ドライバーがいくつの作業をおこなうか記述する」ことをみずからに命じている。ペレック（Perec, 1997 [1974]: 51-2）は運転者がこなす手続きをリストアップしている。

- 何度かハンドル操作をして駐車する
- エンジンを切る
- キーを抜いて、盗難防止装置を始動させる
- 車から抜け出す
- 左前のウィンドウをあげる

●ロックする
●左後のドアがロックされているか確かめる。

されていなければ――

●また開けて
●ノブを内側からあげてみて
●ばたんと閉め
●本当に閉まったかどうか確かめる
●車のまわりをぐるっと回る。場合によっては、トランクにきちんと鍵がかかっているか確かめる
●右後のドアがロックされているか確かめる。されていなければ、左後のドアについてすでにおこなった作業を全部やり直す
●右側のウィンドウをあげる
●右前のドアを閉める
●ロックする
●立ち去る前に、車がまだそこにあり誰も奪いにきそうもないことを確認するみたいに、あたりを見回す。

ペレックが意図しているのは、「ありふれた」ものをじっくり凝視することで、それが平凡であるのをやめ、

風変わりで、奇妙で、かなり異様なものと思われてくるようにすることである。彼は要するに、ありふれたことがらの「人類学的」非 - 親和化をおこなっているのだ。自動車の使用をめぐる彼の現象学は、私たちに、自動車にかかわる日々の自分の諸活動を子細に調べ、自動車に乗っているときと乗っていないときの両方について、私たちの日常生活をつくりあげる数々の小さな儀式について熟考してみるよう求める。きらりと輝く皮肉の効いたユーモアが、ペレックの上述のような説明の最後まで貫いている。運転者は、ふり返って、自分の車がほんのちょっと前に置いた場所にきちんとあるかを確かめる様子を見られてしまうのだが、そこで読者はおそらく、誰かがこれをしているのを見たり、自分でやったことがあるのを思い出して、ちょっとした認識のショックを覚えるのだ。

結論

ペレックが文学的なかたちで提示し、タチが視覚的にドラマ化した、人びとの生活のうちで自動車が果たす役割についてのこうした好意的な見方は、一九五〇年代から一九七〇年代にかけての期間に他のフランス知識人たちが表明していた、自動車文化にたいするしばしば黙示録的な非難とは、まったく似ても似つかない。この事実が示しているのは、大衆的な自動車移動の台頭とその発達にたいするフランス知識人のかかわりは、自動車と、それが引き起こしうる社会と文化と日常生活への影響にかんして、もっとも敵対的なものからもっとも共感的なものまで、ありうべき多種多様な反応の集合を含んでいたということである。この論考で私が心がけてきたのは、こうした広範にわたるさまざまな反応を並べてみせることであるが、それは英語圏の読者にそれらを示すためでもあり、また、多様な出所をもつさまざまな見解を、さもなければ隠れてしまうパターンが可視的になるようなかたちで一緒にまとめるためでもあった。私たちは、戦後フランスにおいて自動車がさまざまなかたちで考えられる可能性があった様子を見てきたが、なかでもたとえば、スペクタクル的商品、フランスの価値観や空間にたいする脅威、アメリカナイゼーションの権化、攻撃的な個人主義の象徴でありその再生産の媒介物でもあるもの、家から離れた憩いの場《ホーム・フロム・ホーム》であり日常生活の重要な部分でもあるもの、そしてまた、運転者の個性を表現するとともにそれをめぐって小さな儀礼の数々が育まれてきた「人間化された」モノ、等々として自動車は考えられてきた。結局のところ戦後フランスにおいては、自動車の社会‐文化的意義をめぐって多種多様な解釈が可能だったのであり、実際に多種多様な解釈が提出されてきたのである。こうした反応について、大まかな年代順の相を特定することができる。自動車をどちらかといえば「よそ者」ないしはなじみの薄いモノとみなす反応は、当然ながら大衆的な自動車化が進展しはじめた時期に端緒をもち、他方、自動車をありふれた「家庭的な」存在とみる評価は、自動車移動が、フランスの日常生活の組織構造に完全に織り込まれるようになった時期に由来している。

　本論考はあるレベルでは、特定の場所における特定の時代、つまり戦後フランスにおける自動車文化の展開と、それが——当時の思想家たちが理解していた限りで——より広範な文化的・社会的ダイナミクスにおよぼす影響について簡潔な歴史を提示しようとしてきた。だが私たちが検討してきた諸々の見解は、元来はある特定の配置をなす社会‐文化的諸状況にたいする反応であったとはいえ、しかし私は、もともと生み出されたコンテクストを超えて考察される場合には、それらはいまでも重要性と有用性を保持しうるものと考える。[16] バルトが創始し、ボードリヤールが引き継いだ自動車デザインの記号論は、私の考えでは、今日の自動車のデザインがより広範な文化的コンテクストにおいてもつ意義を考察するうえで、いまだに重要な手段であり続けている。たとえば「多目的乗用車《ピープル・キャリアー》」という名で通っている自動車のデザインが、今日、特定の種類の運転者が家族生活に抱く態度にかんして示唆することがらを理解しようとするうえで、バルトやボードリヤールからインスピレーションを受けるということもありうるのだ。同じようなかたちで、すでに指摘したように、個人主義と競争性をめぐるより一般的な文化的パターンと、攻撃的な運転スタイルにかんする個々のケースとのあいだの関連について、私たちは、ルフェーヴルやゴルツやボルタンスキーといった研究者の見解をさらに発展させることができる。たとえば今日、「路上の激怒《ロード・レイジ》」の出来事が、礼儀作法をもっとも欠く運転者であるとボルタンスキーとゴルツが一九七〇年代当時に考えていたと思われる社会集団、つまり下層中流階級の「若手管理職《ヤング・エグゼクティヴ》」——その社会的地位ゆえに同僚であれ、顧客であれ、路上の他の運転者であれ、つねに他の人びとよりも「有利になる」べく強いられていることは間違いない——のあいだでもっとも頻繁に起こる傾向にあるのかどうかを解明するために、経験的調査を実施するのは興味深いことであるだろう。

私はまた、以上で触れた一部の思想家が展開していた、自動車の経験にかんする「現象学的」な観点をさらに推し進めるという可能性に、とりわけ強い関心を抱いている。自動車をめぐる日常的実践のなかで、実際に運転者がおこなっていることがらについてのペレックの詳細な描写は、すでにこの方向性の有効な第一歩となっている。だがここで私がもうひとつ念頭に置いているのは、運転者が路上での移動をどのように経験するかを理解するうえで、ルフェーヴルがメルロ＝ポンティの現象学を援用したことの潜在的可能性である。ルフェーヴルはこうした観点をひとつの方向に開いている。それはつまり、道路の幾何学的空間が自動車の運転者にはどのように見られているのかという点——最近ではオジェがとりあげた問題——である。だがさらに展開しうるのは、路上にある運転者の全体的存在がかかわる諸性向や諸活動をめぐる、より一般化されたメルロ＝ポンティ的説明である。メルロ＝ポンティ（Merleau-Ponty, 1996［1945］）的分析――そこでは人間存在は、自身の不活性な肉体に対立する抽象的知性というよりも、むしろ精神と身体が合流したものとみなされる――が記述しようとするのは、運転者の精神と身体とが、自動車に住まうことの実践的な、また部分的に前‐反省的な諸様態を一緒につくりあげる諸行為に関与するさいに、一体になる様態である。ジェンダーの社会化の差異にもとづく運転の様式など、運転のさまざまな様式を考察してみることもできるだろうし、また自分の車に運転者が「住まう」方法――移動状態にあるか静止状態にあるかを問わず――を考察することもできるだろう（Sobchak, 1994）。

運転の経験をめぐるメルロ＝ポンティ的現象学についてのこうした示唆は、戦後フランスで最初に生み出された自動車をめぐるさまざまな観点が、現在――私たちは現在、社会的組織および個人の生活において自動車が果たす根底的な役割を、より十全に把握したいと考えている――どのように展開され拡張されうるのかについての、ひとつの例にすぎない。戦後フランスにおけるさまざまな種類の知識人たちが、自動車は「ともに考えるのによい」ものだと考えていた。彼らの自動車移動をめぐる見解もまた、ともに考えるのによいものであることを、本稿が示しえていることを願いたい。

（1）ヴィリリオ（Virilio, 1986［1977］: 14）は一九七〇年代末の作品のなかで、近代の国家は、ひとつの階級が他のすべての階級を抑圧する制度として二次的な重要性しかもたないと論じている。むしろ国家は以下のような点で、輸送の秩序の手段として理解されるべきなのだ。つまり国家とは本質的に「道路の監視」機構なのであり、そこでは社会秩序が「（人びとの、商品の）交通、革命、叛乱の制御、それにまた交通渋滞、違法駐車、多重衝突、事故、等々の制御」と連続したものとみなされるのである。同様に都市とは、何よりも「いくつもの高速のコミュニケーション経路が通っている人間の居住場所……居住可能な循環＝流通《サーキュレーション》」（1986［1977］: 5）にほかならない。都市的・政治的な秩序を乗物の移動の布置状況《コンフィギュレーション》とみなすことによって、ヴィリリオは、人間の歴史を、それぞれ異なる交通体制という観点から特徴づけることが可能となる。たとえばナチ国家の機能は、フォルクスワーゲンの大衆的所有によるドイツ国民のモータリゼーションに依存している――「もはや暴動は起きないし、大規模な抑圧の必要もない。街路を無人にするには、すべての人びとに幹線道路を約束するだけで十分なのである」(1986 [1977]: 25)。

(2) こうした立場と、同時期に活動していたイタリアおよびロシアの未来派の立場との類似性は明白である。高速で走る乗物は、思想、表象、社会実践における革命の先触れとして考えられる(Martin, 1968 を参照)。

(3) 自動車をめぐるこうした楽観的な見方は、一九二〇年代においてでさえ風刺や懐疑の対象となっていた。たとえばロシアの作家イリヤ・エーレンブルグ(Ehrenburg, 1976 [1929])がパリ在住時に書いた小説『自動車の生活』では、かなり辛辣な調子で、フランスを含む世界中の国々に自動車がおよぼすネガティヴな影響をあげつらっている。

(4) フランス語の著作からの引用は筆者自身の翻訳による。参照頁はすべてフランス語版のものである。

(5) 早くも一九二九年にエーレンブルグ(Ehrenburg, 1976 [1929]: 3)は、フランスでは自動車広告がいたるところに見られると指摘している。「自動車が群れをなして動くパリの街路は[自動車広告の]ポスターで埋めつくされており、それは夜行性のヘビのシューッという音のごとく、うまく人びとをだましおだてあげようとしているのである」。

(6) クリスティン・ロス(Ross, 1996)は、一九五〇年代末から一九六〇年代初頭にかけてのフランスのポピュラー文化――とりわけ映画――にたいして自動車全般が――とくにアメリカ車が――およぼした影響力についていくらか立ち入った紹介をしている。ジャック・ドゥミの『ローラ』(1960)やロベール・デリーの『ミス・アメリカ　パリを駆ける』(1961)といった映画のなかで、アメリカ車は、平凡なフランス生活に侵入した風変わりで異質なものとして扱われている。自動車はまた当時のフランス語圏の小説のなかにも入り込んでいる。たとえばフランソワーズ・サガンの有名な『悲しみよこんにちは』(Sagan, 1958 [1955])のなかで、自動車事故はプロットの中心的な道具立てとなっている。一九五三年という比較的早い時期に推理小説家ジョルジュ・シムノン（Simenon, 2003 [1953]）は、小説『赤信号』の全体を、アメリカ社会の自動車移動への依存状態とそれがアメリカ人の心理におよぼす特徴的影響を軸に書いている（Marnham, 2003）。同時期のアメリカにおける自動車をめぐるポピュラー文化の表象を扱った研究については、デッテルバッハ（Dettelbach, 1976）を参照。

（7）すでに一九二〇年という早い時期にアメリカの知識人は、自動車が合衆国の平凡な生活を深く変容させている状況を描き出している。リンド夫妻（Lynd and Lynd, 1957 [1929]）による「ミドルタウン」（実際にはインディアナ州マンシーである）を対象とする古典的な社会学的分析では、日曜の行楽に遠くまで出かけることをうながした結果、教会に通う機会が減ってしまうということから、自動車に乗るようになったティーンエイジャーが両親の厳しい監視の目から解放されるということまで、広い範囲にわたる影響が、自動車をつうじて日常生活にもたらされたと考えられている。どのような要素がコミュニティを変えつつあるのかという質問への答えのなかで、ある調査対象者が表現しているように、「何が起こっているのかはたったの四文字で言えますよ。A・U・T・O！」（1957 [1929]: 251）。

（8）ガートマン（Gartman, 1994, 2004）が指摘しているように、アメリカ車のテールフィンはおそらく、もともとは動物のフィンではなく戦闘機のフィンに由来している。

（9）自動車に象徴されるような、秩序立ったブルジョワ生活を崩す革命的暴力を強調しているこの映画は、一九六八年五月の出来事を予言しているものとみなすことができる。事件の直後にジャン・コレ（Collet, 1970: 134）が述べているように、「一九六七年一〇月に撮影された『ウィークエンド』のイル・ド・フランスで燃やされた自動車は、翌年の一〇月を待たずして他の車をつぎつぎに延焼させたのである」。

（10）バルト（Barthes, 2002 [1963]）は自動車を扱った一九六三年の論考のなかで、この点を否定して、自動車はこの時点でもはやフランスの文化生活のうちで重要なステータス・シンボルとしては機能しなくなっていると論じている。

(11) 一九六〇年代から一九七〇年代にかけてのフランスにおける文化消費の場を対象としたピエール・ブルデュー (Bourdieu, 1996 [1979]) の分析において、自動車はある程度の位置を占めているのだが、しかしさほど主要な役割を果たしているわけではない。この点は、文化的なモノの趣味をめぐるブルデューの説明における興味深い脱落である。

(12) 消極的なアメリカ式の運転スタイル——攻撃的なフランス式の運転と比べて——について、ボードリヤールは旅行記『アメリカ』(Baudrillard, 1994 [1986]: 53) のなかで関心を寄せている。アメリカ人が高速道路を運転するやり方——わざわざ追い越しや割り込みをしたりせず、ただ巡航速度を守って走る——は、アメリカ人の共同性の性質について深い理解を与えてくれる。超‐個人主義的な社会秩序においては、スムーズな車の流れが「唯一の社会の現実性ないしは温もりなのである。この集合的な推進力、この衝動強迫——集団で飛び込み自殺をするレミングのような」。

(13) このように公権力の諸々の拠点にたいする平凡かつ日常的な形態での「抵抗」へと向かう「ポスト‐マルクス主義」的な転回は、見方によっては、左翼知識人が一九六八年五月の「失敗」を踏まえて、より組織された集団志向のかたちをとる政治闘争を諦めつつも、自分たちが「ラディカル」だという証拠を保持するための手段とみなすこともできるだろう。

(14) これはしかし、こうした感受性のもとで仕事をしているさまざまな著者(および芸術家)の知的性向が、互いに完全に一致していると主張しているわけではない。タチのヒューマニズムはもちろん多くの点で、ボードリヤールの記号論的な反人間主義とはかけ離れている。

(15) 『プレイタイム』(1967) のなかでタチは、喜劇的人物であるユロ伯父さんを、自動車が強い存在感を示す、クロムや金属でいっぱいのコルビュジエ的なパリに登場させている。だがタチが示すのは、ハイパー(もしくはスーパー)モダンな表層のもとで、人間的な生活の脈動がいまなお打ち続けているということである。たとえば映画のある箇所では、カーニヴァル音楽の演奏によって、大渋滞をなす環状交差点が遊園地のメリーゴーラウンドへと姿を変え、車がゆっくりと優雅に木馬のように回転する様子が描かれている。

(16) 皮肉なことに、今日、「移動」をめぐる諸問題を扱うフランスの思想家のうち、ほぼ間違いなく主要な人物であるポール・ヴィリリオ(たとえば Virilio, 2000 [1995] など)は、自動車はいまや象徴的次元において、新たな種々の輸送形式によって時代遅れになってしまったと宣言している。そのうちもっとも顕著なのは、これまで知られていなかった空間形式をつうじて個人の瞬間的移動を可能にするインターネットのコミュニケーション形態である。こうした方向でのヴィリリオの見解はしばしば刺激的ではあるのだが、今日ならびに将来における自動車の重要性が相対的に低いという点について、彼がときおり提示するレトリックは、いまなお自動車輸送が日常的な物理空間——電子的なエーテル空間に対立するものとしての——での人びとの移動に占めている持続的支配力をあまり適切に反映しているとはいえない。

自動車が動かす感情

自動車を感じること ◎ ミミ・シェラー

自動車はさまざまな感情を誘い出す。運転の楽しみ、突然の「路上の激怒《ロード・レイジ》」、スピードのもたらすスリル、「安全」車を運転することから生じる安心感、等々。自動車はまた激しい感情的な政治活動を生み出す。「車の流れを止め」て「ストリートを取り戻す」べく情熱的に結集する人びとがいるかと思えば、安価なガソリンを得る権利を声高に主張する人びともいる。自動車は何にもまして人びとを動かす機械であるのだが、それは言葉のいくつもの意味においてそうなのだ。自動車利用の現象学への近年のアプローチでは、社会的実践、身体的性向、身体的アフォーダンスなどの集合としての「運転する身体」が強調されてきた（Sheller and Urry, 2000; Dant and Martin, 2001; Edensor, 2002; Oldrup, 2004; Dant, 2004; Thrift, 2004）。物質文化の人類学へのより包括的なアプローチもまた、自動車を、社会的-技術的「ハイブリッド」として位置づけ直してきた[1]（Michael, 2001; Miller, 2001a）。本稿はこうした研究と感情の社会学における近年のアプローチ（Hochschild, 1983, 1997, 2003; Bendelow and Williams, 1998; Katz, 2000; Goodwin et al., 2001; Ahmed, 2004）の両方に立脚しながら、「自動車移動という支配的文化」（Urry, 2000）が、いかに人びとと、機械、空間——移動と居住の空間——のあいだの情緒的・身体的関係という深いコンテクストにかかわり合うかを考察するものである。そうした関係のなかで重要な役割を果たすのが、感情や感覚にほかならない。

社会評論家たちは長いあいだ自動車文化の問題を、現代の自動車や道路システムによって浸食されてきた「公共財」（環境、人の健康、都市の社会機構、民主的な公共文化）の回復にかかわる問題として、明らかに規範的なやり方で扱ってきた（Jacobs, 1961; Nader, 1965; Sennett, 1990; Kunstler, 1994; Dunn, 1998）。そうした議論で問題となっているのは、たんに自動車の将来ではなく、「自動車移動の社会」として特徴づけられる社会——運転をめぐる「強制的自由」があらゆる規模と種類の公的・私的空間を形成している社会——における「自動車文化」（およびより広範な交通システム）全体の将来である（Sheller and Urry, 2000; Urry, 2004）。しかし、より「倫理的」な自動車の消費をうながそうとする実践的努力は、そのほとんどが、あたかも自動車移動にかかわる激しい感情や情熱や身体経験がそこには関与していないかのように議論され実践されている。

自動車文化は社会的、物質的、そして何より感情的な次元をもっているのだが、自動車運転にかかわる諸決定に影響力をもつ現在の種々の方策では、この感情的次元が見過ごされてしまっている。個人主義的な「合理的選択」モデル——それは交通行政の議論では常識とされるほど強い影響力をもっている——は、人びと（や人びとの感情）がいかに「ありふれた移動」（Kaufman, 2000）のパターン——歴史の中で堆積し地理のうちに刻み込まれたパターン——に埋め込まれているかについての私たちの理解を歪めてしまう。自動車文化における感情的な構成要素に注意を払うことは、しかし、よく知られてはいるが明確に定義されていない「自動車中毒」や自動車との「恋愛関係」の概念のようなブラックボックス的な因果説明に依拠することを必ずしも意味しない（Motavalli, 2001）。自動車文化と感情文化の両方への新たなアプローチは、私たちが、注意深い判断を踏まえた経済的選択をおこなうとされる反事実的な「合理的行為者」から、自動車とともに住まう生きられた経験——あらゆる複雑さや曖昧さや矛盾を含んだ経験——へと関心を移行させるうえで役に立つ。

自動車の消費はけっして合理的な経済的選択にのみかかわっているわけではなく、同じ程度において運転にたいする感性的・感情的・感覚的反応に、あるいはまた親族関係や社交性や居住や仕事の諸パターンにかかわっている。「自動車と人びとのあいだの親密な関係」に根ざした「自動車文化」(Miller, 2001b: 17)が存在する以上、私たちは、自動車にたいする感情や、自動車にまつわる感情、あるいは自動車のなかでの感情といったものがいかに身体的感受性——そうした感受性は自動車利用をめぐる家族的・社交的な諸実践のうちに、また自動車や道路や運転者により果たされる流通や移動のうちに社会的・文化的に埋め込まれている——として生じるかを問うことができる。ミシェル・カロンとジョン・ローが示すように——

> 行為主体性《エージェンシー》や主体性はたんに打算や解釈にのみかかわるわけではない。それらはまた感情とも関連している。流通や移動もここでは重要なのだ……情熱であれ、感情であれ、感動することであれ、すべて移動や流通とかかわり合っている。言葉そのものが内実を漏らしている。感動すること (to be moved) や夢中になること (to be transported)、あるいは一時的熱狂 (the trip) といったことがらは移動の隠喩である。中毒 (addiction) もまたそうであって、ラテン語の *ad-ducere* つまり連れ去るという言葉に由来している。(Callon and Law, 2004: 10)

以下で論じるように、感情的な行為体《エージェント》は、運転への特定の感性的方向づけや運動感覚的性向を例示する関係的な存在である。動くことと動かされることとが一緒になることで、自動車のなかにいる感覚、自動車のためにいる感覚、そして自動車とともにいる感覚が生み出されるのだ。

自動車移動をめぐる個人的・家族的・地域的パターンや、ナショナルな、またトランスナショナルなパターンについてよりよい理解を得ることは、個人の好みや態度や行為などを統計的に数量化した社会的データの――強力ではあるが結局のところは不満が残ってしまう――寄せ集めに対抗しうるような、将来の研究プログラムや政治的構想に寄与することができる。運転行動を対象とする社会心理学的研究では、移動手段の選択にかかわる複雑な決定要因――たとえば、さまざまな様式の移動をめぐる身体的・認知的・感情的「活動《エフォート》」などの要因――を強調するようになってきている (Stradling et al., 2001; Stradling, 2002)。しかしながら私たちはなお、こうした一見すると「内的な」心理学的性向や選好が、いかに集合的な文化的パターンや、以下で私が感情地理として描き出すもの――それが今度はくり返し自動車移動の文化を強化するのだが――によって生み出されるかを考慮に入れるような、さらなる質的な研究モデルを必要としている。経済的・技術的な解決策から、より全体的な土地利用と計画による解決策への移行を提起する、移動削減政策における「新現実主義」でさえ (Bannister, 2003)、複雑な住宅市場や労働市場、変化するジェンダーと家族編成のパターン、近代の都市的アイデンティティや、ナショナルな、またトランスナショナルなアイデンティティにおける移動の位置といったことがらに関与せざるをえない。そしてこうしたことがらすべてが強力な感情的構成要素を含んでいるのだ。

　自動車移動をめぐる感情社会学は、ミクロレベルにおける個々人の運転者の選好、メゾレベルにおける特定のローカルな自動車文化の集合、そしてマクロレベルにおける地域的な、ナショナルな、またトランスナショナルな感情的／文化的／物質的地理のあいだの関係を理論化することに寄与しうる。本論考は自動車移動をめぐる感性的な、そしてとりわけ運動感覚的な次元を詳細に調べることをつうじて、人間の身体《ボディ》と自動車の車体《ボディ》の両方を含む、そしてまた、それらとそれらが移動する (あるいは移動し損なう) 空間とのあいだの関係を含む、より広い身体的／物質的な関係的環境のうちに自動車文化 (とそれに関連するさまざまな感情）を位置づけるものである。[2] 文化様式や感覚や感情が、物質世界における事物と人びととの関係的ありようを支え特徴づけている。運転をめぐる感情は、諸々の感情が諸々の関係において具体化されるひとつのあり方であるが、ここでの関係とは、他の人間とのあいだの関係だけでなく物質的な事物とのあいだの関係をも含んでおり、さらにそこには人間の身体がいかに物質世界と相互作用するかという運動感覚的な次元も含まれている。このような「自動車が動かす感情」――自動車利用者の身体的性向や、自動車利用と結びついた本能的感情やその他の感情――は、より技術的・社会‐経済的な諸要因と同じ程度に、自動車を基盤とする文化の強力な持続性を理解するうえで中心的な意義をもっている。

アーリー・ホックシルドの研究が示唆するように、感情とはたんなる「自然な」ものではなく、「感情管理《マネジメント》」をつうじて、また文化的に規定された「感情規則」との関連において働きかけられねばならないものである（Hochschild, 1983, 2003）。彼女の見解のなかで強調されるのは、感情の社会的な関係的特性であり、それによって感情というものがいかに個人の心理以上のものであるかが示される。しかしながら彼女の「管理《マネジメント》」や「規則」といった概念化は、なおも完全に道具的な行為者を――すなわち、まず何かを感じとり、それからそうした感情を管理したりそれについて判断したりするような行為者を――暗に含んでいる。自動車をめぐる感情のこうした考察をつうじて、私は、いかに感情それ自体が特定の物質的連関および知覚のなかから生じると同時に、感情によって、物質的連関と知覚とがより広範な感性的・運動感覚的な文化のうちに組織化されるのかを示すこととしたい。「感情」というものが、感情文化と物質文化が収束し衝突する地点において具現化されパフォームされる、その限りにおいて私たちは、自動車移動をめぐる「感情の経済」（Ahmed, 2004）や「感情の地理」について語ることができる――そしてそれらのうちに人びとや事物や場所のあいだの、あるいはそれら各々における、感情の流れ、循環、配分、集中、衝突があるのだ。

以下の各節では順番に、自動車を感じるという身体的実践、ファミリーカーとケア実践をめぐる感情地理、そして自動車や自動車産業や運転スタイルにかかわるナショナルな感情の出現について考察する。それぞれの節は、個人を超える感情的・物質的文化――それによって自動車移動の特定の様式や運転への性向が自然化され安定化するようになる――について説明することをめざしている。私の議論はまたフェミニズムの立場による科学技術論や文化人類学における近年の諸アプローチを援用しているが、それらは、自然、文化、テクノロジー、商品ブランディングについての批判的な理論的観点（これは主に男性に支配された、男性中心的な研究や計画や交通政策といった活動領域《アリーナ》において強く周縁化されてきた）を提供してくれる。人びとがどのように自動車について（*about*）感情をもち、どのように自動車のなか（*in*）で何かを感じ、そしてまたさまざまな自動車文化の（*of*）感覚がいかにして特定の性向や生活様式を誘い出すのか――これらの問いを真剣に受けとめることによって、私たちは、自動車の消費をめぐる倫理的次元や、自動車利用をめぐる道徳経済《モラル・エコノミー》について再評価をおこなううえで、よりよい位置に立つことができるだろう（道徳経済については Sayer, 2003 を参照）。そのときはじめて私たちは、今日の自動車文化（およびそれを維持する自動車をめぐる感情）から、より社会的・環境的に「責任ある」交通文化へと移行するには、何が本当に必要となるのかを考えることができるのである。

自動車を感じること

運転をしているとき私はほとんどいつも幸福です。実際どんな場所でも、そこに向かって運転をする

ことは、私を興奮させ、期待でいっぱいにしてくれるのです。(Pearce, 2000: 163)

喜び、恐怖、欲求不満、多幸感、痛み、羨望――自動車にたいする感情的反応と運転をめぐる感情は、車を購入したり、運転したり、車とともに暮らすなかで人びとがおこなう個人的備給に決定的な意味をもつ。自動車製造業者は、当然のことながら、自社の広告キャンペーンによる感情的共鳴をつうじてブランドにたいする欲望を操作している。だが運転の「スリル」や道路の「楽しみ」、コレクターの「情熱」、レトロなデザインへのノスタルジーといったものは、たんなる広告的想像力の語彙目録にはとどまらない。自動車をめぐって生み出される「感情」は、自動車文化における感情的傾向や潜在的な道徳経済を示す強力な指標となりうるのだ。自動車とのあいだに結ばれるこうした感情的関係は、快楽の追求にのみ関連しているわけではなく、私たちのもっとも深い恐怖や不安や欲求不満のうちにも入り込んでくる。自動車事故を目撃したときの胃がむかつくような感覚や、事故に巻き込まれたときの恐怖やなかなか消えない不安などは、「自動車がもたらす自由」の暗い裏面である。自動車へのある種の愛着や運転の楽しみのうちに入り込んでくる情熱こそが、同じようにして、交通への憎しみ、他の運転者への怒り、変わらぬルートに感じる退屈、政府の交通政策への怒りといった反対側の感情も引き起こしうるのだ（「人間‐非人間のハイブリッド性」という観点による路上の激怒《ロード・レイジ》をめぐる議論についてはMichael, 2001を参照）。

レクサスＩＳ２００の広告キャンペーンがこのように喧伝しているのは驚くにはあたらない。「内部の感触が違います」。レザー・シートや自動温度調節器やデジタル・オーディオシステムといったものを強調することで、このテクストが明らかにしているのは、当のスローガンが、自動車の内部の「感触」とそれが車内に居住する身体の内側に生じさせる感覚の両方について述べている点である。内側であれ外側であれ、また動作状態であれ静止状態であれ、自動車の感触は運転者の感じ方——自動車の感触だけではなく、自分についての感覚や自分の内側に生じる感覚を含めて——を感性的に方向づけ物理的に示しているのだ。こうした問題関心は、ロラン・バルトがおこなったシトロエンＤＳをめぐる神話学の読解にまで遡ることができる。そこでバルトは、この自動車の物質性は支配的な自動車文化におけるある移行を特徴づけていると評している。その車の軽快で攻撃性を抑えたデザインの魔力と精神性について書きながら、バルトは「スピードの錬金術」から「ドライブの美食的嗜好への」(Barthes, 1957: 152) 明確な文化的移行を描き出しているのだ。人びとは「女神」との触感的かつ性愛的な出会いを喜んで受け入れていた。

展示ホールでは、見本車のところへ激しい愛情ある熱意を抱いた訪問客がやってくる。それは触覚による発見がおこなわれる偉大な局面だ。……金属板、継ぎ目が触られる。シートの詰め物がまさぐられる。座席は試しに腰かけられ、ドアがさすられ、クッションがなでられる。ハンドルのまえで体全体で運転する真似をする。(Barthes, 1957: 152)

金属の車体に触れたり、シートの詰め物をまさぐったり、曲面を愛撫したり、「体全体を使って」運転の真似をしたりするといったことは、人間と機械の身体《ボディ》=車体の結びつきを示している。もちろん、自動車を運転者の身体の人工装具的延長とか幻想の世界とみなすこと (Freund, 1993: 99; Brandon, 2002: 401-2) は、モーターショーや広告などに限らず、若者文化、ピンナップ・カレンダー、ポップスの歌詞、ヒップホップのビデオなどの標準的内容となっている。自動車との「情事」(Motavalli, 2001; Sachs, 2002) や、「妻」もしくは愛人としての自動車の性化 (Miller, 1997 [1994]: 238) といったことは、自動車をめぐる一種のリビドー経済——そこでは特定のモデルが欲望の対象として収集《コレクト》されると同時に大事《コセット》にされ、洗浄《ウォッシュ》されるとともに崇拝《ウォーシップ》される――の存在を示唆している。ファルス的なものであれ女性化されたものであれ、自動車は人格《パーソナリティ》＝個性を物質化しており、所有者または運転者の自我形成――有能な、力強い、能力のある、性的に望ましい、等々として――に一役買っているのである。

　だが自動車における個人の心理学的備給は、自動車文化全体の感受性から生じたものといえる。つまり備給を受けた主体は、特定の仕方で動かされる（そうして特定の種類の行為主体性《エージェンシー》であるように感じさせられる）のである。世界中に浸透している自動車文化へのかかわり合いという事態が意味するものを理解するうえで、私たちは、感情の社会学――それは感情を、個人のうちに身体化されていながらも関係のなかで生み出される現象とみなす――へと向かう、近年の社会科学における転回を援用することができる（Hochschild, 1983, 1997, 2003; Jasper, 1997; Bendelow and Williams, 1998; Goodwin et al., 2001）。ナイジェル・スリフトにしたがいつつ、私たちは、「生物学的な次元に結びつけられた、もしくは文化的な次元で堆積してきた（この二つのあいだの正確な差異が何であるかはそれ自体が魅力的な問いである）一連の身体的性向としての非-認知的思考（「本能」と呼んでもよいのだが）」（Thrift, 2001: 36）について考えることもできよう。感情は、こうした曖昧さに左右される一種の非-認知的思考である。それは一見したところ本能的なのだが、明らかに文化的に獲得されたものなのだ。感情は身体のなかで、また身体をつうじて感じられるが、しかし感情は、関係性からなる環境や感情の文化によって構成される。つまり感情は、共有される公的かつ集合的な文化的慣習であり性向である（Jasper, 1997; Goodwin et al., 2001）。ホックシルドが論じるように「感情それ自体に社会的パターンがある」のであり、それは「さまざまな状況において私たちが感じるべきであったり、感じるべきでなかったり、感じたいと思ったりする――と私たちが想像する――ことがらを規定する」ような「感情規則」

にもとづいている。すなわち「感情規則は、感情についての私たちの判断の仕方を示している」（Hochschild, 2003: 82, 86）。こうした観点からすれば、感情はたんに「感じられ」たり「表出され」たりするものではなく、むしろさまざまな期待やパターンや予期をつうじて誘い出され、引き起こされ、規制され、管理されるものとなる。

より具体的にいうなら、運動《モーション》と情動《エモーション》、動作と感情、自動車と動機とのあいだには決定的な結びつきがある。現在における「身体実践」への注目について、モース、ベンヤミン、ウィトゲンシュタイン、メルロ＝ポンティ、ブルデューによる影響にまで遡って追跡しつつ、スリフトは、非‐意識的な認知や身体的性向にさらに注意を払うなら、感情が前景化されることになると示唆している。

……そうした研究が指摘するのは感情がきわめて重要だという点である。感情は、身体がさまざまな知覚レジスターをつうじて非‐認知的な領域を選別するさいの重要な手段となるのだ。そうした知覚レジスターは脳だけにかかわるわけではなく、そこには内受容的なもの（内臓だけではなく皮膚をも含む）、固有受容的なもの（筋骨格にかかわる備給にもとづく）、体全体の行為を含む微妙な接触なども含まれる。（Thrift, 2001: 37）

感覚をつうじた世界の「感触《フィーリング》」と、そうした出会いから生じる「感じ《フィーリング》」とを混ぜ合わせることで、このアプローチは、運動と情動とが共同的に構成されることを示唆している。このような観点からすれば、感情は、身体の行為や運動から生じる非‐認知的領域における知覚を区分けするひとつの方法にほかならない。このとき重要な問題となるのは、知覚が感情に先行するのか、それとも感情の文化的組織化のほうが身体的感情に先行するのかといったことではなく、むしろいかにして知覚や認知や感情が、物質的・社会的世界への特定の方向づけのもとに一緒になって生じてくるかということである（Ahmed, 2004を参照）。感情が身体内から湧きあがってくるものと感じられる以上、感情の文化的枠組みは、どのように身体的感情のより本能的な要素と相互作用するのだろうか？　そしてまた運転することや自動車に乗ることは、ある種の感情の自然化にたいしていかなる役割を果たすのだろうか？

自動車になること（自動車のうちにあること）

私の手の下で、それは生きているように感じられた。風と速度のために育てられた金属の生き物である……それは風のように走った。私は風のように走った。まるで私が車になり、あるいは車が私になったかのようで、どちらがどちらであるかはもはや問題ではなくなってしまった。（Lesley Hazleton　引用は Mosey, 2000: 186 による）

マクノートンとアーリは、「人びとが自身の世界のなかで運動感覚の面でアクティヴであることに由来し、環境と有機体の互報関係から生じる」ような、両面価値的であり議論の多い「アフォーダンス」の存在について論じている（Macnaghten and Urry, 2000: 169; Costall, 1995も参照）。運転行為は、人間の身体が「感覚された」世界ととり結ぶアクティヴな身体的関与のひとつに含めることができる。歩くこと、自転車に乗ること、電車に乗ることといったその他の移動の様式と同じように、運転という様式もまた「特定の時間と空間」から生まれるのであり、「それらはしばしばお互いに対照的な仕方で発展してくる。それらはジェンダーと階級の両方の歴史をもつ傾向がある」(Lofgren, 1999: 49)。このとき運転は、多様な身体や自動車や空間のあいだにさまざまなアフォーダンスがあることを示唆する。いかにして自動車の動きは、種々の仕方で特定の身体を「感動させ《インプレス》」、さまざまな「印象《インプレッション》」(Ahmed, 2004) を——自動車が速度を変えたり、騒音を立てたり、カーブで揺れたりするときの、動いてゆく景色、急に吹いてくる微風、変化する臭いや感覚へのさまざまな感情的性向を——生み出すのだろうか。ある人びとにとって自動車の動きは、幸福や興奮や期待といった感情を生み出す。他の人びとは怯えたり不安になったり気分が悪くなったりする。こうした諸々の感情は、たんにその個人の内部に位置づけられるものではないし、移動するモノとしての自動車単体から生み出されるものでもない。それらは(さまざまな)個人と(さまざまな)自動車、そして歴史的に状況づけられた自動車文化および自動車移動の地理とのあいだの情動の循環として生じるのである。

　私たちはどのような意味において、運転をめぐる感情への「身体的性向」をもちうるのであろうか? 私の赤ん坊は、生後六週目ですでに、自動車に乗ることへの期待を興奮した様子で表出する。彼女を(まだ家のなかにいるときに)チャイルドシートに寝かせると、彼女の表情は明るくなり、期待に満ちた様子で周囲を見渡す。私がシートを自動車の後部に固定すると、彼女は顔を窓のほうに向けて、車が動いてショーがはじまるのをいまかいまかと待ち受ける。車に乗っているあいだ、彼女はできるだけ一生懸命に窓を見つめる——やがて寝入ってしまうまで。多くの幼児が自動車に乗るという感覚運動的経験のうちに快楽を覚え、自動車文化のうちで、四輪での移動を志向する初期的な方向づけを発達させるということは明らかである。そうしてやがて幼児は玩具の車で遊び、子供サイズの車に乗るようになり、二歳になる頃には、さまざまな種類やブランドの自動車を見分けることができるようになるのだ。しかし同時に、こうした一見すると「本能的な」性向は、ある特定の自動車文化と緊密に一体化しているのであり、そこにおいてあらゆる動作中の車は、子供にとってたいへんリスクの高い環境となる——そこには多数の法的介入が入り込んでいる。幼児を自動車のシートに寝かせる親は、不吉な結果についての警告（ヨーロッパの一二の言語で書かれている）を目にする。「後ろ向きのチャイルドシートをエアバッグつきの前部シートで絶対に使用しないでください。死亡ないしは重傷につながる恐れがあります」。この警告は人を不安にさせるものであるが、自己防衛や安全や防護を志向する几帳面な運転上の性向を育むことの必要性を、つねに思い起こさせるものとなっている。子供とシートを車にきちんと乗せることにより、安全な手段をとったという感覚が引き起こされる。車に乗っていることについて両親がよりよく感じることを可能にするのは、自己規律にほかならない——この点についてはファミリーカーとケア実践を扱う次節で論じられる。(3)

運動《モーション》と情動《エモーション》は運動感覚において密接に絡み合っており、身体とテクノロジーと（つねに歴史的かつ地理的に位置づけられた）文化的実践の連接関係をつうじて一緒に生み出されてくるのだといえる。ロサンゼルスの運転者を対象としたジャック・カッツの研究を参照しつつ、スリフトはこのように示唆している。

〔私たちは〕運転すること（および乗客になること）を、深く身体化されると同時に感覚的な経験として理解する〔べきである〕。それはただし特殊な経験であって、「形而上学的な融合を、言い換えるなら人間‐モノ、人間化された自動車、あるいはまた自動車化された人間というかたちでの独特の存在論を生み出す運転者と自動車のアイデンティティの絡み合いを必要とし、それを引き起こす」ような経験である（Katz, 2000: 33）——そのなかで人間と自動車のアイデンティティは感覚運動において絡まり合うのだ。（Thrift, 2004: 46-7）

人間の身体は、エンジンの単調な音、ギアボックスによる滑らかな動作、苦もなく加速するときのシューという音などに身体的に反応し、場合によっては運転者は自動車と「ひとつ」になる（この節の最初の引用にあるように）。身体化された運転実践の多様性――ここにはナショナルな多様性も含まれる――をつうじて、さまざまな感情レジスターが生み出される。滑らかで静かな乗り心地（歴史的には贅沢や特権や富といった観念と並ぶ）に満足を感じる人びともいれば、骨が揺さぶられ、ディーゼルとエンジンオイルが鼻孔を満たすような全輪駆動（歴史的には冒険や男らしさや挑戦といった観念と並ぶ）を好む人びともいる。人びとは歩くこと、自転車に乗ること、乗馬などを志向する「身体的性向」をもそなえているのだが、スリフトが指摘するように、重要なのは、こうした性向がいかにして「文化的に堆積する」ようになったかという点である(4)。

私が論じたいのは、人びとのあいだの感情的関係が、たんに事物によって媒介されたり表現されたりする（商品文化の感情的「備給」や「フェティシズム」をめぐるフランクフルト学派の分析におけるように）ということではなく、運動感覚の行使（歩くこと、自転車に乗ること、列車に乗ること、自動車に乗ること、等々）が私たちを周囲の世界の物質的アフォーダンスへと特定のかたちで方向づけるということ、そしてまた、こうした方向づけによって感情地理が生み出されるということである。ポール・ギルロイが述べているように、「自動車は概して消費社会の私化や個人化や感情化に不可欠なものである」のだが、この傾向はある面で「自動車による自由《オート・フリーダム》という大衆的な快楽――移動やパワーや速度」に依拠している。すなわち自動車はさまざまな仕方で「移動を再定義し、感覚的経験を拡張してきたのである」(Gilroy, 2001: 89)。自動車移動が主流となった社会にあって、自動車は、私たちが物理的世界に居住する様式のうちに深く定着している。自動車は一見すると「本能的な」美的・運動的な感覚にアピールするだけでなく、私たちが世界を感じる仕方を変容させ、さらには視覚的・聴覚的・嗅覚的・内受容的・固有受容的な感覚をつうじて、人間の身体が世界と相互作用する能力を変容させるのである。私たちは自動車を感じるだけではなく、自動車をつうじて、自動車とともに感じるのだ。

今日、自動車をめぐる身体的感覚のうちにさらなる重要な変化が生じているのだが、それは、自動車のデジタル制御やモバイル情報技術――それらは私たちが世界を「感覚する」仕方をこれまで以上に変容させるものである――における諸々の発達に由来する変化である。情報技術やコミュニケーション技術を自動車（とくに高級車）のうちに組み込むことがますます強調され、その結果、移動の技術と会話や娯楽や情報アクセスの能力とが結びつくようになっている（Sheller, 2004）。自動車をひとつの機械として方向づける動きに含まれる、多くの側面がコンピュータ化されてきているその一方で、同時に、自動車の居住者たちは、自分が通過するリスクをともなう危険な環境から隔離されるようになってきている――シートベルト、エアバッグ、「クランプルゾーン（衝突時にショックを吸収する自動車の前後の部分）」、「ロールバー（転覆時に人を守る天井の補強鉄棒）」、「ブルバー（動物と衝突したときのダメージを吸収するバンパー）」等々によって外見上保護されることで。自動変速装置をはじめ、車速設定装置《クルーズ・コントロール》、音声操作によるロック開閉や点火装置《イグニッション》、GPSナビゲーション、デジタル音楽システム、ハンズフリーの携帯電話といった機能はすべて、運転者を機械の直接的な操作から「解放」してくれるのだが、その一方で運転者を社会性のうちにより深く埋め込むことで、結果として「サイバーカー」とでも呼びうるものを生み出している[5]（Sheller and Urry, 2000, 2004; Sheller, 2004）。いわゆる「知的《スマート》」自動車のマーケティングでは、サイズの小ささだけではなく、密集した都市域で享受しうる情報や娯楽の機能が充実している点が強調される――そうした車はますます「知的《インテリジェント》環境」として設計されるようになるだろう[6]。

自動車の感覚的経験における集合的な文化変容は、新たな（より倫理的な）自動車移動の文化への大規模な転換が生じるには、何が必要であるかを示唆している。それはつまり、新たな自動車移動の美学と新たな移動の運動感覚にほかならない。以下の節では、自動車移動をめぐる感覚地理がより広いコンテクストで、人びとのあいだの複雑な結びつきや社会的紐帯――そうした結びつきや紐帯は、ジェンダーや家族やネーションの編成において規範化《ノーマライズ》＝正常化され自然化されるようになる――を支えているありように目が向けられる。

ファミリーカー、ケア、親族関係

> 自分の車をもつと何かが違ってくるということに気がついた。つまり、私たちはずっとファミリーカーをもっていて、それは夫の仕事用の車であったのだが、それから私が自分の車をもつようになったとき、まさにそこで私は違いを感じたのである……こういう小さな感情的出来事があった……これは私のものだ……これは私のささやかな領分《テリトリー》だという密かな感覚が本当に出てきたのだ。（'Catherine'，引用は Maxwell, 2001: 219 による）

自動車にたいする、また自動車が自然環境におよぼす被害にたいする強い感情にもかかわらず、反自動車という異議申し立ての倫理はしばしば、自動車化された社会における家族生活の調整や友人関係のネットワークにかかわる、モバイルな社交関係の必要性や日常的な道徳性とぶつかり合う（Miller, 2001a; Carrabine and Longhurst, 2002; Stradling, 2002）。たとえばイギリスや合衆国における「子供の送り迎え《スクール・ラン》」が原因だとされる交通量をめぐる有名な論争は、子供の安全についての感情、交通についての感情、環境についての感情のあいだの葛藤を示している。ミラーの議論によれば、そこにあるのは「個人的な行為が世界全体におよぼす影響の総体にかかわる倫理と、自分のパートナーや子供といったより直接的な関心からケアを考える道徳性とのあいだの葛藤」である（Miller, 2001b: 28）。このようにして多くの場合、同じ人びとが、熱心な自動車の運転者であると同時に、新たな道路計画にたいする非常にアクティヴな抗議者にもなりうるのだ（自動車がいかに激しい両面価値《アンビヴァレンス》を生み出すかについてはMacnaghten and Urry, 1998: ch.6を参照）。

自動車文化において見逃されている重要な側面は、人びとが自動車、自己、家族、友人との関係のうちにもつ感情的備給である。そこで創出される感情的コンテクストは、これもまた特定の種類の自動車、家庭、近隣、都市のうちに深く具現化される。最近のトヨタ・ヤリスの広告キャンペーンではこう指摘されている。「最後にはそれを愛しすぎてしまうことになりますよ」。ヤリスはそこで、馬鹿げてはいるがいかにもありそうな、愛が少しばかり行き過ぎてしまっている（葉書を受けとったり、キャンドルの灯る風呂に入れてもらったり、巨大な空っぽの車庫を独り占めしたり、等々）さまざまな社会的シナリオのうちに登場する。明らかに自動車は、家族生活や家庭内空間をめぐる感情的ネットワークのうちに、そしてまた友人関係のネットワークや公的な社交性のうちに深く組み込まれているのだ。サイモン・マクスウェルが論じるように、政策論議にあっては「身近な他者にかかわるケアや愛情、そしてまた、より広い社会的ネットワークのうちにある他者へのケアと結びついた、自動車利用をめぐる肯定的な社会的意味の枠組み」の存在が無視されてきた（Maxwell, 2001: 217-18）。「日常生活には自動車利用と結びついた複数の倫理があり、これらの倫理的立場のあいだには激しいせめぎ合いが存在している」ことをマクスウェルは見いだしている（2001: 212）。こうした意味の枠組みや倫理は、自動車利用をめぐる感情文化を支配するいくつかの感情規則を生み出す。

そこにあっては、個人のアイデンティティや家族関係や社交性をうまく管理《マネッジ》することの必要性が、運転をめぐるいかなる良心の呵責にも容易に優先してしまう場合がある。

　たとえば自動車移動の文化のなかでは、運転によって多くの人びとが解放やエンパワーメントや社会的一体性の感覚を得られる一方、運転ができないことで社会的疎外や無力化の感覚がもたらされることもある。イギリスの郊外に住む運転をする若者を対象とした研究が示唆するところでは、「自動車は社交性のパターンの一部をなしており」、そうした社交性にたいする新たな可能性の予期は、運転をする若者にとって「特別な胸躍るような消費の契機」を生むのだという（Carrabine and Longhurst, 2002: 192-3）。イギリスの運転者の自動車利用にかんする表出的次元を扱った大規模な研究のなかで、スティーヴン・ストラドリングは、投射、自尊、力、自己表現、独立といった感覚が年齢や階級やジェンダーによって違っていることを見いだしている。「さまざまな種類の個々人は、自動車利用からそれぞれ違った種類の心理的利益を得ている。自動車を運転することは、とりわけ若い人びとや貧しい人びとにとって魅力的なのだが、それは自動車が顕示的な個人のアイデンティティの感覚を伝達してくれるためである」（Stradling et al., 2001; Stradling, 2002: 11）。同様にギルロイは、アフリカ系アメリカ人がおこなう人前での自動車の派手な利用法について、そこでは「代償的威信」をつうじて、地位が傷つけられているという感覚や物質的な貧しさの感覚の埋め合わせがなされているのだと示唆している（Gilroy, 2001: 94）。

　感情文化とそこに含まれる倫理は、物質文化やテクノロジーと深く絡み合っている。自動車が防備《プロテクション》やセキュリティや安全《セーフティ》の感覚と結びつくとき（「ファミリーカー」の広告のなかで強調されるように）、その自動車を利用することによって親は――一般的な危険の感覚に直面しながらも――エンパワーメントの感覚を得られる場合がある。防備《プロテクション》のテクノロジーは――運転をしないことではなく――「適切なかたちで」

運転することにより、リスク（と恐怖）にうまく対処することができるようにしてくれる。すでに言及したように、チャイルドシートなど移動のためのテクノロジーもまた、ジェンダー秩序、家庭生活、女性の移動、家庭と仕事の関係などにおける変化に関与しつつ、私的領域と公的領域のあいだを独特なかたちで媒介している。自動車による家族の私的なモバイル化が一因となり、小さな子供をもつ母親の有給労働力への参加が増大してきているが、その限りにおいて、親やヘルパーが断片化したタイム・スケジュールをやり繰り《ジャグル》しながら、幼児や小さな子供を種々の場所に移動させねばならないような状況がますます生じてきている。[7] 自動車移動はそうしたスケジュールの複雑な編成を可能にしたり制限したりするのだが、それによって公的な活動と私的な活動とのあいだの境界がますます曖昧になってきている（Sheller and Urry, 2003）。こうして「ファミリーカー」は一日の、あるいは一週間のルーティンのうちに密接に組み込まれ、愛するものの世話をすることと結びついた感情や、ストラドリングが指摘するような女性に与えられた解放の感覚を支えるようになってきている。自動車による独立はまた、家族関係を犠牲にすることで得られる場合がある。そのさいにはこの節の最初に引用したように、自動車は、家族の要請から分離されたひとりの女性の「領分《テリトリー》」となるのだ。

　合衆国の郊外に住む母親を対象とする毎日の移動にかんする民族誌的説明のなかで、サラ・ロックラン・ジェーンが論じているように、幼い子供がいる家族のあいだでのスポーツ用多目的車（ＳＵＶ）のひじょうに高い人気は、移動および公的・私的空間をめぐるジェンダー化された諸実践にもとづいている。

……ＳＵＶは、これまで「野暮ったい」とされてきた家族生活の諸側面を、格好良いアウトドアの冒険と独特の仕方で融合しうる自動車としてマーケティングされてきた。……だがこうしたマーケティングと消費の結びつきにも歴史がある――家族の安全にたいして女性が担う責任という点と、男性による逃避の手段やアイデンティティの道具としての自動車の理想化という点において。……こうした［典型的な］家族プロジェクトの私化――消費により再生産されるものとしての――はまた、子供の送り迎えに依拠する「安全性」の理解のうちにも、あるいはまた潜在的な自動車事故に「勝つこと」の理解のうちにも見受けられる。(8) (Jain, 2002: 398)

SUVの「男性的」魅力は、とりわけプロ意識の強い母親たちを惹きつけてきた。彼女たちは、仕事場において向上心に燃えた公的な人格《ペルソナ》を培うと同時に、他方で、SUVのより家族的な特徴（買い物や子供の友だちのための、またカップホルダーやビデオゲーム機といった装備品のためのスペース）のおかげで、ケアにかかわるより「女性的」な側面を維持することができる――その両方の役割は支配的なジェンダーの不均衡により重層的に決定される――からである。ホックシルドの観点からすれば、こうした自動車の社会的埋め込みによって、公的・私的なジェンダー・アイデンティティを矛盾したかたちで構造化する複数の論理と感情規則の管理《マネジメント》が可能となるのだ。それと同時にSUVの利用は、ある種のジェンダー化された（「人種化された」とつけ加えることもできる）アイデンティティを強化し、さらにはまた、そうしたアイデンティティに郊外の物質文化を感情的に備給するのである。

いわゆる「スポーツ用多目的車」はまた、自然に（安全なかたちで）近づくための手段としても受容されている。皮肉なことに、多くの反‐自動車の運動家たちが守ろうとしている「自然」という観念そのものが、概して自動車移動によって構成されてきた面がある。日の光がまだらになった緑の森を滑るように抜け、巨大な砂漠や平原の限りなく遠ざかってゆく地平線に向けて疾走し、生け垣のある曲がりくねった田含道を飛ばしてゆく、等々のかたちで、運転は長いあいだ「自然のなかに出てゆく」手段のひとつとなっていた。多くの国々において、初期の自動車利用は「日曜のドライブ」や家族連れで出かける休日――そこには都市や郊外から田園へと、あるいは国立公園のような自然保護区域へとドライブをすることが含まれる――と結びついていた（Wilson, 1992; Bunce, 1994; Lofgren, 1999; Urry, 2000: 60-62; Peters, 近刊）。それゆえ自動車はすでにして、環境運動家たちが（たとえば新しい道路の建設を阻止することによって）保全しようとしている広大で、相対的に手つかずで、目を楽しませてくれる景色にたいする現在の好意的評価の構成にかかわり合っているのだ。そうした矛盾を示すかたちで、シトロエンC３のような「排出物が少なく《クリーン》、無公害の《グリーン》」超小型車の「環境に優しい」マーケティングは、燃料節約をめぐる倫理的選択と同じ程度において、自然にたいする感情に訴えかけているのである。大きな緑と青のプリントになっているその広告イメージは「渓流、露、谷間、胸一杯の空気、立ち昇る霧、オウシュウアカマツ、雲ひとつない空、ヒース、小綺麗な亜麻布、地衣類」といったものを思い起こさせる。こうした意識の流れは、都市居住者のうちに、自然への身体的近接や気晴らしや活力回復の感覚を誘い出す。そうした都市居住者は「排出物の少ない《クリーン》」自動車に乗って、そこを運転していることについて罪悪感を覚えることのないままに「田園」へと逃れることができるのだ。

今日において自然は文化によって支えられ、救われ、助けられているのだというマリリン・ストラザーン（Strathern, 1992）の主張を受けつつ、ジョン・アーリが論じているように、「私たちがいま自然として認めることのできるものはすべて、社会的な諸実践やその特徴的な文化的表象の諸モードと精緻な仕方で絡み合い、それらと根本的に結びついている」（Urry, 2000: 202）。自然と文化の「双方向の交流」のうちに生じつつある諸々の変化にかんするフェミニストの分析は、自動車をめぐる感情が、人間的なものと技術的なもの、自然のものと文化的なもの、感情をめぐる本能的領域と象徴体系からなる商品化された領域、等々の収斂に依拠しているさまざまなあり方の一部を理解するうえで助けとなる（Haraway, 1997; Franklin et al., 2000; Strathern, 1992）。重要な例としてサラ・フランクリン（Franklin, 1998）は、親族関係の隠喩《メタファー》が、DNAというかたちで人間のゲノムからBMW3シリーズのブランディングにまで伝播していったことを説明している。ここで「遺伝子」や血統の良さをつうじて伝えられる人間の親族関係や動物の品種は、自動車それ自体――それは自然化した、もしくは生物化した商品になる――とそのブランド――それは優性の、ということではあるが自然な「種類」になる――に転移されるのである。

種子から熟成まで、ヒョウからサラブレッドまで、若者から貴族まで、これら［BMWのブランド系統における］四つの自動車の表象は、ハイブリッドな進化という感覚をつくり出すべく過剰な量の遺伝や血統にかんするアナロジーを伝えている。［広告の］テクストは、遺伝学の専門用語から大量に借用した一連の記述となっており、そこでは親譲りの性質、進化、品種改良、遺伝形質、DNAの特徴、遺伝子選択といったことがらが参照されている。テクストは最大限に引き延ばされて、動物と機械、人に馴れたものと野生のもの、先天的なものと後天的なもの、といった多様なイメージをひとつに抱え込んでいるのである。（Franklin, 1998: 4-5）

生物学的身体《ボディ》と機械的車体《ボディ》のこうした複雑なハイブリッド化のうちで、親族関係をめぐる新たな用語が練りあげられ、それが「生命の特質を機械へと結びつける」（1998: 8）。サイボーグとしての擬似生物学的な自動車が、人間の感覚の進化と深く絡み合うようになる（「どちらがどちらであるかはもはや問題とはならない」）とき、それはたんに人間の親族関係をめぐる諸実践を支えるだけではなく、それ自体もまた親族となっている――「人間化された自動車」が「自動車化された人間」と出会い、自分たちが親類であることを発見するのである。ダニエル・ミラーが示唆するように、「自動車の人間性を認めるよう私たちに強いるのは、何よりも、人びとの身体《ボディ》と自動車の車体《ボディ》の高度に直感的な関係なのである」（Miller, 2001b: 24）。

自動車が、家族から逃避するための道具になるだけでなく、家族の一員となったり、大切な子供の容器となったり、あるいは愛情を示したり、ケアを実践したり、ジェンダーをパフォームするための装置となるとき、それは、人間と機械を深い感情的な絆で結びつける非‐意識的な認知作用や身体的性向を生じさせる。自動車がさらに進んで品種や親族となるとき、自動車は、人間や物質の諸関係をめぐる感情地理のうちに、そしてまた感情の流通をめぐる感情経済のうちにさらに深く入り込んでゆく。「安全な」運転や「環境に配慮した《グリーン》」運転をめぐる規律《ディシプリン》＝訓練や再帰性や統治《ガヴァメンタリティ》＝管理をつうじて、自動車利用者は、より深く自動車とその物質的・文化的堆積――そのひとつがブランドである――へと「備給される」。そのように自分の自動車に、そしてまた自動車文化のうちで「自然なもの」になった物理的・文化的・感情的な地理に深く結びついた人びとにとって、こうした自我や家族や友人や親族のネットワークの一部を放棄することは、どの程度容易でありうるだろうか？　そして技術化された自然と自然化された技術との出会いがナショナルな形態をとるとき、いったい何が起きるのだろうか？

自動車をめぐるナショナルな感情

そして混乱した交通渋滞の主たる原因となっているのは、黒いウィンドウのマッチョな最新の日本製

> 四輪駆動車である……運転経験の多くは、テレビ番組のカー・チェイスを観ることで得られているように思われる。夜間、所有者がバッテリー・パワーを節約しようとライトを消したまま走る自動車は、しばしば問題の種となる。田舎道をゆっくりと走っているときに、ふと気づくと、とつぜん三台の左ハンドルの煙を吐き出す連結式トレーラーに追い越されている——それらは道路を逆走しつつ見通しの悪いカーブへと猛スピードで突っ込んでゆく——ということもありうるのだ。(Salewicz, 2000: 42-3)

家族やケアのネットワークを超えて、自動車はまたナショナル・アイデンティティ——それは運動感覚の面で独特であり高度に情緒的でもある——の産出にも深くかかわり合っている。自動車をめぐる私たちの身体的感情の情緒的な沈澱物は、どのように「自動車文化」——家族の、サブカルチャー的な、ナショナルな、グローバルな、等々のいずれであれ——に明確に示されているのだろうか？　バルトが示唆しているように、自動車の特徴は社会全体の集合的エートス——速度への執着から、あるスタイルでのより微妙な運転感覚〔への嗜好〕への変化といったような——を具現化している。たとえば流線型の空気力学という美的特徴は、スウェーデンにおいてモダニティの象徴的表現となっていた——それは一九五〇年代の大衆消費のあらゆる側面に浸透していたのだが、とりわけ自動車において深く浸透していた(O'Dell, 2001: 107)。一九八〇年代のトリニダードにおける自動車の室内装飾や塗装のカスタマイズは、ナショナルな文化のなかのある特定の動向——そこにはエスニシティ別にセグメント化されたかたちでの「モダニティ」の表現も含まれていた——を具現化するものであった(Miller, 1997 [1994])。そしてまた南オーストラリアの西砂漠におけるアボリジニの人びとのあいだでは、「自動車は、社会関係の恒常的ダイナミクスを媒介するだけではなく、重要なことに、人びとが国にたいしてもつ強力な情緒的関係をも媒介しているのである」[9] (Young, 2001: 52)。

ティム・エデンサーは、各々に特有の「ナショナル」な運転のスタイルは、幅広い多様な情緒的次元を包含していると論じている。そうした情緒的次元には、ナショナルな自動車産業、さまざまな美的・運動感覚的な物質性をそなえるナショナルな「モータースケイプ」、自動車中心的な文化的諸実践、特定の車種をめぐる感覚的アフォーダンス、等々にたいする感情が含まれる (Edensor, 2002: 120; Edensor, 2004 も参照)。エデンサーが示唆するところでは、自動車移動をめぐる独特なナショナルな文化の構成《アセンブリッジ》＝集合体は、「自動車および自動車移動にかんする独特の感覚的理解の方法を生み出すのだが、それは人びとが、特定の情緒的・感覚的経験の網目のうちに住まって――またそのうちに制度的に位置づけられて――いるためである」(2002: 133)。こうしたナショナルな文化のうちで「運転の感覚性」やさまざまな「運転の性向」が形成されるのだが、それは一方で、快適な運転、滑らかな道路、外部の音の排除などへ方向づけられることもあれば、他方、インドの道路文化における不協和音についてのエデンサーの記述にあるように、騒音、臭い、割り込み、等々に満ちたものとなる場合もある。「第三世界」諸国における運転についてのステレオタイプ的な「西洋的」理解は――先に引用したセールウィクズによるジャマイカについての報告のように――部分的にこうしたさまざまなナショナルなスタイル、モータースケイプ、アフォーダンスにもとづいている。合衆国の帝国主義の絶頂期にその出自をもつ、巨大なテールフィン〔車体尾部のひれ状の突起〕のついた自動車――革命前の資本主義時代に由来するゴトゴト進むゾンビ――の色あせつつある輝きを抜きにしては、キューバについてのどのようなイメージが完全でありえるだろうか？ ガソリン不足という点は措くとしても、赤ん坊やら何やらをすべて含めて五〇ccのバイクに家族全員を乗せるキューバ人は明らかに、合衆国のアメリカ人とは違うかたちでの移動をめぐる運動感覚的な文化をもっている。アメリカ人ならそうした慣行に恐怖を覚え、二人の子供のいる家族には、巨大で燃費のかかるシボレー・サバーバングらいのスペースが必要だと主張することだろう(10)。

ブル(Bull, 2001, 2004)が見いだした運転をめぐる「サウンドスケイプ」もまた、さまざまなナショナルな形態をとり、運転の感覚や多様な自動車文化――北アフリカのエジプト人のポピュラー音楽から、轟音をたてるジャマイカのダンスホールやトリニダードのソカ〔ソウルとカリプソを融合させたカリブのポピュラー音楽〕にいたるまで――と結びついた集合的アイデンティティを形成する。音楽は車内空間の情緒的雰囲気を高めることもできるし、周囲のストリートスケイプの「死んだ公共空間」へと投射《プロジェクト》することもできる(Gilroy, 2001: 97)。多くの非‐西洋の諸都市を音楽を鳴らしながら進む、コレクティーヴォ〔相乗りタクシー〕やタップタップ〔ハイチの小型トラックを改造した乗合バス〕やトゥクトゥク〔タイの三輪タクシー〕――明るい色で塗装されたり、洗礼を施されたり、祝福されたり、お守りをつけられたりする――は、代替的な公共交通の経済《エコノミー》の存在と同時に、さまざまな感覚的・運動感覚的・音楽的なコンテクストの存在を証拠立てている。リン・ピアースはさらに、長い距離を運転しているときに何時間も現代音楽や「レトロな」音楽を聴くことが、いかに「過去と未来の感情的なパリンプセスト〔書いたものを消去してまた書くことのできる古代の羊皮紙〕――そのうちで種々の出来事や感情が回復され、またひじょうに重要なことに、現在の時点でその書き直しがおこなわれる――となるのか」について説明している(Pearce, 2000: 163)。高速道路の「「あいだにある」空間的‐時間的連続」での宙吊り状態における「道路のもたらす変時作用《クロノトープ》」による「想像的エンパワーメント」によって、同時に心理的でもあり物質的でもある、また個人的でもありナショナルでもある「家郷《ホーム》のさまざまな幻想」の探求がうながされるのだ(2000: 178)。

自動車はもちろんナショナルなポピュラー文化という豊かな鉱脈を――ロード・ムービーやポップソン

グから、クラシック・カーの蒐集、ヴィンテージ・カーのラリーにいたるまで――その過去の具体的事例に付随するすべてのノスタルジックなイメージの裡にもっている。ピアースによるとイギリス文学もまた、「自動車旅行がイギリス諸島における私たちの「家郷《ホーム》」の感じ方をどのように変容させたか、言い換えれば、一般道路の相対的な「安全」に由来するその誘惑とトラウマについて、私たちが探求したり幻想化したりすることを自動車旅行がいかに可能としたか」について、歴史的に示唆に富む諸表象を提供してくれる（Pearce, 2000: 171; O'Connell, 1998 も参照）。そのような地域的・ナショナルなイメージは「国内《ホーム》」市場向けの広告に利用されることもあるが、それらはまたナショナルな文化を横断するかたちで読まれる（そしてマーケティングされる）こともある。たとえばアウディは *Vorsprung durch Technik*〔技術による先進〕キャンペーンをつうじてイギリスでの「ドイツのデザイン」の評判を頼みにしており、またスペインの自動車メーカーのセアトは、そのスペイン的な *auto-emocione*〔情熱の自動車〕をうまく利用し、あるいはルノーは、クリオの「わくわくすること」と *je ne sais quoi*〔言葉では言い表わせない〕について語るために、イギリスのチームでプレイをしている国際的なフランス人のサッカー選手を使っている。さまざまなブランドのデザインや生産やマーケティングに、数々のマルチナショナルな場所が巻き込まれているという事実は、スタイルとナショナルなアイデンティティとのあいだのいかなる単純な相関関係をも裏切っているのだが、しかしそうしたアイデンティティの生産は、自動車文化の感情地理にとってなお重要であり続けている。ニッサンは「Do you speak Micra?〔ミクラを話せますか?〕」の広告――未来のユートピア都市にあって、当のブランドが独自の言語、つまりはヨーロッパ全体につうじる技術的方言を発達させているという設定――のなかでさらに歩を進めて、ナショナルなモータースケイプをも乗り越えようとしている。

いわゆる「ハイブリッド化」は自動車文化のなかで数多くの形態をとっている。モダンとレトロ（ミクラ語では「モトロ」)、内燃機関と電気エンジンとの交配、電子情報と物理的な輸送技術、そしていまやナショナルな自動車文化と別のナショナルな自動車文化、等々。バルトを反復するようなかたちで、近年のイギリスでのルノーの広告では、新しいモデルのアヴァンタイムとヴェルサティスの「動きのデザイン」と「感覚的な速度」が強調されている。

> 新しい自動車を体験するということは、感覚的な引き金がつぎつぎと引かれる状態に身を委ねてしまうことなのです。車体の形状《ボディ・フォーム》に見入ったり、外観のディテールに眼を注いだり、外装の部品に触れてみたりすることで。……自動車の運転席、とりわけシートは、相手を知るようになる体験のうち、もっともセクシーな要素ではないとお思いでしょうか。じつは、それこそがまさしくそうなのです。フロント・シートに滑り込むやいなや、自動車はあなたのものとなり、自動車はあなたをとらえてしまいます……そこにただ座ることが真の快楽となるのです[11]。

ここにおいてふたたび自動車は性的なパートナーに、消費者によって注視され触れられる欲望の対象になっているのだが、しかしここではテクノロジーと最先端デザインの、「洗練と感情」の、「機能的道具と美の対象」の、それぞれ独特の融合において、イギリス－フランスの文化的ハイブリッド性が利用されている。広告テクストは、バルトやル・コルビュジエ、レム・コールハースが解読したような「ジャズ」や「カオス」や「大衆文化の複雑さ」に根ざす、一連の新しい「ルール」をともなったヨーロッパの「パンク・バロック」のデザイン世界を参照している。現在における社会理論のさまざまな展開(Clark, 2001; Urry, 2003a; Law, 2004)と交錯するかたちで、こうしたバロックと複雑性の包括的受容は、高級文化と大衆文化、芸術とマーケティング、フランスの高度な理論とイギリスとアメリカのノウハウとが混淆した、新しい種類のモダニティの前兆となっている。形態と機能が融合するのだが、それはしかし「一風変わった後部の造形」が示すような、遊び心に満ちたポストモダンな仕方においてである。[12] こうしたナショナルなブランディングの諸実践を考察することで、私は、自動車を新しいやり方でデザインしさえすれば自動車移動の文化が変容するのだと示唆しているわけではない。また私は、あるひとつのネーション（あるいは多国籍企業）が、より倫理的な自動車文化の創造を先導しうると考えているわけでもない。新たな交通政策（規制、課税、道路利用料金制、通行料制度）において漸進的に変化や実験が加えられているにもかかわらず、自動車や道路システムそれ自体にも、既存の自動車文化の基礎にある居住や感情のパターンそれ自体にも根底的な変容は生じていない。しかしながら、自動車移動の支配的文化をめぐる現在の布置状況《コンフィギュレーション》が解体する「転換点《ティッピング・ポイント》」へと私たちが近づきつつある可能性を示唆する、いくつかの変化の徴候がみられる（Urry, 2003）。そうした徴候として挙げられるのは、たとえば新しい種類の自動車を生産しようとする製造業者の意向、道路利用料金制により自動車移動を制限しようとする政府の方針、そしてまた環境への影響に歯止めをかけようとする（少なくともカリフォルニアとヨーロッパの一部において）消費者の動き、等々である。こうした変化に向けて先導的役割を果たす「行為主体性《エージェンシー》」は、いかなる単一の行為者にも特定されることなく、上述したような社会的・物質的世界の複雑な感情経済《エコノミー》をつうじて配置される。

この論考では、自動車をめぐる感情がどのようにして、一方では自動車の運動感覚的な感じ方から、また他方ではその文化的・社会的なアフォーダンスや流通や配置から、生じてくるのかを考察してきた。自動車にまつわる感情地理はさまざまな規模で生じている――車内における個人の身体の感じ方から、自動車利用をめぐる家族的・社交的状況、そして特定の自動車移動のシステムの周囲に形成され、種々の運転の性向を産出する地域的・ナショナルな自動車文化にいたるまで。自動車は、それが健康や生命にとって危険であったり、環境を破壊したり、燃料の枯渇が予測されたり、公的生活や市民のための空間に損害を与えたりする、等々の理由だけでは（！）簡単には捨て去られないであろう。そうするにはあまりに多くの人びとが、自動車をたいへん快適で、楽しく、エキサイティングで、ときには心を魅了するようなものとさえ考えているのである。生活様式をはじめ友人関係や社交のネットワーク、家族や他者のケアへの道徳的関与、等々のうちに自動車は深く埋め込まれている。自動車移動をめぐる支配的文化の変容がはじまるとすれば、それはただデザインにおける、また自動車とともに住まうあり方におけるローカルな革新が、ジェンダー表出のパターン、人種的・民族的な差異、家族の編成、都市生活《アーバニズム》、ナショナル・アイデンティティ、トランスナショナルな諸過程、等々と結びついたときだけだろう。グローバルな水準での自動車の消費をめぐる諸々の倫理（すなわち環境への、また集合的「他者」への抽象的な関心という観点にもとづく倫理）は当然ながら、個人の地位（ジェンダーや人種やエスニシティを含む）や地域性や家族やネーションにかかわる道徳経済のうちに組み込まれなければならないだろう。

自動車への感情的備給は、費用便益をめぐるいかなる経済的計算をも超え、公益や地球の将来についてのあらゆる理性的な議論をも上回る。自動車移動をめぐる新たな倫理を打ち立てるためには、つまるところ自動車をめぐる感情――そこには移動にかかわる私たちの身体的経験、自動車にたいする非‐認知的反応、そしてそれをつうじて私たちが自動車のうちに住まいつつ、自動車を個人の生活や家族のネットワークやナショナルな文化へと埋め込むところの感情的な関係、等々が含まれる――における大規模な変化が必要となるだろう。自動車と道路をめぐる争いには、より幅広い社会的実践と人間関係、物質的文化と生活様式、移動と居住にかかわる地景、権力と不平等をめぐる感情地理、等々が含まれるといえる。自動車と道路システムの将来にかんする議論は、こうした「深い」社会的・物質的な、そしてとりわけ感情的な、身体的コンテクストを無視してしまう限り、表層的なまま——そして政策は効果をもたぬまま——であり続けるだろう。自動車移動についての社会調査もまた、私たちの身体や家郷《ホーム》やネーションを形成している自動車にかかわる感情の力を十全なかたちで認めるまでは、「交通研究」という飛び領土に閉じ込められたままでいることだろう。

（1） ハイブリッド性という概念は複雑な歴史をもっており、その範囲は、人種をめぐる植民地理論（Young, 1995）から、ディアスポラのアイデンティティやマルチカルチュラリズムにかかわる議論（Werbner and Modood, 1997）、科学技術研究における人間 - 非人間のハイブリッド（Haraway, 1997）、アクターネットワーク理論（Law and Hassard, 1999）、批判的地理学（Whatmore, 2002）までをも含んでいる。ここではこうした理論的系譜の含意を十分に論じることはできないが、ハイブリッド性の言説が、自動車をめぐる技術文化において強い影響力をもつ言説であり、それがもつ脱自然化と再自然化という効果については慎重な分析が必要とされるという点は、指摘しておいてもよいだろう。

（2） ＳＴＳに登場するある種のサイボーグとは異なり、ここで身体的感情に焦点が当てられるさいには人間主体が特権的な対象となっている。ただしある程度において、人間的なものと非 - 人間的なもの、社会的なものと物質的なもの、文化的なものと身体的なものとのあいだの相互コミュニケーションが認められる余地はある。

（3） 他の自動車文化では、祈りや見えないところにあるお守りが、これと同じ機能を、つまり適切な安全上の予防策をとっていると車の乗員に感じさせる機能を果たしている場合がある（魔法や幽霊から自動車を保護するというガーナの事例については Verrips and Meyer, 2001 を参照）。ＡＡモータリングトラストが実施した最近の調査が示すところによれば、イギリスで使用されているチャイルドシートのうち三分の二が、なんらかの間違った仕方でとり付けられており、それゆえ事故のさいに防御の役目をほとんど果たさないという(http://www.aatrust.com/news/release_view.cfm?id=621)。

（4）したがって燃料電池やハイブリッドの動力源をもつ電動車は、従来の自動車と同じように感じられることが必要であり、同質の運転の楽しみが得られるものでなければならないと論じられるのである。すばやい加速、時速六五マイル以上の速度、少なくとも三五〇マイルは再充電なしで走れる能力、等々（Motavalli, 2001）。ゼネラルモーターズの電動車ＥＶ－1とフォードのシンクが失敗したのは、この理由によると考えられている（Apcar, 2002; Duffy, 2002）。

（5）トヨタ／ソニーによるコンセプトカーのポッドは、このようなことまでをも約束している。

……あなたの脈拍と汗の量を計測してストレスの度合いを測ります。もしあなたが攻撃的になっていれば、涼しい空気と心地よい音楽で気持ちを落ち着かせます。ボンネットの細長い形をしたライトの色の変化で、他の運転者にあなたの心理状態を知らせたりもするのです！（*RAC Magazine*, 2002: 14-15）

（6）こうした展開は、ポール・ギルロイ（Gilroy, 2001: 98-9）が批判したような改造車のサブカルチャーのうちに予示されている。そこではテレビ、ビデオ・ライブラリー、温度調節されたカップホルダー、デジタル式のコンパスと温度計、防音壁に見えないかたちで埋め込まれたスピーカー、衛星制御によるセキュリティシステム、等々で「ごてごてに飾りたてた」ＧＭのシボレー・サバーバンのような「路上の怪物《ロード・モンスター》」が生み出されていた。

（7）車での移動はまた、忙しい家族スケジュールのなかで「充実した時間」を回復するうえでの重要な場面にもなりうる。少なくとも車載型のＤＶＤやゲーム機器が一般的に広まるまでは。

（8）ＳＵＶが家族の安全に寄与し、冒険と逃避の可能性を与えてくれるというような考えは、「交通渋滞や不快感を与える沿道の建築物」のみならず、「ＳＵＶの高い位置につけられたバンパーや、視界の悪さゆえに容易に「ねらい撃ち」されてしまう子供たち自身」(Jain, 2002: 399) によってもまた裏切られることとなる。言うまでもないことだが、現在では周知のように子供たちは事故に巻き込まれやすく、その割合は合衆国における交通事故死の四分の一にまで達しているとされる (Bradsher, 2002)。ブラッドシャーの見解には反論の余地があるにせよ、現在、多くのSUVは固い金属製の「ブルバー」をそなえつけられており、比較的低速であっても子供の歩行者をしばしば死にいたらしめる場合がある。

(9) ミラーによる編著 (Miller ed., 2001a) を例外として、非西洋のコンテクストでの自動車文化については、従来あまり注意が払われてこなかった。

(10) シボレー・サバーバンは合衆国市場における家庭向け大型乗用車のひとつである。もともとトラックをベースに改造されたこの「四分の三トン」の四輪駆動車は、九人まで乗せることができ、都市部の路面状態では一ガロンあたり一三マイル走ることができるという。トラックを家庭向け乗用車に改造したのは自動車製造業者がとった戦略の結果であり、一九八〇年代初頭に乗用車には適用されていたがトラックには適用されていなかった、費用のかかる燃料効率上の規制を避けるためであったと考えられている (Bradsher, 2002)。

(11) ルノーの提供による「デザインの速度——現在における未来」、*Independent on Sunday* 26 May 2002。

(12) 最近のイギリスでのルノー・メガーヌのテレビ広告では、同じようにアフリカ系アメリカ人のポピュラー文化にたいするフランス人の愛好と高級デザインとが混ぜ合わされており、グルーヴ・アルマダの「アイ・シー・ユー・ベイビー(シェイキン・ザット・アス)」に合わせて自動車の後部をこれみよがしに揺することで、イギリス市場に向けて皮肉めいたアピールをおこなっている。

自動車移動とサウンドの力◎マイケル・ブル

……自動車は、急成長を遂げつつある搭載型サウンドシステムの快適な環境《プラットフォーム》になってきている……自動車はこうして聴くための場所として、大胆にスケールアップした携帯用ステレオの唯我論的世界の代替物として、あるいは世界に向けた運転者のだんだん弱々しくなる主張を——ますます音量を上げることで——死んだ公共空間に向けて叫ぶことのできる、一種の車輪つきの巨大な武装ベッドとして立ち現われてくるのである。(Gilroy, 2001: 96-7)

自動車というモナドの内部で、個人の自律というブルジョワの夢は部分的に実現する。外部の世界が締め出されればそれだけ、この夢はますます実現するように思われる。(Stallabrass, 1996: 127)

都市のなかを日々動いている人びとの孤独な移動は、現代の都市経験の重要でありながら十分に研究されていない側面の代表的なものである。このような孤独は、街路を散策すること(Bull, 2000)であれ、自分の自動車を運転すること(Brodsky, 2002; Putnam, 2000)であれ、しばしば好ましい移動のモードとして選択される(1)。車内や街路上でのこうした孤独への欲求は、家のなかでの孤独への欲求とよく似通っている(Livingstone, 2002)。多くの人びとは、すでに私化された自分の家のもっとも私的な空間に引きこもっている。だが逆説的なことに、こうした孤独への欲求は、しばしば日常生活における社会的近接や接触へと駆り立ててゆく力と結びついている（Bauman, 2003; Katz and Aakhus, 2002）。この孤独は同伴のいる＝伴奏《アカンパニード》のある孤独であり、人びとは携帯用ステレオの自分専用のサウンドに合わせて歩いたり、お気に入りのラジオ放送局やCDのサウンドに合わせて運転したりする。[2] 私たちのうちますます多くの人びとが、移動中に、騒音と近接と私秘性との陶酔的混合を要求するようになっており、こうした目的をテクノロジーに正確かつ上首尾に達成させようとしている。このような主としてサウンドに関連するテクノロジーの利用法は、私たちに、自分が生きている空間に私たちがどのように「居住」しようとしているのかを教えてくれる。こうしたテクノロジーの利用は、数多ある都市の異質な移動の糸を、利用者に役立つかたちで結び合わせてくれるように見える――コミュニケーションや出会いの「あいだにある」空間を「埋める」と同時に、そうして占められる空間を構造化することによって。移動中のサウンド、音楽、会話などの利用は――自動車内においてであれ携帯用ステレオや携帯電話をつうじてであれ――日常生活におけるより広範な諸々の社会的変容を代表しているようにみえる。ラジオのサウンド（Hendy, 2000; Tacchi, 1998）、レコード音楽、それにテレビ（Livingstone, 2002）といった産業化されたサウンド世界の親密な性質は、ますますもって都市居住者たちの私化された日常生活世界の大きな部分を代表するようになっている。こうしたことは自動車、街路、ショッピングアーケード（DeNora, 2000; McCarthy, 2001）、あるいはまさに居間（Livingstone, 2002; Silverstone, 1994）といった特定の空間のうちに「住まう」ということが、何を意味するかについての慣習的な日常的観念にインパクトを与える。

家庭内の居住環境が私化された「サウンド」消費の結節点としてセグメント化されてきた状況について

は、これまで長いあいだ広く認識され研究の対象となってきた（Livingstone, 2002; Meyrowitz, 1986; Williams, 1977）が、その一方、人びとが都市の「公共」空間を自分の携帯用ステレオ、ラジオ、携帯音楽システムのサウンドなどに合わせて移動することは、アカデミックな文献ではさほど注目されてこなかった。メディアやコミュニケーション・テクノロジーの利用にまつわる経験的研究のほとんどは、もっぱら固定的な、主に家庭内のメディア利用形態に焦点を当てる傾向がこれまで強かった（Lull, 1990; Morley, 1992）。同じように自動車というものが、都市地理学や文化地理学において概して無視されてきた一方で、都市地理学者たちはしばしば街路の地理を論じるうえで、これらのテクノロジーの重要性を無視したり軽視したりしてきた（Urry, 2000）。

したがって、生活上の移動空間における消費者向けテクノロジーの利用をつうじた経験の管理《マネジメント》の意味や関係をめぐる理解は、その初期の段階にとどまっている。社会理論家たちは近年、都市経験の「移動」（Urry, 2000）や流動性（Bauman, 2000, 2003）といった性質の探究に着手しているが、多くの理論家たちは概して、いまなお社会的な空間や場所について「不動的」な、空間的に不連続な理解のなかで思考している。典型的な場合、こうした説明のなかで空間はそれがいかに住まわれ、流用《アプロプリエート》＝占有され、かかわり合いをもたれるのかという観点からではなく、静態的にあるいは「所与のもの」として理解されている。たとえば主体というものは、都市の感覚過剰からの退避状態にある（Bauman, 2003; Sennett, 1990; Simmel, 1997）か、あるいは都市生活における匿名的な「非‐場所」のなかを夢遊病者のように移動している（Augé, 1995）かのどちらかだとみなされる。こうした表象の空間の構造化的役割による過剰決定は、主体の側での意志的選択の役割と、利用者が習慣的にコミュニケーション・テクノロジーをつうじて自分の経験を操作可能にするやり方との両方を無効にしてしまう傾向がある。本稿で私が注目するのは、車内のコミュニケーション・テクノロジーのサウンドに合わせておこなわれる私的な移動の経験である。この研究は、都市文化における携帯用ステレオ利用の性質と意味を扱った私の研究を引き継いでいる[3]（Bull, 2000）。この研究で用いられるのは、イギリスで最近三年間にわたり実施した自動車運転者へのインタビューにもとづく、自動車移動の諸形態を対象とする一次的な質的調査である[4]。自動車はこれらモバイル・サウンド・テクノロジー——モバイル・オーディオ・システム、ラジオ、そしていまや携帯電話——の合流点として機能するのであるから、自動車におけるサウンド・テクノロジーの利用を対象とする研究はとりわけ有用である。幅広いコミュニケーション・テクノロジーをつうじて展開される、一連の社会的実践の意味を分節化することを目的としつつ、私が焦点を合わせるのは、利用のサブカルチャーというよりもむしろ利用の構造である。こうしたテクノロジーの利用を検討することによって、同時に「人工物」でもあり「実践」でもある「テクノロジー」の弁証法に光が当てられることになる。たとえば自動車内でのサウンド・システムの利用は、経験それ自体が「テクノロジー的」であるようにみえる技術的に媒介された経験の特殊な形態であるが、そこにあって利用者は、種々の聴覚的視覚から認知的独我論にまでいたるさまざまな戦略をつうじて、自分の空間の意味を積極的につくり出しているのである。続く箇所では、利用者たちがどのようにこれらのテクノロジーを用いて都市空間を積極的に、また「流動的に」再‐流用＝占有《リ・アプロプリエート》しているのかを例示してみよう。

本稿の目的に照らしていえば、「流動性」ということが指しているのは、自動車移動に、いやむしろ自動車への居住に付与された意味は、消費者が家庭でメディアを利用する仕方と——ひいてはいかに多くの人びとが、自動車移動の視点から都市の公的領域を知覚しているかということと——切り離すことができないという命題である。流動性はしたがって、文字通りに地理的空間の移動にかかわるものであると同時に——利用者たちは同じ程度において、こうした地理的空間そのものをサウンド・テクノロジーの利用により越えることができるという点で——認知的空間の移動にもかかわるものなのである。

音《ソニック》の橋《ブリッジ》と自動車移動

一九六〇年代以降、自動車はますますCDプレーヤー、デジタル・ラジオ、マルチ・スピーカー、それにもちろん携帯電話をそなえた、洗練されたモバイル・サウンド・マシンへと変容してきた。しかし自動車におけるサウンド・テクノロジーの利用は、一九六〇年代の以前にまで遡る。重要なことに、一九二〇年代における大衆的な自動車所有の開始は、文化受容にかかわる数多くの家庭向けテクノロジー——ラジオ、蓄音機、電話——の増大と重なり合っていた。ちょうど家庭が、多くの人びとにとって聴覚的な楽しみと気晴らしの空間へと変容してきた時期に、自動車もまた、個人化された移動の自由をあらわす象徴になりつつあったのだ。だが個人化されたモバイルな聴取は、カーラジオよりも先行していた——それより何年も以前から携帯型の鉱石ラジオが利用可能だったのである。それよりもさらに前の世紀転換期より、都市居住者たちは、鉄道の駅の外やカフェのなかにそなえつけられたジュークボックスにプラグを差し込むことができた。家庭内の聴取でさえしばしば私化されており、ラジオの聴取者たちはラジオが発する音を聴くのに多くの場合ヘッドフォンを使っていた (Kracauer, 1995)。一九三〇年代には早くもアメリカの自動車製造業者は、ラジオを自動車内での個人化された聴取と結びつけて考えていた。一九三六年から一九四一年までの五年間のあいだに、三〇パーセントを超える合衆国の自動車にラジオがそなえつけられていた (Burch, 2000)。自動車内でのサウンド利用は、西洋文化全般におけるサウンド利用をめぐる移動性の増大をさらに推し進めることとなった。

一九四七年にトランジスタが発明された結果、一九五〇年代中頃までにますます多くのアメリカ人たちが、業界で「家庭外」聴取と呼ばれているものに参与することとなった。仕事場で、自動車のなかで、ビーチで、人びと――とくに若者たち――はラジオをもち込み、それを利用し、自分の好みの音楽やスポーツ放送やアナウンサーをもって、ある場所をすっぽりと覆ってしまうことにより、自分の社会的空間を確保していたのである。トランジスタによってサウンドが公共空間を再定義することになったのだ。(Douglas, 1999: 221)

一九六〇年代のカセットデッキの隆盛により、自動車居住の性格はさらに大幅に変容することとなったが、今日では、多くの自動車がデジタル・ラジオや洗練されたサウンド・システムをそなえている。それらは押しボタン式で効率よく作動し、運転者はラジオやカセットやCDを思いのままに途切れなく切り替えることができる。こうしたことに後押しされるかたちで、自動車移動は、「路上での居住」の経験から「自動車内での居住」の経験へと変容していったのである(Urry, 1999, 2004)。

現代の多くの運転者たちにとって、聴覚的なものの近接性はいまや自動車居住を特徴づけるものとなっている。運転者たちはしばしば、エンジンの音だけを聴きながら車内で時間を過ごすときの居心地の悪さについて語る。音楽や声による媒介を欠いた運転は、運転の経験を質的に変えてしまう。多くの運転者たちは自動車に乗り込むときに習慣的にラジオをつけており、ラジオやミュージック・システムのスイッチが入るやいなや車内空間が活気づけられると報告している。

朝、自分の車に乗るとリラックスしますね。大急ぎで用意をしたあとに緊張を解いて音楽とヒーター

をつけ、一日にそなえるのはいいものですよ。（ジョナサン）

ゆったりとした気持ちになってラジオをつけ、点火装置《イグニッション》にキーを入れ、そして出かけるんです。新しい毛皮製のカバーを車のシートにかけたので、本当に快適で居心地がいいんです。ある意味ではまた家を出てルビー［自動車］に乗ることが、私にとってリラックスしてくつろぐ方法なのだと思います。（アレクサンドリア）

点火装置《イグニッション》のスイッチを入れると自動的に〔音楽が〕かかるんです。絶対に電源を切らないっていうくらいで、車をスタートさせるとすぐに自動的にかかるんです。（アリシア）

まあ、何にしろ〔音楽は〕かかっています。車が動き出すときにはスイッチが入っていますね。だから自動的にかかるんですよ。（ゲイル）

音楽がかかってないと車をスタートさせることもできません。自動的なんですよ。すぐにアンプがつきます。ドン、ドン、って。（ケリー）

車のなかでは寂しい感じがします。音楽がかかっているのが好きです。（ジョーン）

ラジオ4をつけます。長いドライブになるのがわかっているから。だからどんなドライブかによりますが、ラジオ4というのは、誰かにしゃべっていて欲しい、そう、誰かに話しかけてもらいたい、だからラジオ4をつけるんです。いろんなニュースを自分に語りかけてくれる声を聴いていたいんです。(シャロン)

それは私を世界につなげてくれるんです。自分に話しかけて、つなげてくれる人がいるんだから。(ベン)

メディアによるサウンドは、このようにして運転行為の構成要素となる。音楽のサウンドはエンジンの音や車外のさまざまな空間の音とぶつかり合う。個人用のサウンドの利用は、出発点から到着点にいたる切れ目ない経験の網目を生み出すのに役立つ。自動車の利用はこうしたコンテクストにおいて、携帯用ステレオの利用——家を出るときにはイヤフォンをつけると利用者はいう——にひじょうに似ている。同じように自動車の利用者と携帯用ステレオの利用者は、どちらもしばしば、家に着くとまず最初にするのはテレビかラジオのスイッチを入れることであるという。自動車移動におけるサウンド利用のわれわれ意識《ウィーネス》はこのようにして、家庭内というコンテクストにおけるメディアを介したサウンド利用によってコンテクスト化される。

音の外被《ソニック・エンヴェロープ》としての自動車

自動車はちょっとした隠れ家なんです。ある意味では自動車のなかを人びとは見ることができるし、私がしていることも見ることができるのだけれど、まるでこれは自分の小さな世界で、誰も私がしていることを見ることはできないかのように、音楽に合わせて大きな声で歌ったり、独り言をつぶやいたり、あるいはどんなことであれ、もしやりたいと思うなら誰にも断わったりする必要はないのです。誰のこともとやかく考える必要はありません。したいように振る舞うことができるのです。（ルーシー）

私は感じのよい密封状態のコンパクトな空間のなかにいるんです。……音を大きく鳴らして、自分の周りを音でいっぱいにするのが好きなんです。音が十分に届かないキッチンなんかを歩いているときとは違います。（トゥルーディ）

自動車は、携帯用ステレオを使うのでなければ他の家庭や公共の空間では再現することが困難であるような、良好な個人用の聴取環境となる。自動車は潜在的に、音響聴取室としてもっとも完全なものになりうるもののひとつである。製造業者が部屋のサイズや家具や人の数を制御できない居間とは違って、音響デザイナーは、画一化された快適な聴取環境をつくり出すことができる（Bose, 1984）。音響デザインのおかげで、オープンカーの運転者でさえも車内サウンドの没入的特性を経験できるようになるのだ。

音楽がないと嫌ですね。自分の車を運転するのは好きです。MXS（オープンカー）をもっているんですよ。ドライブはこれじゃないとね。……私は音楽を変えるんです。天気のいい晴れた日なら、昔のジャズやとても陽気でハッピーな音楽、本当に楽しい感じのするクラシック――とても大きな音でね――車のなかにはヘッドレストのところにスピーカーがあるので、かなり大きくしても他人にはあまり迷惑にならないんです。（ジェーン）

サウンドが大きければそれだけ経験はより没入的になるのだが、上記の運転者は音漏れという点についても意識している。この場合には、それはシートのヘッドレスト内のスピーカーというかたちで技術的に解決されている。

ダンスミュージックに合わせて運転をすると、すごくいい感じで頭を空っぽにすることができるのでとても好きです。かなり激しい――とくにロンドンでは――テクノ志向のダンスミュージックをよく聴くのですが、それは私がよくドライブ用の音楽としてかけるテープなんです。クラシックなロックバンドなんかも好きですが、それも同じような理由で、とりたてて面白いわけではないけれど浸ることができるんです。（ケイト）

運転者は、気分や旅程に合わせて自動車のサウンドスケイプを調整することができる。自動車は、このように日常生活でのさまざまなルーティン的な空間と時間を動き回るさいに生じる偶発的事象を拒絶したい運転者にとって、完璧な聴取ブースとなる。運転者はそれゆえ、私化されたサウンド世界に見合うような視覚空間を構築することとなる。

休暇のドライブに出かけていました。合衆国で私たちはオープンカーを借りて、そこでサウンドトラックが必要になったんです。休暇用サウンドトラックのようなもので、実際、笑い種《ぐさ》になったのですが、私たちが聴くのはある種の音楽じゃないとね、ということになりました。サイモンとガーファンクルのようなものから、下らないクラシックなアメリカン・ロックまで、アメリカのものであれば何でもいい、と。どういうわけかその状況ではそれで意味をなしていたんですね。それにたいしてロンドンあたりをドライブしているときには、もう少しレディオヘッド〔イギリスのロックバンド〕っぽい、もっと激しいものが、何というか――わかりますよね。そして埃っぽい日曜の午後なんかだったら、何というか、その、よく知っているものが聴きたいという感じになるんです。そこでかけるＣＤというのは、自分が本当に本当に好きで、もっと落ち着いた気分になるようなものなんですよ。（ジョン）

二〇世紀はときに自動車の世紀とも（Brandon, 2002; Sachs, 1992）動画の世紀であるともいわれるが、それはまた機械的に複製されたサウンドの世紀でもある。二つの経験の流れを並置すること、つまり、空間を通過する人びとの実際の移動と、日常的な消費実践に埋め込まれた観客的性格《スペクテーターシップ》とを並置することは、刺激的ではあるが、しかし「見ること」の行為に付随する意味はけっしてそれだけに尽くされるものではない。都市が一種の映画的存在として浮遊するという見方がありうる（Baudrillard, 1989）としても、そうした議論はまるで、このシミュレーションが沈黙のうちに生じるかのように読めてしまう。運転者はそのとき、フロントガラスを通して見るという単純な行為によって観客となる。店のウィンドウを見ることやテレビを視ることが、自動車移動の経験をつくりなす基礎的要素となるのだ。自動車移動を消費のための家庭領域と結びつけて考えるという、その連想は正しいのだが、しかし自動車への居住をめぐる視覚中心主義《ヴィジュアリスト》的な解釈においては、運転者は絶えず外部の世界を眺めて「客体化」の行為にいそしんでいるものとみなされてしまう――自動車それ自体の内部の親密な空間のうちに住まうことに没頭したり、環境の側が自分の欲望を模倣してくれることを熱望するというよりも。逆説的なことに、自動車移動をめぐる視覚にもとづいた説明が――場所の視覚的理解を変容させてしまうサウンドの役割についての誤解をつうじて――自動車移動における視覚的なものの被媒介的性質を見誤ってしまうのも当然なのだ。視覚《ヴィジョン》はつねに聴《オーディオ》‐視覚《ヴィジョン》にほかならない。同じように、自動車移動に埋め込まれたサウンド的独我論のダイナミクスの理解においてもまた、聴‐視覚の役割は見落とされてしまっている。

モバイル独我論とサウンド

サウンド・テクノロジーをつうじた経験の管理《マネジメント》は、潜在的な制御――すなわち自分自身、他者、そして通過する空間にたいする制御――と結びついている。それゆえ運転者がしばしば一人で運転するのを好むというのは驚くにはあたらない。このようにして彼らはよりうまく自分の時間を再《リ》‐流用《アプロプリエート》＝占有することができるのだ。自分で所有できる時間は楽しい時間となる可能性が高い。サウンドへの没入の経験はこのように、単独での占有によって強化されるのだが、そのおかげで運転者はまた、「他者」の視線がおよばぬところで自分の環境、雰囲気、思考、空間、等々の制御や管理《マネジメント》をおこなっているという感覚をも強化される。

車のなかでゆったり座って運転を楽しみ、自分のためのサウンドに耳を傾けることができるんです。会話をする必要なしに。(トゥルーディ)

車のなかで誰か他の人と一緒にいて、気持ちのいいことは何ひとつないですね。……私にとってそれはまったく一人っきりでやることなんです。ともかくそうするんですよ。考えたりせずに——それはじつに——多くの点でそれはじつにスポーツをするようなもので——ただすべてを忘れる《スイッチ・オフ》んです。……運転はとても瞑想的なのですが、運転をしているときには会話をする必要があって……ときどき会話をしたくなるのですが、そうなるやいなやドライブではなくなってしまうんです。ただ目的地に着きたいというだけで。（サラ）

ええ。というのは自分で運転のすべてができるからです。運転に集中できますからね。私は本当にすっかり運転に没頭してしまうんです。気分を盛りあげる手段として、ラジオを聴いたり音楽をかけたりすることができます。だけど、もし誰か他の人がいたら音楽はかけないほうがいいと思います。相手の言うことが聞こえないし、音があったほうがいいか、静かなほうがいいかといったことで争うのは我慢できませんので。もうひとつ自分で運転するほうがより気楽だと思うのは、相手が居心地が悪くないかとか、私がスピードを出しすぎていると思ってやしないかとか気を遣う必要がないからです。（リサ）

車のなかではたくさんの考えごとをします。自分一人になっていろいろなことをじっくり考えたり、スーパーマーケットに行く途中で必要な食べ物のリストを考えたりする、とてもいい時間だと思います。……私の気をそらしたりする人がいなければ、より安全に運転ができます。誰かが車のなかにいると、彼や彼女に話しかけなければという気になるのです。彼らを見るわけではなくて、彼らが言っているることを聞くという、ただそのことだけで、道路で起こっていることから注意をそらされてしまうのです。完全にコントロールできる状態じゃないと嫌ですね。(サラ)

自動車は運転者に自身の媒介された思考と二人きりになれる空間を、言い換えれば、運転者が没頭していることがらにその空間がいかなる矛盾ももたらさないという、まさにその理由によって満足を与えてくれる空間を提供する。自動車はそれゆえ「他者」の要求からの一時的な猶予の空間となるのだ。その運転者は、しばしば他の運転者たち——自分の環境を制御していると錯覚している運転者たち——と一緒に、交通渋滞のなかで座っていることになるのだが。

サウンド・パフォーマンス

自動車はパフォーマンスとコミュニケーションの空間であり、運転者たちが伝えているところでは、そこで彼らは自分の聴覚化された/私化された空間のなかでラジオと対話をしたり歌を歌ったりする。しかしボードリヤールの被膜《バブル》は壊れやすいものであり、そこでは聴覚的没入でさえも居住のための聴覚的被膜《バブル》を十分には守ることができない。自動車の空間はそこから外部を見る空間でもあり、内部を見られる空間でもある。それは同時に私的でもあり公的でもある。運転者は居住の楽しみに没頭することもあれば、他者の「まなざし」にますます意識的になる場合もある。多くの運転者が運転中に歌を歌ったりラジオに話しかけたりしている。

実際、それが車の好きなところのひとつですね――全部私のものなんです。誰とも分かち合う必要はありません。車のなかで私は好きなことができます――当然ですが――ラジオの音量を目一杯大きくして、誰にも見られずに歌ったりすることもできるんです。じつは曲に合わせて陽気に歌っていて、ときどき、ふと隣の車の人が私のことを大笑いしていることに気づく場合があるのですが、内部を見られるということを忘れていて本当に恥ずかしい思いをしますね。（アレクサンドリア）

私は曲に合わせて声を張りあげて歌うのですが、他の車の人たちが私を見たときにどう思うだろうかといつも心配になります。私が独り言をいっているか何かだと思うでしょうね。……私はずっと曲に合わせて歌うんです。もう止まることなく、かかってくるどんな曲でも、という具合に。家で音楽チャンネルをたくさん視ているので、いろんな曲の歌詞を知っているんです。ラジオを聴いている場合には、かかってくるほとんどすべての曲に合わせて歌いますね。（アリシア）

私はそこに座ったまま文句を言うんです。一人でいるときいつでもそうするように、しゃべりかけるんです。テレビがついていてニュース番組なんかをやっていると、私は、そんなのまったく下らない話だわ、などと口にし、それに向かってぺちゃくちゃしゃべっているんです。（シャロン）

自動車の空間は、そのなかで運転者が邪魔されず思いのままに自分の聴覚的な気まぐれを満足させられる自由な空間になる。家の場合には、そうした欲望を邪魔するような他の居住者や近所の人がいる。

音が大きいほどいいんです。実際、私は車を使うのですが、家のなかでそうするよりも車を使うことの方が多いですね。近所の人たちには迷惑をかけたくないので。だけど車のなかだと交通がとてもうるさいので、自分の声を誰にも聞かれたりしません。私はとてつもなく大きな声で歌うんです。とくに高速道路では――事実、私はその曲に合わせて大声で歌うための専用のカセットをもっているんです。（スーザン）

音楽のサウンドは――自分の声のサウンドとともに――そこにいるという感覚をより強くしてくれると同時に、ドライブの時間を変容させてくれる。メディアによるサウンドはこうして双方向的な対話――個人化されたパフォーマンスとしての――の機会となる。運転者は歌っているのであれ聴いているのであれ、当然ながら外部世界から密閉されているわけではない。

会話のテクノロジー

自動車はまた運転者と「不在の」他者とのあいだの個人間コミュニケーションのための空間として、ますます利用されるようになっている。逆説的なことに、多くの運転者が自分の自動車のなかに一人でいるのを好んでいるのだが、その一方、ますます多くの運転者が、運転の時間を他者との直接的コミュニケーションに使っているとも報告している。

電話を耳に押し当てるんです。……ときどき電話を使って長らく話していない人たちの近況を聞いたりします。そんなことをするのは、これからしばらく車内で過ごすことになるのがわかっているときですね。こういう移動の経験があります。移動自体は三時間ぐらいだったのですが、そのあいだに三人と話して、ある人とは四五分、別の人とは三〇分という具合で、だから実質的には移動のあいだずっと電話で話して過ごしたのかも知れませんね。(ルーシー)

携帯電話を使うことによって、運転者は「道路」の時間のあいだに社会的接触を維持することができる。時間と移動はこのようにして、親密な「一対一」の時間へと変容させられることとなる。

おしゃべりをしたり、近況を聞いたりして時間を過ごすのはいいですね。退屈したときには私はすぐに自分のリスト、電話番号のリストに向かいます。さっと目を通して……たとえばその人と何年も話していないとか……だからアルファベットの最初や最後にいる人たちとはとてもよく話しているんです!(ジェーン)

もしも路上での携帯電話の利用者が、不在の他者と会話をするさいに表象の空間を自分の私化された空間へと変容させているとするなら、こうした光景は、車内での携帯電話の日常的利用において反復されていることになる。自動車は、それをつうじて運転者が仕事をするのか社交活動をするのか時間をつぶすのかを選択できるモバイルな、私化された、洗練されたコミュニケーション・マシンとなるのだ。

サウンド・テクノロジーは消費者に、ある種の同伴のいる＝伴奏《アカンパニード》のある孤独を提供してくれる。路上で私たちに安全を感じさせるテクノロジーが、ある程度において安全の幻想形態でもあるのと同様に、「自動車の自足性」はイデオロギー的な、もしくはヴァーチャルな自足性でもある。制御可能な内部世界と、偶発性と葛藤に満ちた外部世界とのあいだの乖離は、居住者が、音楽や声の媒介をつうじて移動の経験を管理《マネッジ》する戦略を育てあげるにつれて宙吊りにされるようになる。自分の車は家《ホーム》の代理物であると多くの運転者はいうのだが、しかしこうした家は、私たちの多くが住んでいる移動不能《ノン-モバイル》な家よりもはるかに危険である。自動車の聴覚空間は安全かつ親密な環境として知覚されるのだが、そのなかで移動の流動的・偶発的な性格は、ちょうどその反対のものとして経験されている――そこにあって運転者は、まさにサウンドをつうじて自動車の内的環境を制御することで移動を制御しているのだ。

都市空間を移動する

人びとがこうした寺院に集まるのは、会話をしたり社交をするためではない。彼らが享受したいと思う仲間がどのようなものであれ、ちょうどカタツムリが自分の家をもち運ぶように、彼らもまた仲間をもち運ぶのである。(Bauman, 2003: 98)

渋滞や信号でつかまっているとき、とくに街中ではそうなんですが、退屈を紛らわせるために周囲で起こっていることを眺めて楽しんだりします。他人の車のなかを覗き込んだり街路を歩いている人を観察したりするんです。彼らがしていることや、どこに行くのかを見るのが好きなんです。車に乗っていることが多いものですから、退屈を紛らわせるものがどうしても必要になります。ラジオなんかもいいですね。実際、車のなかの音楽によって外の見え方が変わるように思うんです。音楽をかけながら他の人びとを観察するのは面白いですね。まるで彼らが音楽に合わせて歩いているようなんです。

（リチャード）

ジンメルはおそらく、都市居住者が移動中にプライヴァシーの感覚を維持しようとすること——言い換えれば移動する被膜《バブル》をつくり出そうとすること——の意義と欲望を説明しようとした最初の社会学者であった。ジンメルが関心を抱いていたのは、都市における感覚の過負荷、群集、見知らぬ他人《ストレンジャー》、騒がしい混乱状態、等々——人びとはそうしたものから退避していた——である。[5] ジンメルは、都市における人びとの頻繁な移動にかかわる関係的性格や諸問題にアプローチすることで、二〇世紀初頭のますますテクノロジー化する都市の地理においてブルジョワ的礼節の性質が変化しつつある状況を描き出した（Simmel, 1997）。街路はつねに不快なものと考えられていたが、旅行もまたしばしば同様に耐えがたい苦しみを生み出していた。鉄道の客車内の乗客は何時間ものあいだ、見知らぬ他人《ストレンジャー》を極度に近接した状態でじっと見つめていなくてはならなかった[6]（Schivelbusch, 1986）。都市の街路の異質性は、このように主流の都市研究で重要な論点として扱われるようになった。リチャード・セネットは、都市的主体が沈黙に陥ってしまう受動態化された都市空間を描き出している。

> 都市空間を移動している個々の身体は、そこを移動つつある空間から、また空間に含まれる人びとから、しだいに距離化されるようになった。移動をつうじて空間がその価値を低下させられるにつれ、個々人は、他の人びとと運命を共にしているという感覚をだんだん失っていった。……個々人は自分の身体経験のうちにゲットーのようなものをつくり出すのである。（Sennett, 1994: 366）

セネットの理解によれば、都市の地理は、西洋の都市居住者の認知的性向において中立的でもあり拒絶的でもある。バウマンは、街路を脱出して自動車の安全空間に入り込むことは都市居住者の道徳的要請であるとして、都市の拒絶的性格をさらに一段階推し進めている。

近代世界のすべての住人にとって、社会空間は、無数の大小の知識の染みというかたちで巨大な無意味さの海のうえに飛び散っている――それらは特色を欠いた砂漠における意味と関連性のオアシスなのだ。日常的経験の大部分は、記号論的に空っぽな空間を移動すること――島から島へと物理的に移動すること――に費やされている。(Bauman, 1993: 158)

このように自動車を街路からの主要な逃避手段とみなす考えは、二〇世紀における都市の説明のなかで受容されるようになってきた(Kay, 1997; Putnam, 2000; Sachs, 1992)。こうした立場を支持するように、自動車の利用者たちはしばしば、自分が習慣的に移動する空間について興味を感じることはほとんどないと主張している。彼らはもちろん運転という目的のために「見る」のではあるが、さもなければ音楽や声のサウンドに没頭していたいと思っているのだ。ルーティン的移動の多くがおこなわれるのは、都市空間の「非-場所」においてである。

明らかに「非-場所」という言葉は、二つの相補的でありながら明確に区別できるリアリティを指している。ある目的(輸送、トランジット、商業、娯楽)に関連して形成される諸空間と、そうした空間について個々人がとり結ぶ諸関係と。(Augé, 1995: 94)

私の議論の目的に照らしていえば、「非‐場所」とは、自動車に乗った状態で通り過ぎるあらゆる空間を指すものと考えられるだろう。そのようなものとして「非‐場所」は、空間の「性質」と、空間にたいする認知的性向との両方を意味するものとして理解することができる。重要なことにオジェはサウンドを、非‐場所における時間経験の決定的特徴として位置づけている。

> そこを支配しているのは現在性《アクチュアリティ》、言い換えれば現在という瞬間の切迫さである。非‐場所というものが通過されるために存在している以上、それは時間という単位で測定される。時刻表とか出発・到着時刻のリストとかがなければ旅程表は役に立たない。……多くの自動車にはラジオがそなえつけられている。ラジオはガソリンスタンドやスーパーマーケットで絶え間なくかかっている。……すべてのものごとはまるで空間が時間に捕捉されてしまったかのように進行する。あたかも過去四八時間のニュースを除いては歴史というものがないかのように。(Augé, 1995: 104)

私たちは時間を絶え間なき現在として経験しているのだとオジェは論じている。だがこの見方にあっては、自動車の内部がショッピングモールや空港ととり違えられてしまっている。ショッピングモールのような公的な非‐場所に身を置くことは、絶え間なき現在のうちに宙吊りになるような状態となりうるかもしれない(DeNora, 2000)。しかしながら自動車への居住は、運転者に制御可能なサウンドスケイプをもたらしてくれるのであり、それはこうした非‐場所の経験を媒介して、時間の流れを運転者の望みのままに管理《マネッジ》してくれるのである。こうした非‐場所の意味は、自動車の媒介された空間——意味はそこから生じる——によって重ね塗り《オーバーレイ》される。運転者はサウンド・テクノロジーを利用することで、こうした非‐場所に参与する仕方を選択したり、これらの空間をまさに個人化された空間へと変容させたりできるのだ。同様に運転者はただたんに街路に反応しているだけではなく、しばしば自動車の空間を、同伴のいる＝伴奏《アカンパニード》のある孤独への欲求を反映する空間へと変容させる作業に携わっているのである。

自動車内でのサウンド・コミュニケーション・テクノロジーの利用は、居住空間が聴覚的に再概念化されていることを明確に示しており、それは都市環境のうちで自身を「別の場所」に位置づける利用者の戦略のうちに具現化されている。利用者はテクノロジーに媒介された自分の私的領域を優先し、公共空間を否定する傾向がある。こうしたテクノロジーのおかげで利用者は、自分が経験する場所を一種の「聖域」(Sennett, 1994) へと変容させることができる。このように利用者はそれらテクノロジーを利用して空間を変容させることができるのだ。利用者はつねに、製造され産業化された聴覚——メディアによる音楽であったり「他者」の声であったりする——によってつくり出される種々の同伴のいる＝伴奏《アカンパニード》のある孤独のうちにいる。さまざまなかたちでの侵入を排除することが選好されるのだが、このことは都市の管理《マネジメント》ないしは個人的管理《マネジメント》の有効な戦略となっている。利用者は表象の空間を、まさにそれを私化することによってとり戻そうとする傾向がある。そのようなものとして自動車の聴覚空間は安全で親密な環境となる。利用者は、コミュニケーションのサウンドの音量が上げられている限りにおいてのみ、エンパワーされ安全であると感じるのである。

サウンド・シンキング

都市の感覚的環境——私たちが見たり聞いたり経験したりする習慣的なやり方など——は、近年におけるテクノロジーの発達と密接に結びついているが、そうした近年の発達を特徴づけているのは、自身の社会空間を管理《マネッジ》したりコントロールしたりすることが可能であるという暗黙の仮定である（Bull, 2000）。自動車移動や都市経験についての上述のような説明を組み立てるにあたり、都市空間に関連した流動性をめぐる理解の展開に重要な影響をおよぼしているのが、テオドール・アドルノによる研究である。この領域の多くの論者とは違ってアドルノは、経験の流動性という点に絶えず敏感であった。彼にしてみれば、私たちの家の正面ドアは「外部」世界にたいして、つねに壊れやすく貧弱な障壁《バリア》にすぎない（Adorno, 1991）。だが機械的複製の時代における社会的世界は、諸主体が、自律的な主体性という問題含みでイデオロギー的な観念にたいして、いかに自身を方向づけるのかという点で、諸々の問題を突きつけてきた。テクノロジーと文化を扱うアドルノの研究は、しばしばその決定論的性格という点から理解されているが、だからといってこのことが、こうした領域における彼の社会思想のラディカルかつユートピア的な次元――その次元において諸主体は文化産業による製品の消費をつうじて満足を得ようとしている――を曇らせてしまってはならない（Leppert, 2002; Nicholsen, 1997; Zuidervaart, 1991）。

アドルノはおそらく、モバイル・コミュニケーション・テクノロジーの成功を目にしても驚きはしなかったであろう――そうしたテクノロジーについては彼の社会批判理論に暗示的に書かれている。ヴァルター・ベンヤミン（Benjamin, 1973）とテオドール・アドルノ（Horkheimer and Adorno, 1973）はいずれも、「見る」とか「聞く」といったことが意味することのまさにその内実が、救いがたいかたちでメディアに結びついていることを理解していた――そのさいベンヤミンが視覚に焦点を当てる一方、アドルノは聴覚に注目していた。アドルノはとりわけサウンド・テクノロジーによって、繋がりや近接をめぐる私たちの理解が変容することを見抜いていた。このような聴覚的近接の性質について、アドルノは「われわれ意識《ウィーネス》」の地位という観点から描き出している。すなわち「直接的」な経験が媒介的・テクノロジー的形態での聴覚経験に代替され、ないしはそれへと変容するという観点から描き出しているのである。例によってディストピア的な表現を用いながらアドルノはこう論じている。

生活の実感が乏しければ乏しいだけ、他人は生活しているぞ、と自分に言い聞かせられる場にいるという錯覚によって人びとは幸福になるのである。娯楽音楽のまき散らす騒ぎと騒音は、特別なお祭り騒ぎが現実に存在しているかのような錯覚をつくり出す。すべての多声音楽の先天的な意味である「われわれ」という概念、つまり集団的な客観と化した音楽そのものが顧客獲得の手段となるのである。それゆえ空っぽの酒場のなかで鳴り響いているジュークボックスは、お祭りがおこなわれているという錯覚をふりまき、「愚か者」をおびき寄せるのである。(Horkheimer and Adorno, 1973: 56)

アドルノはサウンド・テクノロジー、およびその利用のうちに埋め込まれている社会的期待を分析するにあたり、すでに居間を離れて街路に歩き出している。メディアによるメッセージの温かみは、直接的なものの冷たさと——そしてまた構造化された形態をとる社会的なものが、近接性への欲求を満たしえない無力さと——対比されている。

人びとをとり囲み——聴覚現象にみられるとおりに——包み込み、聴取者を参加者に仕立て上げることによって、それ[音楽]は、現代社会が倦まずたゆまず成就しようとしている統合という事業にイデオロギーの面で貢献する。……音楽は、すべてが間接化したこの社会のなかに直接の触れ合いが、見知らぬ人びとのあいだにも存在するかのような幻想を与え、またみんながみんなを相手に戦っている仮借ない生存競争の冷たさを感じ始めた人びとには、そのかわりに温かさが存在しているかのような幻想を与える。(Horkheimer and Adorno, 1973: 56)

アドルノの観点からすれば、こうした媒介された「直接性」の感覚は――もっぱらそうだというわけではないにせよ――ますます幅広い種類の家庭内メディア消費と結びつくようになっている。以下は、一九五〇年代初頭におけるテレビについてのアドルノの見解からの引用である。

> 世界は――不気味なまでに温かみを失っているのだが――彼にとって何か慣れ親しんだもののように、彼だけのために特別につくられたものであるかのようにやってくる。……距離の欠如や友愛と連帯のパロディーといったことは、たしかにその新たなメディアの並外れた人気に貢献している。(Adorno in Leppert, 2002: 52)

アドルノは都市的主体が、種々の媒介された同伴者＝仲間《カンパニー》――都市的主体がそのあいだで生きるような同伴者＝仲間――をますます積極的に求めるようになっていることを見抜いている。聴覚メディアはある種の代償的形而上学を具現化しており、そのなかで諸主体は自分の日常生活についてのさまざまな解決策を求めるのである。この領域でのアドルノの研究は、創造的なかたちで運転の経験へと――つまりは自動車の室内空間を覗き込んだりそこから外を眺めたりする経験へと――適用することができる。それによって自動車が変容した姿である聴覚ボックスから、世界を「眺め」たり「移動し」たりすることが、どのようなことを帰結しうるのかを見極めようとするのだ。こうした関心事に焦点を当てるうえで、「温かさ」と「冷ややかさ」というアドルノの用語法を再‐流用《リ‐アプロプリエート》しつつ、社会的なものが期待される媒介されたサウンドの役割と、日常生活での「公的」領域における直接性の「冷ややかさ」とのあいだの対照を示してみよう。「温かさ」が「家庭」にまつわる種々の規範的概念と結びつく一方で、「冷ややかさ」は私たちが日々そのなかを移動する都市空間に結びついている。これら二つの変数は弁証法的にリンクしており、片方が温かみを増すと、もう片方はより冷ややかになる。この「温かさ」は社会的でもあり、それゆえ同時に「関係的」でもある。メディアによるメッセージの温かさは、直接的なものの冷ややかさと――そしてまた構造化された形態をとる社会的なものがこうした欲求を満足させられない無力さとも――対照をなしている。

都市の移動のなかで同伴者《カンパニー》=仲間や「その場を占めてくれるもの《オキュパンシー》」を求める欲求は、こうしてさまざまなメディアの日常的・習慣的な使用によりコンテクスト化される。種々のモバイル・サウンド・メディアのおかげで、利用者はますます都市の移動のなかで親密性の感覚を維持することができるようになる。

自動車や他の場所におけるモバイル・サウンド・コミュニケーション・テクノロジーの利用を分析することによって、私は、過去四〇年間にわたって都市文化のうちで生じてきたある変容を指摘することができる。この変容は、都市の「公的」空間を「家庭的な」または「親密な」私的空間という観念に一致させようとする、都市居住者たちのますます増大しつつある能力と欲求のうちに見いだすことができる。消費者たちが「メディアが浸透した」親密性の空間に居住するようになるにつれ、彼らは通過してゆく公的空間がますます自分の欲望を模倣してくれるよう求めるようになる。そうするなかで運転者たちは、まさに私化することによって表象の空間をとり戻すのである。私化され媒介されたコミュニケーションがその周囲に「冷ややかさ」をつくり出す以上、共有された都市空間をめぐるあらゆる観念にとって、このことの帰結は深刻であるように思われる。近接性と孤独は、現在の種々の社会性のモバイル化と弁証法にリンクしており、将来、私たちはみな死んだ都市空間に向けて——なすすべもなく——叫び声をあげるポール・ギルロイの運転者のようになるかもしれないのだ。

（1）パトナムは最近、アメリカでは一人での乗車が優勢になっている点を指摘している。
私たちが自分の生活を空間的に組織してきた方法がもたらしたひとつの必然的な帰結は、私たちが日々のかなりの部分を、私生活をかたちづくる三角形の頂点のあいだを一人で、金属の箱に乗って往復して過ごすということである。アメリカの成人は平均的に毎日七二分をハンドルを握って過ごしている……自家用車はアメリカでの短い移動の八六パーセントを占めており、すべての短い移動のうち三分の二は一人でおこなわれ、その割合は着実に増大している。(Putnam, 2000: 247)
同じようにブロツキーは自動車について、それが「音楽を聴く場所としてもっとも有名で、しばしばそう報告される場所になっている」と評している (Brodsky, 2002: 219)。比較分析が明らかにしているところでは、こうした自動車移動における私化の傾向は主として「西洋的」な現象である。たとえばハーシュカインド (Hirschkind, 2001) が示すところによれば、カイロのタクシーはしばしば政治的な論争の空間になるという。自動車は大いに社会的な性格をもっている。自動車は、他の人びととの私的空間を否認し、また都市空間の全体を再構成するという、二つの方向で社会的なものを生起させるのである。
（2）ジョナサン・スターンは最近、メディアの歴史はある意味において「私的な聴覚空間の構成」にかかわっていると論じている (Sterne, 2003: 155)。

(3) この研究は、携帯用ステレオの利用をつうじた技術、都市的なもの、日常経験の構成のあいだの相互作用について考察している。分析の焦点となるのは三つの鍵となる主題──すなわち、携帯用ステレオの利用に特有の聴覚的性質、都市経験をうまく管理《マネッジ》しようとする利用者の戦略に携帯用ステレオが果たす役割、そして公的領域と私的領域のあいだの関係と差異を再調整するうえでの携帯用ステレオの位置──である。

(4) これは二〇〇〇年から二〇〇二年にかけてロンドン、ブライトン、ケンブリッジの八七名の自動車運転者から収集した質的インタビューとスケジュール表からなる。以下のデータが本稿では参照されている。

ジョナサン──三六歳の男性。既婚で子供は二人。小売業に勤務。運転歴は一七年。ロンドン在住。

アレクサンドリア──二四歳の女性。保険会社の事務職。運転歴は二年。

アリシア──二七歳の看護婦。一八歳から定期的に運転をしている。

ゲイル──二〇歳の学生。

ケリー──二三歳の美容師。運転歴は一八歳から。

ジョアン──三二歳の管理職。

シャロン──三五歳の臨床心理学者。既婚で子供は一人。運転歴は一八歳から。

ベン──三七歳の男性。自営業。既婚で子供は二人。運転歴は一八歳から。

ルーシー──三二歳の慈善団体職員。運転歴は二〇歳から。

トゥルーディ──四七歳の女性。大学関係の管理職。既婚で子供は三人。運転歴は二〇年以上。

ジェーン──二八歳の女性。出版業。

ケイト──二三歳の女性。ロンドンでの事務職。

ジョン──三六歳の広告業の重役。ロンドン在住。既婚で子供は一人。運転歴は一八歳から。

リサ──三七歳の管理職。運転歴は一八歳から。

サラ──二〇歳の学生。

(5) 都市的状況は、

……人びとのあいだの内的な防御壁〔を要求する〕。この防御壁はしかし近代的な生活には必要不可欠なものである。というのも群集の押し合いへし合いや、ごちゃ混ぜの無秩序をなす大都市のコミュニケーションは端的に、そのような心理学的距離なしでは堪えられないからである。現代の都市文化は、その商業的・職業的・社会的相互作用をつうじて私たちに無数の人びとと物理的に近接することを強いるがゆえに、感受性が強く神経過敏な人びとは、もしも社会的関係の物象化により内的な境界とよそよそしい態度が生じないとすれば、すっかり絶望に沈んでしまうことだろう。(Simmel, 1997: 178)

都市生活の脅威として知覚されるものは、物理的にも精神的にも圧倒的なものと感じられるのだが、倦怠の態度はそうした脅威への防御の役割を果たす。都市的な主体は退却的な主体であるという見方は、都市の日常的振る舞いを理解するうえで中核的な説明枠組みとなっている。

(6) シヴェルブシュは、一九世紀における鉄道での読書習慣の流行について図式的に描いている。

触れ合いを得たいという恒常的な欲求に合わせてつくられた、旅行者のこの膝突き合わせの間柄は、このような触れ合いのための基盤がなくなると、しだいに堪えられないものになってくる。列車の車室内のこの坐席配置は、いまではもう陽気な触れ合いを楽しむ場ではなくなり、むしろ堪えがたい苦痛を忍ぶ場となる。……すでに見たように、読書は、もはやできなくなった談笑を補うための試みだった。本や新聞に向けられた目は、退避作戦であり、向こう側の人の目を避けようとする試みである。この沈黙の状況下での――二重の意味での――苦痛は、大部分意識下のものである。(Schivelbusch, 1986: 74-5)

高速道路でオフィスワークをする◎エリック・ロリエ

高速道路上の日常生活

何千年ものあいだ私たちが航行してきた河川や歩いてきた森の小道と比べて、[1] 高速道路はまだその初期にあるのだが、しかしこの奇妙な多車線の高速道路という場所は、かつてそれがもっていた目新しさの意味合いをもはや失ってしまっている。登場した当初には以前の鉄道がそうであったのと同様、高速道路は新たな一群の問題を生み出していた。運転者はどのように運転をするべきか、いかなる種類の乗物が許可されるべきか、そうした道路で人びとがしてはならないものごと、そしてそもそも高速道路には価値があるのかどうか、等々（Merriman, 2001, 2004）。現在では事故やそれに引き続く混乱が恒常的に生じるといったこともなく、何百もの自動車が近接した状態で高速で移動しうるということに私たちはもはや感嘆することはない。それどころか高速道路はいまやありふれた場所のひとつ、慣習的な空間、ほとんど避けがたい日常的な移動の一部となっているのだ（Urry, 2004）。

日常的居住の新たな形態として運転を考察するなかでナイジェル・スリフト（Thrify, 2004）は、ミシェル・ド・セルトー（de Certeau, 1984）は、都市の街路の歩行者を英雄として仕立てあげている一方で、交通についてはもっぱら鉄道旅行のもつ牢獄としての側面にしか焦点を当てていないと指摘している。すでに歩行者とのあいだで都市の街路を分かちあっている何百万もの自動車については、ただ簡単に異質な侵入者としてしか扱われていないのだ。自動車は歓迎されざる新参者として、かつては創造的な歩行者の発話行為《エナンシエーション》により活気づけられていた都市を殺しつつあるのだ、と。私たちは敷石のうえの足どりによる詩がかき消されてしまうことについてのド・セルトーの嘆きに共感しうるとしても、その一方で「自動車移動の研究からは、運転の世界は歩行の世界と同じように豊かで複雑であることが示される」(Thrift, 2004)。さらにいえば高速道路へと注意を向けるなら、修理作業員、故障、長距離バスの乗客などをのぞいて、歩行者がほとんど完全に不在であるような空間が見いだされる。そこを歩くことはできないとはいえ、私たちは移動しながら高速道路のうえで居住している——ときには単独で、またときには車列や渋滞のなかで集団になったり隣り合ったりして。通勤者、トラックやバスの運転手、セールスマンなど、自分の生涯の何年ものあいだを高速道路の並行車線を運転することで過ごす人びとは数多くいる。こうした移動共同体《モバイル・コミュニティ》にしてみれば高速道路は、日々の情緒的満足や危機や内省といったものが詰まったひとつの地景《ランドスケイプ》=環境にほかならない(Katz, 1999)。私たちの時代の独特の環境のひとつとして高速道路を真剣に理解するために、私たちは、ド・セルトーが歩行についてそうしたような注意深さをもって運転の実践について考察する必要がある。本稿で私は、社会-物理的組織にたいする諸々のアプローチ——そこでは歩道、工場、公園、研究所、学校、家といった、誰もが見知っている空間的環境の役割が真剣に考察される——を援用することとしたい(Crabtree, 2000; Evergeti, 2003; Hetherington, 1997; Latour and Woolgar, 1979; Lee and Watson, 1993; Ogborn, 1998)。これらの研究は、歩道のような特定のありふれた場所を、人間の居住のために地理的・歴史的・道徳的・法的・技術的に組立《アセンブル》=構成された環境として理解してきた。だがここで私はますます増えつつある研究者たちと呼応するかたちで、現代の経験的データを用いながら、社会的行為の重要な活動領域《アリーナ》という観点から高速道路にアプローチすることとしたい（Juhlin, 2001; Katz, 1999; Merriman, 2004; Michael, 1998; Miller, 2001; Murtagh, 2001; O'Hara et al., 2002; Thrift, 2004; Urry, 1999, 2000, 2003; Vesterlind, 2003）。

ド・セルトーが――街路のレベルにまで下降してくるまえに――超高層ビルからの都市とその歩行者をめぐる一望監視的《パノプティック》な眺望について考察しているのにたいして、ブルーノ・ラトゥールは、高速道路のシステムを監視し管理するために配備されているものを検討している。フランスの自動車生活における典型的な一望監視装置《パノプティコン》――パリの交通管理センター――をめぐる研究のなかでブルーノ・ラトゥールは、管理者たちが自動車にたいしてもつ視界《ヴィジョン》を「限局的監視装置《オリゴプティコン》」と呼んでいる（Latour and Hermant, 1998）。何千もの個々の運転者の行為、反応、苛立ち、追い越し、ぴったり後ろにつける運転《テールゲーティング》、等々の複雑なありようや道徳面でのごたごたは、交通の流れの集合的パターンへと還元され、変換され、組立《アセンブル》＝構成される（同様にGarfinkel, 2002 における交通工学者たちについての研究を参照）。移動中の自動車が限定的・関与的な「観察可能なもの」に還元されてしまうというのは、明らかに、交通管理者にとってそうだというだけではない[2]（Sacks, 1972）。運転者から見えるものについても同じことがいえる。以下において私はカッツ（Katz, 1999）やマイケル（Michael, 1998）がおこなったように、「高速道路のレベル」にまで下降したうえで運転者のパースペクティヴについて考察し、さらには車内における同乗者のパースペクティヴをも検討することとしたい。これは十分には活用されていない視点であるが、「自動車のなかの運転者の振る舞い」（1998: 126）の記述可能性を提供してくれるものである。というのもそのパースペクティヴは、運転者――「交通の社会」（Lynch, 1993）の成員として他の運転者の行為に応答する運転者――に何が生じているかということに同乗者――同じ自動車の乗員としての――が差し向ける注意と深く結びついているのであるから。

自分自身がそのなかを移動している車の流れを分析する運転者からすれば、自分にせよ他の運転者たちにせよ、対面的な出会いの豊かさと比較するなら、限られたレパートリーでしか識別可能なものを生み出したり認識したりすることができない（Goffman, 1956; Katz, 1999）。夜間に灯火のない道路を他の自動車のライトによる合図を頼りに運転することは、リンチ（Lynch, 1993）が指摘しているように、驚くほどわずかな可視的ジェスチャーだけからなる環境のうちで達成されている。しかしエリック・リヴィングストンが簡潔に論じているところでは、高速道路の交通においては可視的特徴が切り詰められているにもかかわらず、運転者は――ときには容易に、またときには骨を折りながら――集合的に、またローカルに、交通を継続的に秩序づけるのに必要な認知可能な細部要素《ディテール》を生み出しているのだ。

> 運転者というものは、〔秩序〕生産集団《プロダクティヴ・コーホート》の成員として――またその集団《コーホート》および彼ら自身がおこなう秩序生産活動の分析者としての生産集団の成員として――ローカルな運転状況にかかわる識別可能な細部要素を産出したり維持したりする。彼らがそうするやり方は、彼らが自分の運転行為を「説明‐可能に」するやり方とまったく同一である――彼らは認知可能なやり方で車線を変更し、速度を落とし、出口車線に入ろうとする。そのとき彼らは、高速道路の交通の流れの相対的に安定した特徴となるものを協同して生み出しているのだ。これらは実際のところ、彼らの相対的に安定した、ローカルに産出され調整される諸々の運転実践から成り立っている。（Livingston, 1987: 84）

高速道路の交通にかかわる生産集団の各成員は「多価的」な人物であり、不可避的に高速道路にもち込まれてくる他の諸社会について、構成員の資格や責任やかかわり合いをもっていたりする。サックス（Sacks,

1984)ならこう表現するかもしれないが、高速道路上で「運転者であることをすること」は、責任が生じる活動の担い手――つまりは知性的・反省的な行為者という立場――を手一杯にしてしまうことはけっしてない(Laurier and Philo, 1999; McHugh et al., 1974)。そして「乗客であることをすること」については、要求されることがらはさらに少なくなる。私たちの誰であれ高速道路にただ「ドライブに行く」という者はほとんどいない(3)。のちに詳述するように、それは他のあらゆる種類の作業で忙しい場所なのだ。

モバイルな仕事場

自動車ベースのサービス業の従業員たちは、仕事のほとんど避けがたい一部として高速道路を運転するのだが、そのさいたいへん長い時間にわたり座席に座ったり、交通渋滞につかまったり、そうすべきでないときに携帯電話をかけたり、時間通りに会議に到着するために法定制限速度に違反したりする。これら自動車ベースの労働者たちの一部は、駐車場に車を停めているときや自宅にいるときに通信をしたり、計算をしたり、書類に記入する類の管理上の作業をしたりすることができる。だが大多数の者はこのように贅沢なことはできない。大企業地域ではよくみられる長い移動時間や、のろのろ動きの車の流れのなかでの遅れが結果としてもたらすのは、道路上での日々というものはほとんどが運転で占められ、「仕事」はほんのわずかになりがちだという状況である――これは、もしも運転が本当にビジネスパーソンが高速道路でおこなう唯一のことがらであるならば、ということだが。実際は本稿のもとになった調査プロジェクト(Laurier and Philo, 1998)のなかでは、自動車ベースの従業員にとって、運転の最中に仕事を片づけるため彼らや同僚が作業をするのは普通のことであった。こうした仕事にかかわるリスクは彼らの会社が利用する監視テクノロジーによっては記録されず（たとえば大型輸送車の運転が監視されるのとは対照的に）、それゆえ会社にたいする説明責任が出てくることもない。私たちが調査をしたモバイル・ワーカーたちにとって、会社はよく練られた計画というものを驚くほど欠いているのであった。会社は、その人員の日々の移動が増大しつつある状況については、いまだ自社製品の長期的物流などと同程度の正確さをもっては対処できていなかった。テクノロジーの変化や会社の商業上の方針変更などにより、スタッフが従来の事務所を離れて担当地域の道路へ出ていくようになるとき、あらゆる仕事が一台の車のなかの一人の人間が適切に、安全に、そして遠くにいる同僚とうまく協調しながらこなすことができる、といったかたちでうまく分割されうるわけではない――彼らは自分を輸送することにも責任があるのだから――という事実については、ほとんど認識がなされてこなかった（Esbjornsson and Juhlin, 2002; Juhlin and Vesterlind, 2002）。

　それと引き比べて救急車、消防車、ゴミ収集車、パトロールカー、船舶、旅客機といったものには、ペアになって、あるいはより大きなグループになって作業をおこなう「スタッフ」がおり、仕事を割り振ることができたり、また各々の「運転者」にとっては誰かがその行動を視認できたり、直接または事後的なかたちでその行動が責任あるものになったりする（Hutchins, 1995; Ikeya, 2003; Kawatoko and Ueno, 2003; Watson, 1999）。これら後者の場合には、要求されている組織的仕事（たとえば患者を病院に搬送し応急処置をすること、ゴミ袋を収集したり選別したりはねつけたりすること、旅客を飛行機で運びサービスをおこなうこと、等々）をこなしながらこうした乗物を動かすのは、一人の人間にとってはあまりにも大変な仕事となってしまう。タクシーやトラックの運転など一台に一人という仕事の割り振りの例もあるが、こうした事例では人びとや物品を輸送することそのものが仕事になっている（Agar, 1986; Davis, 1950; Hollowell, 1968; Psathas and Henslin, 1967; Verrips and Meyer, 2001）。それにたいして現在自動車のなかに入り込みつつある仕事は、地域的管理、人事、販売支援、信用管理といったものである。重要なことに、運転とそれにともなう偶発的事態は、潜在的に問題含みなものとなりうる。というのも事故や衝突を避ける点で、それらは運転者としての個人にとって優先事項となるのだが、他方、事務員としての個人にとって、離れた場所にいる同僚や顧客はこうした差し迫った問題を直接的に知ることができないのだから。同時に、高速道路での移動のあいだになされる他の仕事や、移動それ自体の目的は――些末なことであれ、ルーティンであれ、ひじょうに重要なものであれ――他の運転者にとっては把握しにくい。カッツ（Katz, 1999: 35）が述べているように、「各々の運転者は通常他の運転者たちがどこに行くのか、またなぜ行くのかを理解する手立てをもたない。交通が完全に停止し、運転者たちが自分の車を降りて互いに会話をするというような場合でもなければ」。そしてカッツのいうストレスがたまったロサンゼルスの運転者たちにとって、こうした互いの認識の欠如は、互いに車の流れを組織しているということを超えて、彼らの多くの感情的激発の源泉となってしまう。運転者は自分が急いでいることを示すことはできるのだが、しかし救急車の運転者や宅配便業者でもないかぎり、なぜ急いでいるのかをすぐに示すことはできないのだ。

それゆえ他の運転者たちにとって、ビジネスパーソンが高速道路をスピードを上げて走っているときであっても、おそらくデスクワークをしていて忙しいのだろうと気づくような可能性は、かなり限られていることになる。ここでデスクワークというのは、たとえば顧客からの苦情、同僚からの助けを求める要請、秘書への手紙の口述などに対応しようとすること、顧客や同僚との楽観的に設定された約束の時間に遅れないようにすること、打ち合わせに運転してくる必要のない人たちと時間を合わせようとすること、紙の書類や携帯電話でオフィスワークをし、さもなければ移動中に失われてしまう時間の埋め合わせをしようとすること、等々である（Brown et al., 2002; O'Hara et al., 2002）。こうした多種多様なデスクワークと、運転に関連するダッシュボードの機器とは、互いに両立するようデザインされているわけではないのだが、私たちが調査をおこなったオフィスワーカーたちは巧妙なやり方で何とか両者を組み合わせようとしていた。彼らは必要があったからそうしていたのだが、ただし無分別な仕方で、技能をもたずに、あるいは自分の行為に道徳的な責任を感じないままにそうしたことをしているわけではない。思慮分別をわきまえ、注意深く運転をするために、運転者は路上でリスクを最小限にしながら他の作業を開始できるよう、時と条件をうまく見極める必要があるのだ（Laurier, 2002）。以下で詳述するように高速道路は単一化された道路システムであり、逆走行がなく、複数の車線をそなえているため、巧みな操縦をしたり、速度を合わせたり、追い越しが容易にできたりするようになっている。車の流れが遅いときや信号での停止や小さな渋滞などもまた、事実上、運転行為への要求が低下したり、一定のペースになったり、完全に停止したりする機会をもたらしてくれる。だが移動中にこうしたタイミングをとらえたとしても、書類が仕上がったり電話が終わったりするまえに車の流れが再開する場合があるため、それらは理想的とはいえない。そうした機会がどれほど持続するか予測しがたい以上、運転の活動とオフィスワークとのあいだの時間的乖離を積極的に調和させることが必要となる。すなわち時間は運転者‐話者の側でつくり出す必要があるのだ。このことから私たちは自動車ワーカーの問題についての定式化を得ることができる。つまりその問題は、二つの連続的《シーケンシャル》に組織化された活動または生産集団の協同生産——交通とオフィスワーク——にかかわっているのだ[4]。

もともと本稿のためにビデオ撮影をおこない検討を加えたひとつの事例を参照することで、私は、どのようにして運転と会話とオフィスワークとが一緒になって実際の同時進行的な出来事として織りなされているのか、より詳しく追ってみることとしたい。あるいはこう言ったほうが適切かもしれないが、それらがいかにして実践され――ときには見たところ互いに並列的に、または互いに連続して、あるいは互いが互いの結果となるかたちで実践され――たり、もしくはまったく両立できなかったりするのかを追ってみたい（Laurier, 2002）。これがいかに実践されているのか――というのもそれは事実として実践されているのだから――を見いだすことができるのは、特定の事例が実際にくり広げられるさいの細部要素《ディテール》においてのみである。私が検討しようとしている高速道路上での生活に由来するエピソードは、先に言及した仕事場としての自動車をめぐる民族誌的なフィールドワークの計画にもとづいている（Laurier and Philo, 1998）。そこでは運転者についての観察と運転者自身による報告が収集されているのだが、それらは二週間にわたって運転者を追い、観察者‐同乗者として彼らの自動車に乗って移動するなかで得られたものである（同様の移動にかかわる方法論についてはKatz, 1999を参照）。

自然に組織化される高速道路上でのマルチタスキング

とりあえずここでは、われわれが自分の行為や反応に注意を払っているということは、たんに自分の行為や反応にかんする問いに答えることにたいする心構えができているということのみを意味するのではないという点を指摘しておく必要がある。たとえば、運転手が注意深く自動車を運転するということは、彼が自分自身の運転操作にかんする質問に答えることを可能ならしめると同時に、事故の危険を減ずるのである。すなわち、あることに心を傾けるということは、そのことにかんする真実の報告をする資格のみをわれわれに与えるものでもない。また、上の空であったということは、証人席でたんに途方にくれるということのみによって示されるものでもない。留意の概念と認知の概念はたまたま一致するということもありうるが、両者は異なる種類の概念なのである。探究はわれわれが心を傾けるさいにおこなう唯一の作業ではないのである。(Ryle, 1949: 132)

私たちのプロジェクトの協力者の一人である「アリー」は、自動車リース会社に勤めており、週五日のうち三日を路上で過ごし、M4ルート(ロンドンとブリストルをつなぐ高速道路)周辺の顧客を訪問していた。私が考察しようとするエピソードは、三車線の高速道路で生じたものである。ここで検討の対象となっているのが、都市の駐車禁止道路や郊外の袋小路ではなく、高速道路だということが重要な出発点となるのだが、それは、熟練した運転者にとって――ロッド・ワトソンの表現を使うなら――高速道路を「構成する物理的布置状況《コンフィギュレーション》」は「明らかにとりわけ顕著な種類の知覚カテゴリー」に入るものであり、またそれらは「そうしたひじょうに特殊な状況のうちにローカルに展開される、あらゆる種類の特殊な運転技術に対応できるような場所」を提供してくれるからである(Watson, 1999: 52)。こうした高速道路の特異な性格は運転教習のなかで認知される。教習生は、基本的な運転技術においてそれなりに上達するまでは高速道路で運転させてもらえない。また三車線の高速道路にはさまざまな期待、法的に強要される義務、あるいは「直線配列された媒介物」が付随している。それゆえラトゥールが例にあげているフランスのTGV高速鉄道のように、「[乗物]の邪魔をしたりその速度を落とさせたりするものは何もない」(Latour, 1997)。そこには予測がつかずのろのろ走る教習生がいてはならないし、駐車中の車とか、道路を渡ろうとする歩行者、フットボールをする子供、サイクリスト、犬、あるいは横切ったり対向してきたりする車の流れ、等々があってはならない。十分な能力をもって運転される高速度の自動車以外のものをすべて排除することにくわえて、高速道路は、通常の条件のもとで速度が出せるよう視覚的な支えとなる環境を提供するべく建設されている。すなわちそこでは、はるか向こうからやってくる事物を確認することができる（Venturi et al., 1988）。ヘアピンカーブや隠れた入口などはなく、車線は広く、コーナーには傾斜がつき、勾配は緩やかになっている。追い越し車線、中速用車線、低速用車線、それに路肩がそなわっている。そこに駐車することはできない。ピクニックをすることはできない（Merriman, 近刊）。以下に深く関与することがらではないが、高速道路は統計的には自動車事故が生じる可能性がもっとも低い場所である。

道路は、それが「高速道路」であったり、「往復分離道路」であったり、「田舎道」であったり、「山林の舗装していない道路」（Watson, 1999）であったりすることで、危険、容認される速度、対向してくる車の有無などについて、それぞれの種類別に系統的な期待を提供するのだが、さらに、そこをよく利用する運転者なら覚え込むようになる典型的なリズムもそなえている（ロンドンの地下鉄をめぐる同様の議論については Heath et al., 1999 を参照）。道路は、一日の時間帯によって交通量が激しくなったり落ち着いたりし、また区間ごとに違った種類の車の流れが支配的になったり、あるいはそうした交通の種類が一日の時間によって変化したりする（子供を学校から連れて帰る親、配達車の駐車、ゴミの収集、都市間通勤者、等々）。運転をしながら、一日のうちのどの時間帯であるのか、いつもどれくらいの混み具合なのか、その他のローカルな特徴などをもとに道路の種類について整理しながら、アリーをはじめとするモバイル・ワーカーは、書類仕事に手をつけたり、短い電話をいくつかかけたり、長めの電話をかけたりすることができるのかどうか、あるいは運転だけに集中しておいたほうがよいのかについて判断を下すのである。

アリーはかなりの速さで高速道路を走りながら、何枚もの電子メールのプリントアウトを自分と私の膝のうえにのせ、ぱらぱらとめくって読み進めてゆく（写真1参照）。リズムよく眼前の道路をさっと見渡しては、彼女は私の膝のうえにのせた印刷された未読の電子メールに目を向ける。その日、車内の彼女の隣に民族誌学者がいなかったなら書類は助手席に置かれるはずだっただろう。私の手を借りて大きな束を並べ替えながら彼女は二つの書類を選び、それらを自分の前のハンドルにのせ、電話をかけはじめる。書類をハンドルにのせるとアリーは小さな声で書類越しに、つぎに誰に電話をかけねばならないのか、電話では何が難しくなりそうかをつぶやく。

電子メールを読み終えると彼女はそれをハンドルを握った手でつかんだままにし、電話をしているあいだに参照する必要があれば、すぐに利用できるようにしておいた（写真2参照）。しばらくすると私たちの車は同じ車線にいる速度の遅い車に近づきはじめた。アリーは「どきなさい」と文句を言ったが、その声は書類越しにつぶやくよりもやや大きかった。追い越し車線のすき間を見つけるとアリーは方向指示器で合図をして車の流れから出て、バックミラーに目をやり、肩越しに車の流れから彼女を出してくれた運転者にありがとうと手を振った。しゃべるのと同時に彼女は空いている左手で道路をまっすぐに指す身振りをしてこう言った。「少しのあいだ運転に集中しなくっちゃ」。私は笑って応えた。

見てきたような場面――ビデオの録画から書き起こした場面――のなかで私たちが見いだすのは、高速道路で作業をすることと、高速道路で運転をすることのあいだの切り替えであるが、その活動に私たち（運転者、同乗者、あるいはビデオの視聴者）は注意を払う必要がある。乗物内での運転者と同乗者――アリーと私自身――というカテゴリーの全面的関与性《オムニレリヴァンス》にかんするワトソン（Watson, 1999）の見解と一致するかたちで、

「どきなさい」という言葉は同乗者としての私の耳に、彼女がそれまで書類仕事にかかりきりになっていた状態からの切り替えとして聞こえてきた。それは同乗者にとって会話のシークエンス（「呼びかけ《アナウンスメント》」‐「応答《レスポンス》」［Watson, 1999］）の潜在的開始として聞こえてくるのであるが、それは、他の運転者に向けられたそれ以外のたくさんの命令や感謝の言葉や侮辱――私たちのプロジェクトで収集したものやカッツ（Katz, 1999）によって収集されたもの――についても同じことであった。ここから生み出されるのは、同乗者による呼びかけ――他の運転者には何ごともなさない呼びかけ――である。そうしたコメントが他の運転者たちに向けられたものでないなら、そしてまた書類仕事についての小声での不平でないなら、それは同乗

（上から）
写真 1　運転と書類仕事を同時におこなうアリー
写真 2　方向指示器を出しながら書類をハンドルに押さえつけてもつアリー
写真 3　手をさっと動かす身振りが始まる瞬間：「少しのあいだ運転に集中しなくっちゃ」

者としての私（あるいは他の誰か）に向けていったい何ごとをなしているのだろうか？　それはおそらくは同乗者としての誰かに、目の前の光景のうちに運転者が言及したものを見つけるよう呼びかけ（Goodwin, 1997）ているのであり、そしてまた同乗者としての誰かに、運転者である相手と一緒になって自分の発言を引き出した交通上の何か（たとえばこの場合には邪魔になっているもの）について分析をしたり道徳的評価をしたりする意向が同乗者にあるのかどうか、その応答の余地を提供しているのである[5]。彼らは同意をあらわすように「道を空けろよ長距離バスめ」とつけ加えるべきなのだろうか、あるいは他の運転者を擁護するべきなのだろうか、さらにはまた道路で起こったことやいま起きていることについて、それに代わるようなありふれた穏当な話題を提供したほうがいいのだろうか（Pollner, 1987）？

　歩行者とは対照的に、運転者同士は互いに話すことができないという点、あるいはまたそこから誤解が生まれ、ときには爆発して路上の激怒《ロード・レイジ》にいたる場合もあるという点については多くのことが言われてきたが、しかし、歩行者が普通は黙っていることを声に出して言える自由についてはあまり語られてこなかった。「どきなさい」とは前方の遅い車に向けられた命令であるが、それは聞こえないし、それゆえ従われることもない。さらにいえば、それは聞かれてはならない発言、他の運転者に聞こえる範囲の外側にある言葉として存在しているのだ。それを口にした者は、実際にはそのようなことを言ったことを他の運転者に知られたくはないだろう。この意味で高速道路という、ふと耳に入ってしまうということがない空間で、運転者が他の運転者について口にする感謝の言葉や声明やコメント、あるいはもっと悪い何かは、受けとられようがない以上、どれも本当のところは命令や感謝の言葉や侮辱ではないのである。カッツ（Katz, 1999）は他の運転者が識別可能なジェスチャーとみなしうる数々の行動――クラクションは明らかにその候補となる――を拾い出しており、「フリップ・オフ」（中指を立てること）がおこなわれる巧妙なやり方や、ぴったり後ろにつけて走ること《テールゲーティング》で他の運転者に後方の車に道を譲らせることなどを明らかにしている。同様に彼はぴったりとつけて走ることにより、その対象となっている運転者から引き出される感情的な反応についてもアプローチしている。

「少しのあいだ運転に集中しなくっちゃ」——アリーは自分が「運転者」というカテゴリーにある者として何をしているべきかについてコメントをした。私は笑って応えた。このことは奇妙に思われる。ここでは何が起こっているのだろうか？ 彼女はコメントの直前に空いている手でジェスチャーをしていた。前方の道路の眺めに向かってさっと手を伸ばすしぐさをしたのだ。それは同乗者のまなざしを、注意を払うべき光景としてフロントガラスの外の眺めに向けさせるための宣言となり、現行の行動方針を示すジェスチャーである。運転者／同乗者という関係の全面的関与性《オムニレリヴァンス》への依拠という以上に、アリーがこの発言を冗談めいたコメントにしたもうひとつのやり方は、その発言を、それに先立つ長い一連の共同での電子メールの分類作業との関連のうちに置くことであった。分類作業をしているとき彼女は、運転に注意を払っていないとみなされる可能性もあった。にもかかわらず自分の運転についての皮肉がこもった反省的なコメントの直前に彼女がおこなったのは、前方の「道」をふさぐ邪魔者に気づき、電子メールの分類作業を中止することであった。私たちがそのコメントを彼女の運転についての説明とみなすのは、ある特定の運転行為——つまりは追い越し——のあとになされるという、彼女のコメントの継起的な組織化においてである。この明らかに短い時間の行為（約五秒間）のあいだ、彼女は実際に自分の注意力のすべてを運転に集中させ、独り言をつぶやいたり私に話しかけたりすることはなかった。彼女がバックミラーに長めの一瞥《エクステンディッド・グランス》（Sudnow, 1972）を送り、追い越し車線にいる運転者の意図を確認すると、その運転者は、彼女が追い越しをしようと指示器の合図を出しているのを見て、少し速度を緩め、彼女の入れるすき間をつくり、彼女を出してくれた。書類仕事と全注意力を運転に集中させることとのあいだで切り替えがなされたことは、車内にあってアリーの手がしている作業という点だけではなく、ミラーと前方の道路をじっと見つめる視線という点からも明白であった。追い越し車線に入るとアリーは窓の高さにまで手をあげ、追い越し車線の運転者にありがとうと手を振った。それは時間として長めのジェスチャーであったが、後方の運転者の視線のリズムに合わせて、感謝のジェスチャーを視認できるようにしたものであった[6]（ジェスチャーのタイミングについてはKatz, 1999を参照）。アリーの感謝は高速道路での寛大な行為の存在を認めるものであるが、そうした行為や反応は私たちに、運転とはそのすべてが見知らぬ他人同士《ストレンジャー》のゴフマン的な駆け引きというわけではないということを気づかせてくれる（Raffel, 2001）。

高速の諸主体の巡航運転《クルージング》

電子メールを読むのを中断しているあいだアリーは、高速道路の社会組織の一員として責任の生じる行為――［追い越し］[7]――をおこなっていたのだが、それとは対照的に、それ以外の場合に彼女の運転はたんに中速用車線を［巡航運転《クルージング》］していたのだといえる[8]。それなりに熟練した運転者なら知っていることだが、追い越しとは、そこにかかわるすべての人びとのリスクが増してしまう過程であり、試みが成功する場合もあれば失敗する場合もあるという点で、ひとつの達成にほかならない。それに関連して追い越しは――そこには成功や失敗が含まれ、特別の配慮が必要となってくるために――高速道路にあって大きな道徳的意義を与えられた行為であり、それはまたしばしば感情的な行為となる（Jayyusi, 1984; Katz, 1999）。対向分流システムであれば自動車は対向してくる車の流れに直面することになるし、また高速道路であれば追い越し（より高速の）車線のなかにすき間を見つけだされねばならない。もし追い越しが追い越す者、追い越される者、それにすき間の提供者のうちいずれかの配慮を欠いたままおこなわれたなら、ある運転者や相手の運転者にとって「割り込み《カット・オフ》」が生じることになる（そのあとに当然生まれる怒りについてはKatz, 1999を参照）。車の速度は、前方の車や並行車線の車との関連性を考慮に入れつつモニターしたり調整したりしなければならない。また同時に、追い越し車線のすき間に入り込んだりそこから出ていったりするさい、車の進路を変更しなければならない。会話でのやりとりと同様に［追い越し］には、メンバーたちにその開始を告げるための一連の手続きがある。要求としての方向指示器、提供としてのすき間、車の流れから出ること、他の車を追い越すときのゆっくりとした動作、ふたたび車線に戻ること、そしてすき間の提供者に感謝の表現となるものを示すこと、等々。このように運転をめぐる実際の短いエピソードを詳細なかたちで記述するなかで、うまくすれば運転は、多数の責任の生じる行為――ローカルなかたちで識別可能な道徳的意義を帯びた諸々の行為（たとえば追い越し、巡航運転、減速、出口から出ること、加速、割り込み、不意打ち、等々）――として分解されうることが明らかになってくる。それらの行為は、高速道路の交通の内生的産出を維持するべく、時間に拘束された空間との関連で反省的な仕方で用いることが要求される。ある人物がしかるべき配慮や注意を欠いた状態で運転していたのかどうかについて、道徳的（および法的）な吟味がはじまるとき、高速道路上で分析され道徳的な評価がなされるのは、運転一般というよりも、状況づけられた諸行為をめぐる個々の項目にほかならない（Jayyusi, 1984; Pollner, 1987）。それゆえ事故を起こさずに自分のマルチタスキングを達成するなかでアリーは、彼女のオフィスワークをする余地《スペース》を見つけようとして、高速道路上につぎつぎと生起する交通上の諸要素を分析（前方の道路に向かって手をさっと一振りする）していたのである。

高速道路とは、都心部の道路や郊外の袋小路、砂利で舗装されていない林道などとは違って、巡航運転を支援してくれるような道路である。高速道路はつねに巡航運転の条件を生み出してくれる場所なのだが、その一方、巡航運転というものは——それはまさに容易な運転なのだから——アリーのような熟練した運転者にとって、それだけに専念しなければならないようなものではない。もし彼女がこのように比較的楽に「巡航運転」をすることができないなら、彼女は熟練した運転者とはいえないだろう。結局のところ、高速道路で注意深く巡航運転をするというのは奇妙なことではないだろうか？——景色や場所を眺める（ということは、またもや風景にも注意を向けていることになる）ためにこのように運転するという場合を別にして。運転者はつねに交通の流れに属する運転者なのであって、それゆえ、そのなかでなんらかの個人化された意識として、静的な環境をじっと知覚していられるような場所を高速道路に期待するわけにはいかない。運転者はそれ自体が運転者をつくり出す交通の一部なのであり、同時に運転者は交通の流れを分析することによって、それが通常の淀みなく流れている状態であるかを判断し、さらにはそうした状態を一時的な出来事としてではなくひとつの識別可能な領域として、つまりは高速での巡航運転の機会を提供するのに十分な大きさの領域としてとらえることが必要なのだ。いったん運転者が巡航運転をすることができる状況を確保し、そして実際に巡航運転をすることになれば、彼らは当然ながら自分の意識を他のことがらへと移すことができるようになる。ある運転者にとってそれは空想であるかもしれないが、自動車ベースの会社員であればそれはつねに自分の仕事であるだろう。つまり、もし運転者が交通の流れのなかに巡航運転ができる余地を見つけたなら、同時に仕事のための安全な余地をも見つけたことになるのだ。そしてまた彼や彼女によるリスクの評価は、たんに車の速度のみに相関しているわけではない。

おそらくより目につきにくいのは、巡航運転が、交通の流れや自分が走っている道路の種類との関連において、運転者が産出したり維持したりする規則的で安定した速度をそなえているという点である。(9) アリーが、これもまた中速用車線を巡航運転している別の車に近づいているのに気づいたとき（彼女の追い越しの誘因としてもち上がってきた問題であるが）、こうしたことが生じたのは、彼女が自分の巡航運転をある特定の速度に設定していたからであった。彼女としては前方の車のペースに合わせて減速することもできたのだが、しかし高速道路上ではそうすることを避けるような選好傾向《プレファレンス》が、つまりは自分の速度である特定の速度を維持しようとする選好傾向がある。「速い運転者《ファスト・ドライバー》」(10) を自認するアリーにとって、これはおよそ時速八五マイルである（高速道路にいるあいだ彼女は自分の速度計をときおりチェックし、その速度をはるかに上回っていたり下回っていたりしていないか確かめていた）。ライヴとシェンケン（Ryave and Schenkein, 1974）が歩行について指摘しているように、自分の移動の速度を落として前方にいる歩行者に歩調を合わせるとき、他人を「尾行している」かのような外観が生じてしまう。高速道路上である者が車線にとどまり、近づいてくる別の車に合わせて減速するとき、もしそのような状況が続くなら、他の車の背後について走っていると見られるか、より悪くすればぴったり後ろにつける運転《テールゲーティング》ととられかねない。(11) もしアリーが交通の流れや道路の種類に適切な速度を選択しているなら、そしてまた第二に、もしアリーが速い運転者であるなら、彼女はけっして他の自分と同様の運転者に近づくはずはない。もし彼女が自分のような種類の運転者（速い運転者）として運転しているのなら、彼女が追いつくような通常の運転者は「遅い」運転者なのである。もし適切な速度というものが、環境としての道路のカテゴリーやその人の運転スタイル（たとえば、速い、注意深い、平均的な、急いでいる、等々）のカテゴリー化との関連で判断されるとすれば、速度とは、ラトゥールが空間と時間について述べているように、……そのなかで諸々の出来事や惑星が楕円にそって落下するようなニュートン的感覚ではない。だがそれらはまた私たちの知覚の諸形式、つまりは私たちの精神が諸々の存在や実在の多様性を枠づけ調整するために用いる普遍的なアプリオリというわけでもない。原初的な条件であるどころか、それらは逆に諸々の身体が互いに関係し合ったその結果なのである。(Latour, 1997: 176)

高速道路を利用して車線にそって巡航運転するとき、運転者は自分の速度をもっているのであり、そうでない場合には、自分の車と他の車との関係の相関的評価として「遅い」とか「速い」といった言い方をしている――このことを私たちが認めるとすれば、速度への欲望というものについて、それがまるで誰にとってもできるだけ速く走ることだというように、いつも単純なかたちで論じてしまう理論家たちを私たちは批判することができるようになる (Michael, 1998; Sachs, 1984; Virilio, 1987)。ハーヴェイ・サックスが示すところでは、車の流れは事故や道路工事といった出来事にたいして大きな順応性をもっており、速い運転者や遅い運転者は各自がそのうちにある車の流れに順応しようとする。「速い／流れに合わせて／遅い」ということが、速度計とは無関係なかたちで――運転の状況がどのようなものであれ、またどのような場所であれ――交通のなかで用いられ、交通の内部から生じるものであるということを描き出しながら、サックスはこう述べている。

……他の理論家たちはそれ［交通］をどのように扱うだろうか？　彼らはそれを途方もなく不可解なものと考えるだろうか？　すなわちもしスピードが速いということが、たとえば力やその他何であれそれを可能にするもの、あるいはそうしたものの表現だというのなら、誰もがきっと速いスピードで

運転するはずだということについて。(Sacks, 1992: 440)

サックスがさらに指摘するところでは、運転者がなじみのない地方のがらがらの道路を走っていて、判断の鍵となる車の流れがないような場合には、彼らは道路において速いとか遅いとか平均的だとかいうことを感じとることができない。またそうした種類の状況では運転者は、速度計や道路標識に頼らざるをえなくなることがある。そうでない場合には運転者は――もし速い運転者であるなら――自分の周囲の車の流れに依拠しつつ、その交通の平均速度よりも速いというかたちで相対的な速度を生み出すことができる。運転者はつねに前方にいる車に追いつき、平均速度で走っている車の列にとどまるのを嫌がり、絶えず追い越しをしようと試みる。そうすることで彼らは自分たちが速い運転者であることを示し、またそうすることで彼らは速い運転者だとみなされるのである。

速さと遅さについて道徳的に語ること

この論考をつうじて私は、高速道路上で運転中に作業をすることの道徳性について評価することを差し控えてきたが、それを控えるということは、ある意味でそれ自体がひとつの価値判断となってしまう。アリーやその他の自動車ベースの労働者たちが運転中にオフィスワークをすることの是非をめぐって、より優れた、ないしはよりニュアンスに富んだ道徳的観点を鍛えあげようとするかわりに、私は、簡潔にではあるが、速度をめぐる道徳的な説明がどのように達成されているかを考察することで結論とすることにしたい。エスノメソドロジー的アプローチ、とりわけハーヴェイ・サックスを援用しながら、ジャユーシ

(Jayyusi, 1984) は、行為における道徳性について広範な調査をおこなっている。彼女が強調するのは、「速度」、状況、性格、リスクなどにもとづく潜在的な道徳的推論は、日々おこなわれる争いとか意見の不一致とか正当化といったものと並んで変化を被りやすいという点である。彼女は逸脱的な道徳秩序の顕著な例としてヘルズ・エンジェルズ〔オートバイの暴走族〕を用いているが、そこで彼らがおこなう言動は、外部の者によって、そしてまた彼ら自身によって、彼らが属する秩序の成員資格を参照しつつ吟味されることになる。高速道路上にあって——非‐逸脱的な人びとのあいだでは——遅い運転者は自分を「注意深い運転者」と分類することができるが、しかし他方、速い運転者は遅い運転者を「日曜ドライバー」、「キャラバン」、「間抜け《イディオット》」などとしてカテゴリー化する（もしもたとえば彼らが追い越し車線にいるとするなら）。サックス（Sacks, 1992）の事例によれば、一九六〇年代の合衆国において速い運転者であることは、少年たちの反抗的な集団——ホットロッダー——の成員資格をなす要素へと変換されたり利用されたりしていた。高速運転という行為はさらなる変換を被りやすいのだが、というのも高速運転は不道徳な属性を与えられるからであり、その属性によってホットロッダーは、やっかいな種類の若者——伝統的社会の道徳的判断の的となり、最後にはセラピー・セッションに参加したり、監獄に送られたりする羽目に陥るような種類の若者——として仕立てられる。アリーは速い運転者と自認してはいるが、ヘルズ・エンジェルや十代のホットロッダーたちのような「道徳的に組織化されたコミュニティ」には属しておらず、それゆえ彼女は、こうしたコミュニティの慣習にしたがうかたちで成員資格を利用して高速運転を別の何かへと変換するといったことはできない。幸いにも彼女は——研究プロジェクトの当時には——しばしば「交通戦士《ロード・ウォリアーズ》」と呼ばれつつあった自動車ベースのモバイル・サービス・ワーカーの一員であった。ビジネスクラスの旅行者が空港のチェックイン、中継、出発をすばやく通過できることを期待するのと同じように、アリーは、通常の高速道路の利用者よりも速く移動することのできるなんらかの資格を主張していたのである。彼女にとって高速道路は毎日の仕事場であり、彼女には「やるべき仕事、行くべき場所」があったのである。

高速道路の車線内の配置関係が、速い運転者、平均的な運転者、遅い運転者の共存を可能にしていること、またそれと関連して運転における注意深さや不注意をめぐる道徳的・法的な帰責において、ときおり択一的にそうした速度の基準が用いられることを考慮する場合、速度は、いかなる仕方でアリーのオフィスワークと関連しているだろうか？ 速い運転者が、他の運転者の速度や車線の選択について怒り出すような状況（たとえばアリーの「どきなさい」）を私たちは思い描くことができるが、しかしまた、ある一定の速度を維持しようとすることが、同時にオフィスワークをこなすのに必要なプラスアルファの注意力と齟齬をきたしてしまうような状況をも心に浮かべることができる。同時に速い運転者でありオフィスワーカーでもあろうとするのは、道徳的に不安定な地位であるが、それはとりわけ――最初に指摘したように――遅い運転は標準＝規範《ノーム》からの逸脱であって、うまく弁護されない限りテンポの速いビジネスの世界にあって、遅さという、キャリア面でも人格面でも問題含みの属性へと結びついてしまいかねないからである。いま一度教訓的な比較をしておくなら、空港でのビジネス旅行者はチェックインの時間が短く、空港のなかを近道で通ることができ、手荷物だけで済ますことができるといった点で速い旅行者である。とするなら、これは締めくくりになるが、ビジネス旅行者が私たちのあいだで遅い旅行者であり、しかも高速道路上に限らずそうである――というような世界をもつことができるかどうかに、私たちは思いをめぐらせてみることができる。

（1）「道路」のひとつの特徴は、河川や小道とは異なり、私たちがもはやそれを他の動物と共有していないという点にある。道路は（鉄道と同様に）社会技術の進歩の出発点であり、現在のところそれが向かう到達点は高速道路である。高速道路上では燃焼機関のそなわった乗物以外には、独力で移動するものは何もない。馬車さえも禁止されている（馬、犬、羊、牛、等々は、乗物に載せられた従順な乗客ないしはたんなる貨物としてなら移動することができるのだが）。

（2）周知のように警察の監視と速度違反の罰金という目的で、ＣＣＴＶと「ガッツォ」〔速度監視カメラの代名詞的存在となっているオランダの監視カメラのブランド〕速度監視カメラによってナンバープレートと自動車の型が撮影されている。だがこのカメラはあらゆる場所に設置されているわけではなく、すべてのカメラにフィルムが入っているわけでもない。慣れた運転者はこうした道路監視の地理に精通するようになる（Heath et al., 1999）のだが、それゆえ警察は運転者をいわば「気づかぬうちに」見張っているわけではない。ここで問題にすべき点は、いかに運転者が、警察やその他の当局にたいして、路上でしようとしていることを示したり隠したりするかといったことではない。

（3）これはしかし、楽しみのために運転がおこなわれる場合がありうることを否定しているわけではない。たとえこの楽しみが、風景を眺めたり（Crang, 1997; Rojek and Urry, 1997）、音楽を聴いたり、友人と会話をすることと結びついているのだとしても。

（4）電話で仕事をしている状況で同じような問題が生じる場合がある。たとえばテレバンク〔電話やコンピュータを介した銀行取引〕をしている状況で、キーボードを打ち、コンピュータが反応するのを待ち、スクリーンを読みとる、等々の行動が会話の組み立てと連動している場合など（Hughes et al., 1999; Tolmie et al., 1998）。

（5）ある問題が視覚的場面のうちでいかに知覚されるかについて論じた優れた研究が、グッドウィン（Goodwin, 1997）にみられる。

（6）他の運転者に向けて首尾よく巧妙になされる「フリップ・オフ」における、同様のジェスチャーのタイミングの問題についてはカッツ（Katz, 1999）を参照。侮辱を示した他の運転者に追いつくことで、部分的な満足が得られる場合がある。というのも双方の運転者は、自動車の位置取り（横や正面にぴったりつける）のおかげでいつ侮辱が示されるかがわかるようになり、しかも両者が別のところを見ている状態にできるからである。

（7）ここでの角括弧は、ある言葉の意味について、そうしたことがらを構成する要素を検証するために現象学的ないしはエスノメソドロジー的な留保をおこなっていることを示す表記法である。

（8）高級車で「走行制御装置」のスイッチが入れられるのは、こうした状況においてである。というのもこの場合に運転は、運転者にやっかいな要求を突きつけることがないからである――そうした運転は相対的に自動的であって、車が車線を守り、前方の車から安全な距離を保つことだけが必要となる。

（9）運転者のローカルな運転実践によって、高速道路での車の流れが生み出される様子についての簡潔な記述が、リヴィングストン（Livingston, 1987）の第七章にみられる。

（10）アリーは運転するうえでスポーティな型の車を選択しているのだが、このようなかたちで彼女は自分が速い運転者であることを提示するべく「衣装《ドレス》を着て」いるのである。私たちの調査の別の参加者ペニーは注意深い運転者を自認していた。彼女はつねに時速六五マイルを維持し、かなり大きなサルーン・モデルを運転し、しばしば低速車線を走っていた。

（11）交通量の多い都市部の一車線道路や、もちろん渋滞の場合、あるいはジャンクションや出口ランプなどでは、車の列は普通にみられるし、それはまったく容認されることである。そうした列は後ろについた運転者が意図的につくったものとはみなされず、したがって運転者がそれを利用して、そうとはわからない仕方でぴったり後ろにつける運転《テールゲーティング》をする機会ともなりうる。

〔解説〕

移動研究のフロンティア——非線形的思考の可能性

吉原直樹

グローバリゼーション・スタディーズが豊かな果実を育むようになってからかなりの時が経過している。その多管的な系譜のなかで、近年、特に目立っているのはモビリティ・スタディーズである。そこではフロー（flow）、ムーブメント、マイグレーション等が一括してモビリティとして論じられ、グローバリゼーションの下でのそうしたものの位相に光があてられるようになっている。考えてみれば、モビリティは長い間、「動かないもの」を向こうにしてモダンの中心に置かれてきた。モダンにおける「動かないもの」の象徴は国民国家《ネーションステート》である。モビリティは国民国家を通底する「中心と周辺」の機制を正確になぞらえるマイグレーションとして位置づけられてきた。社会学でいうなら、階層移動研究とか地域移動研究はほぼこの機制の枠内にとどまっていたといっていい。ちなみに、前者は一貫して「中心」に閉じていく国内の労働力編成を与件としていた。他方、後者では、国境を越えて移動する移民に照準したものが輩出しているが、それらのほとんどが「国策移民」とか「企業移民」であり、ボーダレスなマイグレーションであっても、なんらかの意味でナショナリティを背負ったものとしてあった。別の言い方をするなら、「内」なる「中心と周辺」が「外」に漏出したものとしてマイグレーションが位置づけられてきたのである。

こんにち、グローバリゼーションとセットであらわれているモビリティは、依然としてモダンの枠内にある。しかし「中心と周辺」の円環の構造にはけっして閉じていかない。たとえば、いち早くフローを言いだしたカステルは、それを境界に囲まれた場所（place）の対向に置いた。モビリティ・スタディーズの才幹《キーフィギュア》であるアーリに至っては、明確に、「社会を越える社会」の基層をなすものとして位置づけている。いまや、モビリティが「動くもの」と「動かないもの」の二分法の上に措定されることはない。同時に、近年のモビリティ・スタディーズが一九九〇年代にピークを迎えた空間論的転回《スペイシャル・ターン》をひとつの水脈としていることを指摘しておきたい。空間論的転回はおおざっぱにいうと、社会理論を「時間と空間」で書き換える動きであるが、そこで中心的な争点をなしているのは、クロック・タイムと遠近法《パースペクティヴ》空間を所与の前提とする社会理論の再審である。空間論的転回の衣鉢を継ぐモビリティ・スタディーズは、グローバリゼーションを経験場としながら、モダンの時空間の両義性に深く分け入っている。そしていまや、その理論射程は場所（the locale）にまでおよぶようになっている（この点は、拙著『モビリティと場所』を参照されたい）。

　さて、以上のような位相の下にあるモビリティに、近年、急速に関心が寄せられるようになっているが、そうしたモビリティが傑出したかたちであらわれているのが自動車移動である。しかしこれについては、これまでほとんど論及されてこなかった。たしかに、それぞれの時代相に立ち入りながら「くるま」の変遷を叙述するとか、社会批評の次元で自動車批判をおこなうといった試みがまったくなかったわけではない。しかしながら、グローバリゼーションの進展とともに浮き彫りになったモダンの両義性を深く見据えて、再帰的に自動車移動のありようを問い込む研究はこれまで皆無であったといっていい。そうした点で本書は「嚆矢」といっていい位置を占めている。もっとも、本書が刊行されてからすでに五年ほど経っており、その間、アーリらを中心にして理論地平のいっそうの広がりがみられる。とはいえ、本書がとらえている問題領域じたいは、こんにちに至るまで、それほど大きな進展をみているわけではない。

本書の通奏低音をなすのは、いうまでもなくオートモビリティである。それは自動車そのものではなく、オートノミーとモビリティ、すなわち自律的な人間と移動能力を持ち合わせた機械との組み合わせのことである。したがってこのオートの二重の含意《コノテーション》から、オートモビリティが自律的に操縦ができ、自由自在に一般道路に繰り出していくことのできる「自動車と運転手からなる複合体」をさしていることが容易に理解できる。まさに自動車の「物質性」ではなく、「流動的な相互連関のシステム」（アーリ）として位置づけられる所以である。

　ところでこうした「流動的な相互連関のシステム」がもたらすものは、「周り」に拘束されずに（より正確にいうと、「周り」に監視されているのかもしれないという疑念を抱かずに）、どこにでも自由に移動し、誰とでも会うことのできる生活であり、高度のフレキシビリティとハイブリディティをともなうものである。そうしたフレキシビリティとハイブリディティは、「自動車と運転手からなる複合体」がいっそう「コミュニケーション・メディアのプラットフォーム」（フェザーストン）に近づきつつあることを示すものであるが、そこに介在するソフトウエアによる制御が容易に反転態へといざなう惧れのあることを、本書はまた示している。それはこの間、モダニティのジレンマとして声高に述べられてきたことと深く共振している。だが、それを詳述することを、ここではおこなわない。それよりは、「自動車と運転手からなる複合体」、つまりここでいう「自動車‐運転手」の「構成＝集合体《アセンブリッジ》」が新しい「時間と空間」の経験に根ざしていることを指摘しておきたいのである。またそうした点で、本書がブルの以下のような批判を基底に据えていることは注目していい。

　多くの理論家たちは概して、いまなお社会的な空間や場所について「不動的」な、空間的に不連続な理解のなかで思考している。典型的な場合、こうした説明のなかで空間はそれがいかに住まわれ、流用《アプロプリエート》＝占有され、かかわり合いをもたれるのかという観点からではなく、静態的にあるいは「所与のもの」として理解されている。

なぜなら、こうした批判的認識を起点に据えてはじめて、自動車移動を「自己組織的かつオートポイエティックな非線形的システム」（アーリ）と概念化する立場の登場が可能となるからである。それでは、ここでいう「非線形的システム」とはどのようなものであろうか。アーリはいう。それは「多くの瞬間的・断片的な時間の個人主義的なタイムテーブル化」によって生じた「自己の再帰的モニタリング」の（意図せざる）結果である、と。この立論に深くかかわってくるのが、ギデンズの指摘する、「抽象的システムにより選別《フィルター》された複数の選択肢をコンテクストとして……一貫した、だがつねに書き替えられる物語」である。まさにこの物語に寄り添いながら、「自動車移動は人びとに、断片的な時間をうまくやり繰りして複雑で壊れやすい偶発的なパターンからなる社会生活」を強いることになる、という新たな物語が紡ぎだされるのである。「自動車移動が産出し前提する移動の様式のうちに不可逆的な仕方でロックインされた」この社会生活は、あきらかに単線的な時間、幾何学的空間の向こうにあるものである。

とはいえ、自動車移動について流布している支配的な思考は、イングリスがルフェーヴルを引例して指摘する以下のような見解、つまり「『幾何学的空間』による、共同体に根ざした関係性からなる『生きられた空間』の征服」といった主張である。イングリスによると、こうした主張はドゥボール、ボードリヤールらの現代フランスの傑出した思想にも強くみられるという。ちなみに、ルフェーヴルにとって、このような幾何学的空間化というかたちでの、「自動車による日常生活の植民地化」は「モダニティの中心的事実」をなしているということになる。それこそ、線形的な世界として描かれているのである。もちろん、アーリはこのことについて深く認識している。だからこそ、現行の自動車システムのうちに非線形的なものの胚胎を、「小さな原因が大きな結果を引き起こし……（変化が）システムが切り替わる瞬間に劇的に起こる」ような「転回点ないし転換点《ティッピング・ポイント》」を介して見いだそうとするのである。まぎれもなく、アーリのまなざしは、モダニティの両義性に向けられている。ここで、あらためて想到されるのは、ボードレールの「近代生活の画家」における次のような言説である。

　現代性とは、一時的なもの、うつろいやすいもの、偶発的なもので、これが……半分をなし、他の半分が、永遠のもの、不易のものである

アーリは、自動車移動のうちに、モダニティの両義性がすぐれて「ポスト・モダニティ」とか「ハイ・モダニティ」（ギデンズ）、あるいは「リキッド・モダニティ」（バウマン）としてあらわれる事態／相《フェイズ》を見据えているのである。このモダニティの両義性にたいする認識が各章においてどの程度共有されているかは微妙であるが、本書全体をつらぬく基調となっていることは、あきらかである。

いうまでもなく、自動車移動における「線形的なもの」と「非線形的なもの」とが交錯する絵柄は、それぞれの社会におけるモダニティのありようによって異なってくる。本書では、そうしたものが自動車文化とモータースケイプの多様性を通して語られている。そして自動車を文化的プロセスとみなす見地が有力になるなかで、ナショナルな運転コードとのせめぎ合いを経て、「特殊な視界のモード、認識のコンテ

クスト、慣習、操縦能力、等々」（フェザーストン）が上述の絵柄に塗りこめられていく。こうして自動車にナショナルなアイデンティティが刻印されているというコーシャの読みへとつながっていくのだが、圧巻は、その際、メルセデスを事例にして、「自動車をめぐるナショナルな文化を、やがて互いに接触するようになる個別的かつ境界をもつ実体と理解することではなく、むしろ……ナショナルな境界を越えた交換や総合、すなわち……（多様な）イメージ、概念構成体、伝統、関係性、等々の混合状態の創造」から追い上げていることである。というのも、こうした脱ネーションとむすびついた自動車の意味《オート・ミーニング》の掘り起こし――トランスナショナリティに根ざす「多様なオーディエンスによる意味の構築と脱構築」――は、オートモビルに仮託され、それじたい、みてきたような「非線形的なもの」としてあるモビリティが、もともとハイブリッドでボーダレスであることを証明するものとなっているからである。しかも、そうした自動車の意味の掘り起こしの基底には、スリフトが指摘するような幾何学的空間から生きられた場所への再帰属化／再招喚をうながすような「循環的創造性」のプロセスが伏在している。

とはいうものの、自動車文化が異文化間で響き合うには、当然いくつかの段階と審級《インスタンス》がある。この点に関して、ややオーソドクスではあるが明快な記述をあたえているのが、ガートマンである。ガートマンによると、「二〇世紀の自動車の時代」は各々「意味とアイデンティティをめぐる独自の文化的論理によって特徴づけられる」三つの時代からなる、という。最初の時代は世紀転換期から一九二〇年代半ばまでで、「熟練したクラフト的労働プロセス」から立ちあらわれた「高価な自動車」の時代である。そこでは、自動車が階級的差異を競い合い、もっぱら上層ブルジョワジーの誇示のための「装飾品」として登場した。第二の時代は、一九二〇年代半ばから一九六〇年ぐらいまでの大量消費の時代で、「専門特化した機械と組立ラインからなる生産プロセス」から作りだされた安価な量産車が市場に出回った。第三の時代は、一九六〇年以降現在にいたるまでの段階であり、自動車がサブカルチャー的差異化と断片化のもとに立ちあらわれる。そこではカスタマイズや「フレキシブルな専門化」、さらに製品の差異化に誘われて「大量のまったく新しい種類の自動車」があふれ出る。そしてそれらは、「非‐階級的な特徴にもとづく、小さなより特定化された市場のニッチに目標を絞ってい」くことになった。いずれにせよ、多種多様な車種やブランドを売ること、さらに「ライフスタイルの選択」をメルクマールとする自動車の時代が到来することになったのである。

ガートマンの炯眼たる所以は、これらの三つの時代相をそれぞれブルデュー、アドルノ、ポストモダニズムの社会理論を援用して説明していることである。つまり第一の時代にたいしては「消費を、そのうちで種々の階級が文化資本や地位にまつわる名声を求めて競争する差異化のゲームと考えている」理論で、第二の時代にたいしては「自動車のような消費向け商品は、その生産をめぐる階級関係を大衆の個性という物象化された見せかけの背後に隠してしまい、消費者たちに同一の幻想を異なる量だけ配分することによって大量生産という事実の否認の代償を果たす」と解釈する理論で、そして第三の時代にたいしては「消費向け商品の多様性と個性は、断片化したサブカルチャーの基盤を形成することにより古い階級的アイデンティティを掘り崩している」とみなす理論で説明している。それでは、それはどのような意味で光芒を放っているのだろうか。

援用されている三つの理論は、一見したところ、三つの時代にのみ妥当するようにみえる。だが、それらをつなぎあわせて「自動車の時代」をとらえかえしてみると、実は複数の境位からなる自動車移動が相互に深く関連していることがわかる。つまり前にアーリを持ちだして言及した「転回点ないし転換点」がそこにはいくつも埋め込まれ《ビルトイン》、自動車移動の非線形的な布置連関をなしていることが読み取れるのだ。要するに、そこから描き出すことのできるものは、差異と同一性、「動くもの」と「動かないもの」が複雑に交錯するモダンの機制そのものなのである。それは裏返せば、たしかに、ガートマンのいう「弁証法的線形性をもつひとつの発展プロセス」（を示している）ということになるのかもしれないが、はたしてそこまでいってしまっていいのだろうか。

ここで、それじたい、「流動的な相互連関のシステム」によってもたらされたものであり、「周り」の監視を遮断するという特徴をもつ私的で心地よい空間が、ソフトウエアによる制御によって容易に反転態へと化してしまう惧れがある、と先に述べたことを思い起こしてみたい。上述の私的で心地よい空間は、シエラーが指摘する「運転によって多くの人びとが得る解放やエンパワーメントや社会的一体性の感覚」に深く根ざすものであり、それじたい、「自動車-運転手」の「構成＝集合体《アセンブリッジ》」への新たなテクノロジーの埋め込みを与件／要件としている。つまり、「運転をめぐるソフトウエア革新のおかげで、運転者がますます運転の作業から解放される」（フェザーストン）ことに起因している。そしてそうであればこそ、まさに新たなテクノロジーによるソフトウエアの革新、さらにそうしたソフトウエアシステムへの過剰な依存そのものが、「人間の自由」を「人間の不自由」に変えてしまっていることに目が向けられていくことになる。だが、考えてみれば、これまでは、この反転態のメカニズムはほぼ線形性の説明枠組みのなかで論じられてきた。つまり、一方を他方の否定の上で述べるという論法の下に置かれてきたのである。それは、ある種コスト・パフォーマンスの考え方としてもあった。

ところで、これまで述べてきたことが妥当するならば、やはり、こうした考え方を問い直す必要がある。そしてそのためには、何よりもまず、そうした反転態の基層にひそむモダニティの機制に分け入ることがもとめられる。その上で、「非線形的なもの」が芽を吹いているかどうかを確認することが、新たな課題として浮上する。ここで再び想到されることになるのが先にかかげたボードレールの言述である。もっとも、この場ではリフレインしない。ただ、一方的に称揚されることの多かった、あるいはそうでなければあまりにも清算主義的に否定されてきた「自由な移動の感覚、開けた道路の魅力、新しい経験への期待」(フェザーストン)が、その対向に置かれてきたものとともにあったことが、いま深く問い込まれていることを指摘しておきたい。なぜなら、自動車移動は、私たちにとってまぎれもなく「中心的事実」であり、私たちの日常生活にぴったりくっついて離れないのだから。

もちろん、ポスト自動車の境位について言及しておくことも重要であろう。それを環境主義者の現実離れした物語《ナラティヴ》に回収させないのなら、さしあたり、オートモビリティとの接続面を検討することが鍵になるような気がする。ちなみに、アーリは、ポスト自動車をオートモビリティの終焉として位置づけている。そしてそれにたいして、フェザーストンは、「近代の一望監視的論理にしたがった中央集権的な自動車文化を中心化するような見方」だとみている。きわめて近代主義的なパノプティコン型の論理に陥っているというのだ。かりにこうしたとらえ方を受けいれるなら、アーリのいうオートモビリティは、そしてそこを通底する非線形的なプロセスは、結局のところ、線形的な道筋から抜け出ていないということになる。

ここで、先にややシニカルにとりあげたガートマンの言述を想いおこしてみる必要があるが、いずれにせよ、非線形的なシステムの要となる、「偶発的な出来事から一般的プロセスへ、小さな原因から大きなシステム的効果へ、歴史的・地理的に離れた個々の地点から一般的なものへ、というかたち」(アーリ)で見いだすことのできる「経路依存性」と、「下位の性質や過程から、新しい還元不可能な上位の性質や過程が生じること」(河野哲也)としてある「創発性」の機制を、ポスト自動車においてどう探りあてるかが大きな課題となるだろう。

これまでモビリティをモダニティとの同形性でとらえる場合、「自律した個」という仮想主体をつくりあげ、そうした疑似主体のフットワークの軽さとともに語られることがあまりにも多かった。そして気がついたら、自由なはずの主体がパノプティコンの論理にすっかりからめとられているというのが常であった。この円環の構造が有する罠は、きわめて執拗で巧妙である。本書が照準しているオートモビリティは、このことを明々白々に示している。心の安寧を得ているはずの「個人的で私的なホーム」＝自動車が実は監視の只中にあるという、けっして嗤えないストーリーを本書は巧みに描きだしている。だから、ポスト自動車のあり方は、そうしたストーリーからどのような再帰的主体が立ちあらわれているかを占う上でも興味深い。オートモビリティには、ある意味で、「外」への飛翔ではなく、閉じられたストーリーのなかの主人公でいたいというモダンの主体の願望がくっきりと埋め込まれている。そうした願望が渦巻く世界では、ルフェーヴルが熱く語った「生きられた空間」は所詮虚構であるということが本書の随所で示されている。それでも、「生きられた空間」への追求をあきらめないなら、私たちは愚直にポスト自動車のありようを、人びとの「外」への飛翔にからませて問い込んでいくしかない。だが、それはもはや本書の外にあるといわざるをえない。

本書の論述から離れてあまりにも自由に述べてきたような気がする。これは、私のオートモビリティであり自動車移動であるといわれても仕方ない。実際、空間論的転回から論をはじめるというシナリオは、本書の内容から著しく逸脱しているかもしれない。オーソドックスな社会学の問いの立て方からすると、コミュニケーション環境としての自動車を前面に出して、「運転者‐自動車」の織りなす「複合的構成＝

集合体」のありようを二つの身体《ボディ》（いわゆる身体と車体）の相互作用から追い上げるという論じ方もできたはずである。メリマンが主張するドライブするということを、あえてこの文脈で問いなおすと、それは「学ぶことであり、与えられたものに働きかけて、そこから何かを生みだすことである」（トゥアン『空間の経験』）。そして本書全体から伝わってくるのは、このドライブするという経験がとりもなおさず、人間に身体と精神の回復をもたらすということである。ここでは、ほとんどまともに論じることはなかったが、オートモビリティ／自動車移動の要をなすと思われるハイブリディティの十全な解明もまた、自動車をコミュニケーション環境として追い上げる視点の充実があればこそ可能である、と考えられる。

ともあれ、ここでは、私の問題関心が思い切り突出した解説らしからぬ解説になってしまっている。そのことを率直に認めた上で、私が何を含意したかったかを、最後に記しておくことにする。一つは、オートモビリティを、一方はモビリティから、他方は自動車からという形でアプローチすることのモダニズム的思考の虚構性である。すでに触れたことであるが、オートとモビリティは、相互に招喚しながら一つとなってグローバル化社会における「動くこと」の意味を根底から問いただしている。しかも「動かないもの」としてのネーションを相対化する作用をともなっているという点でいえば、移動概念の刷新を強く誘うものとしてもある。しかし、この点については、もはやこれ以上くどくどと述べるまでもないであろう。なぜなら、それは、本書の論述の比較的忠実な読みから容易に導きだせる点であるからだ。

さて、指摘しておきたいいま一つの点は、「線形的思考」の対向に据えられている「非線形的思考」が陥っている罠をどのようにしてとらえ、どう対象化するかという点である。このことは、端的にいうと、「非線形的思考」そのものがモダニティの機制に組み込まれていることをどうとらえ返すかということであるが、だからといって、対象化の方向が容易に見いだせるような状況にはない。ある意味で、オートモビリティという主題の設定じたい、モダニティという壮大な問題構制《プロブレマチック》の枠内にあるといえるが、正直いって、迷路に入り込んでしまっているという感じがしないわけでもない。どのようにすれば、先に触れた「転回点＝転換点」をくぐり抜けて、「経路依存性」と「創発性」の地平にたどりつくことができるのであろうか。いずれにせよ、この第二の点は、本書の論述から大幅に逸脱した読みから派生したものである。またそれだけに、ひょっとしたら、まったく見当はずれの異様な問いかけをしているのかもしれない。

もっとも、本書がオートモビリティにとどまらず、モビリティ一般にたいして、社会学をはじめとして多様な知を動員して斬り込んだ、実に学ぶところの多い作品群であることについては、まったく疑う余地はない。モビリティ・スタディーズの稔りある展開のために、本書が多くの読者を得て創建的な役割を果たすことが深く期待される。本書はそのための要件を十分にそなえている。

＊ なお、いわゆる非線形的思考については、アーリのこの間の議論が出発点の役割を担っている。この点については、筆者監訳の『グローバル・コンプレキシティ』（仮題、法政大学出版局近刊）巻末の監訳者解説を参照されたい。

訳者あとがき

本書は Mike Featherstone, Nigel Thrift and John Urry (eds), *Automobilities*. London: SAGE Publications, 2005. の全訳である。

まず三人の編著者について紹介しておきたい。

マイク・フェザーストンは、社会学や文化研究の領域で広範な影響力をもつ学術誌『理論・文化・社会』(*Theory, Culture & Society*) の編集長として長年活躍し、ノッティンガム・トレント大学研究教授 (research professor) および理論・文化・社会研究所 (Theory, Culture & Society Centre) 所長を務めている。主著としては、*Consumer Culture and Postmodernism*, 1991 (2nd ed. 2007) (川崎賢一・小川葉子編著訳・池田緑訳『消費文化とポストモダニズム』(上・下) 恒星社厚生閣、二〇〇三) および *Undoing Culture*, 1995 (西山哲郎・時安邦治訳『ほつれゆく文化』法政大学出版局、二〇〇九年) などがあげられる。フェザーストンの関心領域は幅広く、消費文化をはじめグローバリゼーション、身体、エイジング、情報技術、等々、多岐にわたるトピックのもとに現代社会を特徴づける諸変容を考究している。

つぎにナイジェル・スリフトは、人文地理学の領域にポストモダン派の理論枠組みを導入した第一人者で、現在はウォーリック大学副学長およびブリストル大学名誉教授という肩書きをもっている。主著としては、*Spatial Formations*, 1996; *Knowing Capitalism*, 2005; *Non-Representational Theory*, 2007 (いずれも未邦訳) などがあげられる。スリフトの研究分野も広範囲にわたり、国際金融、都市と政治生活、情動の政治学、時間の歴史、等々の主題のもと、人文地理学とその他の人文・社会諸科学を横断しつつ、社会理論の新たな転回をめざしている。近年では、とりわけ非 - 表象理論（人間の諸活動を言説や表象を中心に把握する問題系から、身体や物質が織りなす流動的実践として把握する問題系へと転換しようとする視座）の主唱者として話題を集めている。

　最後にジョン・アーリは、社会学理論の現代的刷新に挑戦し続ける社会学者として国際的に名声を博し、現在はランカスター大学特別教授（distinguished professor）という地位にある。主著としては、*The Anatomy of Capitalist Societies*, 1981（清野正義監訳『経済・市民社会・国家』法律文化社、一九八六年）、*The Tourist Gaze*, 1990（加太宏邦訳『観光のまなざし』法政大学出版局、一九九五年）、*Consuming Places*, 1995（吉原直樹・大澤善信監訳『場所を消費する』法政大学出版局、二〇〇三年）、*Sociology beyond Societies*, 2000（吉原直樹監訳『社会を越える社会学』法政大学出版局、二〇〇六年）などがあげられる。アーリの研究領域もまことに多方面にわたり、都市・地域研究をはじめ、資本主義社会の経済・社会変容、消費者・観光サービス産業、移動性《モビリティ》、複雑性理論、等々、現代の社会生活を支える諸動向の探究と、その分析視点の構築に旺盛なエネルギーを傾注している。

　本書が置かれるべき研究史上の文脈と、各論考が緩やかに共有する理論的視座の射程については、都市空間や移動《モビリティ》をめぐる社会理論研究の第一人者である吉原直樹先生による「解説」において、委曲を尽くした検討をしていただいている。すなわち、移動研究という大きな文脈に本書を位置づけたのち、各々の論考に目配りよく触れながら、モダニティの両義性に相関する「非線形的思考」というひとつの軸のもとに、本書の問題設定の可能性と限界の所在を、ごく明晰に指摘していただいている。そこで以下では訳者のほうから、本書の性格と訳業をめぐるやや周辺の諸事情について、いくつか補足をしておきたい。

まずは本書の邦訳表題について。原書の表題は *Automobilities* であり、これは「自動車での移動」を意味する automobility を複数形にしたものである。フェザーストンやアーリが説明しているように、オートモビリティという語は自律性《オートノミー》と移動性《モビリティ》という二つの語の組み合わせからなり、またオートは、人間の自律性と機械の自動性という二重の響きを含んでいる。なぜわざわざ car や automobile ではなく、とくに automobility という言葉を用いるのか。それは、ここで問われているのが単体としての自動車ではなく、自動車と運転者とがひとつの集合体を形成し、さらにそれが諸々の人間活動や技術、記号、イメージ、法令、建造物、等々の複合的文脈のうちに埋め込まれ、あるいはそれらの文脈を逆に産出し方向づけてゆく――そのような総体的な社会過程の動態（アーリはそれを「自己組織的かつオートポイエティックな非線形的システム」と概念化する）にこそ、本書の各論考の照準が合わされている点を強調するためである。ハイブリッドや構成《アセンブリッジ》＝集合体といった概念が多用され、非‐表象理論やアフォーダンス理論、アクターネットワーク理論などが援用されるのも同じ理由による。つまりそれは、問いの単位を機械体としての自動車から、より社会的なレベルに移行させること――そうして人間と機械とが独自の仕方で組み合わさる様態と、それをめぐって複合的文脈が織りなす動態とを新たに問いの単位に仕立てることで、有効な社会分析へと繋げようとする努力のあらわれである。さらに重要なのは、そうした自動車移動をめぐる複合的な社会過程は、けっして単一的・均質的なパターンを構成するものではなく、時間軸と空間軸の両面において複数のヴァリエーションをもつという点である。むしろそうしたヴァリエーション同士の差異や齟齬、あるいはそれらの相互干渉や歴史的遷移の諸局面からこそ、自動車移動の社会性がもつ独特の厚みと膨らみが照射されるはずなのだ。

だからこそ原書の表題には automobility という言葉がわざわざ選択され、しかも automobilities と複数形をとっているのだが、しかし邦訳にあたっては、こうした含意を必ずしも訳語に盛り込むことができない。本文中では「自動車移動」という、やや生硬ではあるが、原語の意味合いをとりあえずは内包している言葉を、基本的に automobility の訳語として用いた。だが表題についてはこの熟さない言葉を使うわけにいかず、かといって「オートモビリティーズ」という片仮名だけでは一見して内容が伝わりにくい。そこで、なかば折衷案として「自動車と移動」と二つに分けて表現することにし、かつ、それだけでは落ち着きが悪いので「社会学」をくわえた次第である。もちろん本書は方法論的には存分に領域横断的であって、社会学のみならず地理学、人類学、歴史学、認知心理学、文化研究、等々の知見を縦横に援用している。その点で「社会学」と限定的に付すことが、必ずしも適切ではないことを読者の方々にはご了承いただきたい。

つぎに本書の成立基盤をなす学術誌『理論・文化・社会』について。本書はもとは『理論・文化・社会』の特集号（二一巻四／五号、二〇〇四年）として刊行されたものを、のちに書籍化したものである。先に少し触れたように、この学術誌はフェザーストンが長年編集長を務め、一九八二年の創刊以来、約三〇年間にわたり社会学や文化研究の領域で高い評価を保持し続けている。その魅力は何といっても高度の水準を保つ投稿論文にくわえ、ときおり組まれる特集号のクオリティの高さにあるだろう。他誌では類を見ない先端的かつ独創的なトピックについて、充実した執筆陣がそれぞれの立場からアプローチする特集号は、しばしばそのまま書籍にしても十分に通用する実質をもつ。『理論・文化・社会』には関連叢書があり、本書の編著者であるフェザーストンやスリフト、アーリをはじめ、ジクムント・バウマンやウルリッヒ・ベック、スコット・ラッシュなど、錚々たる社会学者たちの著作が多数出版されているが、本書はこのシリーズの一冊として刊行されている。

それゆえ本書は成立経緯からしても個々の論考の内容からしても、じつに「ＴＣＳ（*Theory, Culture & Society* の略称）らしい」といえよう。ここで「ＴＣＳらしい」というのは、そのまま「フェザーストンらしい」とも言い換えられる。というのも、この学術誌が先端的な知のプラットフォームとして鍛えられ、さまざまな領域の研究者のネットワークが維持され、創発的な組み合わせが生じる活動現場《アリーナ》となってきた背景には、編集長であるフェザーストン本人の、柔軟かつ行き届いた編集能力（と穏やかな人格）が大いに寄与しているからである。たとえば本書の構成にもその気配を読み取ることができるだろう。アーリが「システム」としての自動車移動という強力な理論的視座を用意する一方、スリフトは、ミシェル・ド・セルトーの「都市を歩く」の議論を、ドライブの経験から読み替えるという独特の議論を展開する。これら二人の大御所のあとに続くかたちで、運転者と自動車の相互作用の問題をはじめ、安全性、ナショナル・アイデンティティ、高速道路の場所性、自動車の消費をめぐる文化的論理、フランス知識人による自動車の受容、感情、サウンド、オフィスワークの実践、等々、扱われる主題はもとより、方法論や論述スタイルなどの面でじつに多岐にわたる論考が並んでいる。それらをフェザーストンは、冒頭のイントロダクションで手際よくまとめつつ、自動車移動という問題設定が定位しうる複数的な地平を、スライド投影のようにつぎつぎと紹介してみせ、その豊かな展開可能性を読者に示唆してくれるのである。

とはいえフェザーストンが果たすのは、全体を俯瞰しうる特権的位置から企画をまとめる監督というよりも、サッカーでいえばむしろボランチのような役目に近い。自身がプレーヤーでありながら、刻々と変化する全体の布置を肌で感じつつ、急所となるポイントを敏感に察知して、絶妙のパスを通し、新たなゲームの局面を一挙に展開する突破口をつくる存在である。そうした名ボランチ・フェザーストンからのパスが起点となり、魅力的なプロジェクトや特集がつぎつぎと組まれてゆくのが『理論・文化・社会』という活動現場《アリーナ》にほかならない。そこで絶妙のパスを受ける側は、ボールを追いかけ、新たな展開を引き受けるなかで、ときに思わず自身の能力以上のものを引き出される場合もあるだろう。「フェザーストンらしい」というのは、そうした布置の感覚を十全に発揮した企画のありようを指していうのだが、じつに本書は、彼の存在が要となる「ＴＣＳらしい」創発的な組み合わせがうまく生じた企画だといえよう。

＊

訳者自身が本書の訳業を引き受けたのも、じつはそうした絶妙のパスが目の前に通ってきたからだともいえる。訳者は二〇〇二年から翌年にかけてイギリスに滞在したさい、フェザーストン氏と知り合う好機に恵まれ、以来、ときおり彼の大学院ゼミや種々のワークショップに参加させていただいた。帰国してからも交流が続いたが、そのなかで二〇〇五年夏頃、思いがけず本書の邦訳をしてみないかとの打診を受けた。都市空間とテクノロジーという主題に興味をもっていた訳者は、その面白そうなパスについ反応してボールを引き受けてしまったのだが、しかし、さまざまな領域の知見を縦横に駆使する論考が並ぶ本書の訳業は、じつのところかなり大変であった。そのぶん長い時間をかける羽目に陥ってしまったのだが、フェザーストン氏としては、パスは出してみたものの、訳者の足の遅さは予想外だったかもしれない。ともあれゴールまで何とか走り切ることのできたいま、訳者が感じているのは、この「ＴＣＳらしい」書物を日本の読者に届ける手助けができたことの大きな喜びである。

最後になったが、訳者とは一度の面識しかないにもかかわらず、突然にご依頼を申しあげた本書の「解説」を快くお引き受けいただき、先生ならではの懐の深く切れ味鋭い文章をお寄せいただいた吉原直樹先生には、深い感謝の念を捧げたい。また、簡潔なだけに迫力ある文面の電子メールのやりとりでもって、仕事の遅い訳者をゴールにまで導いていただいた法政大学出版局の秋田公士氏にも、大きな謝意を表したい。

二〇一〇年二月

近森高明

編著者

マイク・フェザーストン（Mike Featherstone）

1946 年生まれ．ロンドン大学ゴールドスミス校教授．『理論・文化・社会』（*Theory, Culture & Society*）創刊編集者，『身体と社会』（*Body & Society*）編集長．専門は社会学，コミュニケーション研究．主著に *Consumer Culture and Postmodernism*, 1991 (2nd ed. 2007)（川崎賢一・小川葉子編著訳・池田緑訳『消費文化とポストモダニズム』恒星社厚生閣），*Undoing Culture*, 1995（西山哲郎・時安邦治訳『ほつれゆく文化』法政大学出版局）など．

ナイジェル・スリフト（Nigel Thrift）

1949 年生まれ．ウォーリック大学副学長，ブリストル大学名誉教授．専門は人文地理学．主著に *Spatial Formations*, 1996, *Knowing Capitalism*, 2005, *Non-Representational Theory*, 2007（いずれも未邦訳）など．

ジョン・アーリ（John Urry）

1946 年生まれ．ランカスター大学特別教授．専門は社会学．主著に *The Anatomy of Capitalist Societies*, 1981（清野正義監訳『経済・市民社会・国家』法律文化社），*The Tourist Gaze*, 1990（加太宏邦訳『観光のまなざし』，増補改訂版：J. ラースンと共著，法政大学出版局），*Consuming Places*, 1995（吉原直樹・大澤善信監訳『場所を消費する』法政大学出版局），*Sociology beyond Societies*, 2000（吉原直樹監訳『社会を越える社会学』法政大学出版局），*Global Complexity*, 2003（吉原直樹監訳『グローバルな複雑性』法政大学出版局）など．

訳　者

近森高明（ちかもり たかあき）

1974 年生まれ．2002 年，京都大学大学院文学研究科博士後期課程（社会学専攻）研究指導認定退学．京都大学博士（文学）．日本学術振興会特別研究員，日本女子大学人間社会学部講師を経て，2011 年より慶應義塾大学文学部准教授．専攻は文化社会学，都市社会学．著書に『ベンヤミンの迷宮都市——都市のモダニティと陶酔経験』（世界思想社，2007 年），共編著に『無印都市の社会学——どこにでもある日常空間をフィールドワークする』（工藤保則と共編，法律文化社，2013 年），『都市のリアル』（吉原直樹と共編，有斐閣，2013 年），主要論文に「街路空間における〈光〉の管理化—— 1920 年代後半日本における街路照明の問題化」（『社会学評論』第 55 巻 4 号，2005 年）など．

《叢書・ウニベルシタス 942》
自動車と移動の社会学
オートモビリティーズ

2010年 9 月16日　　初版第 1 刷発行
2015年11月25日　新装版第 1 刷発行

M. フェザーストン／N. スリフト／J. アーリ 編著
近森高明 訳
発行所　一般財団法人　法政大学出版局
〒102-0071 東京都千代田区富士見 2-17-1
電話03(5214)5540／振替00160-6-95814
整版：緑営舎　印刷：平文社　製本：誠製本

Printed in Japan

ISBN 978-4-588-14024-2

人名索引

1. 原著の索引にあるものをすべて採録した.
2. 参考のため原語を併記した.
3. 見出しは必ずしもそのままのかたちで本文中に登場するとはかぎらず，文脈を指している場合がある.
4. 複数の訳語をあてた場合にはセミコロンを用いて併記した.

ア 行

アーリ，ジョン Urry, John
　アフォーダンス　357-8
　移動；移動性　128, 307-8
　自然／文化　367
　自動車移動の「システム」　2-3, 39-62, 263
　社会学　31
　第二の自然となった手続き　184
　都市のドライブ　72
　ナショナル・アイデンティティ　162-3
アール，ハーリー Earl, Harley　274, 278-80, 289
アグリエッタ，ミシェル Aglietta, Michel　277
アダムズ，J．Adams, J.　53
アドルノ，テオドール Adorno, Theodor　47, 264-5, 283-7, 402-6
　テレビ　15, 405
アボット，A．Abbott, A.　52, 53
アルバートセン，N．Albertsen, N.　126, 131
イーデ，D．Ihde, D.　50
イングリス，D．Inglis, D.　11, 309-45
ヴァレラ，フランシスコ Varela, Francisco　78
ウィリアム卿，オーウェン Williams, Sir Owen　259
ウィリアムズ，レイモンド Williams, Raymond　49
ウィリス，スーザン Willis, Susan　287
ヴィリリオ，ポール Virilio, Paul
　移動性の両義性　130-1, 133-4
　――とド・セルトー　84
　オジェ　240
　交通事故　4
　自動車の諸形態　309
　衝突　150-1
　テレビ　18
ウィルソン，ウッドロー Wilson, Woodrow　267
ウォレン，ピーター Wollen, Peter　27, 28
エーレンブルグ，イリヤ Ehrenburg, Ilya　342
エデンサー，ティム Edensor, Tim　13
　高速道路をめぐる自動車文化　198
　社会学　195
　ナショナル・アイデンティティ　9, 161-94, 195
　ナショナルな運転スタイル　371
エリアス，ノルベルト Elias, Norbert　7-8, 33
オコンネル，ショーン O'Connell, Sean　267
オジェ，マルク Auge, Marc
　人類学　238
　非－場所　12-3, 232, 233-45, 257, 260-1, 326-7
オデル，トム O'Dell, Tom　300-1
オニール，ジョン O'Neill, John　35

カ 行

ガーヴェイ，ポーリン Garvey, Pauline　24, 301-2
ガートマン，D．Gartman, D.　10-1, 263-308
カステル，マニュエル Castells, Manuel　128
カッツ，ジャック Katz, Jack　74-7, 359, 413, 417, 423-5
カミュ，アルベール Camus, Albert　38
カロン，ミシェル Callon, Michel　109, 349
カワード，ノエル Coward, Noel　169
キーツ，ジョン Keats, John　290
ギブソン，ジェームズ J．Gibson, James J.

アフォーダンス　37, 103-5
「安全運転の場」　98-9
運転の複雑性　22
追い越し　116
心理学的プロセスとしての運転　100-1
ギルロイ，ポール Gilroy, Paul　302-3, 360, 364, 407
クープランド，デイヴィッド Coupland, David　242
クラークソン，ジェレミー Clarkson, Jeremy　167
グラッドウェル，M. Gladwell, M.　54
グレーヴズ＝ブラウン，P. Graves-Brown, P.　190
ケイン，マイケル Caine, Michael　169
ゲーテ，ヨハン・ヴォルフガング・フォン Goethe, Johann Wolfgang von　31
ケリー，グレイス Kelly, Grace　29
コーシャ，ルディ Koshar, Rudy　10, 195-228
コールハース，レム Koolhaas, Rem　374
ゴーロン，A. Gauron, A.　315
コスタル，アラン Costall, Alan　105-6
ゴダール，ジャン＝リュック Godard, Jean-Luc　325
ゴットディーナー，M. Gottdiener, M.　243
ゴルツ，アンドレ Gorz, Andre　311, 331, 334, 340
コレ，ジャン Collet, Jean　343

サ　行

サガン，フランソワーズ Sagan, Françoise 342
サックス，ハーヴェイ Sacks, Harvey　414, 430-1, 432
ジェイクル，J. A. Jakle, J. A.　72
ジェーン，サラ・ロックラン Jain, Sarah Lochlann　365
シェラー，ミミ Sheller, Mimi　23, 184, 309, 347-79
シェンケン，J. N. Schenkein, J. N.　429
シッパート，カール Schippert, Carl　225
シトロエン，アンドレ Citroën, André　313
シムノン，ジョルジュ Simenon, Georges　343
ジャユーシ，L. Jayyusi, L.　431-2
ジャンヌレ，シャルル＝エドゥアール（ル・コルビュジエ）Jeanneret, Charles-Edouard (Le Corbusier)　12, 311, 313-4, 374
シュワーツ，アンジェラ Schwarz, Angela 222
ジョン，オーウェン John, Owen　212-3, 215
ジンメル，ゲオルク Simmel, Georg　48, 399
スターン，ジョナサン Sterne, Jonathan　407
スタイバーズ，R. Stivers, R.　78
ストラザーン，マリリン Strathern, Marilyn　367
ストラドリング，スティーヴン Stradling, Stephen　364
スミス，A. C. H. Smith, A. C. H.　253
スリフト，ナイジェル Thrift, Nigel
感情　355-6, 359-60
都市のドライブ　12, 63-93
日常的な運転　411-2
ハイブリッド性　17
スレイター，D. Slater, D.　42
スローン，アルフレッド Sloan, Alfred　273-4, 279-81
ゼイトリン，ジョナサン Zeitlin, Jonathan　212
セールウィクズ，C. Salewicz, C.　371
セジウィック，マイケル Sedgwick, Michael　196
セネット，リチャード Sennett, Richard　13, 187, 399-400
ソルニット，R. Solnit, R.　69

タ　行

ダイアナ，ウェールズ公妃 Diana, Princess of Wales　29, 259
ダイムラー，ゴットリープ Daimler, Gottlieb　210
タチ，ジャック Tati, Jacques　335-6, 338
『プレイタイム』　344
『ぼくの伯父さん』　317
タルド，ガブリエル Tarde, Gabriel　31, 87
ダンカン，イサドラ Duncan, Isadora　29
ダント，ティム Dant, Tim　22-3, 37, 95-124
チョーサー，ジェフリー Chaucer, Geoffrey

257
ディーン，ジェームズ Dean, James　29
デイヴィス，G.　Davies, G.　247
ディケン，B.　Diken, B.　126, 131
デューリー，イアン Dury, Ian　170, 185
デュポン，ピエール Dupont, Pierre　236, 252
デュルケム，エミール Durkheim, Émile　31
デリー，ロベール Dhéry, Robert　342
ドゥボール，ギー Debord, Guy　311, 322-3, 326
　自動車の象徴的意味　11
ドゥミ，ジャック Demy, Jacques　342
ドゥルーズ，ジル Deleuze, Gilles　32, 87
トゥレーヌ，アラン Touraine, Alain　321
ド・セルトー，ミシェル de Certeau, Michel　13, 333-4
　人類学的空間　79
　鉄道旅行　84, 411-2
　都市計画　11
　日常生活　75
　『日常的実践のポイエティーク』 63-72, 86
　人間主義　87
　歩行　35
ドナテリ，シンディー Donatelli, Cindy　302
トリデー，スティーヴン Tolliday, Steven　207

ナ　行

ノルトホフ，ハインツ Nordhoff, Heinz　225

ハ　行

バートン，リチャード Burton, Richard　38
バーマン，マーシャル Berman, Marshall　314
ハウザー，ハインリッヒ Hauser, Heinrich　223
バウマン，ジクムント Bauman, Zygmunt　126, 128, 139-40, 400
パッカード，ヴァンス Packard, Vance　290
ハッチビー，イアン Hutchby, Ian　103-4
バトラー，J.　Butler, J.　182
バラード，J. G.　Ballard, J. G.　29-30, 38
ハラウェイ，D.　Haraway, D.　96
ハリソン，P.　Harrison, P.　182
バリント，マイケル Balint, Michael　27
バルト，ロラン Barthes, Roland　1, 326
　記号論的な著作　311, 317, 339-40
　自動車の特徴　370
　自動車の内部　334-5
　シトロエン DS　354
　『神話作用』　317-8, 319-20
　──とルフェーヴル　328
　「必需品」としての自動車　95
　フランスの自動車　317
バレニー，ベラ Barényi, Béla　220
ピアース，リン Pearce, Lynn　372
ヒトラー，アドルフ Hitler, Adolf　197, 217-8, 220, 222-5, 227
ビリッグ，M.　Billig, M.　161, 173, 181
フェザーストン，M.　Featherstone, M.　1-38
フォード，ヘンリー Ford, Henry　6, 27, 277
　自伝　224
　1949 年のパンフレット　49
プジョー，アルマン Peugeot, Armand　312
フッサール，エドムント・グスタフ・アルブレヒト Husserl, Edmund Gustav Albrecht　81
ブラウン，J. F.　Brown, J. F.　102
ブル，マイケル Bull, Michael　15, 191, 381-409
ブルックス，トニー Brooks, Tony　253
ブルデュー，ピエール Bourdieu, Pierre
　ジェンダー　273
　消費理論　10, 264, 266-77, 281-3
　『ディスタンクシオン』　10, 268
　ハビトゥスの概念　183
ベーカー，マーガレット Baker, Margaret　256
ヘーゲル，ゲオルク・ヴィルヘルム・フリードリヒ Hegel, Georg Wilhelm Friedrich　70, 265
ベグ，デイヴィッド Begg, David　44
ヘザリントン，ケヴィン Hetherington, Kevin　231
ベック，ウルリッヒ Beck, Ulrich　32
ベックマン，イェルク Beckmann, Jörg　4, 19, 125-59
ヘブディッジ，ディック Hebdige, Dick　296, 298-9
ベラー，ロバート Bellah, Robert　307

ベルクソン，アンリ Bergson, Henri　32
ペレック，ジョルジュ Perec, Georges　336-8, 340
ベンヤミン，ヴァルター Benjamin, Walter　403
ヘンリー，マイケル Henry, Michel　68
ホーケン，P.　Hawken, P.　54
ボードリヤール，ジャン Baudrillard, Jean
　アメリカでの運転　61
　階級的アイデンティティの崩壊　297
　記号論的な著作　311, 339
　空間と時間　325
　サウンド　394
　自動車の象徴的意味　11
　自動車の内部　335
　自動車の両義的な性質　15-6
　テールフィン現象　319-20
　『物の体系』 318
ホール，ステュアート Hall, Stuart　296
ホックシルド，アーリー Hochschild, Arlie　351, 355, 366
ポップ，フランツ・ヨーゼフ Popp, Franz Joseph　224
ボラン，マーク Bolan, Marc　29
ホルクハイマー，マックス Horkheimer, Max　283
ポルシェ，フェルディナント Porsche, Ferdinand　224, 227
ボルタンスキー，リュック Boltanski, Luc　330, 334, 340
ボンド，ジェームズ Bond, James　171

マ　行

マープルズ，アーネスト Marples, Ernest　249
マイケル，M.　Michael, M.　413
マクスウェル，サイモン Maxwell, Simon　363
マクノートン，P.　Macnaghten, P.　357
マクレー，コリン McRae, Colin　171
マッシー，ドリーン Massey, Doreen　229
マンスフィールド，ジェーン Mansfield, Jayne　29
マンセル，ナイジェル Mansell, Nigel　171
ミード，ジョージ・ハーバート Mead, Georg Herbert　102
ミックス，トム Mix, Tom　29
ミラー，ダニエル Miller, Daniel　196, 369
　自動車の人間的な性格　8
　『自動車文化』 299-300
　ショッピングセンター　244
　倫理的問題と家族の問題　363
ムーアハウス，H. F.　Moorhouse, H. F.　199, 300
ムッソリーニ，ベニート Mussolini, Benito　219
メリマン，ピーター Merriman, Peter　12-3, 229-62
メルロ＝ポンティ，モーリス Merleau-Ponty, Maurice
　ダント　23
　知覚　115-8, 120
　人間の身体化　115
　――の空間　323-4
　ルフェーヴル　340-1
モートン，H. V.　Morton, H. V.　180
モリス，ミーガン Morris, Meaghan　67, 68
モル，A.　Mol, A.　146

ヤ　行

ヤング，D.　Young, D.　8

ラ　行

ライヴ，A. L.　Ryave, A. L.　429
ライプニッツ，ゴットフリート・ヴィルヘルム Leibniz, Gottfried Wilhelm　31
ラトゥール，ブルーノ Latour, Bruno
　アクターネットワーク理論　107
　オジェ　240
　擬人化　138
　空間と時間　429
　高速道路のシステム　413
　自動車－運転者のハイブリッド　146
　スピード防止帯　113
　人間主義　87, 111-2
　「不変の移動体」 127, 154

リーガー，ベルンハルト Rieger, Bernhard 208
リヴィングストン，エリック Livingston, Eric 414
リンチ，M.　Lynch, M.　414
ルーク，ティム Luke, Tim　96
ルーマン，N.　Luhmann, N.　42
ル・コルビュジエ Le Corbusier　12, 311, 313-4, 374
ルフェーヴル，アンリ Lefebvre, Henri　311, 321, 323-4
　運転事情　330
　空間　325
　『現代世界における日常生活』 327
　自動車の象徴的意味　11
　社会的地位　329
　日常生活　332-3
　「必需品」としての自動車　95
　メルロ＝ポンティ　340
　——とバルト　328
レヴィン，クルト Lewin, Kurt　102
レーガン，ロナルド Reagan, Ronald　302
ロー，ジョン Law, John　146, 148, 349
ロス，クリスティン Ross, Kristin　342
ロリエ，エリック Laurier, Eric　15, 411-35

ワ　行

ワトソン，ロッド Watson, Rod　420, 422

事項索引

1. 原著の索引にあるものをすべて採録した.
2. 参考のため原語を併記した.
3. 見出しは必ずしもそのままのかたちで本文中に登場するとはかぎらず，文脈を指している場合がある.
4. 複数の訳語をあてた場合にはセミコロンを用いて併記した.

ア　行

アイコンタクト eye-contact　47
アイスパイの本 *I-Spy* books　180
アヴァンタイム（自動車）Avantime model　374
アウトバーンの建設 Autobahn, building of　197
『赤信号』（G. シムノン）*Feux Rouges* (G. Simenon)　343
アクターネットワーク理論 Actor-Network Theory (ANT)
　事故解析　146-8, 153
　身体化された運転者－自動車　120-1
　ハイブリッド性と運転者－自動車の構成＝集合体　96, 107-11
アストン・マーティン Aston Martin　171
アツモリソウの雑種 lady's slipper hybrids　136
アフォーダンス affordances　24, 37, 42, 98-107, 120, 357-8
　──と現実主義　103
　──と誘発特性　102
　──の「社会化」　105
　──の利点　103
　椅子というモノ　101-2
　規範的──　106
　刺激情報　104
　人間／モノの構成＝集合体　105, 110
　誘発性　98, 99
アボリジニのピチャンチャチャラ族（南オーストラリア）Aboriginal people, Pitjantjatjara (South Australia)　8, 370
アメリカ；合衆国 United States
　──での運転　61
　アメリカナイゼーション　11, 211, 213, 215
　環境関連の立法　292
　交通事故死者数　7
　交通渋滞　11
　黒人のサブカルチャー　302-3
　自動車の女性化　272-3
　自動車の創始　266
　戦間期における影響　212-4
　1950 年代から 1960 年代の車　300
　大量生産車　270
　中東の石油への依存　55
　都市のロードスケイプ　176
　ホットロッダー　300-1
　メディア産業の支配的位置　26
アメリカナイゼーション Americanization　11, 211, 213, 215
『アメリカン・グラフィティ』（映画）*American Graffiti* (film)　35
アラミス交通システム（の失敗）Aramis transport system, failure of　114
ありふれた生活 quotidian life　336
「安全運転の場」の概念 'field of safe travel', concept of　98
安全性 safety
　──とハイブリッド性　126-7
　──の証明　4
　事故解析　143-54
　防備のテクノロジー　364
アンバサダー（インドの自動車）Ambassador (Indian car)　188, 190
イギリス Britain; United Kingdom
　アメリカの影響　212-4
　──とドイツとの対比　196-7
　──における自動車運転　166-71

——のシンボルとしての自動車　173-4
イングランドの田園地方　180
イングランドのフェイススケイプ〔＝信仰の風景〕　9, 176
イングリッシュ・ヘリテッジ　259
交通規則　9
交通事故死者数　7
公道法（イギリス［1835 年］）　6
自動車雑誌　197
自動車の女性化　272-3
自動車文化　9-10
第二次世界大戦後の——　276-7
イギリス自動車クラブ Royal Automobile Club　251
イギリスとドイツの自動車移動観（戦間期における）Anglo-German perspectives, interwar years　10, 195-228
小型車とナショナルな自動車文化　216-22
トランスナショナリティ　204-16
メルセデスとドイツ車の伝統　10, 200-4
イギリスにおける自動車運転 British motoring　166-71
シンボルとしての自動車　173-4
イコン的自動車 iconic cars　165-74
椅子というモノ（とアフォーダンス概念）chair object, and affordance concept　101-2
位置確認システム geo-positioning systems　17
『五つの身体』（J. オニール）*Five Bodies* (J. O'Neill)　35
『一般自動車新聞』*Allgemeine Automobil Zeitung* (*AAZ*)　205, 215, 225, 227
移動；移動性 mobility　125-6, 128-32
——と自動性　102
——と不動性　126, 132
——の「化身」としての自動車　129
——の社会学　128-9
——の両義性　131
運転者－自動車　109
移動時間の計算 journey times, calculation　3
移動手段としてのモノ locomotion tools, objects as　98, 100
移動体（不変の）mobiles, immutable　127, 146, 148, 150, 154
『イングランドを求めて』(H. V. モートン) *In Search of England* (H. V. Morton)　180
イングリッシュ・ヘリテッジ（戦後イギリスの建造物を保全する施策）English Heritage, policy for protecting post-war buildings　259
インターネットの銀河系 Internet galaxy　58
インディアタイヤ社 India Tyres　251
インド India
——における贅沢としての自動車所有　188-9
警笛の利用　185
自動車文化　9, 371
第二の自然となった手続き　187
道路の規制の不足　9, 185-6
道路脇の注意書き　184
モータースケイプ　178-9
T 字型三叉路（最大のものが優先するという規則）　186
隠喩 metaphors
演劇性の——　182
舌の——　99
「疾走する静止状態」　130
生活の——　75
テクスト的——　103
『ウィークエンド』（映画）*Week-End* (film)　325
ヴェルサティス（自動車）Vel Satis model　374
動きの心理学 movement, psychology of　27
「動きのデザイン」'design in motion'　374
馬なし馬車 *voitures sans chevaux*　312
運転 driving
運転ができないこと　364
——と感覚　73-6
——とギャンブル　38
——の危険な性質　330-1
——の自由　44-5, 266-7, 329
——の心理学的プロセス　100
——の性質の変容　77-85
——の楽しみ　16
——のプロセス　117
外国での——　178

感情的経験としての——　74-6
グループでの——　416
携帯電話の運転中の使用　15, 35
単身での——　416-7
都市における——
➡都市をドライブする
➡運転実践，運転者，運転者同士の相互作用の曖昧さ
運転ができないこと inability to drive　364
運転実践 driving behaviour　74
「誤りのない」——　5
運転者 drivers
——の日常的な作業　336-7
観客としての——　391
行為の主体としての——　99
怖いもの知らずの——　28
自動操縦による代替　19, 30, 142
熟練した運転者　98
女性　23-4, 61-2, 272-3, 275, 287-8
ノルウェーの——301-2
二つの身体と自動車のコミュニケーション　21-6, 35-6
レースドライバー　28, 171
➡運転，運転者－自動車，運転者同士の相互作用の曖昧さ，自動車，自動車－運転者のハイブリッド
運転者支援システム Driver Assistance Systems (DAS)　138
運転者－自動車 driver-car　95-124
アフォーダンス概念
➡アフォーダンス
——の移動性 109
身体化された——　22-3, 114-9
ハイブリッドな構成＝集合体としての——　23, 42, 163
➡自動車－運転者のハイブリッド
運転者同士の相互作用の曖昧さ driver-to-driver interaction, ambiguity　75
運転者の知性 driver intelligence　139
運動感覚的経験（自動車移動をめぐる） kinaesthetic experience of car travel　23, 357-9
衛星位置確認システム satellite geo-positioning systems　17
エドセル（自動車）Edsel car　290
エリート文化と大衆文化のあいだの差異の崩壊 elite and mass culture, collapse of distinction　296
エルサルバドルの交通事故死者数 El Salvador, road fatalities　7
演劇性の隠喩 theatrical metaphors　182
沿道のメンテナンス roadside maintenance　176
追い越し overtaking　116, 426-7
『横柄な自動車』(J. キーツ) *Insolent Chariots* (J. Keats)　290
オオカミの雑種 wolf-hybrids　136
オースティン・セブン Austin Seven　203, 217, 225
『オート・オピウム』(D. ガートマン) *Auto Opium* (D. Gartman)　265
『オートカー』*Autocar*　220
——の記者　200-27
オート・クチュール（戦後フランス）auto couture (post-war France)　309-45
ありふれた自動車　332-8
自動車－スペクタクル　316-20
自動車と軽蔑　327-38
オートポイエーシスの定義 autopoiesis, defined　42-3
「オートモーグ」（自動有機体）'automorg' (automotive organism)　137
オートユニオン Auto Union　226
オートルートの建設 *autoroutes*, construction of　323, 326-7
オールズモビル（自動車）Oldsmobile (car)　280, 289
音の外被としての自動車 sonic envelope, automobile as　15, 388-92
音の橋と自動車移動 sonic bridges, and automobility　385-8
オフィスワーク（高速道路上での）office work, on motorways 14-5, 411-35
オペル社 Opel Corporation 213, 226
オリンピア自動車展示会（ロンドン） Olympia car show (London)　204, 210, 215
オルリー空港（パリ）Orly Airport (Paris)　242
音楽を車内で聴くこと music, listening to in

car　191-2, 372, 385-8
音響デザイン　acoustic design 389

カ　行

カーラジオ car radios　15, 191-2, 385
階級的差異化の理論 class distinction theory　266-77
➡ブルジョワジー（中流階級）
「回避線」と回避領域 'lines of clearance', and halo of avoidance　99
会話のテクノロジー talking technologies　396-8
科学社会学 science, sociology of　114
『かくれた説得者』(V. パッカード) *Hidden Persuaders* (V. Packard)　290
カセットデッキ cassette deck　386
ガソリン車 gas cars; petroleum-fuelled cars　51-2, 272
ガソリンのシステム petrol system　52
家庭内空間 domestic space　406
カブリオレ（マイクロカー）Cabriolet micro-car 55
カメラ（道路沿いの）cameras, roadside　38
感覚と運転 sensuality, and driving　73-6
韓国の交通事故死者数 Korea, road fatalities　7
慣習化の定義 enhabitation, defined　181
感情 emotions
運動感覚的な楽しみ（車に乗ることの）23, 357-9
感情的経験としての運転　74-6
感情的「備給」 360, 363, 376
――の定義　355-7
自動車が動かす――　347-79
自動車になること（自動車のうちにあること）　357-62
自動車を感じること　352-7
自動車をめぐるナショナルな感情　369-79
ファミリーカー　362-9
「機械のなかの幽霊」'ghost in the machine'　48
幾何学的空間 geometric spaces　12, 324, 333
記号論的分析（自動車のデザインの）semiotic analysis, car design　317, 339
擬似個性の理論（フランクフルト学派）pseudo-individuality theories, Frankfurt School　10
「技術による先進」のキャンペーン *Vorsprung durch Technik* campaign　139, 373
技術の社会的研究 social studies of technology (SST)　107
技術の社会的構築 social construction of technology (SCOT)　107
北アフリカでの自動車移動 North Africa, car journeys　191
キャデラック（自動車）Cadillac car　273-4, 276, 280-1, 284, 289
エルドラド El Dorado　298
ギャンブルと運転 gambling, and driving　38
「急速に進行する技術主義化」'galloping technocratization'　86
キューバの自動車文化 Cuba, car cultures　371
「極小の動き」'micro-movements'　187
近代化とモバイル化 modernization, and mobilization　130
空間 space
家庭内――　406
幾何学的――　12, 324, 333
――とナショナル・アイデンティティ　174-6
――と場所　229-31
時間
➡時間－空間と自動車移動
人類学的――　79
都市――を移動する　398-402
ネットワーク――　146
ユークリッド――　146, 152
空港 airports　241-4
クライスラー Chrysler　289
『クラッシュ』(J. G. バラード) *Crash* (J. G. Ballard)　29, 38
グラナダ（フォード）Granada, Ford　171
クラフト生産 craft production　266-77
グループでの運転 group driving　416
車依存 car-dependency　157
グローバリゼーション globalization　193
自動車産業　40
脱埋め込み化の効果　174

警察の監視 police surveillance　434
携帯電話 mobile phones　54
　運転中の使用　15, 35
　会話のテクノロジー　396-8
警笛の利用（インド）horn, use of (India)　185
軽蔑と自動車 contempt, and cars　327-32
経路依存性の分析 path-dependence analysis　43, 51, 52
ケインズ経済学 Keynesian economics　289, 293
「化身」（ハイブリッド性の／移動性の）'avatar of hybridity'/'mobility'　129, 138
ゲマインシャフト／ゲゼルシャフト *Gemeinschaft/Gesellshaft*　326
限局的監視装置の定義 oligopticon, defined　413
現実主義 realism
　――とアフォーダンス　103
　新――　57
現象学と自動車 phenomenology, and cars　77-9
倦怠（通勤の）*ennui*, commuting　326
『現代世界における日常生活』（H. ルフェーヴル）*Everyday Life in the Modern World* (H. Lefebvre)　327
建築物の形態（道路沿いの）architectural forms, roadside　175
「行為項」（「非－人間」）'actants' ('non-humans')　108
公共交通機関 public transport　3, 47
　「移動する監禁」としてのバスや列車　70-2
広告キャンペーン advertising campaigns
　トヨタ・ヤリス　363
　レクサス IS 200　353
鉱山労働者たちのストライキ（1984 年）miners' strike (1984)　259
構成＝集合体 assemblages
　――とハイブリッド性　23, 42, 163
　人間／モノとアフォーダンス　105, 110-1
高速道路 motorways
　――でスピードを出すこと　19
　――での渋滞の列　3
　――での巡航運転　426-31
　――でのマルチタスキング　14-6, 20, 419-26
　日常生活　411-5
　速さと遅さの道徳性　431-3
　「非－場所」としての――　12-3, 230, 233-45, 257
　M1
　　➡ M1 高速道路
『高速道路』（カールトン・テレビ）*Motorway* (Carlton Television)　259
『高速道路規則集』*Motorway Code*　250, 251
『交通規則集』*Highway Code*　8, 34-5, 253, 255, 328
交通事故 traffic accidents; road accidents　4-8
　公衆衛生にかかわる問題　4
　――での死亡　4-7, 33-4
　　有名人　28-9
　――の否認　4, 151-2
　事故；衝突　26, 28-9
　予防研究　7
　➡事故解析
交通渋滞 traffic jams　3, 11
交通政策　transport policy　57
「交通戦士」'road warriors'　432
公道法（イギリス［1835 年］）Highway Law, English (1835)　6
合理的選択モデル rational choice model　348
合理的な社会的説明と交通事故 'rational social accounting', and traffic accidents　5
コーティナ（フォード）Cortina, Ford　170
小型車とナショナルな自動車文化 small cars, and national motoring cultures　200, 203, 216-22
黒人のサブカルチャー blacks, subculture　302-3
『心の習慣』（R. ベラー）*Habits of the Heart* (R. Bellah)　307
個人用移動支援装置 Personal Travel Assistant (PTA)　138
コミュニケーション（自動車）と運転者の二つの身体 communication (automobile), and driver's two bodies　21-6, 35-6
孤立とハイブリッド化 isolation, and hybridization　141
怖いもの知らずの運転者 daring drivers　28

コンピュータ・ゲーム computer games　37
『コンボイ』（映画）*Convoy* (film)　35

サ　行

サービスエリア service areas
　開業　254
　料理の基準　256
再構成的合理性 reconstruction rationality　158
「最小限の停止ゾーン」(「安全運転の場」における）'minimum stopping zone' in 'field of safe travel'　99
「サイバーカー」'cybercar'　361
サイバー－旅行者 cyber-traveller　133
「サイボーグ」(の概念) 'cyborg', notion of　37
　――としての擬似生物学的な自動車　368
　――としての自動車－運転者　135
　神話としての――　96, 156-7
サウンド・シンキング sound thinking　402-7
「サウンドスケイプ」（運転をめぐる） 'soundscapes' of motoring　372
サウンドと自動車移動 sound, and automobility　381-409
　「温かさ」と「冷たさ」　15, 406
　音の外被としての自動車　15, 388-92
　音の橋　385-8
　会話のテクノロジー　396-8
　サウンド・シンキング　402-7
　サウンド・パフォーマンス　394-6
　聴覚的経験　15, 386
　都市空間を移動する　398-402
　メディアによるサウンド　15
　モバイル独我論　392-4
サウンド・パフォーマンス sound performances　394-6
作業放棄 absenteeism　20, 139, 142
死（交通事故）deaths, road accident　4-5, 33-4
　国ごとの死亡率　7
　フランス　7, 330
　有名人の――　28-9
シートベルト seat belts　6, 361
シームレスさ（自動車による移動の） seamlessness, of car journey　46-7
ジェスチャー gestures　21
『シェル』のガイド *Shell* guides　180
ジェンダーをめぐる問題 gender issues　23-4, 61-2, 272-3, 275, 287-8
支援とハイブリッド性 assistance, and hybridity　137-9
視覚 visual sense　48
『シカゴ・タイムズ・ヘラルド』開催の自動車レース *Chicago Times Herald*, car races organized by　27
時間－空間と自動車移動 time-space, and automobility　3, 44-51
　瞬間的時間　46
　時計時間　46
刺激情報とアフォーダンス概念 stimulus information, and affordances concept　104
資源利用（環境）resource-use, environmental　41
事故 accidents
　➡交通事故
事故解析 accident reconstruction
　安全性　4-5, 143-54
　産業　5, 152
　自動性　142-3
　ハイブリッド性　142-4
　➡交通事故
自己拡張と自動車移動 self-expansion, and automobility　39-44, 60
仕事場（モバイルな）workplaces, mobile　415-9
事故予防研究 accident prevention research　7
死者数（交通事故）fatalities, road accident
　➡死（交通事故）
自然と文化 nature, and culture　367-8
舌の隠喩 tongue metaphor 99
シチュアシオニスト・インターナショナル Situationist International　322
『60 セカンズ』(映画) *Gone in 60 Seconds* (film)　26
「疾走する静止状態」の隠喩 'rushing standstill' metaphor　130
自動車 automobile; car; cars
　アメリカ文化　266
　「移動性の化身」としての――　129

146, 152
不動体としての――　147
不変の移動体としての――　146
➡運転者－自動車，ハイブリッド性
自動車協会 Automobile Association (AA)　250
自動車共有利用の仕組み car sharing schemes 56
自動車空間の構造 auto space, structure of　45
自動車雑誌 car magazines　198-9
イギリスの――　197
『自動車産業』*Automotive Industries*　220
自動車事故；衝突 car crashes　26, 28-9
自動車－スペクタクル（戦後フランス） auto-spectacle (post-war France)　316-20
自動車専用環境 car-only environments　49
自動車大気汚染規制法（アメリカ［1965年］） Motor Vehicle Air Pollution and Control Act (US) (1965)　292
自動車の意味 auto, meaning　2
自動車のシステム car system　2-3
自動車の所有 car ownership
インドにおける――　188-9
隠された効果　322
――の増大　95
ステータス・シンボルとしての―― 270
フランス（第二次世界大戦後）　315-6
『自動車の生活』（I. エーレンブルグ）*Life of the Automobile* (I. Ehrenburg)　342
自動車のデザインの記号論的分析 design of cars, semiotic analysis　317, 339
自動車のフレキシビリティ flexibility of cars 3, 44-5
『自動車批評』*Motor Kritik*　226
自動車部品関連株式会社 Automotive Products Associated Ltd　251
自動車文化 car cultures　362
多様性　8-21
ナショナル・アイデンティティ　184-5, 371
見過ごされてきた次元　348
『自動車文化』(D. ミラー）*Car Cultures* (D. Miller)　299, 301
自動車メーカー automakers　294-5
自動車旅行 motor touring　180
自動車レース car races　26-7, 312
自動性 motility
意味　133
――と移動性　102
――と事故解析　143
――とハイブリッド性　18-21, 132-43
自動操縦による自動車－運転者の代替 autopilot, replacement of car-driver by　19, 30, 142
「自動ハイブリッド」'motile hybrid'　125, 127
シトロエン Citroën　176, 190, 313, 315
C3　367
DS　317, 354
シボレー Chevrolet car　10, 274, 280-1, 284
シボレー・サバーバン Chevy Suburban　378, 379
資本主義 capitalism　95, 285
シムカ Simca　315
視野 visual fields　23, 98-100
ジャーナリズム（自動車）journalism, automotive　198
ジャガー Jaguar　171
社会階級 social class
➡階級的差異化の理論
社会学 sociology
移動の――　128-9
科学――　114
自動車移動をめぐる感情――　350
ジャマイカの自動車文化 Jamaica, car cultures 371
習慣的パフォーマンス habituation/habitual performance　182
渋滞（交通） congestion, traffic　3, 362-3
渋滞の列（高速道路での） tailbacks, on motorways 3
シュトゥットガルト＝ウンターテュルクハイム（メルセデスの製造） Stuttgart-Unterturkheim, Mercedes produced in　202
「主導的なモノ」としての自動車 'Leading-Object', car as　95, 321
障害物とネガティヴな誘発性 obstacles, and negative valence　98
蒸気機関 steam system　51

衝突 collisions; crashes
➡交通事故
衝突したハイブリッド（可変の不動体としての） crashed hybrids, as mutable immobiles 150
消費主義 consumerism 11, 268
消費理論（P. ブルデュー） consumption theory (P. Bourdieu) 10, 264, 266-77, 281-3
情報・コミュニケーション技術 information and communication technologies (ICT) 58
女性（ノルウェーの） women, Norwegian 301-2
女性ドライバー women drivers 23-4, 61-2, 272-3, 275, 287-8
ノルウェーの—— 24, 301-2
触覚的不能状態 tactile sterility 13, 187
ショッピングセンター shopping centres 241, 244, 323
書類ハイブリッド（不変の移動体としての） paper-hybrids, as immutable mobiles 149
ジョン・レイン・アンド・サン株式会社（建設業者） John Laing and Sons Limited (engineering contractor) 248, 249
自律型知的走行制御装置 Autonomous Intelligent Cruise Control (AICC) 140
自律性 autonomy 140
——と自動車移動 2
「白いバンの男」'White Van Man' 172
信号 signalling 22
人工知能 artificial intelligence (AI) 81
身体／人体 body; human body
——の拡張としての自動車 75, 360
脆弱性 6
他の種と区別される—— 104
人間／モノの構成＝集合体とアフォーダンス 105, 110
身体化された運転者－自動車 embodied driver-car 22-3, 114-9
身体的性向と運転の感覚 embodied dispositions, and feeling of driving 358, 360
人体の脆弱性 vulnerability of human body 6
『神話作用』(R. バルト) *Mythologies* (R. Barthes) 320
水素燃料電池 hydrogen fuel cells 55, 59, 62
「スウィングする 60 年代」'Swinging Sixties' 168
スウェーデン Sweden
自動車旅行 180-1
ラッガレのサブカルチャー 300
流線型の空気力学 370
スーパーモダニティ supermodernity 12, 49, 234, 238, 326
スケジュールのやり繰り schedule juggling 3
「ステーション」（マイクロ）カー 'station' (micro) cars 55
スピード防止帯（「スリーピング・ポリスマン」） speed bump ('sleeping policeman') 113-4, 117
スピードを出すこと speeding 12, 26-31
高速道路上で—— 19
スペインでの運転 Spain, driving in 177
『スペクタクルの社会』(G. ドゥボール) *La sociéte du spectacle* (G. Debord) 323
スポーツ用多目的車 Sport Utility Vehicles (SUVs) 62, 365-6
「スマートカード」の技術 'smart-card' technology 56
「スリーピング・ポリスマン」（スピード防止帯） 'sleeping policeman' (speed bump) 113-4, 117
『スリルと退行』(M. バリント) *Thrills and Regressions* (M. Balint) 27
生活の隠喩 life metaphors 75
生気論 vitalism 32
贅沢品 luxury goods 284-5
高級車 10, 270-2, 361
製品の標準化とフォーディスト的な大量生産 product standardization, and Fordist mass production 293
世界貿易センター World Trade Center 65
2001 年 9 月 11 日のテロ攻撃 55
石油供給の不確実さ oil supply uncertainties 55
石油ショック（1973 年） oil embargo (1973) 294
ゼネラル・モーターズ General Motors (GM) 273-5, 279-81, 288-9
『1970 年代が大好き』(TV シリーズ) *I love*

the 1970s (TV series) 172
線形的／非線形的思考 linear/non-linear thinking 54
全国交通自動車安全法（アメリカ［1966年］）National Traffic and Motor Vehicles Safety Act (US) (1966) 292
速度 speed
高速道路上での―― 429-30
――と不動 130
速度監視カメラ speed cameras 434
ソフトウェア software 79-83
自動車－運転者 17-21, 30

タ 行

大恐慌（1930 年代）Great Depression (1930s) 276
大衆高級車市場 mass-class market 273
大衆的個性の時代 mass individuality, era of 277-91
退出可能性 exitability 139
第二次世界大戦（人間工学の創始）Second World War, ergonomics originating in 81
「第二の近代」の理論（U. ベック）'second modernity' theory (U. Beck) 32
「第二の自然」となった手続き 'second nature' procedures 182, 184, 187
ダイムラー自動車会社 Daimler Motor Corporation 208
ダイムラー－ベンツ Daimler-Benz 198, 208
大量生産車 mass production cars 1, 270-3, 276-7
産業 296-7
贅沢品の喪失 284-5
非人間的条件 283
プロセス 279, 286
タクシー 2000（都市トランジット・ソリューション）Taxi2000 urban transit solution 56
タクシーの運転 taxi-driving 416
「タグ付け」（自動車を同定するチップ）'tagging' chip vehicle identifier 17
「タスクスケイプ」の一部としての自動車移動 'taskscape', car travel as part of 178, 184
地景；風景；景観 landscapes
支配的特徴としての高速道路 29-30
――と場所 231
M1 高速道路の―― 258
知性と支援 intelligence, and assistance 138
知的交通 intelligent traffic 141
「知的」自動車 'smart' car 361
知的走行制御装置 Intelligent Speed Control 145
知的［道路］交通システム Intelligent Transportation Systems (ITS) 58, 135, 141
チャイルドシート child car seats 358-9, 365
中国 China
交通事故死者数 7
道路交通安全法 34
聴覚的経験 aural, experience of 15, 386
超モバイル社会 hypermobile society 156
地理人口学（時間－空間をめぐる）geodemographics, time-space 73
知力による馬力の代替 brainpower, replacement of horsepower 144
追跡 chases 26-31
通勤の倦怠 commuting, *ennui* of 326
ディーゼル diesel 55
『ディスタンクシオン』（P. ブルデュー）*Distinction* (P. Bourdieu) 10, 268
ティンリス村（ベッドフォードシャー）の住民（M1 高速道路）Tingrith (Bedfordshire) residents, on M1 motorway 247
テーマパーク theme parks 243, 244
テールフィン現象 tail-fins phenomenon 320
アメリカの発展のシンボルとしての―― 215
適応走行制御装置 Adaptive Cruise Controllers (ACC) 138
デキシー Dixi, the 203, 225
テクスト的隠喩 textual metaphors 103
デジタル通信 digital communications 18-9
デスクワーク desk-work
➡オフィスワーク（高速道路上での）
鉄道時刻表の時計時間 railway timetable, clock-time of 46
鉄道旅行（ド・セルトー）rail travel, de Certeau on 84, 411-2
鉄とガソリンの自動車 steel and petroleum car

30, 43, 51, 60
デットフォード（現地での自動車共有サービス）Deptford, on-site car pooling service　56
テレバンク telebanking　434
テレビ television　172
　アドルノ　15, 405
転回点 turning points　44, 53, 60, 375
転換点 tipping points　44, 53, 60, 375
電気自動車 electric cars　55, 56, 272
電子メール（運転中の）emails, working with whilst driving　15, 425
電池；バッテリー batteries　51, 55
「伝統の発明」の概念 'invented tradition', concept of　209
ドイツ Germany
　アウトバーンの建設　197
　イギリスとの対比　196-7
　——車の伝統とメルセデス　10, 200-4
　ナチズム
　　➡ナチ体制
　バイクの利用　204
　ベルリン自動車展示会（1928 年）　199-200, 204-5, 213-5, 225-6
　ベルリン自動車展示会（1936 年）　227
　ワイマール共和国　198, 208
道路 highways; roads　330
　——の典型的なリズム　421
　——の特徴　433-4
『道路交通傷害の防止に関する世界報告書』（WHO の報告書）*World Report on Road Traffic Injury Prevention* (WHO report)　4, 5, 34
道路調査研究所 Road Research Laboratory　250, 253
道路の状態 road conditions　178
道路ハイブリッド road-hybrids　139
「道路ハイブリッド性」'street-hybridity'　137
道路標識 road signs　175, 251
独我論（モバイル）solipsism, mobile　392-4
独立とハイブリッド化 independence, and hybridization　141
都市 city
　——の一望監視的な眺望　413
　——を歩く　13, 35
　　「都市を歩く」（M. ド・セルトー『日常的実践のポイエティーク』）　64-72
　——を貫く高速道路　323
　——をドライブする　13, 63-93, 187
　　運転の性質の変容　77-85
　非－表象的な側面　66
都市空間を移動する　398-402
「都市を歩く」（M. ド・セルトー『日常的実践のポイエティーク』）'Walking in the City' (*Practice of Everyday Life*, M. de Certeau)　64-72
トヨタ・ヤリスの広告キャンペーン Toyota Yaris, advertising campaign　363
「とらえがたい日常性」（M. モリス）'evasive everydayness' (M. Morris)　67
トラクションコントロール traction control　82
トラックの運転 lorry-driving　416
トラバント（東ドイツ）Trabants, East German 168
『トランザム 7000』（映画）*Smokey and the Bandit* (film)　26
トリニダード・レイク・アスファルト Trinidad Lake Asphalt 248

ナ　行

ナショナル・アイデンティティと自動車移動 national identity, and automobility　9, 161-94
　イコン的自動車　165-74
　空間　174-5, 177-8
　自動車文化　184-5
　ナショナルなモータースケイプ　9, 174-81
　日常的な運転をパフォームする　181-92
ナチ体制 Nazi regime　198, 218, 222, 227, 228
　——と「国民車」　197, 221, 223-4
　➡ヒトラー，アドルフ
ナビゲーションシステム（GPS）navigation systems, GPS-based　140, 361
ナビゲーションの約束 navigation-promises　139
2001 年 9 月 11 日のテロ攻撃以降の石油供

給の不確実さ September 11 2001 terrorist attacks, oil supply uncertainties following 55
日常生活 everyday life
高速道路 411-5
──の「戦術」 75
──の特徴としての自動車 72
『日常的実践のポイエティーク』(M. ド・セルトー) *Practice of Everyday Life* (M. de Certeau) 63, 64, 69, 86
日常的な運転をパフォームする everyday driving, performing 181-92
日曜のドライブ Sunday drives 367, 432
日給 5 ドル制(アメリカ) Five Dollar Day program (US) 278
日本の交通事故死者数 Japan, road fatalitie 7
ニューカッスルのネクサス Newcastle Nexus 57
ニューポートパグネルのサービスエリア Newport Pagnell, service area in 254
人間工学 ergonomics 17, 81-3
人間主義 humanism
ド・セルトー 87
──の残滓 68
人間/モノの構成=集合体(アフォーダンス概念) human/object assemblage, affordance concept 105, 110
ネーション nations
──と自動車 10, 195-228
ナショナルな感情 369-77
ネガティヴな誘発性と障害物 negative valence, and obstacles 98
ネットワーク空間(自動車-運転者のハイブリッド) network space, car-driver hybrids 146
燃料システム fuel systems 54, 55

ハ 行

バーミンガム現代文化研究センター Birmingham Centre for Contemporary Cultural Studies 296, 297
「ハイパーカー」(超軽量) 'hypercar', ultra-light 55
ハイパーミニ(ニッサン) Hypermini, Nissan 55-6
ハイブリッド化 hybridization 373
孤立 141
独立 141
──のプロセス 138-9, 141
融合 136
ハイブリッド性 hybridity 17, 19, 23
アクターネットワーク理論(ANT) 96, 107-11
アツモリソウの雑種 136
オオカミの雑種 136
概念の歴史 377
自動車-運転者のハイブリッドの概念
➡自動車-運転者のハイブリッド
「自動ハイブリッド」 125, 127
衝突したハイブリッド 150
書類ハイブリッド 149
道路ハイブリッド 139
「道路ハイブリッド性」 137
──と安全性 127
──と支援 137-9
──と事故解析 142-4
──と自動性 132-43
──の化身 138
ハイブリッドの定義 96-7
場所 places
ドライブの── 229-62
──と非-場所
➡非-場所
──の定義 231
「モバイルな効果」としての── 231
バス(「移動する監禁」としての) bus, as 'travelling incarceration' 70
パナール・ルヴァッソール(会社) Panhard and Levassor (firm) 312, 315
ハノマグ Hanomag, the 203, 225
ハビトゥスの概念(ブルデュー) habitus concept (Bourdieu) 183
ハブ空港 hub airports 242
馬力税 horsepower tax 221
反自動車の異議申し立て anti-car protest 362
『光のなかに隠れる』(D. ヘブディッジ) *Hiding in the Light* (D. Hebdige) 298
「必需品」としての自動車 'need', car as 95
ヒッチハイキング(ポーランド) hitch-hiking,

in Poland 183
非－場所 non-places
オジェ　12-3, 49, 233-45, 257, 260-1, 326-7
——でおこなわれるルーティン的移動　400-1
——としての環境　235-6
——としての高速道路　12-3, 230, 233-45, 257
——としてのサービスエリア　257
——と人類学的な場所　235
——の地理学　233-45
『非－場所——スーパーモダニティの人類学へのイントロダクション』*Non-places: Introduction to an Anthropology of Supermodernity*　233-4, 236-7
批判 criticism　238-41
ビュイック（自動車）Buick (car)　280, 289
ヒンドゥスターニー・モーターズのアンバサダー（インドのステータス・シンボルとしての）Hindoustani Motors' Ambassador, status symbol (India)　188, 190
ファックス fax machines　54
ファミリーカー family cars　55, 362-9
「フェイススケイプ」〔＝信仰の風景〕（イングランド）'faithscape' (England)　9, 176
フェミニズムにたいするバックラッシュ feminism, backlash against　302
フォーシーズンズ・サービスエリア Four Seasons service area　258
フォーディズム Fordism　277-91, 292-3
——とフランクフルト学派　283-8
ポストモダニズムとポストフォーディズム　265, 295-8, 305-6
フォード自動車会社 Ford Motor Company
T 型　211, 213, 220, 269, 271-2, 273
フォーミュラー・ワン・グランプリレース Formula One Grand Prix races　27
フォルクスワーゲン（自動車）Volkswagen car　10, 200, 218, 220-1, 222, 227, 228
複雑性（非線形的システムの定式化）complexity (non-linear systems, formulations)　42, 53, 59-61
プジョー Peugeot　313, 315
二つの身体の概念と自動車のコミュニケーション two bodies, notion of, and automobile communication　21-6, 35-6
不動 inertia
——と運動　146
——と速度　130
不動性と移動性 immobility, and mobility　126, 132
不動体としてのハイブリッド immobiles, hybrids as　147
「不変の移動体」'immutable mobiles'　127, 146, 148, 150, 154
プラガ（チェコ）Praga, Czech　203
ブラジルの交通事故死者数 Brazil, road fatalities　7
フランクフルト学派 Frankfurt School
感情的「備給」　360
擬似個性の理論　10
大衆消費文化　264
大量生産理論　283-8
——とフォーディズム　283-8
フランス France
オルリー空港（パリ）　242
交通事故死者数　7, 330
自動車のデザイン／生産において世界をリードする存在としての——　196-7, 312
車種　176, 190, 312-3, 315, 374
戦後——　309-45
自動車の所有　315-6
社会－文化的および社会－経済的変化　315
パリの交通　12
——の高速道路（非－場所としての）　245
➡オジェ , マルク（非－場所）
『ブリット』（映画）*Bullitt* (film)　26
「フリップ・オフ」'flipping off'　424, 434
ブルジョワジー（中流階級）bourgeoisie (middle classes)　268-70, 273-5, 286
フランスの——　313
『プレイタイム』(J. タチ）*Playtime* (J. Tati)　344
「フレキシブルな専門化」'flexible specialization'　294

プレストン・バイパス高速道路 Preston Bypass Motorway　250
『フレンチ・コネクション』(映画) *French Connection* (film)　26
フロイト主義 Freudianism　68
「プログラム化された社会」'programmed society'　321
文化と自然 culture, and nature　367-8
『文明化の過程』(N. エリアス) *Civilizing Process* (N. Elias)　7
ベトナムの交通事故死者数 Vietnam, death tolls, road crashes　7
ヘルズ・エンジェルズ Hell's Angels　432
ベルリン自動車展示会 (1928 年) Berlin Auto Show (1928)　199-200, 204-5, 213-5, 225-6
ベルリン自動車展示会 (1936 年) Berlin Auto Show (1936)　227
ベンツ社 Benz Corporation　208
包摂の定義 containment, defined　176
『法哲学』(G. W. F. ヘーゲル) *Philosophy of Right* (G. W. F. Hegel)　70
ポーランド (ヒッチハイキング) Poland, hitch-hiking and　183
『ぼくの伯父さん』(J. タチ) *Mon Oncle* (J. Tati)　317
歩行者 pedestrians　47
　負傷への耐性　6
歩行と運転 walking, and driving　13, 35
ポジティヴな誘発性 positive valence　99
ポスト構造主義 post-structuralism　332
「ポスト自動車」のシステム 'post-car' system　44, 55, 58-61
ポストフォーディズム post-Fordism　266, 296, 297, 305
ポストモダニズム postmodernism　11, 266, 292-307
ホットロッダー (アメリカ) hot rodders, United States　300-1
『ホットロッド』(アメリカ) *Hot Rod* magazine (US)　199
ボリウッド音楽 (インド) Bollywood music (India)　191
ポンティアック (自動車) Pontiac (car)　280
本能 instincts　355

マ　行

マイクロカー micro-cars　55
『マッドマックス』(映画) *Mad Max* (film)　26
『マトリックス　リローデッド』(映画) *Matrix Reloaded* (film)　26
マルクス主義 Marxism　265, 321, 322
マルチタスキング multi-tasking　14-6, 20, 143, 419-26
『ミス・アメリカ　パリを駆ける』(R. デリー) *La Belle Americaine* (R. Dhéry)　342
見習い魔術師症候群 sorcerer's apprentice syndrome 129
ミニ (自動車) Mini car　167, 168-9
『ミニミニ大作戦』(映画) *Italian Job* (film)　169
「見ること」'looking'　391, 394
『メトロに乗った民族学者』(M. オジェ) *Un ethnologue dans le métro* (M. Augé)　233
メルセデス Mercedes　10, 222, 228, 291
　工学技術　202
　上流階級の車としての――　206-7
　「伝統の発明」としての――　209
　文化的・ナショナルな意味合い　200
　――とドイツ車の伝統　200-4
　――の所有　198
　――の品質　207
メルセデスのスマートカー Mercedes Smart Car　55
『モース警部』*Inspector Morse*　171
モータースケイプ (ナショナルな) motorscapes, national　9, 174-81, 195
モーリス・オックスフォード (自動車) (とインドのアンバサダー) Morris Oxford car, and Indian Ambassador　188
モーリス・マイナー・SV　Morris Minor SV　219
モダニズム；近代；近代性 modernism/modernity　12, 30
　第二の近代の理論 (U. ベック)　32
　流線型の空気力学　370
モノ objects
　移動手段としての――　98, 100

カスタマイズ　170
「主導的なモノ」としての自動車　95, 321
モノ／運転者の区別と「安全運転の場」 98-9
『物の体系』(J. ボードリヤール) *Le Système des objets* (J. Baudrillard)　318
モバイル・オフィスとしての自動車 mobile office, car as　15, 411-35
モバイル化と近代化 mobilization, and modernization　130
「モバイルな私化」'mobile privatisation'　49-50
モバイルな仕事場 mobile workplaces　415-9
「モンデオの男」'Mondeo Man'　172

ヤ　行

ユークリッド空間 (自動車－運転者のハイブリッド) Euclidean space, car-driver hybrids　146, 152
有名人の公的な死 celebrities, public deaths of　28-9
誘発性の概念 valence, concept of　98, 99
誘発特性 *Aufforderungscharakter* (invitation character)　102
『ユルバニスム』(ル・コルビュジエ) *L'Urbanisme* (Le Corbusier)　12, 313

ラ　行

ラーダ (ロシア) Ladas, Russian　168
ライフスタイルの選択 lifestyle choice　295
ラ・サール (自動車) La Salle car　10, 273-4
ラジエーター radiators　202, 215
ラジオ (カーラジオ) radios, car　15, 191-2, 385
ラッガレ (スウェーデン人の男性) *raggare* (Swedish males)　300
『リーサル・ウェポン 4』(映画) *Lethal Weapons 4* (film)　26
『リーダーズ・ダイジェスト』*Readers' Digest*　180
「リーン生産」'lean production'　294
リムジン (ストレッチリムジン) limousine, stretch　171
流線型の空気力学 (モダニティ) streamlined aerodynamicism, modernity　370
流動性 fluidity　384, 403
『リュクサンブールを横断すること』(M. オジェ) *La Traversée du Luxembourg* (M. Augé)　233
リンカーン Lincoln, the　276
ルノー Renault　176, 190, 313, 315, 373
『レアリテ』(雑誌) *Réalitiés* (Journal)　334
レース (自動車) races, car　26-7, 312
レギュラシオン理論家 Regulation theorists　277
レクサス IS 200 の広告キャンペーン Lexus IS 200, advertising campaign　353
列車 (「移動する監禁」としての) train, as 'travelling incarceration'　70-2
「レッド・ロボ」／「レッド・ステフ」(自動車産業における伝説的な労働組合運動家) 'Red Robbo'/'Red Steph' (mythical trade union activists, car industry)　169
労働組合の急進主義 trade union radicalism　169
労働者階級の消費パターン working classes, consumption patterns of　268-72
ロードシェフ RoadChef　257
『ローラ』(J. ドゥミ) *Lola* (J. Demy)　342
ロールス・ロイス Rolls-Royce　24, 166-8, 190
ロサンゼルス Los Angeles
運転実践の研究　74
自動車の占める支配的地位　13
ロシアの交通事故死者数 Russia, road fatalities 7
路上の激怒 road rage　22, 25, 331, 424
ロックイン locking-in　51-3
ロビンスの超軽量「ハイパーカー」Lovins ultra-light 'hypercar'　55
ロンドン交通の高速道路バス旅行 London Transport, motorway bus trips　249
『ロンドン特捜隊スウィーニー』*Sweeney, the*　171
『ロンドン－バーミンガム高速道路』*London-Birmingham Motorway*　249

ワ　行

『ワイルド・スピード』（映画）*Fast and the Furious* (film)　26

英　字

AA（自動車協会）Automobile Association　250
『AAZ』（『一般自動車新聞』）*Allgemeine Automobil Zeitung*　205, 215, 225, 227
ACC（適応走行制御装置）Adaptive Cruise Controllers　138
AI（人工知能）artificial intelligence　81
AICC（自律型知的走行制御装置）Autonomous Intelligent Cruise Control　140
ANT（アクターネットワーク理論）Actor-Network Theory
　➡アクターネットワーク理論
BMW（自動車）BMW car　306
　3シリーズ　368
C1モーターサイクル／カーのハイブリッド（BMW）C1 motor cycle/car hybrid (BMW)　56
CB無線 CB radio　35
DAS（運転者支援システム）Driver Assistance Systems　138
DKW（自動車）DKW　203
Eタクシーシステム（ダブリン）E-Taxi system, Dublin　57
EMIにたいする訴訟（1979年）EMI, litigation against (1979)　256
GPSナビゲーションシステム GPS-based navigation systems　140, 361
ICT（情報・コミュニケーション技術）information and communication technologies　58
ITS（知的［道路］交通システム）Intelligent Transportation Systems　58, 135, 141
『M1新発見』（M. ベーカー）*Discovering M1* (M. Baker)　256
M1高速道路 M1 motorway
　ウォトフォード・ギャップ・サービスエリア　256
　航空機墜落事故（ケグワース［1989年］）259
　トポロジー　232, 245-60
　歴史　12-3, 246-8
　ロンドンからヨークシャーへの高速道路／ロンドンからバーミンガムへの高速道路と——　246
MGB運転者 MGB drivers　104
PTA（個人用移動支援装置）Personal Travel Assistant　138
『RONIN』（映画）*Ronin* (film)　26
SCOT（技術の社会的構築）social construction of technology　107
SST（技術の社会的研究）social studies of technology　107
SUV（スポーツ用多目的車）Sport Utility Vehicles　62, 365-6
T型（フォード）Model T (Ford)　211, 213, 220, 269, 271-2, 273
TULIP（PSA）TULIP car (PSA)　56
ULTraの自動タクシー（カーディフ）ULTra automated taxis, Cardiff　56
WHO（世界保健機構）World Health Organization
　交通事故死　7
　『道路交通傷害の防止に関する世界報告書』　4, 5, 34

参考文献

⦿イントロダクション

Alliez, É. (2001) 'Différence et Répétition de Gabriel Tarde', *Multitudes* 7.

Ballard, J.G. (1975) *Crash*. London: Panther.

Barthes, R. (1972) *Mythologies*. London: J. Cape.

Baudrillard, (1996) *The System of Objects*. London: Verso.

Beck, U. Bonss, W. and Lau, C. (2003) 'The Theory of Reflexive Modernization', *Theory, Culture & Society* 20(2): 1–33.

Beckmann, Jörg (2004) 'Mobility and Safety', *Theory, Culture & Society* 21(4/5): 81–100.

Bell, D. (1976) *Cultural Contradictions of Capitalism*. London: Heinemann.

Boyne, R. (1999) 'Crash Theory', *Angelaki* 4(2): 41–52.

Bourdieu, P. (1984) *Distinction*. London: Routledge.

Brottman, M. (2002) 'Introduction' in Brottman, M. (ed.) *Car Crash Culture*. New York: Palgrave.

Brottman, M. and C. Sharrett (2002) 'The End of the Road: David Cronenberg's *Crash* and the Fading of the West' in Brottman, M. (ed.) *Car Crash Culture*. New York: Palgrave.

Bull, Michael (2004) 'Automobility and the Power of Sound', *Theory, Culture & Society* 21(4/5): 243–60.

Cohan, S. and Hark, I.R. (eds) (1997) *The Road Movie Book*. London: Routledge.

Dant, Tim (2004) 'The Driver-Car', *Theory, Culture & Society* 21(4/5): 61–79.

Edensor, Tim (2004) 'Automobility and National Identity: Representation, Geography and Driving Practice', *Theory, Culture & Society* 21(4/5): 101–20.

Ekman, P. (2003) *Emotions Revealed: Understanding Faces and Feelings*. London: Weidenfeld and Nicholson.

Ekman, P. and Friesen, W.V. (2003) *Unmasking the Face: A Guide to Recognizing Emotions*. Malor Books.

Elias, N. (1994) *The Civilizing Process*. Oxford: Blackwell.

Elias, N. (1995) 'Technicization and Civilization', *Theory, Culture & Society* 12(3): 7–42.

Elias, N. and Dunning, E. (1986) *The Quest for Excitement*. Oxford: Blackwell.

Eyerman, Ron and Orvar Löfgren (1995) 'Romancing the Road: Road Movies and Images of Mobility', *Theory, Culture & Society* 12(1): 53–79.

Faith, N. (1997) *Crash: the Limits of Car Safety*. London: Boxtree.

Featherstone, M. (1982) 'The Body in Consumer Culture', *Theory, Culture & Society* 1(2): 18-33. Reprinted in M. Featherstone, M. Hepworth and B.S. Turner (eds) *The Body*. London: Sage, 1991.

Featherstone, M. (1995) *Undoing Culture: Globalization, Postmodernism and Identity*. London: Sage.

Featherstone, M. (1998) 'The *Flâneur*, the City and Virtual Public Life', *Urban Studies*, 35(5–6): 909–25.

Featherstone, M. (2000) 'The globalization of mobility: experience, sociability and speed in technological cultures', in E.E. Busto Garcia and F. Lobo (eds) *Lazer numa sociedade Globalizada/Leisure in a Globalized Society*. São Paulo: SESC & World Leisure & Recreational Association.

Featherstone, M. and Burrows, R. (1995) 'Cultures of Technological Embodiment', in M. Featherstone and R. Burrows (eds) *Cyberspace/Cyberbodies/Cyberpunk: Cultures of Technological Embodiment*. London: Sage.

Fraser, M., C. Lury and S. Kember (2004) 'Vital Processes, Ontology, Materiality and Information: An Introduction', *Theory, Culture & Society* (forthcoming).

Gartman, David (2004) 'Three Ages of the Automobile: The Cultural Logics of the Car', *Theory, Culture & Society* 21(4/5): 169–95.

Garvey, Pauline (2001) 'Driving, Drinking and Daring in Norway', in D. Miller (ed.) *Car Cultures*. Oxford: Berg.

Gibson, J.J. (1982) 'A Theoretical field-Analysis of Automobile Driving', in E. Reed and R. Jones (eds) *Reasons for Realism: Selected Essays of James J. Gibson*. Hillsdale, N.J.: Lawrence Erlaub Associates.

Goffman, E. (1971) *The Presentation of Self in Everyday Life*. Harmondsworth: Penguin.

Goodchild, Philip (1997) 'Introduction to Gilles Deleuze: A Symposium', *Theory, Culture & Society* 14(2): 39–50.

Haddon Jr., William (1968) 'The changing approach to the epidemiology, prevention and amelioration of trauma', *American Journal of Public Health* 58: 1431–8.

Haraway, D. (1985) 'A Manifesto for Cyborgs', *Socialist Review* 80: 65–107.

Hay, J. and J. Packer (2004) 'Crossing the Media(-n): Automobility, the transported self and technologies of freedom', in N. Couldry and A. McCarthy (eds) *Place, Scale and Culture in a Media Age*. London: Routledge.

Inglis, David (2004) 'Auto Couture: Thinking the Car in Post-War France', *Theory, Culture & Society* 21(4/5): 197–219.

Katz, J. (2000) *How Emotions Work*. Chicago, IL: University of Chicago Press.

Koshar, Rudy, J. (2004) 'Cars and Nations: Anglo-German Perspectives on Automobility Between the World Wars', *Theory, Culture & Society* 21(4/5): 121–44.

Lash, S. (2002) Foreword to U. Beck and E. Beck-Gernsheim *Individualization*. London: Sage.

Lash, S. (2005) 'Lebenssoziologie: Georg Simmel in the Information Age', *Theory, Culture & Society* (forthcoming).

Lash, S. and Urry, J. (1994) *Economies of Signs and Space*. London: Sage.

Latour, B. (2002) 'Gabriel Tarde and the End of the Social', in P. Joyce (ed.) *The Social in Question*. London: Routledge.

Laurier, Eric (2004) 'Doing Office Work on the Motorway', *Theory, Culture & Society* 21(4/5): 261–277.

Lupton, D. (1999) 'Monsters in Metal Cocoons: "Road Rage" and Cyborg Bodies', *Body & Society* 5(1): 57–72.

McQuire, S. (1998) *Visions of Modernity: Representation, Memory, Time and Space in the Age of the Camera*. London: Sage.

Merriman, Peter (2004) 'Driving Places: Marc Augé, Non-Places and the Geographies of England's M1 Motorway', *Theory, Culture & Society* 21(4/5): 145–67.

Michael, M. (2000) 'These Boots are made for Walking . . .: Mundane Technology, the Body and Human-Environment Relations', Special issue on Bodies of Nature. *Body & Society* 6(3–4): 107–26.

Michael, M. (2001) 'The Invisible Car: the Cultural Purification of Road Rage', in D. Miller (ed.) *Car Cultures*. Oxford: Berg.

Millar, J. and M. Schwarz (eds) (1998) *Speed – Visions of an Accelerated Age*. London: Photographers' Gallery.

Miller, D. (2001) 'Driven Societies', in D. Miller (ed.) *Car Cultures*. Oxford: Berg.

Morse, M. (1990) 'An Ontology of Everyday Distraction: the Freeway, the Mall and Television', in P. Mellencamp (ed.) *Logics of Television*. Indiana and London: Indiana U.P. and British Film Institute.

O'Neill, J. (2004) *Five Bodies*. London: Sage.

Packer, J. (2002) 'Mobile Communications and Governing the Mobile: CBs and Truckers', *Communication Review* 5: 39–57.

Packer, J. (2003) 'Disciplining Mobility: Governing and Safety', in J. Bratich, J. Packer and C. McCarthy (eds) *Foucault, Cultural Studies and Governmentality*. Albany: State University of New York Press.

Rojek, C. and Urry, J. (1997) *Touring Cultures: Transformations of Travel and Theory.* London: Routledge.

Sennett, R. (1994) *Flesh and Stone.* London: Faber.

Sheller, Mimi (2004) 'Automotive Emotions: Feeling the Car', *Theory, Culture & Society* 21(4/5): 221–41.

Singer, B. (1995) 'Modernity, Hyperstimulus and Popular Sensationalism' in L. Charney and V.L. Schwartz (eds) *Cinema and the Invention of Modern Life.* Berkeley: University of California Press.

Toews, D. (2003) 'The New Tarde: Sociology after the End of the Social', *Theory, Culture & Society* 20(5): 81-98.

Thrift, N. (1999) 'The Place of Complexity', *Theory, Culture & Society* 16(3): 31–69.

Thrift, N. (2000) 'Still Life in Nearly Present Time: the Object of Nature', Special issue on Bodies of Nature. *Body & Society* 6(3–4): 34–57.

Thrift, N. (2004) 'Driving in the City', *Theory, Culture & Society* 21(4/5): 41–59.

Urry, J. (2000) *Sociology Beyond Societies.* London: Routledge.

Urry, J. (2003) *Global Complexity.* Cambridge: Polity Press.

Urry, J. (2004) 'The "System" of Automobility', *Theory, Culture & Society* 21(4/5): 25–39.

Virilio, P. (1995) *The Art of the Motor.* Minneapolis, MN: Minnesota University Press.

Virilio, P. (1999a) 'Interview by John Armitage', Special Issue on Virilio. *Theory, Culture & Society* 16(5–6): 25–56.

Virilio, P. (1999b) *Polar Inertia.* London: Sage.

WHO (2004) *World report on road traffic injury prevention.* Geneva: World Health Organization Publications.

Wollen, P. (2002) 'Introduction', to Wollen, P. and Kerr, J. (eds) *Autopia: Cars and Culture.* London: Reaktion Books.

Young, D. (2001) 'The Life and Death of Cars: Private Vehicles on the Pitjanjatjara Lands, South Australia', in D. Miller (ed.) *Car Cultures.* Oxford: Berg.

⦿ 自動車移動の「システム」

Abbott, A. (2001) *Time Matters.* Chicago, IL: University of Chicago Press.

Adams, J. (1999) *The Social Implications of Hypermobility.* London: OECD Project on Environmentally Sustainable Transport, UCL.

Adorno, T. (1974) *Minima Moralia.* London: Verso.

Arthur, B. (1994) *Increasing Returns and Path Dependence in the Economy.* Ann Arbor: University of Michigan Press.

Augé, M. (1995) *Non-Places*. London: Verso.

Bachmair, B. (1991) 'From the Motor-car to Television: Cultural-historical Arguments on the Meaning of Mobility for Communication', *Media, Culture & Society* 13: 521–33.

Baudrillard, J. (1988) *America*. London: Verso.

Beckmann, J. (2004) 'Mobility and Safety', *Theory, Culture & Society* 21(4/5): 81–100.

Brottman, M. (ed.) (2001) *Car Crash Culture*. New York: Palgrave.

Capra, F. (1996) *The Web of Life*. London: HarperCollins.

Capra, F. (2001) *The Hidden Connections: A Science for Sustainable Living*. London: HarperCollins.

Castells, M. (2001) *The Internet Galaxy*. Oxford: Oxford University Press.

Cervero, R. (2001) 'Meeting Mobility Changes in an Increasingly Mobile World: An American Perspective', Paris: Urban Mobilities Seminar, l'Institut pour la ville en mouvement, June.

Eyerman, R. and O. Löfgren (1995) 'Romancing the Road: Road Movies and Images of Mobility', *Theory, Culture & Society* 12(1): 53–79.

Flink, J. (1988) *The Automobile Age*. Cambridge, MA: MIT Press.

Freund, P. (1993) *The Ecology of the Automobile*. Montreal and New York: Black Rose Books.

Frisby, D. and M. Featherstone (eds) (1997) *Simmel on Culture*. London: Sage.

Giddens, A. (1991) *Modernity and Self-identity*. Cambridge: Polity.

Gladwell, M. (2000) *Tipping Points: How Little Things can make a Big Difference*. Boston, MA: Little, Brown and Company.

Gow, D. (2000) 'Ford Unveils the Car to Surf Your Way through the Traffic', *The Guardian*, 11 January.

Graham, S. and S. Marvin (2001) *Splintering Urbanism*. London: Routledge.

Graves-Brown, P. (1997) 'From Highway to Superhighway: The Sustainability, Symbolism and Situated Practices of Car Culture', *Social Analysis* 41: 64–75.

Hawken, P., A. B. Lovins and L.H. Lovins (1999) *Natural Capitalism*. London: Earthscan.

Hawkins, R. (1986) 'A Road Not Taken: Sociology and the Neglect of the Automobile', *California Sociologist* 9: 61–79.

Ihde, D. (1974) 'The Experience of Technology: Human – Machine Relations', *Cultural Hermeneutics* 2: 267–79.

Kaufmann, V. (2000) 'Modal Practices: From the Rationales behind Car and Public Transport Use to Coherent Transport Policies', *World Transport Policy and Practice* 6: 8–17.

Kunstler, J. (1994) *The Geography of Nowhere: The Rise and Decline of America's Man-made*

Landscape. New York: Touchstone Books.

Laurier, E. (2004) 'Doing Officework on the Motorway', *Theory, Culture & Society* 21(4/5): 261–77.

Luhmann, N. (1995) *Social Systems*. Stanford, CA: Stanford University Press.

Lynch, M. (1993) *Scientific Practice and Ordinary Action*. Cambridge: Cambridge University Press.

Mahoney, J. (2000) 'Path Dependence in Historical Sociology', *Theory and Society* 29: 507–48.

Marsh, P. and P. Collett (1986) *Driving Passion*. London: Jonathan Cape.

Meadows, M. and S. Stradling (2000) 'Are Women Better Drivers than Men? Tools for Measuring Driver Behaviour', in J. Hartley and A. Branthwaite (eds) *The Applied Psychologist*. Milton Keynes: Open University Press.

Merriman, P. (2004) 'Driving Places: Marc Augé, Non-Places and the Geographies of England's M1 Motorway', *Theory, Culture & Society* 21(4/5): 145–67.

Michael, M. (1998) 'Co(a)gency and the Car: Attributing Agency in the Case of "Road Rage" ', in B. Brenna, J. Law and I. Moser (eds) *Machines, Agency and Desire*. Oslo: TMV Skriftserie.

Miller, D. (ed.) (2001) *Car Cultures*. Oxford: Berg.

Mingers, J. (1995) *Self-producing Systems*. New York: Plenum.

Morris, M. (1988) 'At Henry Parkes Motel', *Cultural Studies* 2: 1–47.

Morse, M. (1998) *Virtualities: Television, Media Art and Cyberculture*. Indiana: Indiana University Press.

Motavalli, J. (2000) *Forward Drive*. San Francisco, CA: Sierra Club.

Nicolis, G. (1995) *Introduction to Non-linear Science*. Cambridge: Cambridge University Press.

North, D. (1990) *Institutions, Institutional Change and Economic Performance*. Cambridge: Cambridge University Press.

Pinkney, T. (1991) *Raymond Williams*. Bridgend: Seren Books.

Prigogine, I. (1997) *The End of Certainty*. New York: The Free Press.

Rifkin, J. (2000) *The Age of Access*. London: Penguin.

SceneSusTech (1998) *Car-systems in the City: Report 1*. Dublin: Dept of Sociology, Trinity College.

Scharff, V. (1991) *Taking the Wheel: Women and the Coming of the Motor Age*. New York: Free Press.

Sennett, R. (1977) *The Fall of Public Man*. London and Boston, MA: Faber and Faber.

Sheller, M. and J. Urry (2000) 'The City and the Car', *International Journal of Urban and Regional Research* 24: 737–57.

Slater, D. (2001) 'Markets, Materiality and the "New Economy" ', paper given to 'Geographies of New Economies' Seminar, Birmingham, UK, October.

Stradling, S. (2002) 'Behavioural Research in Road Safety: Tenth Seminar', available on DTLR/DfT website: http://www.dft.gov.uk/stellent/groups/dft_rdsafety/documents/page/dft_rdsafety_504575?02.hcsp#TopOfPage (accessed 29 May 2004).

Thrift, N. (1996) *Spatial Formations*. London: Sage.

Urry, J. (2000) *Sociology Beyond Societies*. London: Routledge.

Urry, J. (2002) 'Mobility and Proximity', *Sociology* 36: 255–74.

Urry, J. (2003) *Global Complexity*. Cambridge: Polity.

US Department of Transportation (1999) *Effective Global Transportation in the Twenty-first Century: A Vision Document*. Washington, DC: US Department of Transportation: 'One Dot' Working Group on Enabling Research.

Vigar, G. (2002) *The Politics of Mobility*. London: Spon.

Wellman, B. (2001) 'Physical Place and Cyber Place: The Rise of Networked Individualism', *International Journal of Urban and Regional Research* 25: 227–52.

Whitelegg, J. (1997) *Critical Mass*. London: Pluto.

⊙都市をドライブする

Amin, A. and N.J. Thrift (2002) *Cities: Re-imagining Urban Theory*. Cambridge: Polity Press.

Beckmann, J. (2001) 'Automobilization – A Social Problem and a Theoretical Concept', *Environment and Planning D: Society and Space* 19: 593–607.

Brandon, R. (2002) *Auto. Mobil: How the Car Changed Life*. London: Macmillan.

Brooks, R. (1991) 'Intelligence without Representation', *Artificial Intelligence Journal* 47: 139–60. (Reprinted in R. Brooks, *Cambrian Intelligence*. Cambridge, MA: MIT Press, 1999, 79–101.)

Buchanan, I. (2000) *Michel de Certeau: Cultural Theorist*. London: Sage.

Buchanan, I. (ed.) (2001) 'Michel de Certeau – in the Plural', *South Atlantic Quarterly* 100(2): 323–9.

Changeux, J.P. and P. Ricoeur (2002) *What Makes Us Think?* Princeton, NJ: Princeton University Press.

Clarke, A.C. and S. Baxter (2002) *The Light of Other Days*. London: HarperCollins.

Conley, V.A. (2001) 'Processual Practices', *South Atlantic Quarterly* 100: 483–500.

Dant, T. and P. Martin (2001) 'By Car: Carrying Modern Society', in A. Warde and J. Grunow (eds) *Ordinary Consumption*. London: Routledge.

de Certeau, M. (1984) *The Practice of Everyday Life*, trans. Steven Rendall. Berkeley: University of California Press.

de Certeau, M. (1987) 'Practices of Space', in M. Blonsky (ed.) *On Signs*. Oxford: Blackwell.

de Certeau, M. (2000a) *The Possession at Loudun*. Chicago, IL: University of Chicago Press.

de Certeau, M. (2000b) 'Walking in the City', in G. Ward (ed.) *The Certeau Reader*. London: Blackwell.

Depraz, N., F. Varela and P. Vermersch (2000) 'The Gesture of Awareness: An Account of its Structural Dynamics', pp. 121–37 in M. Velmans (ed.) *Investigating Phenomenal Consciousness*. Amsterdam: John Benjamins.

Dosse, J.F. (2002) *Michel de Certeau: le marcheur blessé*. Paris: La Découverte.

Finnegan, R. (2002) *Communicating: The Multiple Modes of Human Interaction*. London: Routledge.

Gardiner, M.E. (2000) *Critiques of Everyday Life*. London: Routledge.

Giard, L. (1997) 'Introduction: Opening the Possible', pp. ix–xv in M. de Certeau, *Culture in the Plural*. Minneapolis: University of Minnesota Press.

Guest, A. Hutchinson (1989) *Choreo-graphics: A Comparison of Dance Notation Systems from Fifteenth Century to the Present*. London and New York: Routledge.

Hart, J.F., M.J. Rhodes and J.T. Morgan (2002) *The Unknown World of the Mobile Home*. Baltimore, MD: Johns Hopkins University Press.

Henry, M. (1993) *The Genealogy of Psychoanalysis*. Stanford, CA: Stanford University Press.

Hillman, M. (2001) 'Prioritising Policy and Practice to Favour Walking', *World Transport Policy and Practice* 7: 39–43.

Holland, O. and D. McFarland (2001) *Artificial Ethology*. Oxford: Oxford University Press.

Jakle, J.A. (2001) *City Light: Illuminating the American Night*. Baltimore, MD: Johns Hopkins University Press.

Jakle, J.A. and K.A. Sculle (2002) *Fast Food: Roadside Restaurants in the Automobile Age*. Baltimore, MD: Johns Hopkins University Press.

Katz, J. (2000) *How Emotions Work*. Chicago, IL: University of Chicago Press.

Latour, B. (1992) 'Where Are the Missing Masses? The Sociology of a few Mundane Artifacts', pp. 225–58 in W. Bijker, T. Hughes and T. Pinch (eds) *The Social Construction of Technical Systems*. Cambridge, MA: MIT Press.

Latour, B. (2002) 'Gabriel Tarde and the End of the Social', pp. 117–50 in P. Joyce (ed.) *The Question of the Social: New Bearings in History and the Social Sciences*. London: Routledge.

Leen, G. and D. Heffernan (2002) 'Expanding Automotive Electronic Systems', Institute of Electrical and Electronic Engineers, Inc. January: 8.

Meister, D. (1999) *The History of Human Factors and Ergonomics*. Mahwah, NJ: Lawrence Erlbaum Associates.

Merriman, P. (2001) 'M1: A Cultural Geography of an English Motorway, 1946–1965', unpublished PhD thesis, University of Nottingham.

Merriman, P. (2004) 'Driving Places: Marc Augé, Non-Places and the Geographies of England's M1 Motorway', *Theory, Culture & Society* 21(4/5): 145–67.

Miller, D. (ed.) (2001) *Car Cultures*. Oxford: Berg.

Morris, M. (1998) *Too Soon Too Late: History in Popular Culture*. Bloomington: Indiana University Press.

Petitot, J., F.J. Varela, B. Pachoud and J. Roy (eds) (1999) *Naturalizing Phenomenology: Issues in Contemporary Phenomenology and Cognitive Science*. Stanford, CA: Stanford University Press.

Rajan, C.S. (1996) *The Enigma of Automobility*. Pittsburgh, PA: University of Pittsburgh Press.

Rouse, J. (1996) *Engaging Science: How to Understand its Practices Philosophically*. Ithaca, NY: Cornell University Press.

Sachs, W. (2002) *For Love of the Automobile: Looking Back into the History of Our Desires*. Berkeley: University of California Press.

Schatzki, T.R. (2002) *The Site of the Social: A Philosophical Account of the Constitution of Social Life and Change*. University Park: Pennsylvania State University Press.

Schivelbusch, W. (1986) *The Railway Journey: The Industrialization of Time and Space in the 19th Century*. Berkeley: University of California Press.

Sheller, M. and J. Urry (2000) 'The City and the Car', *International Journal of Urban and Regional Research* 24: 737–57.

Sheridan, T.B. (2002) *Humans and Automation: Systems Design and Research Issues*. New York: John Wiley.

Solnit, R. (2000) *Wanderlust: A History of Walking*. London: Viking.

Stivers, R. (1999) *Technology as Magic: The Triumph of the Irrational*. New York: Continuum.

Terdiman, R. (2001) 'The Marginality of Michel de Certeau', in *South Atlantic Quarterley* 100(2): 399–421.

Thrift, N.J. (1990) 'Transport and Communication 1770–1914', pp. 453–86 in R.J. Dodgshon and R. Butlin (eds) *A New Historical Geography of England and Wales*, 2nd edn. London: Academic Press.

Thrift, N.J. (1996) *Spatial Formations*. London: Sage.

Thrift, N.J. (2000) 'Afterwords', *Environment and Planning D: Society and Space* 18: 213–55.

Thrift, N.J. (2003) 'Bare Life', in H. Thomas and J. Ahmed (eds) *Dancing Bodies*. London: Routledge.

Thrift, N.J. and S. French (2002) 'The Automatic Production of Space', *Transactions of the Institute of British Geographers* 27(3): 309–25.

Urry, J. (2000) *Sociology beyond Societies*. London: Routledge.

Urry, J. (2004) 'The "System" of Automobility', *Theory, Culture & Society* 21(4/5): 25–39.

Virilio, P. (1995) *The Art of the Motor*. Minneapolis: University of Minnesota Press.

Wallace, H. (1993) *Walking, Literature and English Culture: The Origins and Uses of Peripatetic in the Nineteenth Century*. Oxford: Oxford University Press.

Warnier, J.P. (2001) 'A Paradoxical Approach to Subjectivation in a Material World', *Journal of Material Culture* 16(1): 5–24.

⊙ 運転者 - 自動車

Akrich, M. (1992) 'The De-scription of Technical Objects', pp. 205–24 in W. Bijker and J. Law (eds) *Shaping Technology/Building Society: Studies in Sociotechnical Change*. Cambridge, MA: MIT Press.

Altshuler, A., M. Anderson, D. Jones, D. Roos and J. Womack (1984) 'Can Automobility Endure?', in A. Altshuler et al. (eds) *The Future of the Automobile: The Report of MIT's International Automobile Program*. London: George Allen and Unwin.

Barthes, R. (1993) 'Mythologies de l'automobile', in *Oevres Complètes*, vol. 1: *1942–1965*. Paris: Éditions du Seuil. (First published 1963.)

Beynon, H. (1973) *Working for Ford*. Harmondsworth: Allen Lane.

Bijker, W.E., T.P. Hughes and T.J. Pinch (eds) (1987) *The Social Construction of Technological Systems*. Cambridge, MA: MIT Press.

Bukatman, S. (1993) *Terminal Identity: The Virtual Subject in Post-modern Science Fiction*.

Durham, NC and London: Duke University Press.
Callon, M. (1986a) 'The Sociology of an Actor-network: The Case of the Electric Vehicle', in M. Callon, J. Law and A. Rip (eds) *Mapping the Dynamics of Science and Technology: Sociology of Science in the Real World*. Basingstoke: Macmillan.
Callon, M. (1986b) 'Some Elements of a Sociology of Translation: Domestication of the Scallops and the Fishermen of Saint Brieuc Bay', pp. 196–233 in J. Law (ed.) *Power, Action and Belief: A New Sociology of Knowledge?* London: Routledge and Kegan Paul.
Callon, M. (1991) 'Techno-economic networks and irreversibility', in J. Law (ed.) *A Sociology of Monsters: Essays on Power, Technology and Domination*. London: Routledge.
Callon, M., J. Law and A. Rip (eds) (1986) *Mapping the Dynamics of Science and Technology: Sociology of Science in the Real World*. Basingstoke: Macmillan.
Chinoy, E. (1955) *Automobile Workers and the American Dream*. Boston, MA: Beacon.
Costall, A. (1995) 'Socializing Affordances', *Theory and Psychology* 5(4): 467–81.
Costall, A. (1997) 'The Meaning of Things', *Social Analysis* 41(1): 76–85.
Dant, T. (1998) 'Playing with Things: Objects and Subjects in Windsurfing', *Journal of Material Culture* 3(1): 77–95.
Dant, T. (1999) *Material Culture in the Social World*. Buckingham: Open University Press.
Dant, T. and P. Martin (2001) 'By Car: Carrying Modern Society', in A. Warde and J. Grunow (eds) *Ordinary Consumption*. London: Harwood.
Deleuze, G. and F. Guattari (1988) *A Thousand Plateaus: Capitalism and Schizophrenia*. London: Athlone Press.
DETR (Department of Transport, Environment and Regions) (2000) *Transport Statistics Great Britain 2000*, 26th edn. London: HMSO.
Elias, N. (1995) 'Technization and Civilization', *Theory, Culture & Society* 12(3): 7–42.
Featherstone, M. and R. Burrows (eds) (1995) *Cyberspace, Cyberbodies, Cyberpunk: Cultures of Technological Embodiment*. London: Sage.
Flink, J. (1975) *Car Culture*. Cambridge, MA: MIT Press.
Flink, J. (1988) *The Automobile Age*. Cambridge, MA: MIT Press.
Gartman, D. (1994) *Auto Opium: A Social History of American Automobile Design*. London: Routledge.
Gibson, J.J. (1979) *The Ecological Approach to Visual Perception*. Boston, MA: Houghton Mifflin.
Gibson, J.J. (1982a) 'A Theoretical Field-analysis of Automobile Driving', in E. Reed and R. Jones (eds) *Reasons for Realism: Selected Essays of James J. Gibson*. Hillsdale, NJ:

Lawrence Erlbaum Associates. (First published 1938.)

Gibson, J.J. (1982b) 'The Ability to Judge Distance and Space in Terms of Retinal Motion Cue', in E. Reed and R. Jones (eds) *Reasons for Realism: Selected Essays of James J. Gibson*. Hillsdale, NJ: Lawrence Erlbaum Associates. (First published 1947.)

Goffman, E. (1971) *Relations in Public: Microstudies of the Public Order*. New York: Basic Books.

Goldthorpe, J.H., D. Lockwood, F. Bechhofer and J. Platt (1968) *The Affluent Worker: (1) Industrial Attitudes and Behaviour and (2) Political Attitudes and Behaviour*. Cambridge: Cambridge University Press.

Haraway, D. (1991) *Simians, Cyborgs and Women: The Reinvention of Nature*. London: Free Association Books.

Hawken, P., A.B. Lovins and L.H. Lovins (1999) *Natural Capitalism: The Next Industrial Revolution*. London: Earthscan Publications.

Hawkins, R. (1986) 'A Road Not Taken: Sociology and the Neglect of the Automobile', *California Sociologist* 9(1–2): 61–79.

Hutchby, I. (2001) 'Technologies, Texts and Affordances', *Sociology* 35(2): 441–56.

Ihde, D. (1974) 'The Experience of Technology: Human – Machine Relations', *Cultural Hermeneutics* 2: 267–79.

Latour, B. (1988) *The Pasteurization of France*. Cambridge, MA: Harvard University Press.

Latour, B. (1991) 'Technology is Society Made Durable', in J. Law (ed.) *A Sociology of Monsters: Essays on Power, Technology and Domination*. London: Routledge.

Latour, B. (1992) 'Where are the Missing Masses? The Sociology of a Few Mundane Artifacts', in W. Bijker and J. Law (eds) *Shaping Technology/Building Society: Studies in Sociotechnical Change*. Cambridge, MA: MIT Press.

Latour, B. (1996) *Aramis, or The Love of Technology*. Cambridge, MA: Harvard University Press.

Latour, B. (1999) *Pandora's Hope: Essays on the Reality of Science Studies*. Cambridge, MA: Harvard University Press.

Law, J. and M. Callon (1992) 'The Life and Death of an Aircraft: A Network Analysis of Technical Change', in W. Bijker and J. Law (eds) *Shaping Technology/Building Society: Studies in Sociotechnical Change*. Cambridge, MA: MIT Press.

Lefebvre, H. (1971) *Everyday Life in the Modern World*. London: Allen Lane, Penguin Press. (First published 1968.)

Liniado, M. (1996) *Car Culture and Countryside Change*. Cirencester, Glos.: The National Trust.

Luke, T. (1996) 'Liberal Society and Cyborg Subjectivity: The Politics of Environments, Bodies and Nature', *Alternatives* 21: 1–30.

McCarthy, E. Doyle (1984) 'Toward a Sociology of the Physical World: George Herbert Mead on Physical Objects', *Studies in Symbolic Interaction* 5: 105–21.

MacKenzie, D. and J. Wajcman (eds) (1985) *The Social Shaping of Technology: A Reader*. Milton Keynes: Open University Press.

Mannheim, K. (1936) *Ideology and Utopia: An Introduction to the Sociology of Knowledge*. London: Routledge and Kegan Paul.

Marrow, A.J. (1969) *The Practical Theorist: The Life and Work of Kurt Lewin*. New York: Basic Books.

Mead, George Herbert (1962) *Mind, Self, and Society: From the Standpoint of a Social Behaviorist*, edited by Charles W. Morris. Chicago, IL: University of Chicago Press. (First published 1934.)

Merleau-Ponty, M. (1962) *Phenomenology of Perception*. London: Routledge. (First published 1945.)

Miller, D. (2001a) 'Driven Societies', in D. Miller (ed.) *Car Cultures*. Oxford: Berg.

Miller, D. (ed.) (2001b) *Car Cultures*. Oxford: Berg.

O'Connell, S. (1998) *The Car and British Society: Class, Gender and Motoring, 1896–1939*. Manchester: Manchester University Press.

Rosen, P. (1995) 'Modernity, Postmodernity and Sociotechnical Change in the British Cycle Industry and Cycling Culture', PhD dissertation, Lancaster University, UK.

Rosen, P. (2002) *Framing Production: Technology, Culture and Change in the British Bicycle Industry*. Cambridge, MA: MIT Press.

Sachs, W. (1992) *For Love of the Automobile: Looking Back into the History of Our Desires*. Berkeley: University of California Press.

Sharrock, W. and J. Coulter (1998) 'On What We Can See', *Theory & Psychology* 8(2): 147–64.

Thoms, D., L. Holden and T. Claydon (eds) (1998) *The Motor Car and Popular Culture in the 20th Century*. Aldershot: Ashgate.

Urry, J. (1999) 'Automobility, Car Culture and Weightless Travel', discussion paper, Department of Sociology, Lancaster University, UK, available online http: //www.lancaster.ac.uk/sociologysoc008ju.html.

Urry, J. (2000) *Sociology beyond Societies*. London: Sage.

◉ 移動性と安全性

Albertsen, N. and B. Diken (2001) 'Mobility, Justification, and the City', *Nordisk Arkitekturforskning* 14(1): 13–24.

Armitage, J. (2000) 'From Modernism to Hypermodernism and Beyond: An Interview with Paul Virilio', *Theory, Culture & Society* 16(5/6): 25–56.

Atkinson, P. and A. Coffey (1997) 'Analysing Documentary Realities', in D. Silverman (ed.) *Qualitative Research*. London: Sage.

Bauman, Z. (1998) *Globalisation*. Cambridge: Polity Press.

Bauman, Z. (2000) *Liquid Modernity*. Cambridge: Polity Press.

Beck, U. (1992) *Risk Society*. London: Sage.

Beckmann, J. (2001a) 'Automobilization – A Social Problem and Theoretical Concept', *Environment and Planning D: Society and Space* 19(5): 593–607.

Beckmann, J. (2001b) *Risky Mobility: The Filtering of Automobility's Unintended Consequences*. Copenhagen: Copenhagen University Press.

Berman, M. (1982) *All that Is Solid Melts into Air*. New York: Penguin Books.

Bonss, W. and S. Kesselring (1999) 'Mobilität und Moderne. Zur gesellschaftstheoretischen Verortung des Mobilitätsbegriffs', in C. Tully (ed.) *Erzeihung zur Mobilität. Jugendliche in der Automobilen Gesellschaft*. Frankfurt: Campus.

Canzler, W. (1996) *Das Zauberlehrlingssyndrom. Enstehung und Stabilität des Automobil-Leitbildes*. Berlin: Edition Sigma.

Castells, M. (1996) T*he Rise of the Network Society*. Oxford: Blackwell.

Elam, M. (1999) 'Living Dangerously with Bruno Latour in a Hybrid World', *Theory, Culture & Society* 16(4): 1–24.

Gartman, D. (1994) *Auto Opium*. London: Routledge.

Giddens, A. (1990) *The Consequences of Modernity*. Cambridge: Polity Press.

Hagman, O. (1999) *Bilen, naturen och det moderna*. Göteborg: Socialantropologiska Institutionen Göteborgs Universitet.

Haraway, D. (1985) 'Manifesto for Cyborgs – Science, Technology and Socialist Feminism in the 1980s', *Socialist Review* 80: 65–108.

Irwin, A. (1995) *Citizen Science: A Study of People, Expertise and Sustainable Development*. London: Routledge.

Jamison, A. (1996) 'The Shaping of the Global Environmental Agenda: The Role of Nongovernmental Agendas', in S. Lash, B. Szerszynski and B. Wynne (eds) *Risk, Environment and Modernity: Towards a New Ecology*. London: Sage.

Krämer-Badoni, D., T. Grymer and H. Rodenstein (1971) *Zur sozio-ökonomischen Bedeu-*

tung des Automobils. Frankfurt am Main: Suhrkamp.

Kuhm, K. (1997) *Moderne und Asphalt. Die Automobilisierung als Prozess technologischer Integration und sozialer Vernetztung*. Pfaffenweiler: Centaurus-Verlagsgesellschaft.

Lash, S. and B. Wynne (1992) 'Introduction', in U. Beck, *Risk Society: Towards a New Modernity*. London: Sage.

Latour, B. (1988) 'Opening One Eye, while Closing the Other . . . A Note on Some Religious Paintings', in G. Fyfe and J. Law (eds) *Picturing Power: Visual Depictions and Social Relations*. London: Routledge.

Latour, B. (1992) 'Where Are the Missing Masses? The Sociology of a Few Mundane Artefacts', in W. Bijker, T.P. Hughes and T.J. Pinch (eds) *The Social Construction of Technological Systems*. Cambridge, MA: MIT Press.

Latour, B. (1996) 'On Actor Network Theory: A Few Clarifications', *Soziale Welt* 47(4): 369–81.

Latour, B. and S. Woolgar (1986) *Laboratory Life: The Production of Scientific Facts*. Princeton, NJ: Princeton University Press.

Law, J. (2000) 'Ladbroke Grove, or How to Think about Failing Systems', Centre for Science Studies and the Department of Sociology, Lancaster University available online: http://www.comp.lancaster.ac.uk/sociology/soc055jl.html (version: paddington5.doc, 15 August 2000).

Law, J. and A. Mol (2001) 'Situating Technoscience: An Inquiry into Spatialities', *Environment and Planning D: Society and Space* 19(5): 609–22.

Lupton, D. (1999) 'Monsters in Metal Cocoons: Road Rage and Cyborgs', *Body & Society* 51(5): 57–72.

Papastergiadis, N. (2000) *The Turbulence of Migration*. Cambridge: Polity Press.

Rammler, S. (2001) *Die Wahlverwandschaft von Moderne und Mobilität*. Berlin: Edition Sigma.

Sheller, M. and J. Urry (2000) 'The City and the Car', *International Journal of Urban and Regional Research* 24(4): 37–57.

Smith, D. (1984) 'Textually Mediated Social Organisation', *International Social Science Journal* 36(1): 59–76.

Thrift, N. (1996) *Spatial Formations*. London: Sage.

Tully, C. (1998) *Rot, cool und was unter der Haube*. München: Olzog.

Urry, J. (2000) *Sociology beyond Societies*. London: Routledge.

Urry, J. (2004) 'The "System" of Automobility', *Theory, Culture & Society* 21(4/5): 25–39.

Virilio, P. (1997) *Open Sky*. London: Verso.

◉ 自動車移動とナショナル・アイデンティティ

Anderson, B. (1983) *Imagined Communities*. London: Verso.

Appadurai, A. (1990) 'Disjuncture and Difference in the Global Cultural Economy', in M. Featherstone (ed.) *Global Culture*. London: Sage.

Appadurai, A. (1996) *Modernity at Large*. Minneapolis: Minnesota University Press.

Attfield, J. (2000) *Wild Things: The Material Cultures of Everyday Life*. Oxford: Berg.

Barker, C. (1999) *Television, Globalisation and Cultural Identities*. Buckingham: Open University Press.

Billig, M. (1995) *Banal Nationalism*. London: Sage.

Bourdieu, P. (1984) *Distinction*. London: Routledge.

Bull, M. (2001) 'Soundscapes of the Car: A Critical Ethnography of Automobile Habitation', in D. Miller (ed.) *Car Cultures*. Oxford: Berg.

Bull, M. (2004) 'Automobility and the Power of Sound', *Theory, Culture & Society* 21(4/5): 245–60.

Butler, J. (1993) *Bodies that Matter: The Discursive Limits of Sex*. London: Routledge.

Castells, M. (1996) *The Rise of the Network Society: The Information Age: Economy, Society and Culture*. Oxford: Blackwell.

Claessen, C. (1993) *Worlds of Sense: Exploring the Senses in History and Across Cultures*. London: Routledge.

Clarkson, J. (2002) 'Good Car, Bad Car: Thirty More No-nonsense Verdicts', *Sunday Times* suppl.: 10 Feb.

Crang, M. (2000) 'Between Academy and Popular Geographies: Cartographic Imaginations and the Cultural Landscpe of Sweden', in I. Cook, D. Crouch, S. Naylor and J. Ryan (eds) *Cultural Turns/Geographical Turns*. London: Prentice Hall.

Crouch, D. (1999) 'Introduction: Encounters in Leisure/Tourism', in D. Crouch (ed.) *Leisure/Tourism Geographies: Practices and Geographical Knowledge*. London: Routledge.

Edensor, T. (2000) 'Moving through the City', in D. Bell and A. Haddour (eds) *City Visions*. Harlow: Prentice Hall.

Edensor, T. (2001) 'Performing Tourism, Staging Tourism: (Re)Producing Tourist Space and Practice', *Tourist Studies* 1(1): 59–82.

Edensor, T. (2002) *National Identity, Popular Culture and Everyday Life*. Oxford: Berg.

Edensor, T. (2003) 'M6: Junction 19–16: Defamiliarising the Mundane Roadscape', *Space and Culture* 6(2): 151–68.

Fortuna, C. (2000) 'Soundscapes: The Sounding City and Urban Social Life', *Space and Culture* 11/12: 70–86.

Frykman, J. and O. Löfgren (eds) (1996) 'Introduction', in *Forces of Habit: Exploring Everyday Culture*. Lund: Lund University Press.

Gellner, E. (1983) *Nations and Nationalism*. Oxford: Blackwell.

Goffman, E. (1959) *The Presentation of Self in Everyday Life*. New York: Doubleday.

Graves-Brown, P. (2000) 'Always Crashing in the Same Car', in P. Graves-Brown (ed.) *Matter, Materiality and Modern Culture*. London: Routledge.

Gren, M. (2001) 'Time-geography Matters', in J. May and N. Thrift (eds) *Timespace: Geographies of Temporality*. London: Routledge.

Hagman, O. (1993) 'The Swedishness of Cars in Sweden', in K. Sørensen (ed.) *The Car and its Environments: The Past, Present and Future of the Motorcar in Europe*. Luxembourg: European Commission.

Harrison, P. (2000) 'Making Sense: Embodiment and the Sensibilities of the Everyday', *Environment and Planning D: Society and Space* 18: 497–517.

Hunt, L. (1998) *British Low Culture: From Safari Suits to Sexploitation*. London: Routledge.

Hutchinson, J. (2001) 'Nations and Culture', in M. Guibernau and J. Hutchinson (eds) *Understanding Nationalism*. Cambridge: Polity.

Ingold, T. and T. Kurttila (2000) 'Perceiving the Environment in Finnish Lapland', *Body & Society* 6(3/4): 183–96.

McKibbin, R. (1999) 'Mondeo Man in the Driving Seat', *London Review of Books* 21(19), 30 Sept.

Miller, D. (1998) 'Coca-Cola: A Black Sweet Drink from Trinidad', in D. Miller (ed.) *Material Cultures: Why Some Things Matter*. London: UCL Press.

Miller, D. (ed.) (2001) *Car Cultures*. Oxford: Berg.

Morley, D. (1991) 'Where the Global Meets the Local: Notes from the Sitting Room', *Screen* 32(1): 1–15.

Morton, H. (1984) *In Search of England*. London: Methuen.

O'Connell, S. (1998) *The Car and British Society: Class Gender and Motoring 1896–1939*. Manchester: Manchester University Press.

Ohmae, K. (1992) *The Borderless World*. London: Fontana.

Ross, K. (1995) *Fast Cars, Clean Bodies: Decolonisation and the Reordering of French Culture*. London: MIT Press.

Samuel, R. and P. Thompson (eds) (1990) *The Myths We Live By*. London: Routledge.

Sennett, R. (1994) *Flesh and Stone*. London: Faber.

Sheller, M. and J. Urry (2000) 'The City and the Car', *Urban Studies* 24.

Sibley, D. (1988) 'Survey 13: Purification of Space', *Environment and Planning D: Society and Space* 6: 409–21.

Smith, A. (1991) *National Identity*. London: Penguin.

Smith, A. (1998) *Nationalism and Modernism*. London: Routledge.

Sopher, D. (1979) 'The Landscape of Home: Myth, Experience, Social Meaning', in D. Meinig (ed.) *The Interpretation of Ordinary Landscape*. New York: Oxford University Press.

Sørensen, K. (ed.) (1993) *The Car and its Environments: The Past, Present and Future of the Motorcar in Europe*. Luxembourg: European Commission.

Spooner, B. (1986) 'Weavers and Dealers: The Authenticity of an Oriental Carpet', in A. Appadurai (ed.) *The Social Life of Things: Commodities in Cultural Perspective*. Cambridge: Cambridge University Press.

Thompson, J. (1995) *The Media and Modernity*. Cambridge: Polity.

Urry, J. (2000) *Sociology beyond Societies*. London: Routledge.

Urry, J. (2003) *Global Complexity*. London: Sage.

Urry, J. (2004) 'The "System" of Automobility', *Theory, Culture & Society* 21(4/5): 25–39.

⦿ 自動車とネーション

Allgemeine Automobil Zeitung (1928a) 'Durchs Schlüsselloch. Zur internationalen Autoschau Berlin 1928', 3 November: 15.

Allgemeine Automobil Zeitung (1928b) 'Die Weltausstellung des Kraftfahrwesens', 11 November: 27–30.

Allgemeine Automobil Zeitung (1928c) 'Der billige Wagen', 11 November: 32, 33.

Allgemeine Automobil Zeitung (1928d) 'Das soziale Auto', 14 November: 29–30.

Allgemeine Automobil Zeitung (1936a) 'Das Auto von vorn bis hinten', 18 January: 13.

Allgemeine Automobil Zeitung (1936b) 'Erster Überblick über die Autoschau', 15 February: 14–19.

Allgemeine Automobil Zeitung (1936c) 'Der Wagen für die Autobahn – im Spiegel unserer Leser', 19 September: 8–13.

The Autocar (1913) 'Bonnets and Radiators', 22 March: 507–20.

The Autocar (1919) 'The Designing Hun', 12 July: 68.

The Autocar (1920) 'German Design, Mercedes Cars', 11 September: 451–2.

The Autocar (1928a) 'At the Paris Show', 5 October: 685.

The Autocar (1928b) 'A Tour of Olympia', 12 October: 766–73.

The Autocar (1928c) 'Showtide', 19 October: 875.

The Autocar (1936) 'Disconnected Jottings', 9 October: 680.

The Autocar (1938) 'The People's Car: Foundation Stone for German Factory Laid Down after Four Years', 30 June: 998.

The Autocar (1939) 'The People's Car: What Stands Against a Spreading Idea', 17 February: 246–7.

Automotive Industries (1938) 'Volkswagen – $2 per week – F.O.B. 1940 in Germany', 24 September: 382–4.

Bade, Wilfrid (1938) *Das Auto erobert die Welt: Biographie des Kraftwagens*. Berlin: Zeitgeschichte-Verlag.

Bellon, Bernard (1990) *Mercedes in Peace and War: German Automobile Workers, 1903–1945*. New York: Columbia University Press.

Bellu, Serge (1990/91) 'The Great 50s Dream', *Auto & Design* 65: 39–55.

Berger, Michael L. (1979) *The Devil Wagon in God's Country: The Automobile and Social Change in Rural America 1893–1929*. Hamden, CT: Archon Books.

Boch, Rudolf (ed.) (2001) *Geschichte und Zukunft der deutschen Automobilindustrie*. Stuttgart: Franz Steiner.

Church, Roy (1979) *Herbert Austin: The British Motor Industry to 1941*. London: Europa.

Church, Roy (1994) *The Rise and Decline of the British Motor Industry*. London: Macmillan.

Davies, B.H. (1928) 'Among the Small Cars', *The Autocar* 19 October: 894a–b.

Dudas, Frank (1991) 'Flash Cars', *Design* March: 51.

Dugdale, John (1939) 'In Germany Today . . . Reflections on a Recent Continental Tour with a Twelve-cylinder Lagonda', *The Autocar* 16 June: 1022–3.

Edelmann, Heidrun (1997) 'Der Traum von "Volkswagen" ', pp. 280–8 in Hans-Liudger Dienel and Helmut Trischler (eds) *Geschichte der Zukunft des Verkehrs: Verkehrskonzepte von der Frühen Neuzeit bis zum 21. Jahrhundert*. Frankfurt am Main and New York: Campus.

Edensor, Tim (2002) *National Identity, Popular Culture and Everyday Life*. Oxford and New York: Berg.

E.J.A. (1928) 'Berlin!', *The Autocar* 16 November: 1144–9.

Engel, Helmut (2000) *Das Auto: Geburt eines Phanomens. Eine Berliner Geschichte*. Berlin: Jovis.

Flik, Reiner (2001) *Von Ford Lernen? Automobilbau und Motorisierung in Deutschland bis 1933*. Vienna: Böhlau.

Foreman-Peck, James, Sue Bowden and Alan McKinley (1995) *The British Motor Industry*.

Manchester and New York: Manchester University Press.

Foster, Mark S. (2003) *A Nation on Wheels: The Automobile Culture in America since 1945*. Belmont, CA: Thomson/Wadsworth.

Friedmann, P. (1928) 'Paris–London–Berlin', *Allgemeine Automobil Zeitung* 8 November: 45–9.

Gartman, David (1994) *Auto Opium: A Social History of American Automobile Design*. London: Routledge.

Gregor, Neil (1998) *Daimler-Benz in the Third Reich*. New Haven, CT and London: Yale University Press.

Hauser, Heinrich (1928) *Friede mit Maschinen*. Leipzig: Philipp Reclam jun.

Hebdige, Dick (1988) *Hiding in the Light: On Images and Things*. London and New York: Routledge.

Hobsbawm, Eric and Terence Ranger (eds) (1983) *The Invention of Tradition*. Cambridge: Cambridge University Press.

Horch, August (1937) *Ich baute Autos: Vom Schmiedelehrling zum Autoindustriellen*. Berlin: Schutzen-Verlag.

John, Owen (1929a) 'On the Road: Does Motoring Have a Tendency to Destroy Individuality?', *The Autocar* 1 February: 208–9.

John, Owen (1929b) 'On the Road: The Future of the Show – To Be or Not To Be?', *The Autocar* 2 November: 1022b–c.

'Kapitän Nemo' (1936) 'Gedanken eines Ausländers', *Allgemeine Automobil Zeitung* 22 February: 12–15.

Kirsch, David A. (2000) *The Electric Vehicle and the Burden of History*. New Brunswick, NJ: Rutgers University Press.

Koshar, Rudy (2001) '" Germany has been a Melting Pot": American and German Intercultures, 1945–1955', pp. 158–78 in Frank Trommler and Elliot Shore (eds) *The German–American Encounter: Conflict and Cooperation Between Two Cultures, 1800 –2000*. New York and Oxford: Berghahn Books.

Koshar, Rudy (2002) 'Germans at the Wheel: Cars and Leisure Travel in Interwar Germany', pp. 215–30 in Rudy Koshar (ed.) *Histories of Leisure*. Oxford and New York: Berg Publishers.

Kubisch, Ulrich (1985) *Automobile aus Berlin: Vom Tropfenwagen zum Amphicar*. Berlin: Museum für Verkehr und Technik.

Kubisch, Ulrich (1998) *Das Automobil als Lesestoff: Zur Geschichte der deutschen Motorpresse 1898–1998*. Berlin: Staatsbibliothek Preußischer Kulturbesitz.

Lackey, Kris (1997) *RoadFrames: The American Highway Narrative*. Lincoln and London: University of Nebraska Press.

Lewis, David L. and Laurence Goldstein (eds) (1983) *The Automobile and American Culture*. Ann Arbor: University of Michigan Press.

McShane, Clay (1994) *Down the Asphalt Path: The Automobile and the American City*. New York: Columbia University Press.

Matless, David (1998) *Landscape and Englishness*. London: Reaktion Books.

Mercedes-Benz Archiv (1927–8) Propaganda Tour Reports, Sonderschauen, Nr 1., Stuttgart.

Mercedes-Benz Nachrichtenblatt (1925) 'Mercedes und Benz bei der Großen Russischen Prüfungsfahrt 1925', November: 1.

Merki, Christoph Maria (1998) 'Den Fortschritt bremsen? Der Widerstand gegen die Motorisierung des Straßenverkehrs in der Schweiz', *Technikgeschichte* 65: 233–53.

Merki, Christoph Maria (1999) 'Die "Auto-Wildlinge" und das Recht: Verkehrs(un)sicherheit in der Frühzeit des Automobilismus', pp. 51–73 in Harry Niemann and Armin Hermann (eds) *Geschichte der Straßenverkehrssicherheit im Wechselspiel zwischen Fahrzeug-Fahrbahn und Mensch*. Bielefeld: Delius und Klasing.

Merki, Christoph Maria (2002) *Der holprige Siegeszug des Automobils 1895–1930. Zur Motorisierung des Straßenverkehrs in Frankreich, Deutschland und der Schweiz*. Vienna: Böhlau.

Miller, Daniel (2001) 'Driven Societies', pp. 1–33 in Daniel Miller (ed.) *Car Cultures*. Oxford and New York: Berg Publishers.

Mommsen, Hans (with Manfred Grieger) (1996) *Das Volkswagenwerk und seine Arbeiter im Dritten Reich*. Düsseldorf: Econ.

Moorhouse, H.F. (1991) *Driving Ambitions: A Social Analysis of the American Hot Rod Enthusiasm*. Manchester and New York: Manchester University Press.

Möser, Kurt (1998) 'World War I and the Creation of Desire for Automobiles in Germany', pp. 195–222 in Susan Strasser, Charles McGovern and Matthias Judt (eds) *Getting and Spending: European and American Consumer Societies in the Twentieth Century*. Cambridge: Cambridge University Press.

Motor-Kritik (1939) 'Autoschau 1939 und rund ein Dutzend Jährchen Rückblick', January: 51–3.

Münchener Neueste Nachrichten (1929) 'Sonderausstellung bei Mercedes-Benz', 3 December.

Münchener Zeitung (1929a) 'Mercedes-Benz Werbefahrt', 7 December.

Münchener Zeitung (1929b) 'Mercedes-Benz "Nürburg-Kolonne"', 7/8 December.

Münchener Zeitung (1929c) 'Ein sehenswerter Mercedes-Benz', 14 December.

Nelson, Walter Henry (1965) *Small Wonder: The Amazing Story of the Volkswagen*. Boston, MA and Toronto: Little, Brown and Company.

Niemann, Harry (n.d.) *Béla Barényi: The Father of Passive Safety*. Stuttgart: Mercedes-Benz AG.

Nockolds, Harold (1936) 'Cross-Channel Holiday', *The Autocar* 28 August: 390–2; 11 September: 462–64, 466.

Nolan, Mary (1994) *Visions of Modernity: American Business and the Modernization of Germany*. New York: Oxford University Press.

O'Connell, Sean (1998) *The Car in British Society: Class, Gender and Motoring 1896–1939*. Manchester and New York: Manchester University Press.

Oswald, Werner (1996) *Deutsche Autos 1920–1945: Alle deutscher Personenwagen der damaligen Zeit*, 10th edn. Stuttgart: Motorbuch Verlag.

Otte, Reinhold (1930) 'Der neue DKW-Vierzylinder: ein Schritt vorwärts auf dem Wege zum deutschen Volksauto', *Motor* March: 33–4.

Petsch, Joachim (1982) *Geschichte des Auto-Design*. Cologne: DuMont Buchverlag.

Petzina, Dietmar, Werner Abelshauser and Anselm Faust (1978) *Sozialgeschichtliches Arbeitsbuch III*. Munich: Beck.

Preston, Howard L. (1979) *Automobile Age Atlanta: The Making of a Southern Metropolis, 1900–1935*. Athens: University of Georgia Press.

Primeau, Ronald (1996) *Romance of the Road: The Literature of the American Highway*. Bowling Green, OH: Bowling Green State University Popular Press.

Reichsverband der Automobilindustrie (ed.) (1938) *Tatsachen und Zahlen aus der Kraftverkehrswirtschaft 1937*. Berlin: Union Deutsche Verlagsgesellschaft.

Richardson, Kenneth (1977) *The British Motor Industry, 1896–1939: A Social and Economic History*. London: Macmillan.

Rieger, Bernhard (n.d.) ' "Modern Wonders": Technological Innovation and Public Ambivalence in Britain and Germany between the 1890s and 1933', unpublished article manuscript.

Roche, Daniel (2000) *A History of Everyday Things: The Birth of Consumption in France, 1600–1800*. Cambridge: Cambridge University Press.

Rose, M. (1926) Letter to the Editor in 'Some Queries and Replies', *The Autocar* 19 November: 995.

Runge-Schüttoff, Gerda (1928) 'Eröffnung!', *Allgemeine Automobil Zeitung* 11 November:

31–2.
Sachs, Wolfgang (1992) *For Love of the Automobile: Looking Back into the History of our Desires*. Berkeley and Los Angeles: University of California Press.
Scharff, Virginia (1991) *Taking the Wheel: Women and the Coming of the Motor Age*. Albuquerque: University of New Mexico Press.
Schuder, Kurt (1940) *Granit und Herz: Die Straßen Adolf Hitlers – ein Dombau unserer Zeit*. Braunschweig, Berlin, Hamburg: Georg Westernmann.
Schwarz, Angela (1993) *Die Reise ins Dritte Reich: Britische Augenzeugen im nationalsozialistischen Deutschland (1933–1939)*. Göttingen: Vandenhoeck & Ruprecht.
Sedgwick, Michael (1970) *Cars of the 1930s*. London: B.T. Batsford.
Stieniczka, Norbert (2001) 'Vom fahrbahren Untersatz zur Chromkarosse mit "innerer Sicherheit": Der Wandel der Nutzanforderungen an das Automobil in den 50er und 60er Jahren', pp. 177–200, in Rudolf Boch (ed.) *Geschichte und Zukunft der deutschen Automobilindustrie*. Stuttgart: Franz Steiner.
Thieme, Carsten (2001) 'Krisenbewältigung durch Kooperation? Fusionsprozeß und Marktverordnungsversuche bei Daimler-Benz 1924–1932', pp. 85–108 in Rudolf Boch (ed.) *Geschichte und Zukunft der deutschen Automobilindustrie*. Stuttgart: Franz Steiner.
Tolliday, Steven (1995) 'Enterprise and State in the West German Wirtschaftswunder: Volkswagen and the Automobile Industry, 1939–1962', *Business History Review* 69: 273–350.
Trentmann, Frank (1994) 'Civilization and its Discontents: English Neo-Romanticism and the Transformation of Anti-Modernism in Twentieth-century Western Culture', *Journal of Contemporary History* 29: 583–625.
Volti, Rudi (1996) 'A Century of Automobility', *Technology and Culture* 37: 663–85.
Walz, Werner and Harry Niemann (1997) *Daimler-Benz. Wo das Auto anfing*, 6th edn. Konstanz: Verlag Stadler.
Wik, Reynold M. (1972) *Henry Ford and Grass-roots America*. Ann Arbor: University of Michigan Press.
Zeitlin, Jonathan (2000) 'Reconciling Automation and Flexibility? Technology and Production in the Postwar British Motor Vehicle Industry', *Enterprise and Society* 1: 9–62.

⊙ドライブの場所

Augé, M. (1985) *La Traversée du Luxembourg: ethno-roman d'une journée française considérée sous l'angle des moeurs, de la théorie, et du bonheur*. Paris: Hachette.

Augé, M. (1986) *Un ethnologue dans le métro*. Paris: Hachette.

Augé, M. (1989) *Domaines et châteaux*. Paris: Éditions du Seuil.

Augé, M. (1992) *Non-lieux: introduction à une anthropologie de la surmodernité*. Paris: Éditions du Seuil.

Augé, M. (1994) 'Home Made Strange' (Jean-Pierre Criqui interviews Marc Augé), *Artforum* 32(10): 84–8: 114, 117.

Augé, M. (1995) *Non-places: Introduction to an Anthropology of Supermodernity*. London: Verso.

Augé, M. (1996a) 'Paris and the Ethnography of the Contemporary World', pp. 175–81 in M. Sherringham (ed.) *Parisian Fields*. London: Reaktion.

Augé, M. (1996b) 'About Non-places', *Architectural Design* 66(121): 82–3.

Augé, M. (1998) *A Sense for the Other*. Stanford, CA: Stanford University Press.

Augé, M. (1999a) *The War of Dreams: Exercises in Ethno-Fiction*. London: Pluto Press.

Augé, M. (1999b) *An Anthropology for Contemporaneous Worlds*. Stanford, CA: Stanford University Press.

Augé, M. (2000) 'Airports', pp. 8–9 in S. Pile and N. Thrift (eds) *City A–Z*. London: Routledge.

Augé, M. (2002) *In the Metro*. Minneapolis: University of Minnesota Press.

Automotive Products Associated Limited (1959) Untitled advertisement, *The Times* 2 November: 9.

Baker, M. (1968) *Discovering M1*. Tring, Herts: Shire Publications.

Baudrillard, J. (1994) *Simulacra and Simulation*. Ann Arbor: University of Michigan Press.

Bender, B. (2001) 'Introduction', pp. 1–18 in B. Bender and M. Winer (eds) *Contested Landscapes: Movement, Exile and Place*. Oxford: Berg.

Benko, G. (1997) 'Introduction: Modernity, Postmodernity and the Social Sciences', pp. 1 –44 in G. Benko and U. Strohmayer (eds) *Space and Social Theory: Interpreting Modernity and Postmodernity*. Oxford: Blackwell.

Blomley, N. (1994) *Law, Space, and the Geographies of Power*. London: Guilford Press.

Bode, S. and J. Millar (1997) 'Introduction', pp. 54–7 in S. Bode and J. Millar (eds) *Airport*. London: The Photographers' Gallery.

Brooks, T. (1959) 'The Hazards of M1', *The Observer* 8 November: 5.

Bugler, J. (1966) 'The Lorry Men', *New Society* 8(4 August): 181–4.

Casey, E.S. (1993) *Getting Back Into Place: Towards a Renewed Understanding of the Place-world*. Bloomington: Indiana University Press.

Castells, M. (2000) *The Rise of the Network Society*, 2nd edn. Oxford: Blackwell.

Chronicle and Echo (Northampton) (1958) 'Motorway Code', 26 November.
Clifford, A. (1990) 'The Middle of Nowhere', *New Statesman and Society* 5 January: 48.
Conley, T. (2002a) 'Introduction: Marc Augé, "A Little History" ', pp. vii–xxii in M. Augé, *In the Metro*. Minneapolis: University of Minnesota Press.
Conley, T. (2002b) 'Afterword: Riding the Subway with Marc Augé', pp. 73–113 in M. Augé, *In the Metro*. Minneapolis: University of Minnesota Press.
Coupland, D. (1997) 'Hubs', pp. 70–3 in S. Bode and J. Millar (eds) *Airport*. London: The Photographers' Gallery.
Crang, M. (2002) 'Commentary', *Environment and Planning* A 34(4): 569–74.
Cresswell, T. (1997) 'Imagining the Nomad: Mobility and the Postmodern Primitive', pp. 360–79 in G. Benko and U. Strohmayer (eds) *Space and Social Theory: Interpreting Modernity and Postmodernity*. Oxford: Blackwell.
Cresswell, T. (2001) 'The Production of Mobilities', *New Formations* 43: 11–25.
Daily Telegraph (1979) 'EMI Apologises for Food Song', 25 January: 11.
Daniels, S. (1985) 'Images of the Railway in Nineteenth-century Paintings and Prints', pp. 5–19 in *Nottingham Castle Museum, Train Spotting: Images of the Railway in Art*. Nottingham: Nottingham Castle Museum.
Dant, T. (2004) 'The Driver-Car', *Theory, Culture & Society* 21(4/5): 61–79.
Dant, T. and P.J. Martin (2001) 'By Car: Carrying Modern Society', pp. 143–57 in J. Gronow and A. Warde (eds) *Ordinary Consumption*. London: Routledge.
de Certeau, M. (1984) *The Practice of Everyday Life*. Berkeley: University of California Press.
Doel, M. (1996) 'A Hundred Thousand Lines of Flight: A Machinic Introduction to the Nomad Thought and Scrumpled Geography of Gilles Deleuze and Félix Guattari', *Environment and Planning D: Society and Space* 14(4): 421–39.
Edensor, T. (2003) 'M6 – Junction 19–16: Refamiliarizing the Mundane Roadscape', *Space and Culture* 6(2): 151–68.
Frow, J. (1997) *Time and Commodity Culture: Essays in Cultural Theory and Postmodernity*. Oxford: Oxford University Press.
Giddens, A. (1990) *The Consequences of Modernity*. Cambridge: Polity Press.
Glancey, J. (1992) 'A Bridge too Far?', *The Independent Magazine* 18 July: 24–31.
Gottdiener, M. (1997) *The Theming of America: Dreams, Visions and Commercial Spaces*. Oxford: Westview Press.
Gottdiener, M. (2001) *Life in the Air: Surviving The New Culture of Air Travel*. Oxford: Rowman and Littlefield.

Greaves, S. (1985) 'Motorway Nights with the Stars', *The Times* 14 August: 8.
Harvey, D. (1989) *The Condition of Postmodernity*. Oxford: Blackwell.
Heidegger, M. (1978) 'Building, Dwelling, Thinking', pp. 320–39 in D. Farrell Krell (ed.) *Martin Heidegger: Basic Writings*. London: Routledge and Kegan Paul.
Hetherington, K. (1997a) 'In Place of Geometry: The Materiality of Place', pp. 183–99 in K. Hetherington and R. Munro (eds) *Ideas of Difference: Social Spaces and the Labour of Division*. Oxford: Blackwell Publishers/The Sociological Review.
Hetherington, K. (1997b) 'Museum Topology and the Will to Connect', *Journal of Material Culture* 2(2): 199–218.
Hillier, M. (2000) '2000 Tales Introduction', URL (consulted Oct. 2000): http://www.bbc.co.uk/radio4/chaucer2000/home.shtml
India Tyres (1959) Untitled advertisement, *The Times* 3 November: 5.
Ingold, T. (2000) *The Perception of the Environment: Essays on Livelihood, Dwelling and Skill*. London: Routledge.
Jameson, F. (1991) *Postmodernism, or, the Cultural Logic of Late Capitalism*. London: Verso.
Katz, J. (1999) *How Emotions Work*. London: University of Chicago Press.
Latour, B. (1993) *We Have Never Been Modern*. Harlow: Prentice Hall.
Lefebvre, H. (1991) *The Production of Space*. Oxford: Blackwell.
Lupton, D. (1999) 'Monsters in Metal Cocoons: "Road Rage" and Cyborg Bodies', *Body & Society* 5(1): 57–72.
Macnaghten, P. and J. Urry (1998) *Contested Natures*. London: Sage.
Marples, E. (1959) 'Speech of the Rt. Hon. Ernest Marples, Minister of Transport at the Opening of the London–Birmingham Motorway on Monday, November 2nd, at 9.30am', unpublished press release, Automobile Archives, Basingstoke, file: Motorways.
Martin, D. (1959) 'Britain's First Motorway', *Radio Times* 23 October.
Martinotti, G. (1999) 'A City for Whom? Transients and Public Life in the Secondgeneration Metropolis', pp. 155–84 in R.A. Beauregard and S. Body-Gendrot (eds) *The Urban Moment: Cosmopolitan Essays on the Late 20th-century City*. London: Sage.
Massey, D. (1991) 'A Global Sense of Place', *Marxism Today* June: 24–9.
Massey, D. (2000) 'Travelling Thoughts', pp. 225–32 in P. Gilroy, L. Grossberg and A. McRobbie (eds) *Without Guarantees: In Honour of Stuart Hall*. London: Verso.
Mercury and Herald (Northampton) (1958) 'Motorway Drives Out Buckby Farmer "Kept in Dark too Long"', 2 May.

Merriman, P. (2001) 'M1: A Cultural Geography of an English Motorway, 1946–1965', unpublished PhD thesis, University of Nottingham.

Merriman, P. (2003) '" A Power For Good or Evil": Geographies of the M1 in Latefifties Britain', pp. 115–31 in D. Gilbert, D. Matless and B. Short (eds) *Geographies of British Modernity: Space and Society in the Twentieth Century*. Oxford: Blackwell.

Merriman, P. (in press) '" Operation Motorway": Landscapes of Construction on England's M1 Motorway', *Journal of Historical Geography*.

Michael, M. (2000) *Reconnecting Culture, Technology and Nature: From Society to Heterogeneity*. London: Routledge.

Miller, D. (ed.) (2001) *Car Cultures*. Oxford: Berg.

Miller, D., P. Jackson, N. Thrift, B. Holbrook and M. Rowlands (1998) *Shopping, Place and Identity*. London: Routledge.

Ministry of Transport and Civil Aviation and the Central Office of Information (1958) *The Motorway Code*. London: HMSO.

Morley, D. (2000) *Home Territories: Media, Mobility and Identity*. London: Routledge.

Morris, M. (1988) 'Things to Do with Shopping Centres', pp. 193–225 in S. Sheridan (ed.) *Grafts: Feminist Cultural Criticism*. London: Verso.

Morse, M. (1990) 'An Ontology of Everyday Distraction: The Freeway, the Mall, and Television', pp. 193–221 in P. Mellencamp (ed.) *Logics of Television: Essays in Cultural Criticism*. London: BFI Publishing.

The Motor (1959) 'Motorway: The Motor Guide to Britain's First Long-distance Express Highway', 116(4 November): insert between 508–9.

Mounicq, J. and M. Augé (1992) *Paris retraversé*. Paris: Imprimerie Nationale.

Pascoe, D. (2001) *Airspaces*. London: Reaktion Books.

Pick, C. (1984) *Off the Motorway*. London: Cadogan Books.

Relph, E. (1976) *Place and Placelessness*. London: Pion.

Rolt, L.T.C. (1959) *The London–Birmingham Motorway*. London: John Laing and Son Limited.

Rose, N. (1996) *Inventing Our Selves: Psychology, Power, and Personhood*. Cambridge: Cambridge University Press.

Rosler, M. (1998) 'In the Place of the Public', pp. 26–79 in M. Rosler, *In the Place of the Public: Observations of a Frequent Flyer*. Ostfildern-Ruit, Germany: Cantz Verlag.

Ross, K. (1995) *Fast Cars, Clean Bodies: Decolonization and the Reordering of French Culture*. London: MIT Press.

Sachs, W. (1992) *For Love of the Automobile: Looking Back into the History of Our Desires.*

Oxford: University of California Press.

Schivelbusch, W. (1986) *The Railway Journey: The Industrialisation of Time and Space in the 19th Century*. Leamington Spa: Berg.

Sheller, M. and J. Urry (2000) 'The City and the Car', *International Journal of Urban and Regional Research* 24(4): 727–57.

Sherringham, M. (1995) 'Marc Augé and the Ethno-analysis of Contemporary Life', *Paragraph* 18(2): 210–22.

Shields, R. (1989) 'Social Spatialization and the Built Environment: the West Edmonton Mall', *Environment and Planning D: Society and Space* 7(2): 147–64.

Smith, A.C.H. (1968) 'Car Talk', *New Society* 12(18 July): 78.

Sorkin, M. (1992a) 'Introduction: Variations on a Theme Park', pp. xi–xv in M. Sorkin (ed.) *Variations on a Theme Park: The New American City and the End of Public Space*. New York: The Noonday Press.

Sorkin, M. (1992b) 'See You in Disneyland', pp. 205–32 in M. Sorkin (ed.) *Variations on a Theme Park: The New American City and the End of Public Space*. New York: The Noonday Press.

Tendler, S., D. McGrory and K. Eason (1997) 'Bomb Chaos on Motorways', *The Times* 4 April: 1.

Thackera, J. (1997) 'Lost in Space – A Traveller's Tale', pp. 58–69 in S. Bode and J. Millar (eds) *Airport*. London: The Photographers' Gallery.

The Times (1955) '£8 for a Village Hampden? – Cottages Hoping to Move a Motor Road', 12 December.

The Times (1959) 'Trips to See Motorway', 6 November: 6.

Thrift, N. (1995) 'A Hyperactive World', pp. 18–35 in R.J. Johnston, P.J. Taylor and M.J. Watts (eds) *Geographies of Global Change*. Oxford: Blackwell.

Thrift, N. (1996) *Spatial Formations*. London: Sage.

Thrift, N. (1999) 'Steps to an Ecology of Place', pp. 295–322 in D. Massey, J. Allen and P. Sarre (eds) *Human Geography Today*. Cambridge: Polity Press.

Tomlinson, J. (1999) *Globalization and Culture*. Cambridge: Polity Press.

Urry, J. (2000) *Sociology beyond Societies*. London: Routledge.

Urry, J. (2004) 'The "System" of Automobility', *Theory, Culture & Society* 21(4/5): 25–39.

Williamson, T. (2003) 'The Fluid State: Malaysia's National Expressway', *Space and Culture* 6(2): 110–31.

Wollen, P. and J. Kerr (eds) (2002) *Autopia: Cars and Culture*. London: Reaktion.

⊙ 自動車の三つの時代

Adorno, Theodor (1974) *Minima Moralia*. London: Verso.

Adorno, Theodor (1976) *Introduction to the Sociology of Music*. New York: Continuum.

Adorno, Theodor (1978) 'On the Fetish-character in Music and the Regression of Listening', pp. 270–99 in Andrew Arato and Eike Gebhardt (eds) *The Essential Frankfurt School Reader*. Oxford: Blackwell.

Adorno, Theodor (1984) *Aesthetic Theory*. London: Routledge and Kegan Paul.

Aglietta, Michel (1979) *A Theory of Capitalist Regulation*. London: New Left Books.

Amin, Ash (ed.) (1994) *Post-Fordism: A Reader*. Oxford: Blackwell.

Bayley, Stephen (1983) *Harley Earl and the Dream Machine*. New York: Knopf.

Bellah, Robert, Richard Madsen, William M. Sullivan, Ann Swidler and Steven M. Tipton (1996) *Habits of the Heart: Individualism and Commitment in American Life*, updated edn. Berkeley: University of California Press.

Bourdieu, Pierre (1984) *Distinction: A Social Critique of the Judgment of Taste*. Cambridge, MA: Harvard University Press.

Bowles, Samuel, David M. Gordon and Thomas E. Weisskopf (1984) *Beyond the Wasteland*. London: Verso.

Donatelli, Cindy (2001) 'Driving the Suburbs: Minivans, Gender, and Family Values', *Material History Review* 54: 84–95.

Fortune (1947) 'Jukeboxes, F.O.B. Detroit', *Fortune* 36 (Sept.): 48b, 184.

Gartman, David (1991) 'Culture as Class Symbolization or Mass Reification? A Critique of Bourdieu's *Distinction*', *American Journal of Sociology* 97: 421–47.

Gartman, David (1994) *Auto Opium: A Social History of American Automobile Design*. London: Routledge.

Gartman, David (2002) 'Bourdieu's Theory of Cultural Change: Explication, Application, Critique', *Sociological Theory* 20: 255–77.

Garvey, Pauline (2001) 'Driving, Drinking and Daring in Norway', pp. 133–52 in Daniel Miller (ed.) *Car Cultures*. Oxford: Berg.

Gilroy, Paul (2001) 'Driving while Black', pp. 81–104 in Daniel Miller (ed.) *Car Cultures*. Oxford: Berg.

Hall, Stuart and Martin Jacques (1989) 'Introduction', pp. 11–19 in *New Times: The Changing Face of Politics in the 1990s*. London: Lawrence and Wishart.

Hebdige, Dick (1979) *Subculture: The Meaning of Style*. London: Routledge.

Hebdige, Dick (1988) *Hiding in the Light: On Images and Things*. London: Routledge.

Hebdige, Dick (1989) 'After the Masses', pp. 76–93 in Stuart Hall and Martin Jacques

(eds) *New Times: The Changing Face of Politics in the 1990s*. London: Lawrence and Wishart.

Horkheimer, Max and Theodor Adorno (1972) *Dialectic of Enlightenment*. New York: Herder and Herder.

Jameson, Fredric (1991) *Postmodernism, or, The Cultural Logic of Late Capitalism*. London: Verso.

Keats, John (1958) *The Insolent Chariots*. Philadelphia, PA: J.B. Lippincott.

Klein, Naomi (1999) *No Logo: Taking Aim at the Brand Bullies*. New York: Picador.

Marcuse, Herbert (1960) *Reason and Revolution: Hegel and the Rise of Social Theory*. Boston, MA: Beacon Press.

Meyer, Stephen, III (1981) *The Five Dollar Day: Labor Management and Social Control in the Ford Motor Company, 1908–1921*. Albany: State University of New York Press.

Michael, Mike (2001) 'The Invisible Car: The Cultural Purification of Road Rage', pp. 59–80 in Daniel Miller (ed.) *Car Cultures*. Oxford: Berg.

Milkman, Ruth (1997) *Farewell to the Factory: Auto Workers in the Late Twentieth Century*. Berkeley: University of California Press.

Miller, Daniel (2001) 'Driven Societies', pp. 1–33 in Daniel Miller (ed.) *Car Cultures*. Oxford: Berg.

Moorhouse, H.F. (1991) *Driving Ambitions: An Analysis of the American Hot Rod Enthusiasm*. Manchester: Manchester University Press.

Mort, Frank (1989) 'The Politics of Consumption', pp. 160–72 in Stuart Hall and Martin Jacques (eds) *New Times: The Changing Face of Politics in the 1990s*. London: Lawrence and Wishart.

Murray, Robin (1989) 'Fordism and Post-Fordism', pp. 38–53 in Stuart Hall and Martin Jacques (eds) *New Times: The Changing Face of Politics in the 1990s*. London: Lawrence and Wishart.

New York Times (1906) 'Motorists Don't Make Socialists, They Say', 4 March: 12.

O'Connell, Sean (1998) *The Car and British Society: Class, Gender and Motoring, 1896–1939*. Manchester: Manchester University Press.

O'Dell, Tom (2001) '*Raggare* and the Panic of Mobility: Modernity and Everyday Life in Sweden', pp. 105–32 in Daniel Miller (ed.) *Car Cultures*. Oxford: Berg.

Packard, Vance (1980) *The Hidden Persuaders*, rev. edn. New York: Pocket Books. (First published 1957.)

Rubenstein, James M. (2001) *Making and Selling Cars: Innovation and Change in the U.S. Automotive Industry*. Baltimore, MD: Johns Hopkins University Press.

Scharff, Virginia (1991) *Taking the Wheel: Women and the Coming of the Motor Age*. New York: Free Press.

Sloan, Alfred P., Jr (1972) *My Years With General Motors*. Garden City, NY: Anchor Books.

Sparke, Penny (2002) *A Century of Car Design*. Hauppauge, NY: Barron's Educational Series.

Urry, John (2000) *Sociology beyond Societies: Mobilities for the Twenty-first Century*. London: Routledge.

Urry, J. (2004) 'The "System" of Automobility', *Theory, Culture & Society* 21(4/5): 25–39.

Willis, Susan (1991) *A Primer for Daily Life*. London: Routledge.

Womack, James P., Daniel T. Jones and Daniel Roos (1991) *The Machine that Changed the World*. New York: Harper Perennial.

⦿オート・クチュール

Augé, M. (1995) *Non-Places: Introduction to the Anthropology of Supermodernity*. London: Verso.

Bardou, J.-P., J.-C. Chanaron, P. Fridenson and J.M. Laux (1982) *The Automobile Revolution*. Chapel Hill: University of North Carolina Press.

Barker, T. (1987) 'A German Centenary in 1996, a French in 1995 or the Real Beginnings about 1905?', pp. 1–54 in T. Barker (ed.) *The Economic and Social Effects of the Spread of Motor Vehicles*. Basingstoke: Macmillan.

Barthes, R. (1993 [1957]) *Mythologies*. London: Vintage.

Barthes, R. (2002 [1963]) 'Mythologie de l'automobile: la voiture, projection de l'ego', Réalités 213 (October), reproduced in Roland Barthes (2002) *Oeuvres complètes*, vol. 2, 1962–1967. Paris: Éditions de Seuil, pp. 234–42.

Baudrillard, J. (1983) *Simulations*. New York: Semiotext(e).

Baudrillard, J. (1994 [1986]) *America*, trans. Chris Turner. London: Verso.

Baudrillard, J. (1996 [1968]) *The System of Objects*, trans. James Benedict. London: Verso.

Bellos, D. (1999) *Jacques Tati: His Life and Art*. London: The Harvill Press.

Berman, M. (1993) *All That is Solid Melts into Air*. London: Verso.

Boltanski, L. (1975) 'Accidents d'automobile et lutte de classes', *Actes de la Recherche en Sciences Sociales* 2(March): 25–41.

Boltanski, L. (1987) *The Making of a Class: Cadres in French Society*. Cambridge: Cambridge University Press.

Bosquet, M. [André Gorz] (1977 [1973]) *Capitalism in Crisis and Everyday Life*, trans.

John Howe. Hassocks, Sussex: The Harvester Press.

Bourdieu, P. (1996 [1979]) *Distinction: A Social Critique of the Judgement of Taste*. London: Routledge.

Collet, J. (1970) *Jean-Luc Godard*, trans. Ciba Vaughan. New York: Crown Publishers.

Collett, P. and P. Marsh (1986) *Driving Passions: The Psychology of the Car*. London: Jonathan Cape.

Dauncey, H. (2001) 'Automobile Industry', p. 23 in M. Kelly (ed.) *French Culture and Society: The Essentials*. London: Arnold.

de Certeau, M. (1984) *The Practice of Everyday Life*, vol. 1, trans. Steven F. Rendall. Minneapolis: University of Minnesota Press.

de Certeau, M. (1997 [1974]) *Culture in the Plural*, trans. Tom Conley. Minneapolis: University of Minnesota Press.

Debord, G. (1989 [1959]) 'Theses on Traffic', in Ken Knabb (ed.) *Situationist International Anthology*, 3rd edn. Berkeley: Bureau of Public Secrets Press. [Also at http://www.bopsecrets.org/SI].

Debord, G. (1995 [1967]) *The Society of the Spectacle*, trans. Donald Nicholson-Smith. New York: Zone Books.

Dettelbach, C.G. (1976) *In the Driver's Seat: A Study of the Automobile in American Literature and Popular Culture*. Westport, CT: Greenwood Publishing Group.

Ehrenburg, I. (1976 [1929]) *The Life of the Automobile*, trans. Joachim Neugroschel. New York: Urizen Books.

Fridenson, P. (1972) *Histoire des usines Renault*. Paris: Éditions de Seuil.

Fridenson, P. (1981) 'French Automobile Marketing, 1890–1979', in A. Okochi and K. Shimokawa (eds) *Development of Mass Marketing*. Tokyo: Tokyo University Press.

Fridenson, P. (1987) 'Some Economic and Social Effects of Motor Vehicles in France Since 1890', pp. 130–47 in T. Barker (ed.) *The Economic and Social Effects of the Spread of Motor Vehicles*. Basingstoke: Macmillan.

Fridenson, P. (1989) 'Les Ouvriers de l'automobile et le sport', *Actes de la Recherche en Sciences Sociales* 79(September): 50–62.

Gardiner, M.E. (2000) *Critiques of Everyday Life*. London: Routledge.

Gartman, D. (1994) *Auto Opium: Social History of American Automobile Design*. London: Routledge.

Gartman, D. (2004) 'Three Ages of the Automobile: The Cultural Logics of the Car', *Theory, Culture & Society* 21(4/5): 169–95.

Gauron, A. (1983) *Histoire économique et sociale de la Cinquième République*, vol. 1. Paris:

La Decouverte.
Hawkins, R. (1986) 'A Road not Taken: Sociology and the Neglect of the Automobile', *California Sociologist* 9 (1–2): 61–79.
Jones, J. (1984) *The Politics of Transport in Twentieth-century France*. Kingston-Montreal: McGill–Queen's University Press.
Kuisel, R.F. (1981) *Capitalism and the State in Modern France*. Cambridge: Cambridge University Press.
Laux, J.M. (1976) *In First Gear: The French Automobile Industry to 1914*. Liverpool: Liverpool University Press.
Le Corbusier (1971 [1924]) *The City of Tomorrow*, trans. Frederick Etchells. London: The Architectural Press (English edition of *L'Urbanisme*).
Lefebvre, H. (1971 [1968]) *Everyday Life in the Modern World*, trans. Sacha Rabinovitch. London: Allen Lane.
Lefebvre, H. (1993 [1974]) *The Production of Space*, trans. Donald Nicholson-Smith. Oxford: Blackwell.
Lefebvre, H. (1995) *Writings on Cities*, edited by E. Kofman and E. Lebas. Oxford: Blackwell.
Lefebvre, H. (2004) *Rhythmanalysis: Space, Time and Everyday Life*. New York: Continuum.
Lynd, R.S. and H.M. Lynd (1957 [1929]) *Middletown: A Study in Modern American Culture*. New York: Harcourt Brace.
Marnham, P. (2003) *The Man who wasn't Maigret: A Portrait of Georges Simenon*. Harmondsworth: Penguin.
Martin, M.W. (1968) *Futurist Art and Theory 1909–1915*. Oxford: Clarendon.
Mathy, J.-P. (1993) *Extrême-Occident: French Intellectuals and America*. Chicago, IL: University of Chicago Press.
Merleau-Ponty, M. (1996 [1945]) *The Phenomenology of Perception*. London: Routledge.
Merriman, P. (2004) 'Driving Places: Marc Augé, Non-Places and the Geographies of England's M1 Motorway', *Theory, Culture & Society* 21(4/5): 145–67.
Mothé, D. (1965) *Militant chez Renault*. Paris: Éditions de Seuil.
Perec, G. (1997 [1974]) 'Species of Spaces', in *Species of Spaces and Other Pieces*, trans. John Sturrock. London: Penguin.
Plant, S. (1992) *The Most Radical Gesture: The Situationist International in the Postmodern Age*. London: Routledge.
Rigby, B. (1991) *Popular Culture in Modern France: A Study of Cultural Discourse*. Lon-

don: Routledge.
Ross, K. (1996) *Fast Cars, Clean Bodies: Decolonization and the Reordering of French Culture*. Cambridge, MA: MIT Press.
Sagan, F. (1958 [1955]) *Bonjour tristesse*. New York: Harper Collins.
Schweitzer, S. (1982) *Des engrenages à la chaîne: les usines Citroën, 1915–1935*. Lyon: Presses Universitaires de Lyon.
Sheller, M. and J. Urry (2000) 'The City and the Car', *International Journal of Urban and Regional Research* 24(4): 737–57.
Simenon, G. (2003 [1953]) *Red Lights (Feux rouges)*. Harpenden: No Exit Press.
Sobchak, V. (1994) 'The Scene of the Screen: Envisioning Cinematic and Electronic "Presence" ', pp. 83–106 in H.U. Gumbrecht and K.L. Pfeiffer (eds) *Materialities of Communication*. Stanford, CA: Stanford University Press.
Touraine, A. (1971) *The Post-industrial Society: Tomorrow's Social History – Classes, Conflicts and Culture in the Programmed Society*, trans. Leonard F.X. Mayhew. New York: Random House.
Vallin, J. and J.-C. Chesnais (1975) 'Les Accidents de la route en France: mortalité et morbidité depuis 1953', *Population* 3(May–June): 443–78.
Virilio, P. (1986 [1977]) *Speed and Politics: An Essay on Dromology*, trans. Mark Polizzotti. New York: Semiotext(e).
Virilio, P. (2000 [1995]) *Open Sky*, trans. Julie Rose. London: Verso.

⊙ 自動車が動かす感情

Ahmed, S. (2004) *The Cultural Politics of Emotion*. Edinburgh: Edinburgh University Press.
Apcar, L. (2002) 'Illuminating High-voltage Commute', *New York Times* 22 September, Section 12: 1.
Bannister, D. (2003) 'Reducing the Need to Travel', presentation to the ESRC Mobile Network, http://www.its.leeds.ac.uk/projects/mobilenetwork/mobilenetwork.html (accessed 15 May 2003).
Barthes, R. (1957) *Mythologies*. Paris: Éditions du Seuil.
Barthes, R. (1973) *Mythologies*, trans. A. Lavers. St Albans, Herts: Paladin.
Beck, U. (1992) *Risk Society*. London: Sage.
Bendelow, G. and S. Williams (eds) (1998) *Emotions in Social Life: Critical Themes and Contemporary Issues*. London: Routledge.
Bradsher, K. (2002) *High and Mighty: SUVs – The World's Most Dangerous Vehicles and*

How They Got That Way. New York: Public Affairs.
Brandon, R. (2002) *Auto Mobile: How the Car Changed Life*. Basingstoke and Oxford: Macmillan.
Bull, M. (2001) 'Soundscapes of the Car: A Critical Ethnography of Automobile Habitation', in D. Miller (ed.) *Car Cultures*. Oxford: Berg.
Bull, M. (2004) 'Automobility and the Power of Sound', *Theory, Culture & Society* 21(4/5): 245–60.
Bunce, M. (1994) *The Countryside Ideal*. London: Routledge.
Callon, M. and J. Law (2004) 'Introduction: Absence–Presence, Circulation, and Encountering in Complex Space', *Environment and Planning D: Society and Space* 22: 1(February): 3–12.
Carrabine, E. and B. Longhurst (2002) 'Consuming the Car: Anticipation, Use and Meaning in Contemporary Youth Culture', *Sociological Review* 50(2): 181–96.
Clark, N. (2001) ' " Botanizing on the Asphalt"? The Complex Life of Cosmopolitan Bodies', in P. Macnaghten and J. Urry (eds) *Bodies of Nature*. London: Sage.
Costall, A. (1995) 'Socializing Affordances', *Theory & Psychology* 5: 467–81.
Dant, T. (2004) 'The Driver-car', *Theory, Culture & Society* 21(4/5): 61–79.
Dant, T. and P. Martin (2001) 'By Car: Carrying Modern Society', in A. Warde and J. Grunow (eds) *Ordinary Consumption*. London: Harwood.
Duffy, J. (2002) 'Why This Isn't the Car of Tomorrow', 25 September, http://news.bbc.co.uk/1/hi/uk/2309397.stm (accessed 9 October 2002).
Dunn, J. (1998) *Driving Forces*. Washington, DC: Brookings Institution Press.
Edensor, T. (2002) 'Material Culture and National Identity', in *National Identities in Popular Culture*. Oxford and New York: Berg.
Edensor, T. (2004) 'Automobility and National Identity: Representations, Geography and Driving Practice', *Theory, Culture & Society* 21(4/5): 101–20.
Franklin, S. (1998) 'Kinship Beyond Biology: BMW's DNA', unpublished paper presented to the 4S Meeting, Halifax, Nova Scotia, 27–31 October.
Franklin, S., C. Lury and J. Stacey (2000) *Global Nature, Global Culture*. London: Sage.
Freund, P. (1993) *The Ecology of the Automobile*. Montreal and New York: Black Rose Books.
Gilroy, P. (2001) 'Driving while Black', in D. Miller (ed.) *Car Cultures*. Oxford: Berg.
Goodwin, J., J. Jasper and F. Polletta (2001) *Passionate Politics: Emotions and Social Movements*. Chicago, IL and London: University of Chicago Press.
Haraway, D. (1997) *ModestWitness@SecondMillennium*. New York: Routledge.

Hochschild, A.R. (1983) *The Managed Heart: Commercialization of Human Feeling*. Berkeley: University of California Press. Reprint, with new afterword, Berkeley: University of California Press, 2003.

Hochschild, A.R. (1997) *The Time Bind: When Work Becomes Home and Home Becomes Work*. New York: Metropolitan Books.

Hochschild, A.R. (2003) *The Commercialization of Intimate Life: Notes from Home and Work*. Berkeley: University of California Press.

Jacobs, J. (1961) *The Death and Life of Great American Cities*. New York: Random House.

Jain, S.L. (2002) 'Urban Errands: The Means of Mobility', *Journal of Consumer Culture* 2(3): 385–404.

Jasper, J. (1997) *The Art of Moral Protest: Culture, Biography and Creativity in Social Movements*. Chicago, IL and London: University of Chicago Press.

Katz, J. (2000) *How Emotions Work*. Chicago, IL: University of Chicago Press.

Kaufman, V. (2000) *Mobilité quotidienne et dynamiques urbaines: la question du report modal*. Lausanne: Presses Polytechniques et Universitaires Romandes.

Kunstler, J. (1994) *The Geography of Nowhere: The Rise and Decline of America's Man-made Landscape*. New York: Touchstone Books.

Law, J. (2004) 'And if the Global were Small and Noncoherent? Method, Complexity and the Baroque', *Environment and Planning D: Society and Space* 22(1): 13–26.

Law, J. and J. Hassard (eds) (1999) *Actor Network Theory and After*. Oxford: Basil Blackwell.

Lofgren, O. (1999) *On Holiday: A History of Vacationing*. Berkeley and London: University of California Press.

Macnaghten, P. and J. Urry (1998) *Contested Natures*. London: Sage.

Macnaghten, P. and J. Urry (2000) 'Bodies in the Woods', Special Issue 'Bodies of Nature', eds P. Macnaghten and J. Urry, *Body & Society* 6(3–4): 166–82.

Maxwell, S. (2001) 'Negotiations of Car Use in Everyday Life', in D. Miller (ed.) *Car Cultures*. Oxford: Berg.

Michael, M. (2001) 'The Invisible Car: The Cultural Purification of Road Rage', in D. Miller (ed.) *Car Cultures*. Oxford: Berg.

Miller, D. (1997 [1994]) *Modernity, An Ethnographic Approach: Dualism and Mass Consumption in Trinidad*. Oxford and New York: Berg.

Miller, D. (ed) (2001a) *Car Cultures*. Oxford: Berg.

Miller, D. (2001b) 'Driven Societies', in D. Miller (ed.) *Car Cultures*. Oxford: Berg.

Mosey, C. (2000) *Car Wars: Battles on the Road to Nowhere*. London: Vision.

Motavalli, J. (2001) *Forward Drive: The Race to Build 'Clean' Cars for the Future*. San Francisco, CA: Sierra Club Books.

Nader, R. (1965) *Unsafe at Any Speed: The Designer-In Dangers of the American Automobile*. New York: Grossman.

O'Connell, S. (1998) T*he Car in British Society: Class, Gender and Motoring, 1896–1939*. Manchester: Manchester University Press.

O'Dell, T. (2001) 'Raggare and the Panic of Mobility: Modernity and Everyday Life in Sweden', in D. Miller (ed.) *Car Cultures*. Oxford: Berg.

Oldrup, H. (2004) 'From Time-out to Self-control: Stories and Imagination of Automobility', PhD Thesis Series, Institute of Sociology, University of Copenhagen, Denmark.

Pearce, L. (2000) 'Driving North/Driving South: Reflections upon the Spatial/Temporal Co-ordinates of "Home" ', in L. Pearce (ed.) *Devolving Identities: Feminist Readings in Home and Belonging*. Aldershot: Ashgate.

Peters, P. (forthcoming) 'Roadside Wilderness: US National Parks Design in the 1950s and 1960s', in Special Issue on 'Mobilities and Materialities', eds J. Urry and M. Sheller, *Environment and Planning A*.

RAC Magazine (2002) 'Future Thinking', *RAC Magazine* Winter: 14–15.

Sachs, W. (2002) *For Love of the Automobile. Looking Back into the History of Our Desires*. Berkeley: University of California Press.

Salewicz, C. (2000) *Rude Boy: Once Upon a Time in Jamaica*. London: Victor Gollancz.

Sayer, A. (2003) 'Restoring the Moral Dimension in Social Scientific Accounts: A Qualified Ethical Naturalist Approach', available online: http://www/comp.lancs.ac.uk/sociology/papers/sayer-restoring-the-moral-dimension.pdf (accessed June 2004).

Sennett, R. (1990) T*he Conscience of the Eye: Design and Social Life in Cities*. London: Faber and Faber.

Sheller, M. (2004) 'Mobile Publics: Beyond the Network Perspective', *Environment and Planning D: Society and Space* 22(1): 39–52.

Sheller, M. and J. Urry (2000) 'The City and the Car', *International Journal of Urban and Regional Research* 24: 737–57.

Sheller, M. and J. Urry (2003) 'Mobile Transformations of "Public" and "Private" Life', *Theory, Culture & Society* 20(3): 115–33.

Sheller, M. and J. Urry (2004) 'The City and the Cybercar', pp. 167–72 in S. Graham (ed.) *The Cybercities Reader*. London and New York: Routledge.

Stradling, S. (2002) 'Persuading People Out of Their Cars', Presented to the ESRC Mobile

Network, http://www.its.leeds.ac.uk/projects/mobilenetwork/mobilenetwork.html (accessed 15 May 2003).
Stradling, S.G., M.L. Meadows and S. Beatty (2001) 'Identity and Independence: Two Dimensions of Driver Autonomy', in G.B. Grayson (ed.) *Behavioural Research in Road Safety*. Crowthorne: Transport Research Laboratory.
Strathern, M. (1992) *After Nature*. Cambridge: Cambridge University Press.
Thrift, N. (2001) 'Still Life in Nearly Present Time: The Object of Nature', in P. Macnaghten and J. Urry (eds) *Bodies of Nature*. London: Sage.
Thrift, N. (2004) '*Driving* in the City', *Theory, Culture & Society* 21(4/5): 41–59.
Thrift, N. (forthcoming) 'Movement-space: The Development of New Kinds of Spatial Awareness', in Special Issue on 'Mobilities and Materialities', eds J. Urry and M. Sheller, *Environment and Planning A*.
Urry, J. (2000) *Sociology beyond Societies: Mobilities for the Twenty-first Century*. London and New York: Routledge.
Urry, J. (2003) *Global Complexity*. London: Polity.
Urry, J. (2004) 'The "System" of Automobility', *Theory, Culture & Society* 21(4/5): 25–39.
Verrips, J. and B. Meyer (2001) 'Kwaku's Car: The Struggles and Stories of a Ghanaian Long-distance Taxi Driver', in D. Miller (ed.) *Car Cultures*. Oxford and New York: Berg.
Werbner, P. and T. Modood (1997) *Debating Cultural Hybridity: Multi-cultural Identities and the Politics of Anti-racism*. London: Zed Books.
Whatmore, S. (2002) *Hybrid Geographies: Natures, Cultures, Spaces*. London: Sage.
Wilson, A. (1992) *Culture of Nature*. Oxford: Blackwell.
Young, D. (2001) 'The Life and Death of Cars: Private Vehicles on the Pitjantjatjara Lands, South Australia', in D. Miller (ed.) *Car Cultures*. Oxford and New York: Berg.
Young, R. (1995) *Colonial Desire: Hybridity in Theory, Culture and Race*. London and New York: Routledge.

◉ 自動車移動とサウンドの力

Adorno, T. (1991) *The Culture Industry: Selected Essays on Mass Culture*. London. Routledge.
Augé, M. (1995) *Non-places: Introduction to an Anthropology of Supermodernity*. London: Verso.
Baudrillard, J. (1989) *America*. London: Verso Books.
Bauman, Z. (1993) *Post-Modern Ethics*. Oxford: Blackwell Press.

Bauman, Z. (2000) *Liquid Modernity*. Cambridge: Polity Press.

Bauman, Z. (2003) *Liquid Love*. Cambridge: Polity Press.

Benjamin, W. (1973) *Illuminations*. London: Penguin.

Bose, A. (1984) 'Hifi for GM Cars', lecture 19 March to EECS Seminar, 2 audiocassettes, MIT Archives, MC 261.

Brandon, R. (2002) *Automobile: How the Car Changed Life*. Basingstoke: Macmillan.

Brodsky, W. (2002) 'The Effects of Music Tempo on Simulated Driving Performance and Vehicular Control', pp. 219–41 in *Transportational Research Part F*. New York: Pergamon Press.

Bull, M. (2000) *Sounding Out the City: Personal Stereos and the Management of Everyday Life*. Oxford: Berg.

Butch, R. (2000) *The Making of American Audiences: From Stage to Television, 1750–1990*. Cambridge: Cambridge University Press.

de Certeau, M. (1988) *The Practice of Everyday Life*. Berkeley, CA: University of California Press.

DeNora, T. (2000) *Music and Everyday Life*. Cambridge: Cambridge University Press.

Douglas, S.J. (1999) *Listening In: Radio and the American Imagination*. New York: Random House.

Gilroy, P. (2001) 'Driving while Black', in D. Miller (ed.) *Car Cultures*. Oxford: Berg.

Hendy, D. (2000) *Radio and the Global Age*. Cambridge: Polity Press.

Hirschkind, C. (2001) 'Civic Virtue and Religious Reason: An Islamic Counterpublic', *Cultural Anthropology* 16(1): 3–34.

Horkheimer, M. and T. Adorno (1973) *The Dialectic of Enlightenment*. London: Penguin.

Katz, J. and M. Aakhus (eds) (2002) *Perpetual Contact: Mobile Communication, Private Talk, Public Performance*. Cambridge: Cambridge University Press.

Kay, K. (1997) *Asphalt Nation: How the Automobile Took Over America and How We Can Take it Back*. Berkeley: University of California Press.

Kracauer, S. (1995) *The Mass Ornament: Weimar Essays*. Cambridge, MA: Harvard University Press.

Leppert, R. (ed.) (2002) *Adorno: Essays on Music*. Berkeley: California University Press.

Livingstone, S. (2002) *Young People and the Media*. London: Sage.

Lull, J. (1990) *Inside Family Viewing*. London: Routledge.

McCarthy, A. (2001) *Ambient Television*. Durham, NC: Duke University Press.

Meyrowitz, J. (1986) *No Sense of Place. The Impact of Electronic Media on Social Behaviour*. Oxford: Oxford University Press.

Morley, D. (1992) *Television, Audiences and Cultural Studies*. London: Routledge.
Nicholsen, S.W. (1997) *Exact Imagination, Late Work on Adorno's Aesthetics*. Cambridge, MA: MIT Press.
Putnam, R. (2000) *Bowling Alone: The Collapse and Revival of American Community*. New York: Simon and Schuster.
Sachs, W. (1992) *For Love of the Automobile: Looking Back into the History of our Desires*. Berkeley: University of California Press.
Schivelbusch, W. (1986) *The Railway Journey: The Industrialisation of Time and Space in the 19th Century*. Berkeley: University of California Press.
Sennett, R. (1990) *The Conscience of the Eye*. London: Faber.
Sennett, R. (1994) *Flesh and Stone: The Body and the City in Western Civilisation*. New York: Norton.
Silverstone, R. (1994) *Television and Everyday Life*. London: Routledge.
Simmel, G. (1997) 'The Metropolis and Mental Life', in D. Frisby and M. Featherstone (eds) *Simmel on Culture*. London: Sage.
Stallabrass, J. (1996) *Gargantua: Manufactured Mass Culture*. London: Verso.
Sterne, J. (2003) *The Audible Past: Cultural Origins of Sound Reproduction*. Durham, NC: Duke University Press.
Tacchi, J. (1998) 'Radio Texture: Between Self and Others', in D. Miller (ed.) *Material Cultures: Why Some Things Matter*. London: University College London Press.
Urry, J. (1999) 'Automobility, Car Culture and Weightless Travel' (draft), Lancaster University at http:/www.lancaster.ac.uk/soc030ju.html
Urry, J. (2000) *Sociology beyond Societies: Mobilities for the Twenty-first Century*. London: Routledge.
Urry, J. (2004) 'The "System" of Automobility', *Theory, Culture & Society* 21(4/5): 25–39.
Williams, R. (1977) *Resources of Hope: Culture, Democracy, Socialism*. London: Verso.
Zuidervaart, L. (1991) *Adorno's Aesthetic Theory: The Redemption of Illusion*. Cambridge, MA: MIT Press.

⊙高速道路でオフィスワークをする

Agar, M.H. (1986) *Independents Declared. The Dilemmas of Independent Trucking*. Washington, DC: Smithsonian Institution Press.
Brown, B.A.T., N. Green and R. Harper (eds) (2002) *Wireless World: Social and Interactional Aspects of the Mobile Age*. London: Springer.
Crabtree, A. (2000) 'Remarks on the Social Organisation of Space and Place', *Journal of*

Mundane Behaviour 1: http://www.mundanebehaviour.org/issues/v1n1/crabtree.html.

Crang, M. (1997) *Cultural Geography*. London: Routledge.

Davis, F. (1950) 'The Cabdriver and His Fare: Facets of a Fleeting Relationship', *American Journal of Sociology* 45: 158–65.

de Certeau, M. (1984) *The Practice of Everyday Life*. London: University of California Press.

Esbjornsson, M. and O. Juhlin (2002) *Placememo – Supporting Mobile Articulation in a Vast Working Area through Position-based Information*. Stockholm: Interactive Institute, Mobility Studio.

Evergeti, V. (2003) 'Paper Mail and the Social Organisation of Space', pp. 70–86 in T. Lask (ed.) *Constructions sociales de l'espace: les territoires de l'anthropologie de la communication*. Liège: Les Éditions de l'Université de Liège.

Garfinkel, H. (2002) *Ethnomethodology's Program, Working Out Durkheim's Aphorism*. New York: Rowman and Littlefield.

Goffman, E. (1956) *The Presentation of Self in Everyday Life*. Edinburgh: Edinburgh University Press.

Goodwin, C. (1997) 'Transparent Vision', pp. 370–404 in E. Ochs, E.A. Schegloff and S.A. Thompson (ed.) *Interaction and Grammar*. Cambridge: Cambridge University Press.

Heath, C., J. Hindmarsh and P. Luff (1999) 'Interaction in Isolation: The Dislocated World of the London Underground Train Driver', *Sociology* 33: 555–75.

Hetherington, K. (1997) *The Badlands of Modernity*. London: Routledge.

Hollowell, P.G. (1968) *The Lorry Driver*. London: Routledge and Kegan Paul.

Hughes, J., J. O'Brien, D. Randall, M. Rouncefield and P. Tolmie (1999) 'Virtual Organisations and the Customer: How "Virtual Organisations" Deal with "Real" Customers', Lancaster University, available online: http://www.comp.lancs.ac.uk/sociology/VSOC/YorkPaper.html.

Hutchins, E. (1995) *Cognition in the Wild*. London: MIT Press.

Ikeya, N. (2003) 'Practical Management of Mobility: The Case of the Emergency Medical System', *Environment and Planning A* 35(9): 1547–64.

Jayyusi, L. (1984) *Categorization and the Moral Order*. London: Routledge and Kegan Paul.

Juhlin, O. (2001) 'Traffic Behaviour as Social Interaction – Implications for the Design of Artificial Drivers', pp. 19–38 in H. Glimell and O. Juhlin (eds) *The Social Production

of Technology : On the Everyday Life of Things. Goteburg, Sweden: BAS.
Juhlin, O. and D.N. Vesterlind (2002) 'Bus Driver Talk – Current Practice and Future Communication Support', available online at http://www.sts.gu.se/roadtalk.html.
Katz, J. (1999) *How Emotions Work*. London: University of Chicago Press.
Kawatoko, Y. and N. Ueno (2003) 'Technologies Making Space Visible', *Environment and Planning A* 35(9): 1529–45.
Latour, B. (1997) 'Trains of Thought: Piaget, Formalism and the Fifth Dimension', *Common Knowledge* 6: 170–91.
Latour, B. and E. Hermant (1998) *Paris, ville invisible*. Paris: La Découverte.
Latour, B. and S. Woolgar (1979) *Laboratory Life: The Social Construction of Scientific Facts*. London: Sage.
Laurier, E. (2002) 'Notes on Dividing the Attention of a Driver', *Team Ethno Online* http://www.teamethno-online.org/.
Laurier, E. and C. Philo (1998) *Meet You At Junction 17: A Socio-technical and Spatial Study of the Mobile Office*, ESRC report. Glasgow and Swindon: Dept of Geography, University of Glasgow and ESRC.
Laurier, E. and C. Philo (1999) 'X-morphising: A Review Essay of Bruno Latour's *Aramis or the Love of Technology*', *Environment and Planning A* 31: 1043–71.
Lee, J.D.R. and D.R. Watson (eds) (1993) *Interaction in Urban Public Space, Final Report – Plan Urbain*. Manchester: Dept of Sociology.
Livingston, E. (1987) *Making Sense of Ethnomethodology*. London: Routledge and Kegan Paul.
Lynch, M. (1993) *Scientific Practice and Ordinary Action: Ethnomethodology and Social Studies of Science*. Cambridge: Cambridge University Press.
McHugh, P., S. Raffel, D.C. Foss and A.F. Blum (1974) *On the Beginning of Social Inquiry*. London: Routledge and Kegan Paul.
Merriman, P. (2001) 'Cultural Geographies of Road Building and Protest in England since 1950', PhD thesis, University of Nottingham.
Merriman, P. (2004) 'Driving Places: Marc Augé, Non-places, and the Geographies of England's M1 Motorway', *Theory, Culture & Society* 21(4/5): 145–67.
Merriman, P. (forthcoming) ' " Mirror, Signal, Manoeuvre": Assembling and Governing the Motorway Driver in Late Fifties Britain', in S. Böhm, C. Jones, C. Land and M. Paterson (eds) *Rethinking Automobility: Representation, Subjectivity, Politics*.
Michael, M. (1998) 'Co(a)gency and the Car: Attributing Agency in the Case of the "Road Rage" ', pp. 125–41 in B. Brenna, J. Law and I. Moser (eds) *Machines, Agency and De-*

sire. Oslo: TVM.
Miller, D. (ed.) (2001) *Car Cultures*. Oxford: Berg.
Murtagh, G. (2001) *Location-based Services : A Study of In-car Navigation Systems*. Guildford: Digital World Research Centre, University of Surrey.
Ogborn, M. (1998) *Spaces of Modernity: London's Geographies 1680–1780*. New York: Guilford Press.
O'Hara, K., M. Perry, A. Sellen and B. Brown (2002) 'Exploring the Relationship between Mobile Phone and Document Activity During Business Travel', pp. 180–94 in B. Brown, N. Green and R. Harper (eds) *Wireless World: Social and Interactional Aspects of the Mobile Age*. London: Springer.
Pollner, M. (1987) *Mundane Reason*. Cambridge: Cambridge University Press.
Psathas, G. and J.M. Henslin (1967) 'Dispatched Orders and the Cab Driver: A Study of Locating Activities', *Social Problems* 14: 424–43.
Raffel, S. (2001) 'On Generosity', *History of the Human Sciences* 14: 111–28.
Rojek, C. and J. Urry (eds) (1997) *Touring Cultures, Transformations of Travel and Theory*. London: Routledge.
Ryave, A.L. and J.N. Schenkein (1974) 'Notes on the Art of Walking', pp. 265–74 in R. Turner (ed.) *Ethnomethodology*. Harmondsworth: Penguin.
Ryle, G. (1949) *The Concept of Mind*. London: Hutchinson.
Sachs, W. (1984) *For Love of the Automobile*. Berkeley: University of California Press.
Sacks, H. (1972) 'Notes on Police Assessment of Moral Character', pp. 280–93 in D. Sudnow (ed.) *Studies in Social Interaction*. New York: Free Press.
Sacks, H. (1984) 'On Doing Being Ordinary', pp. 413–29 in J.M. Atkinson and J.C. Heritage (ed.) *Structures of Social Action*. Cambridge: Cambridge University Press.
Sacks, H. (1992) *Lectures on Conversation*, vol. 1. Oxford: Blackwell.
Sudnow, D. (1972) 'Temporal Parameters of Interpersonal Observation', pp. 259–79 in D. Sudnow (ed.) *Studies in Social Interaction*. New York: Free Press.
Thrift, N. (2004) '*Driving* in the City', *Theory, Culture & Society* 21(4/5): 41–59.
Tolmie, P., J. Hughes, M. Rouncefield and W. Sharrock (1998) 'Managing Relationships – Where the "Virtual" meets the "Real" ', Conference paper given at EASST, Edinburgh (copies available from the authors).
Urry, J. (1999) 'Automotility, Car Culture and Weightless Travel', Department of Sociology, Lancaster University, available online at: http://www.comp.lancaster.ac.uk/sociology/soc008ju.html.
Urry, J. (2000) *Sociology beyond Societies: Mobilities for the Twenty-first Century*. London:

Routledge.
Urry, J. (2003) 'Social Networks, Travel and Talk', *British Journal of Sociology* 54: 155–75.
Urry, J. (2004) 'The "System" of Automobility', *Theory, Culture & Society* 21(4/5): 25–39.
Venturi, R., D.S. Brown and S. Izenour (1988) *Learning from Las Vegas*, revised edn. London: MIT Press.
Verrips, J. and B. Meyer (2001) 'Kwaku's Car: The Struggles and Stories of a Ghanian Long-distance Taxi-driver', pp. 153–84 in D. Miller (ed.) *Car Cultures*. Oxford: Berg.
Vesterlind, D.N. (2003) 'Where Do I Use My Electronic Services? Ambiguity and Interaction at the Petrol Station', Working Paper. Stockholm: Interactive Institute (copies available from the author).
Virilio, P. (1987) 'Negative Horizons', trans. Mark A. Polizzoti, *Semiotext(e)* 13: 163–80.
Watson, R. (1999) 'Driving in Forests and Mountains: A Pure and Applied Ethnography', *Ethnographic Studies* 3: 50–60.

邦訳参考文献

⊙イントロダクション

Ballard, J.G. (1975)

『クラッシュ』J.G. バラード著，柳下毅一郎訳，東京創元社，2008.

Baudrillard, J. (1966)

『物の体系――記号の消費』（新装版）J. ボードリヤール著，宇波彰訳，法政大学出版局，2008.

Bell, D. (1976)

『資本主義の文化的矛盾』上・中・下，D. ベル著，林雄二郎訳，講談社，1976-77.

Bourdieu, P. (1984)

『ディスタンクシオン――社会的判断力批判』１・２，P. ブルデュー著，石井洋二郎訳，藤原書店，1990.

Ekman, P. (2003)

『顔は口ほどに嘘をつく』P. エクマン著，菅靖彦訳，河出書房新社，2006.

Ekman, P. and Friesen, W.V. (2003)

『表情分析入門――表情に隠された意味をさぐる』P. エクマン／W.V. フリーセン著，工藤力訳編，誠信書房，1987.

Elias, N. (1994)

『文明化の過程――ヨーロッパ上流階層の風俗の変遷』（新装版）上，N. エリアス著，赤井慧爾・中村元保・吉田正勝訳，法政大学出版局，2004.『文明化の過程――社会の変遷／文明化の理論のための見取り図』（新装版）下，波田節夫・溝辺敬一・羽田洋・藤平浩之訳，法政大学出版局，2004.

Elias, N. and Dunning, E. (1986)

『スポーツと文明化――興奮の探求』N. エリアス／E. ダニング著，大平章訳，法政大学出版局，1995.

Featherstone, M. (1995)

『ほつれゆく文化――グローバリゼーション，ポストモダニズム，アイデンティティ』M. フェザーストン著，西山哲郎・時安邦治訳，法政大学出版局，2009.

Goffman, E. (1971)
『行為と演技――日常生活における自己呈示』E. ゴッフマン著, 石黒毅訳, 誠信書房, 1974.
O'Neill, J. (2004)
『語りあう身体』J. オニール著, 須田朗訳, 紀伊國屋書店, 1992.
Singer, B. (1995)
「モダニティ, ハイパー刺激, そして大衆的センセーショナリズムの誕生」『アンチ・スペクタクル――沸騰する映像文化の考古学』長谷正人・中村秀之編訳, 東京大学出版会, 2003, 所収.
Urry, J. (2000)
『社会を越える社会学――移動・環境・シチズンシップ』J. アーリ著, 吉原直樹監訳, 法政大学出版局, 2006.
Virilio, P. (1995)
『情報エネルギー化社会――現実空間の解体と速度が作り出す空間』P. ヴィリリオ著, 土屋進訳, 新評論, 2002.
Virilio, P. (1999b)
『瞬間の君臨――リアルタイム世界の構造と人間社会の行方』P. ヴィリリオ著, 土屋進訳, 新評論, 2003.

⊙ 自動車移動の「システム」

Adorno, T. (1974)
『ミニマ・モラリア――傷ついた生活裡の省察』(新装版) Th.W. アドルノ著, 三光長治訳, 法政大学出版局, 2009.
Arthur, B. (1994)
『収益逓増と経路依存――複雑系の経済学』W.B. アーサー著, 有賀裕二訳, 多賀出版, 2003.
Baudrillard, J. (1988)
『アメリカ――砂漠よ永遠に』J. ボードリヤール著, 田中正人訳, 法政大学出版局, 1988.
Giddens, A. (1991)
『モダニティと自己アイデンティティ――後期近代における自己と社会』A. ギデンズ著, 秋吉美都, 安藤太郎, 筒井淳也訳, ハーベスト社, 2005.
Hawken, P., Lovins, A. B. and Lovins, L.H. (1999)
『自然資本の経済――「成長の限界」を突破する新産業革命』P. ホーケ

ン／A.B. ロビンス／L.H. ロビンス著，佐和隆光監訳・小幡すぎ子訳，日本経済新聞社，2001.
Luhmann, N. (1995)
『社会システム理論』上・下，N. ルーマン著，佐藤勉監訳，恒星社厚生閣，1993/95.
North, D. (1990)
『制度・制度変化・経済成果』D.C. ノース著，竹下公視訳，晃洋書房，1994.
Prigogine, I. (1997)
『確実性の終焉――時間と量子論，二つのパラドクスの解決』I. プリゴジン著，安孫子誠也・谷口佳津宏訳，みすず書房，1997.
Rifkin, J. (2000)
『エイジ・オブ・アクセス』J. リフキン著，渡辺康雄訳，集英社，2001.
Sennett, R. (1977)
『公共性の喪失』R. セネット著，北山克彦・高階悟訳，晶文社，1991.
Urry, J. (2000)
『社会を越える社会学――移動・環境・シチズンシップ』（前出）

⊙都市をドライブする

Clarke, A.C. and Baxter, S. (2002)
『過ぎ去りし日々の光』上・下，A.C. クラーク／S. バクスター著，冬川亘訳，早川書房，2000.
de Certeau, M. (1984)
『日常的実践のポイエティーク』M. ド・セルトー著，山田登世子訳，国文社，1987.
de Certeau, M. (2000a)
『ルーダンの憑依』M. ド・セルトー著，矢橋透訳，みすず書房，2008.
de Certeau, M. (2000b)
「都市を歩く」『日常的実践のポイエティーク』所収.
Sachs, W. (2002)
『自動車への愛――二十世紀の願望の歴史』W. ザックス著，土合文夫・福本義憲訳，藤原書店，1995.
Schivelbusch, W. (1986)
『鉄道旅行の歴史――十九世紀における空間と時間の工業化』W. シヴェルブシュ著，加藤二郎訳，法政大学出版局，1982.

Urry, J. (2000)
『社会を越える社会学——移動・環境・シチズンシップ』(前出)
Virilio, P. (1995)
『情報エネルギー化社会——現実空間の解体と速度が作り出す空間』(前出)

◉ 運転者 - 自動車

Beynon, H. (1973)
『ショップ・スチュワードの世界——英フォードの工場活動家伝説』H. ベイノン著, 下田平裕身訳, 鹿砦社, 1980.
Deleuze, G. and Guattari, F. (1988)
『千のプラトー——資本主義と分裂症』G. ドゥルーズ/F. ガタリ著, 宇野邦一・小沢秋広・田中敏彦・豊崎光一・宮林寛・守中高明訳, 河出書房新社, 1994.
Flink, J. (1975)
『カー・カルチャー——オートモビリティ小史』J. フリンク著, 秋山一郎監訳, 千倉書房, 1982.
Gibson, J.J. (1979)
『生態学的視覚論——ヒトの知覚世界を探る』J.J. ギブソン著, 古崎敬・古崎愛子・辻敬一郎・村瀬旻訳, サイエンス社, 1985.
Haraway, D. (1991)
『猿と女とサイボーグ——自然の再発明』D. ハラウェイ著, 高橋さきの訳, 青土社, 2000.
Hawken, P., Lovins, A.B. and Lovins, L.H. (1999)
『自然資本の経済——「成長の限界」を突破する新産業革命』(前出)
Latour, B. (1999)
『科学論の実在——パンドラの希望』B. ラトゥール著, 川崎勝・平川秀幸訳, 産業図書, 2007.
Lefebvre, H. (1971)
『現代世界における日常生活』H. ルフェーヴル著, 森本和夫訳, 現代思潮社, 1970.
Mannheim, K. (1936)
『イデオロギーとユートピア』K. マンハイム著, 高橋徹・徳永恂訳, 中央公論新社, 2006.
Marrow, A.J. (1969)

『KURT LEWIN ── その生涯と業績』A.J. マロー著, 望月衛・宇津木保訳, 誠信書房, 1972.
Mead, G.H. (1962)
『精神・自我・社会』（現代社会学大系 10）G.H. ミード著, 稲葉三千男・滝沢正樹・中野収訳, 青木書店, 1973.
Merleau-Ponty, M. (1962)
『知覚の現象学』（新装版）M. メルロ = ポンティ著, 中島盛夫訳, 法政大学出版局, 2009.
Sachs, W. (1992)
『自動車への愛── 二十世紀の願望の歴史』（前出）
Urry, J. (2000)
『社会を越える社会学── 移動・環境・シチズンシップ』（前出）

⦿ 移動性と安全性

Bauman, Z. (2000)
『リキッド・モダニティ ── 液状化する社会』Z. バウマン著, 森田典正訳, 大月書店, 2001.
Beck, U. (1992)
『危険社会── 新しい近代への道』U. ベック著, 東廉・伊藤美登里訳, 法政大学出版局, 1998.
Giddens, A. (1990)
『近代とはいかなる時代か？── モダニティの帰結』A. ギデンズ著, 松尾精文・小幡正敏訳, 而立書房, 1993.
Urry, J. (2000)
『社会を越える社会学── 移動・環境・シチズンシップ』（前出）

⦿ 自動車移動とナショナル・アイデンティティ

Anderson, B. (1983)
『想像の共同体── ナショナリズムの起源と流行』（増補）B. アンダーソン著, 白石さや・白石隆訳, NTT 出版, 1997.
Appadurai, A. (1996)
『さまよえる近代── グローバル化の文化研究』A. アパデュライ著, 門田健一訳, 平凡社, 2004.
Bourdieu, P. (1984)
『ディスタンクシオン── 社会的判断力批判』（前出）

Claessen, C. (1993)
『感覚の力──バラの香りにはじまる』C. クラッセン著，陽美保子訳，工作舎，1998.
Gellner, E. (1983)
『民族とナショナリズム』E. ゲルナー著，加藤節監訳，岩波書店，2000.
Goffman, E. (1971)
『行為と演技──日常生活における自己呈示』(前出)
Ohmae, K. (1992)
『ボーダレス・ワールド』大前研一著，田口統吾訳，新潮社，1994.
Smith, A. (1991)
『ナショナリズムの生命力』A.D. スミス著，高柳先男訳，晶文社，1998.
Urry, J. (2000)
『社会を越える社会学──移動・環境・シチズンシップ』(前出)

⊙自動車とネーション

Hobsbawm, E. and Ranger, T. (eds) (1983)
『創られた伝統』E. ホブズボウム／T. レンジャー編，前川啓治・梶原景昭他訳，紀伊國屋書店，1992.
Sachs, W. (1992)
『自動車への愛──二十世紀の願望の歴史』(前出)

⊙ドライブの場所

Augé, M. (1999b)
『同時代世界の人類学』M. オジェ著，森山工訳，藤原書店，2002.
Baudrillard, J. (1994)
『シミュラークルとシミュレーション』(新装版) J. ボードリヤール著，竹原あき子訳，法政大学出版局，2008.
de Certeau, M. (1984)
『日常的実践のポイエティーク』(前出)
Giddens, A. (1990)
『近代とはいかなる時代か？──モダニティの帰結』(前出)
Harvey, D. (1989)
『ポストモダニティの条件』D. ハーヴェイ著，吉原直樹監訳，青木書店，1999.
Heidegger, M. (1978)

『ハイデッガーの建築論――建てる・住まう・考える』M. ハイデッガー著，中村貴志編訳，中央公論美術出版，2008.
Latour, B. (1993)
『虚構の「近代」――科学人類学は警告する』B. ラトゥール著，川村久美子訳，新評論，2008.
Lefebvre, H. (1991)
『空間の生産』H. ルフェーヴル著，斎藤日出治訳，青木書店，2000.
Relph, E. (1976)
『場所の現象学――没場所性を越えて』E. レルフ著，高野岳彦・阿部隆・石山美也子訳，筑摩書房，1991.
Sachs, W. (1992)
『自動車への愛――二十世紀の願望の歴史』（前出）
Schivelbusch, W. (1986)
『鉄道旅行の歴史――十九世紀における空間と時間の工業化』（前出）

⊙ 自動車の三つの時代

Adorno, T. (1974)
『ミニマ・モラリア――傷ついた生活裡の省察』（前出）
Adorno, T. (1976)
『音楽社会学序説――十二の理論的な講義』Th.W. アドルノ著，渡辺健・高辻知義共訳，音楽之友社，1970.
Adorno, T. (1978)
「音楽における物神的性格と聴衆の退化」『不協和音――管理社会における音楽』Th.W. アドルノ著，三光長治・高辻知義訳，平凡社，1998，所収.
Adorno, T. (1984)
『美の理論』（新装完全版）Th.W. アドルノ著, 大久保健治訳, 河出書房新社, 2007.
Bellah, R., Madsen, R., Sullivan, W.M., Swidler, A. and Tipton, S.M. (1996)
『心の習慣――アメリカ個人主義のゆくえ』R.N. ベラー／R. マドセン／S.M. ティプトン／W.M. サリヴァン／A. スウィドラー著，島薗進・中村圭志共訳，みすず書房，1991.
Bourdieu, P. (1984)
『ディスタンクシオン――社会的判断力批判』（前出）
Bowles, S., Gordon, D.M. and Weisskopf, T.E. (1984)
『アメリカ衰退の経済学――スタグフレーションの解剖と克服』S. ボー

ルズ／D.M. ゴードン／T.E. ワイスコフ著，都留康・磯谷明徳訳，東洋経済新報社，1986.
Hebdige, D. (1979)
『サブカルチャー――スタイルの意味するもの』D. ヘブディジ著，山口淑子訳，未來社，1986.
Horkheimer, M. and Adorno, T. (1972)
『啓蒙の弁証法――哲学的断想』M. ホルクハイマー／Th.W. アドルノ著，徳永恂訳，岩波書店，1990.
Klein, N. (1999)
『ブランドなんか，いらない――搾取で巨大化する大企業の非情』（新版）N. クライン著，松島聖子訳，大月書店，2009.
Marcuse, H. (1960)
『理性と革命――ヘーゲルと社会理論の興隆』H. マルクーゼ著，桝田啓三郎・中島盛夫・向来道男共訳，岩波書店，1961.
Packard, V. (1980)
『かくれた説得者』V. パッカード著，林周二訳，ダイヤモンド社，1958.
Sloan, A.P., Jr. (1972)
『GM とともに』A.P. スローン Jr. 著，有賀裕子訳，ダイヤモンド社，2003.
Urry, J. (2000)
『社会を越える社会学――移動・環境・シチズンシップ』（前出）
Womack, J.P., Jones, D.T. and Roos, D. (1991)
『リーン生産方式が，世界の自動車産業をこう変える。――最強の日本車メーカーを欧米が追い越す日』J.P. ウォマック／D. ルース／D.T. ジョーンズ著，沢田博訳，経済界，1990.

⊙オート・クチュール

Barthes, R. (1993 [1957])
『現代社会の神話：1957』R. バルト著，下澤和義訳，みすず書房，2005.
Baudrillard, J. (1994 [1986])
『アメリカ――砂漠よ永遠に』（前出）
Baudrillard, J. (1996 [1968])
『物の体系――記号の消費』（前出）
Bourdieu, P. (1996 [1979])
『ディスタンクシオン――社会的判断力批判』（前出）

Collet, J. (1970)
『ゴダール』J. コレ著，竹内健訳，三一書房，1969.
de Certeau, M. (1984)
『日常的実践のポイエティーク』（前出）
de Certeau, M. (1997 [1974])
『文化の政治学』M. ド・セルトー著，山田登世子訳，岩波書店，1999.
Debord, G. (1995 [1967])
『スペクタクルの社会』G. ドゥボール著，木下誠訳，筑摩書房，2003.
Le Corbusier (1971 [1924])
『ユルバニスム』ル・コルビュジェ著，樋口清訳，鹿島研究所出版会，1967.
Lefebvre, H. (1971 [1968])
『現代世界における日常生活』（前出）
Lefebvre, H. (1993 [1974])
『空間の生産』（前出）
Merleau-Ponty, M. (1996 [1945])
『知覚の現象学』（前出）
Perec, G. (1997 [1974])
『さまざまな空間』G. ペレック著，塩塚秀一郎訳，水声社，2003.
Sagan, F. (1958 [1955])
『悲しみよこんにちは』F. サガン著，河野万里子訳，新潮社，2009.
Virilio, P. (1986 [1977])
『速度と政治――地政学から時政学へ』P. ヴィリリオ著，市田良彦訳，平凡社，2001.

⊙ 自動車が動かす感情

Barthes, R. (1957) (1973)
『現代社会の神話：1957』（前出）
Beck, U. (1992)
『危険社会――新しい近代への道』（前出）
Bradsher, K. (2002)
『SUV が世界を轢きつぶす――世界一危険なクルマが売れるわけ』K. ブラッドシャー著，片岡夏実訳，築地書館，2004.
Hochshild, A.R. (1983)
『管理される心――感情が商品になるとき』A.R. ホックシールド著，石

川准・室伏亜希訳，世界思想社，2000.
Jacobs, J. (1961)
『アメリカ大都市の死と生』（新版）J. ジェイコブズ著，山形浩生訳，鹿島出版会，2010.
Sachs, W. (2002)
『自動車への愛——二十世紀の願望の歴史』（前出）
Urry, J. (2000)
『社会を越える社会学——移動・環境・シチズンシップ』（前出）

⊙ 自動車移動とサウンドの力

Baudrillard, J. (1989)
『アメリカ——砂漠よ永遠に』（前出）
Bauman, Z. (2000)
『リキッド・モダニティ——液状化する社会』（前出）
de Certeau, M. (1984)
『日常的実践のポイエティーク』（前出）
Horkheimer, M. and Adorno, T. (1972)
『啓蒙の弁証法——哲学的断想』（前出）
Katz, J. and Aakhus, M. (eds) (2002)
『絶え間なき交信の時代——ケータイ文化の誕生』J.E. カッツ／M. オークス編，富田英典監訳，NTT 出版，2003.
Kracauer, S. (1995)
『大衆の装飾』S. クラカウアー著，船戸満之・野村美紀子訳，法政大学出版局，1996.
Meyrowitz, J. (1986)
『場所感の喪失——電子メディアが社会的行動に及ぼす影響』上，J. メイロウィッツ著，安川一・高山啓子・上谷香陽訳，新曜社，2003.
Putnam, R. (2000)
『孤独なボウリング——米国コミュニティの崩壊と再生』R.D. パットナム著，柴内康文訳，柏書房，2006.
Schivelbusch, W. (1986)
『鉄道旅行の歴史——十九世紀における空間と時間の工業化』（前出）
Sachs, W. (1992)
『自動車への愛——二十世紀の願望の歴史』（前出）
Simmel, G. (1997)

「大都市と精神生活」『橋と扉』G. ジンメル著，酒田健一・熊沢義宣・杉野正・居安正訳，白水社，2004，所収.
Urry, J. (2000)
『社会を越える社会学——移動・環境・シチズンシップ』(前出)

⊙ 高速道路でオフィスワークをする

de Certeau, M. (1984)
『日常的実践のポイエティーク』(前出)
Goffman, E. (1971)
『行為と演技——日常生活における自己呈示』(前出)
Ryle, G. (1949)
『心の概念』G. ライル著，坂本百大・宮下治子・服部裕幸共訳，みすず書房，1987.
Urry, J. (2000)
『社会を越える社会学——移動・環境・シチズンシップ』(前出)
Sachs, W. (1984)
『自動車への愛——二十世紀の願望の歴史』(前出)
Venturi, R., Brown, D.S., and Izenour, S. (1988)
『ラスベガス』R. ヴェンチューリ／D.S. ブラウン／S. アイゼナワー著，石井和紘・伊藤公文訳，鹿島出版会，1978.